kca 한국상담학회 상담학 총서 __ 13

2판

상담 수퍼비전의 이론과 실제

Counseling Supervision

유영권 · 김계현 · 김미경 · 문영주 · 손은정 · 손진희

심흥섭 · 연문희 · 천성문 · 최의헌 · 최한나 · 최해림 공저

학지사

[2판 발간사]

2013년 상담학 총서가 출간된 후 어느덧 5년이라는 시간이 흘렀다. 1판 발간 당시에는 상담학 전체를 아우르는 상담학 총서 발간에 대한 필요성을 절감하며 한국상담학회 제6대 김성회 회장과 양명숙 학술위원장이 주축이 되어 학술위원회에서 13권의 총서를 발간하기로 하고 대표 저자 선생님들과 여러 간사의 헌신적인 노력으로 상담학 총서를 출간하였다. 이를 계기로 상담학 총서는 상담의 이론뿐 아니라 상담의 실제 그리고 반드시 알아야 할 상담학 연구 등 다양한 영역의 내용을 포괄하여 상담학이 독립된 학문으로 자리 잡을 수 있도록 기초를 다졌다. 이러한 첫걸음은 상담학에 대한 독자의 균형 있고 폭넓은 이해를 도와 상담학의 정체성을 확립하는 디딤돌이 되었다.

이번에 발간되는 상담학 총서는 앞서 출간된『상담학 개론』『상담철학과 윤리』『상담이론과 실제』『집단상담』『부부 및 가족 상담』『진로상담』『학습상담』『인간발달과 상담』『성격의 이해와 상담』『정신건강과 상담』『심리검사와 상담』『상담연구방법론』『상담 수퍼비전의 이론과 실제』의 개정판과 이번에 새롭게 추가된『중독상담학 개론』『생애개발상담』으로 구성되어 있다. 이처럼 여러 영역을 아우르는 총서는 상담학을 접하는 다양한 수요자의 특성과 전문성에 맞추어 활용될 수 있다는 장점이 있다. 각각의 총서는 상담학을 처음 공부하는 학부생들에게는 상담의 이론적 기틀 정립에 도움을 주고 있으며, 대학원생들에게는 인간을 보다 깊이 이해하고 상담학의 체계적인 연구 방법을 배울 수 있도록 한다. 또한 전문 상담자들에게는 상담의 현장에서 부딪힐 수 있는 다양한 어려움과 문제점을 해결할 수 있도록 구체적인 방안을 제공하는 실용서로 자리매김하고 있다. 이처럼 상담학 총서의 발간은 상담학의 학문적 기틀 마련과 전문 상담자의 전문성 향상이라는 학문과 실용의 두 가지 역할을 포괄하고 있어 상담학의 발전에 크게 기여하였다고 자부한다.

최근 우리 사회는 말로 표현하기 힘든 여러 가지 사건과 사고로 심리적인 어려움을 겪었고, 소통과 치유의 필요성은 날로 커지고 있다. 이에 따라 상담자의 전문성 향상에 대한 목소리가 높아지고 있으나, 이러한 때에도 많은 상담자는 아직도 상담기법만 빨리 익히면 성숙한 상담자로 성장할 수 있을 것이라 생각하여 기법 배우기에만 치중하는 아쉬움이 있다. 오랜 시간과 정성으로 빚어 낸 전통 장의 깊은 맛을 손쉽게 사 먹을 수 있는 시중의 장맛이 따라갈 수 없듯이, 전문 상담자로서의 전문성을 갖추기 위해서는 힘든 상담자의 여정을 견뎌 내는 시간이 필요하다. 선배 상담자들의 진득한 구도자적 모습을 그리며 성숙한 상담자가 되기 위해 노력하는 많은 분께 상담학 총서가 든든한 버팀목이 되었으면 한다.

1판의 경우 시작이 있어야 발전이 있다는 책무성을 가지고 어려운 난관을 이겨 내며 2년여의 노력 끝에 출판하였지만 좀 더 다듬어야 할 필요성이 제기되고 있었다. 이에 쉽지 않은 일이지만 편집위원들과 다시 뜻을 모아 각각의 총서에서 시대적 요구를 반영하고 새롭게 다듬어야 할 부분을 수정하며 개정판을 준비하였다. 개정되는 상담학 총서는 기다림이 빚는 우리의 장맛처럼 깊이 있는 내용을 담기 위해 많은 정성과 애정으로 준비하였다. 그러나 아직 미흡한 점이 다소 있을 수 있음을 양해 바란다. 부디 이 책이 상담을 사랑하는 의욕적인 상담학도들의 지적 · 기술적 호기심을 채워 줄 뿐 아니라 고통에서 벗어나 치유를 이루어야 하는 모든 사람에게 하나의 빛이 되기를 기원한다.

바쁜 일정 중에서도 함께 참여해 주신 여러 편집위원과 간사님들 그리고 상담학 총서의 출판을 맡아 주시고 물심양면으로 지원해 주신 학지사 김진환 사장님과 최임배 부사장님을 비롯하여 더 좋은 책이 될 수 있도록 그 많은 저자에게 일일이 전화와 문자로 또는 이메일로 꼼꼼한 확인을 마다하지 않은 학지사 직원 여러분께도 진심으로 감사를 전한다.

2018년 7월
한국상담학회 제9대 회장 천성문

[1판 발간사]

　대화와 상호작용을 통해 도움을 주고받는 것이 상담이라고 정의한다면, 상담은 인류의 시작과 함께 시작되었다고 볼 수 있다. 그러나 우리나라에서 현대적 개념의 상담이 시작된 것은 1952년 미국 교육사절단이 정신위생이론을 소개한 이후부터라고 할 수 있을 것이다. 1953년 대한교육연합회 내부기관으로 중앙교육연구소가 설립되었고, 이 기관의 생활지도연구실을 중심으로 가이던스, 카운슬링, 심리검사가 소개되면서 상담에 대한 관심이 대단히 높아졌다.

　상담에 대한 이러한 관심은 주로 교육학과나 심리학과를 중심으로 시작되어 그 밖의 분야까지 확산되었다. 1961년 중·고등학교 교도교사 100여 명이 '전국 중·고등학교 카운슬러 연구회'를 창립하였고, 이 연구회가 발전하여 1963년의 '한국카운슬러협회' 창립으로 이어졌다. 그리고 심리학회에서 1964년에 창립한 임상심리분과회의 명칭을 1974년에 '임상 및 상담심리분과회'로 변경하면서 상담심리가 그 이름을 드러냈다. 상담학이 교육학이나 심리학 등 특정 학문의 하위 학문으로 머물러 있는 한 발전이 어렵다는 공감대 아래, 2000년에 그 당시 이미 학회 활동을 하고 있던 대학상담학회, 집단상담학회, 진로상담학회 등이 주축이 되어 상담학의 독립화와 전문화 및 대중화를 목표로 한국상담학회를 창립하게 되었다.

현재 한국상담학회의 회원만 1만 4,000명이 넘는 등 상담의 대중화는 급물살을 타고 있다. 이러한 추세와 더불어 많은 대학에서 상담학과를 신설하고 있고, 전문상담사를 모집하는 기관도 늘어나고 있다. 그러나 아직도 상담학을 독립된 학문으로 인정하지 않는 사람들이 많고, 전문상담사들이 수혜자들의 요구 수준을 완전히 충족시키지 못하고 있다는 지적이 있다. 이러한 문제에 대해 한국상담학회에서는 수련 시간을 늘리고 전문상담사의 전문적 수준을 높이는 등 전문상담사의 자격관리를 철저히 함은 물론 상담학의 이론적 틀을 확고히 하려는 노력을 여러 방면에서 계속해 왔다.

그 노력 중 하나가 상담학 총서 발간이다. 우리나라에 상담학이 도입된 지 60년이 넘었고, 최초의 상담 관련 학회인 한국카운슬러협회가 창립된 지 50년이 다 되었지만 어느 기관이나 학회에서도 상담학 전체를 아우르는 총서를 내지 못한 것에 대해 전문상담사들의 아쉬움이 컸다. 상담학 총서 발간에 대한 필요성은 제4대 회장인 김형태 한남대학교 총장께서 제의하였으나, 학회 내의 여러 사정상 그동안 이루어지지 못하고 있던 차에 본인이 회장직을 맡으면서 학술위원회에 상담학 총서의 발간을 적극적으로 요구했다.

이에 따라 양명숙 학술위원장이 주축이 되어 학술위원회에서 13권의 총서를 발간하기로 하고 운영위원회의 위임을 받아 준비에 들어갔다. 가급적 많은 회원이 참가할 수 있도록 하기 위해 자발적 참여자를 모집하였고, 이들이 중심이 되어 저서별로 대표 저자를 선정하고 그 대표 저자가 중심이 되어 집필진을 변경 또는 추가하여 최종 집필진을 완성한 후 약 2년간에 걸쳐 상담학 총서의 발간을 추진했다. 그 사이 13권 각각의 대표 저자들이 여러 번의 회의를 했고, 저자들이 교체되는 등의 많은 어려움도 있었다. 그러나 양명숙 학술위원장을 비롯하여 학술위원이자 총서 각 권의 대표 저자인 고홍월, 김규식, 김동민, 김봉환, 김현아, 유영권, 이동훈, 이수연, 이재규, 임은미, 정성란, 한재희 교수와 여러 간사의 헌신적인 노력으로 상담학 총서를 출간하게 되었다. 이에 관련된 모든 분께 감사드린다.

상담학 총서 중 일부는 이전에 같은 제목으로 출판되었던 것도 있지만 처음

출판되는 책들도 있다. 처음 시도된 분야도 있고, 다수의 저자가 참여하다 보니 일관성 등에서 부족함도 있을 것이다. 그러나 시작이 있어야 발전이 있기에 시작을 하였다. 이후 독자들의 조언을 통해 더 나은 책으로 거듭나기를 기대한다. 이번 상담학 총서 발간은 상담학의 발전을 위한 하나의 초석이 될 것으로 확신한다.

끝으로, 상담학 총서의 출판을 맡아 주시고 물심양면으로 지원해 주신 학지사 김진환 사장님과 최임배 전무님을 비롯하여, 더 좋은 책이 될 수 있도록 그 많은 저자에게 일일이 전화로 문자로 또는 메일을 통해 꼼꼼하게 확인하는 것을 마다하지 않은 학지사 직원 여러분께 진심으로 감사드린다.

2013년 2월
한국상담학회 제6대 회장 김성회

[2판 머리말]

4차 산업혁명을 통해 인공지능과 자율운행 차량에 대한 관심이 증폭되어 왔다. 혹자는 심지어 인공지능이 상담자의 역할을 대신할 것이라는 이야기도 하지만, 인공지능이 상담자를 대체하지는 못할 것이다. 왜냐하면 인간에 대한 다양한 이해와 진정한 공감을 인공지능이 제공할 수는 없기 때문이다. 인공지능과 비교하여 사람만이 제공할 수 있는 상담자의 능력을 가지기 위해서는 수많은 상담시간, 내담자와의 경험, 상담행정 능력을 갖출 필요가 있다. 이러한 능력을 갖추기 위해서는 무엇보다 수퍼비전이 필요하다. 수퍼비전을 통해 스스로를 관찰할 수 있는 비판능력을 가지게 되고 상담하는 자신에 대한 객관적 시각을 소유하게 된다.

요즈음 내담자로부터 상담자가 소송을 받는 사례가 종종 발생한다. 상담자의 상담이 전문적이지 않다, 상담 효과가 별로 없으니 상담료를 환불해 달라는 등의 이유에서다. 상담이라는 단어가 들어간 자격증이 수없이 많은 한국사회에서 앞으로 상담이 계속 활성화되고 전문적 영역으로 인정받기 위해서는 전문성을 유지하는 것이 절실히 요구된다. 정신건강과 관련된 다른 직역에서도 끊임없는 도전을 하고 있다. 이런 도전에 살아남기 위해서는 상담 영역에서 전문성과 윤리성을 키우는 훈련 시스템을 갖출 필요가 있다. 이러한 제도를 갖추기 위해 가장 먼저 정비해야 할 영역이 수퍼비전 영역이다. 하지만 현실을 살펴보면 각 대학교에서 상담 수퍼비전에 관한 과목을 개설하거나 수퍼비전에 대한 전문적 훈련을 시키는 프로그램이 그리 많지 않은 것이 안타깝다. 이러한 현실에서 『상담 수퍼비전의 이론과 실제』가 출판되어 널리 사용되었고, 이제 2판을 통해 새롭게 독자들에게 다가감을 기쁘게 생각한다.

이 책은 총 4부로 나뉘는데, 제1부는 상담 수퍼비전의 기초 작업을 소개하는 부분으로 상담 수퍼비전에 관한 정의, 수퍼바이저의 역할, 그리고 수퍼비전 윤리에 대하여 다루고 있다. 상담 수퍼비전의 이론적 배경에 관하여 기술한 제2부에서는 정신분석, 행동주의, 내담자/인간 중심주의에 기반한 수퍼비전 이론, 그리고 수퍼비전 모델에 기초한 수퍼비전을 체계적으로 잘 설명해 주고 있다. 다른 이론들에 기반한 수퍼비전 모델도 있지만 가장 보편적이고 잘 알려진 이론 몇 가지를 선정하였다. 제3부에서는 개인 수퍼비전과 집단 수퍼비전을 어떻게 실시할지에 대하여 설명하고 있다. 제4부에서는 수행 능력 중심의 수퍼비전 사례연구를 제시하고 개인 수퍼비전과 집단 수퍼비전의 진행과 관련된 실제 사례를 제시하여 수퍼비전의 흐름과 수퍼바이저의 역할을 생동감 있게 제시하고 있다.

2013년 출판된 이후 이 책은 각 학교에서 수퍼비전과목 교과서로 사용되기도 하고, 기존의 수퍼바이저들에게도 지금까지 수행해 온 수퍼비전을 정리하는 데 도움을 주었다. 이번 개정판을 통해서 다시 한번 수퍼비전 현장에서 이 책이 상담자의 전문성을 중진시켜 4차 산업혁명시대의 도전과 각 직역에서 발생하는 도전들에 효율적으로 대응할 수 있는 전문적 상담자를 훈련시키는 데 큰 도움이 되기를 바란다.

이렇게 개정판을 낼 수 있도록 상담심리 분야의 책을 꾸준하게 출판하는 김진환 사장님과 편집부 박수민 선생님, 그리고 이 책의 저자분들께 진심으로 감사드린다. 또한 어려운 상황에서도 내담자에게 진심으로 공감하며 상담현장에

서 헌신하는 모든 상담자, 그리고 전문적인 상담자를 훈련시키기 위해 열정으로
헌신하는 모든 수퍼바이저에게 감사드린다.

2019년 1월 신촌골에서

대표 저자 유영권

[1판 머리말]

　전문적인 상담자로 성장하고 훈련받는 과정은 다른 분야에 비해서 많은 시간과 노력이 필요하다. 상담학에 관한 이론을 학습하고 사례개념화에 대해서 많은 강의를 들어도 상담 현장에 대한 감각과 상담 치료계획을 나타내는 지도(map)를 만들고 상담 전략을 수립하여 실행하며 평가할 수 있는 능력이 없으면 상담자로서 능력을 온전하게 갖추었다고 할 수 없다.

　그러면 상담자로서 전문적인 능력을 갖추기 위해서는 무엇이 필요한가? 그 대답은 상담 수퍼비전이다. 상담 수퍼비전을 통해 현장에서 필요한 경험을 습득할 수 있을 뿐 아니라 사례에 대한 전체적인 조망과 성찰이 가능해진다. 수퍼비전을 통해 실제 사례에 대하여 사례개념화해서 상담 전략을 수립하고 실시하며 적절하게 평가할 수 있는 능력을 현장 경험과 함께 생생하게 학습할 수 있다. 그럼에도 불구하고 이렇게 중요한 도구인 상담 수퍼비전에 대한 체계적인 교재가 부족한 실정이다. 최근에 상담 수퍼비전에 대한 저서와 역서가 출간되고 있지만 이론과 실제를 균형감 있게 다룬 서적은 그렇게 많지 않다.

　이와 같은 상황에서 대표 저자는 한국상담학회의 상담학 총서 중 상담 수퍼비전에 관한 주제를 담당하게 된 것에 대해 상당히 기쁘게 생각하고 집필을 진행하게 되었다. 여러 저자들이 모두 같은 생각과 열정을 가지고 있었고 흔쾌히

원고작성에 동의해 주었다. 모든 저자들의 노고와 헌신에 감사를 드린다.

　이 책은 총 4부로 나뉘는데, 제1부는 상담 수퍼비전의 기초 작업을 소개하는 부분으로 상담 수퍼비전에 관한 정의, 수퍼바이저의 역할, 그리고 수퍼비전 윤리에 대하여 다루고 있다. 상담 수퍼비전의 이론적 배경에 관하여 기술한 제2부에서는 정신분석, 행동주의, 내담자/인간 중심주의에 기반한 수퍼비전 이론, 그리고 수퍼비전 모델에 기초한 수퍼비전을 체계적으로 잘 설명해 주고 있다. 다른 이론들에 기반한 수퍼비전 모델도 있지만 가장 보편적이고 잘 알려진 이론 몇 가지를 선정하였다. 제3부에서는 개인 수퍼비전과 집단 수퍼비전을 어떻게 실시할지에 대한 내용을 설명하고 있다. 제4부에서는 수행 능력 중심의 수퍼비전 사례연구를 제시하고 개인 수퍼비전과 집단 수퍼비전의 진행과 관련된 실제 사례를 제시하여 수퍼비전의 흐름과 수퍼바이저의 역할을 생동감 있게 제시하고 있다.

　한국상담학회가 상담학 총서를 기획함으로써 상담학 여러 분야에 흩어진 상담에 관한 지식과 경험들을 모아서 정리하는 결과를 가져올 것이다. 상담 수퍼비전에 관한 여러 지식과 경험이 이 책에 체계적으로 정리되어 있다. 앞으로 이 책이 각 대학원 과정, 수퍼바이저 양성 과정에 널리 활용됨으로써 상담자 훈련 과정에서 활동하는 유능한 수퍼바이저들에게 도움이 되기를 바란다. 바쁜 일정 중에도 자신들의 학문적 지식과 수퍼비전 경험이 통합되어 우러난 옥고를 제출하신 저자들께 다시 한번 감사드린다. 또한 이렇게 귀한 지식과 경험을 모을 수 있도록 기획한 한국상담학회 회장님, 학술위원장님께도 감사를 드린다. 마지막으로 상담학의 발전을 위해 수고하는 학지사 김진환 대표께도 감사를 드린다.

2013년 2월 신촌골에서
대표 저자 유영권

[차례]

제1부 상담 수퍼비전의 기초

제2부 상담 수퍼비전의 이론적 배경

제3부 상담 수퍼비전의 실제

제4부 상담 수퍼비전 사례

제1부

상담 수퍼비전의 기초

제1장
상담 수퍼비전의 개관

| 천성문 |

처음부터 상담자, 수퍼바이저 또는 수퍼바이지로 태어나는 사람은 없다. 다만 본인의 의지나 상황에 따라 주어진 각각의 역할에 필요한 기술을 습득하고 연습하며 다듬어 나갈 뿐이다. 수퍼비전이 상담 및 심리치료의 전문적인 질을 통제하고 유지시키며 증대시키는 역할을 한다면 필연적으로 그 수퍼비전은 효과적이고 양질의 것이 될 것이다. 그러므로 효과적이고 긍정적인 수퍼비전을 하기 위해서는 우선 수퍼비전에 관계하고 있는 각 참여자들의 다양한 기본적 역할과 기능에 대한 고려가 있어야 한다. 효과적인 수퍼바이저란 '뛰어난 능력'이라는 최종목표의 상태에 도달한 사람이라기보다 그들이 하고 있는 일을 돌아보고 어떻게 하면 그 일을 좀 더 창의적으로 할 수 있을 것인지에 대해 깊이 탐구하는 사람을 의미한다. 즉, 효과적인 수퍼바이저는 어떤 고정된 상태에 머무르기보다 하나의 과정에 참여하려고 하는 사람으로서, 성장을 위해 끊임없이 노력하는 사람일 것이다.

그러므로 수퍼바이지로서의 자신의 경험에 대해 개인적 성찰을 한 후에 수퍼바이저와 수퍼바이지가 수퍼비전 과정에서 어떤 작업을 해야 하는가에 대한 지침을 제시할 수 있도록 주요 이론을 숙달하기 위해 노력하는 것이 매우 중요하다. 그리고 자신이 선택한 이론들을 자신의 것으로 만들 수 있는 방법을 탐색해야 한다. 그러나 한 가지 이론에만 매달리는 것은 임상 실제와 수퍼비전 실제에서 일어날 수 있는 복잡성을 창의적으로 해결하는 데 요구되는 치료적 유연성에 오히려 방해가 될 수 있다. 즉, 수퍼바이지가 체계적인 방식에 따라 다양한 이론들로부터 개방적으로 각 기법들을 취하되, 수퍼비전의 기능과 역할에 대한 타당성에 관해서 수퍼바이지와 함께 논의할 필요가 있다는 것을 의미한다. 이 장에서는 수퍼비전의 정의를 고려함으로써, 수퍼비전의 기초와 중요성, 수퍼비전의 목적과 목표를 언급하고 수퍼비전의 역사적 상황, 그리고 주요 이론들을 다루게 될 것이다.

1. 들어가면서

현재 국내의 각 분야에서 상담 활동이 급속히 신장되고 있다. 교육기관은 물론이고 산업체, 군대, 교정기관, 병원, 사회복지기관 등에서 상담을 통해 개인 및 집단의 적응, 문제해결과 고충처리, 정신건강 증진을 도모하고자 노력하고 있다. 이러한 상담 수요의 증가는 상담자 증가로 이어지고, 질적으로 우수한 상담자 양성의 필요성이 부각된다. 1990년대 이후 이러한 문제의 중요성을 인식하고 몇몇 연구자들은 상담 현장에 걸맞는 전문성 향상을 위한 제도적 장치의 필요성을 주장하고 있다.

상담은 본질적으로 실천학문이다. 그런데 그 실천은 이론과 연구의 뒷받침이 있어야만 전문성이 제고될 수 있으므로, 이론 및 연구와 실습을 연결짓는 교육, 즉 수퍼비전은 상담교육에서 가장 핵심이 된다고 할 수 있다. 그래서 학위 과정이 끝난 후에도 초보 상담자부터 숙련된 상담자에 이르기까지 상담자는 수퍼비전이라는 과정을 통해 전문가로서의 발달을 해 나간다. 상담자들이 개인 혹은 소집단의 형태로 지속적인 수퍼비전을 받는 가장 큰 이유는 내담자의 마음을 위로하고 문제를 해결하는 효과적인 상담을 하기 위해서다. 즉, 수퍼바이지가 내담자와의 관계에서 자신을 적절하게 사용하는 것을 배우는 것이 수퍼비전의 일차적인 목적이 된다. 그래서 상당수의 상담자들은 숙련된 상담자가 되기까지 혹은 그 이후에도 상담자로서의 성숙과 발달의 수단으로 수퍼비전을 활용하게 된다. 실제 많은 상담자들이 상담자가 되기까지 가장 도움이 되었던 것이 상담 사례에 대한 수퍼비전 경험과 자신을 위한 교육분석이라고 보고하고 있다.

미국의 경우, 상담 수퍼비전에 관해서 이미 몇 개의 이론들이 논의, 제시되었고 이에 근거하여 수련생의 전문성 발전을 촉진시키기 위한 실천적 모델들이 제안되어 왔다. 우리나라에서는 외국의 이론과 방법을 도입하여 적용하고 있으나 이에는 한계가 있다. 그러므로 국내의 문화와 가치체계, 한국인의 행동, 사고, 감정 양식(style), 그리고 국내의 상담 전문가 교육체제에 기초한 상담교육 혹은 수퍼비전 모델이 나와야 할 것이다. 여기에서는 수퍼비전의 정의와 발달 과정, 목적과 중요성을 살펴보고, 외국에서 이미 제안된 상담 수퍼비전 이론 및 모델에 대해 알아봄으로써 우리 실정에 맞는 새로운 상담 수퍼비전 모델을 모색하는 기초 자료로 활용하고자 한다.

2. 수퍼비전의 정의와 발전 과정

1) 수퍼비전의 정의

수퍼비전은 수퍼바이저와 수퍼바이지, 그리고 그들이 서비스를 제공하는 내담자 간의 독특한 전문적 관계다. 이 관계는 시간이 흐르고, 경험이 쌓여 감에 따라 변화한다. 수퍼바이지가 점점 유능해짐에 따라 전문적 기술 수행에 대해 수퍼바이저로부터 방향 제시를 받을 필요가 점차 줄어든다. 효과적인 수퍼비전은 수퍼바이지의 전문적 발전 기회 제공과 내담자의 복지 보호 사이에 적절한 조화를 유지해 나가는 것이다. 수퍼바이저는 수퍼바이지가 치료적 기술을 배울 수 있도록 조력해야 한다.

　라틴어의 super(위에서)와 videre(지켜보다)의 합성어에서 유래한 수퍼비전
은 임상에서 '위에서 관찰한다, 살핀다'는 뜻으로 개념화되었고, 다른 사람이 하
는 일에 대한 책임을 갖고 지켜보는 감독자(overseer)의 일이라는 의미가 내포되
어 있다. 이를 좀 더 확장하여 "다른 사람이 수행하고 있는 특정한 활동 및 과업
을 감독하면서 그것들이 제대로 수행되고 있는지를 확인하는 것"이라고 정의하
기도 한다(*Microsoft Encarta College Dictionary*, 2001). 우리나라에서는 대체로
수퍼비전(supervision)을 번역하지 않고 원어를 그대로 사용하고 있다. 누군가가
지켜본다는 의미는 감독한다는 의미도 있지만 업무수행을 관찰하고 피드백을
주는 사람이 있다는 것이다. 즉, 수퍼비전이란 업무를 수행하는 사람과 관찰하
는 사람이 함께하는 일련의 활동을 의미한다.

　수퍼비전에 대한 여러 연구자들의 정의를 하나씩 살펴보기로 하자. 먼저, 홀
로웨이(Holloway, 1995)는 수퍼비전이란 경험 많은 임상가, 감수성이 뛰어난 교
사, 뛰어난 전문가의 눈으로 다른 사람의 작업을 감독하는 것으로서 수퍼바이저
에 의해 통합되고 모델링된 형태로 심리치료적 과정의 핵심을 알아차릴 수 있는
기회를 제공하여 실제 상담 관계에서 재생산되도록 하기 위한 것이라고 했다.
길버트와 에번스(Gilbert & Evans, 2000)는 수퍼비전이란 수퍼바이저가 좀 더 숙
련되고 경험이 풍부한 상담자로서의 지혜와 전문성을 수퍼바이지에게 전수하
여 수퍼바이지의 상담심리치료를 증진시키는 것이라고 보았다. 버나드와 굿이
어(Bernard & Goodyear, 2004)도 수퍼비전을 전문가 집단의 선배 구성원이 같은
전문가 집단의 후배 구성원에게 제공하는 개입으로서, 평가적이고 장기간에 걸
쳐 반복적인 관계 속에서 경험이 적은 구성원의 직업적 직무수행 능력을 향상시
키려는 목적으로 내담자에게 제공하는 서비스의 수준을 감독하는 활동이라고
정의하였다. 또한 상담에서의 수퍼비전이란 한 사람이 다른 사람의 치료적 역
량의 발달을 도와주기 위한 집중된 일대일의 관계(Loganbill, Hardy, & Delworth,
1982), 상담 분야의 선배 또는 보다 전문적인 위치에 있는 사람이 이 분야의 후
배 또는 미숙한 구성원에게 제공하는 일종의 개입(Bernard, 1979)이라 정의된다.

이러한 정의를 고려할 때, 상담에서의 수퍼비전은 상담의 전문적 기술 능력의 향상뿐만 아니라 상담자가 전문인으로서 성장하도록 도와주는 과정까지 포함한다.

국내에서도 수퍼비전에 관한 연구가 이루어지면서 연구자들마다 수퍼비전의 정의를 제시하였다. 최해림(1990)은 미숙한 또는 초보 상담자가 상담을 잘할 수 있도록 경험이 많고 숙련된 상담자가 도와주는 과정으로 보았다. 김계현(1992)은 수업과 실습 과정 혹은 상담 실제의 두 가지 교육 내용을 합하여 상담자가 실제적 지식을 습득할 수 있도록 도와주는 것을 수퍼비전이라고 보았다. 또한 방기연(2003)은 상담 수퍼비전을 상담자의 상담 수행을 감독 혹은 지도하는 활동이라고 했다.

이상의 정의들을 종합해 보면, 수퍼비전이란 전문적인 상담자가 되고자 하는 수퍼바이지가 적절한 직업적 행동을 습득할 수 있도록 수퍼바이저가 조력하는 지속적인 교육과정이라고 정의할 수 있겠다.

2) 수퍼비전의 역사

수퍼비전의 역사는 프로이트(Freud)로 거슬러 올라간다. 1905년 프로이트는 자신의 집에서 매주 수요일 저녁에 비공식적인 토론모임을 가졌는데 이것이 수퍼비전의 출발이었다고 볼 수 있다. 1910년 프로이트는 자가분석의 필요성과 함께 역전이(counter-transference)의 개념을 언급하면서 진정한 자가분석은 어려우므로 훈련분석이 필요하다고 하였다. 1918년에는 대학에서 정신분석 교육을 할 때 문헌을 통한 이론 습득과 정신분석학회의 학술모임 참석과 더불어 경험 많은 분석가와의 개인적인 접촉, 훈련분석, 정신치료지도 시 실제 치료 경험 등이 필요하다고 언급함으로써 일종의 수퍼비전의 필요성을 주장하였다.

1920년대에 들어오면서 정신분석에 기초한 심리학이 내담자에게 제공되는 실제적 서비스에 영향을 줌으로써 배우고 일하는 데 있어서 수퍼비전의 관계가 중요하다는 것이 일반적으로 받아들여지게 되었다. 이와 관련하여 타인을 돕기 위한 자기성찰이 필요하다는 인식이 대두되었다. 이와 같은 추세는 수퍼바이저의 역할을 명확히 하고 재조정하고, 수단과 목적을 분명히 하며, 기관의 기능과 역할을 연결함으로써 서비스 기준을 유지하려는 노력으로 이어졌다. 그래서 1920년대와 1930년대의 학생실습교육은 치료 접근법 또는 성장 모델을 강조해서 실습생과 수퍼바이저 간의 관계에서 나타나는 실습생의 불안과 전이 문제에 초점을 두게 되었다. 현재 사용되고 있는 행정적 수퍼비전, 교육적 수퍼비전, 그리고 지지적 수퍼비전이라는 수퍼비전의 세 가지 유형도 이 당시 도슨(Dawson, 1926)에 의해 처음으로 공식화되었다.

1950년대에 들어와서는 사회사업의 공식적 전문화가 이루어짐으로써 정신분석적 개인 성장 모델에서 사회과학적 관점으로서의 전환이 이루어졌다. 즉, 심리학적 요인은 물론 사회학적 요인 역시 행동에 영향을 미친다는 보다 폭넓은 관점이 수용되었다. 이러한 흐름에 따라 수퍼바이저는 전문적인 지위로 향상되었고, 충분한 교육과 훈련, 과학적인 연구에 기초한 수퍼비전에 몰두하게 되었다.

1960년대 초기와 1970년대의 특징으로는 정신건강 전문가 중 일부가 수퍼비전에 대항하는 반응이 있었고, 수퍼비전의 통제로부터의 자유, 수퍼비전에 대한 민주적이고 자율적인 참여, 수퍼비전의 상호관계성이 더욱 강조되었다는 점 등을 들 수 있다. 특히 1960년대에는 개별적 수퍼비전과 집단 수퍼비전의 성과에 대한 만족을 동일하게 느끼는 시기였고, 강사 중심의 현장교육자가 대학에서 많이 활동하면서 현장 수퍼바이저에 대한 수요가 증가하였다. 또한 1970년대에는 행정 기능 중심의 수퍼비전이 강조되면서 예산부족으로 인한 공급 문제에 관심을 갖는 등 지원적인 기능을 더욱 강조하게 되었다. 1980년대부터는 개인, 집단, 가족 중심의 심리치료적 임상 실천이 대규모로 부활되고 전문성 기준의 변화와 비윤리적 실천 사례가 증가하면서 교육적 수퍼비전의 비중도 다시 높아졌다.

우리나라에서의 수퍼비전 역사를 살펴보면, 처음 정신치료가 도입되던 시기에 정신치료의 교육 및 수련에 있어서 원로 선배들은 많은 어려움을 겪었고 몇몇 원로들은 무력감을 표현하기도 했다. 1996년에 대한신경정신의학회에서 개최한 '한국에서 경험한 정신치료'라는 심포지움에서 이동식은 "우리나라에서 정신치료를 정당하게 인식시키고 발전시킬 수 있는 방안으로, 일반의사를 계몽시키고 정신치료에 본격적인 관심을 갖고 있는 정신과 의사는 정신치료학회를 조직해서 연구발표와 토론, 상호비판이 이루어지도록 하는 것이 시급한 과제"라 하였다. 임효덕(1991), 김계현(1992)은 누가 치료하느냐, 즉 치료자의 자질 문제가 중요하다고 강조했고, 이들은 또한 치료자에게 훈련분석이 필요할 뿐 아니라 정신치료지도, 즉 수퍼비전이 필요하다는 것을 지적하였다. 이후 성숙한 치료자를 많이 양성하기 위하여 제도화를 통한 조직적 활동이 모색되었다. 그 일환으로 한국상담심리학회와 한국상담학회에서는 수퍼바이저의 자격 및 능력에 관한 구체적인 규준 설정을 위해 노력하고 있으며, 효율적인 수퍼비전을 위한 워크숍이 많이 진행되고 있는 실정이다.

3. 수퍼비전의 목적 및 중요성

1) 수퍼비전의 목적

상담 수퍼비전의 목적은 크게 상담자의 성장과 전문성 발달 촉진, 내담자의 복지 보호, 수퍼바이지의 역할수행 감독 및 전문직의 문지기 역할, 전문가로서 상담자 스스로의 역량 강화하기로 구성된다(Haynes, Corey, & Moulton, 2003). 이러한 수퍼비전의 목적은 크게 상담자를 위한 것과 내담자를 위한 것으로 구분된다.

(1) 상담자의 발달

수퍼비전은 상담자의 전문적인 기능을 향상시키는 것을 목적으로 한다. 즉, 상담자로 하여금 상담 전문가로서 필요한 능력을 습득하게 하고, 그 능력을 직업적 발달 단계에 맞추어 발전시킬 수 있도록 하는 것이다. 상담자의 발달이라는 일반적인 목적은 수퍼바이저나 수퍼바이지(수퍼비전을 받는 상담자) 또는 수퍼비전 실시 시점의 상담 단계의 흐름에 따라 각기 다른 세부 목표로 나타날 수 있는 부분이다.

수퍼비전의 구체적인 목표는 수퍼바이저의 이론적 배경으로부터 크게 영향을 받는다. 예를 들면, 정신분석을 주요 상담 이론으로 삼고 있는 수퍼바이저가 제공하는 수퍼비전은 수퍼바이지가 정신분석가로 발달할 수 있도록 돕는 것을 목표로 한다. 따라서 수퍼바이지가 전이와 역전이를 이해하고 이를 상담 장면에서 치료적으로 사용할 수 있게 하는 것이 수퍼비전의 세부 목표가 될 수 있다. 이때 수퍼비전의 목표는 각 상담분야의 특성을 반영하게 된다.

상담자의 능력이나 기술 등 수퍼바이지의 상담 수행을 돕는 것이 수퍼비전의 단기적 목표라고 한다면, 수퍼비전의 보다 장기적인 목표는 여러 가지 상담 영역에 있어서 상담자가 자신의 발달 단계에 적합한 성장을 할 수 있도록 돕는 것이다. 상담자 발달의 궁극적인 목표는 임상 장면에서의 지혜를 획득하는 것이다. 임상 장면에서의 지혜란 상담자가 모호한 상태, 즉 내담자의 정보가 부족한 상태에서도 임상적으로 적절한 결정을 내릴 수 있는 전문가로서의 능력을 말한다. 수퍼비전은 수퍼바이지가 상담 전문가로서 정체감을 발달시키도록 도와준다. 수퍼바이저는 롤모델이 됨으로써 수퍼바이지가 상담 전문가로서의 정체감을 확립할 수 있도록 도와야 하는 것이다.

(2) 내담자 보호

내담자를 보호하는 것은 수퍼비전의 중요한 목적이 된다. 한 가지 경우는 경험과 상담 기술이 부족한 상담자로부터 내담자를 보호하는 것이다. 초급 상담자 혹은 처음 상담 실습을 시작한 대학원생의 상담 능력이나 효과성은 내담자에게 최선의 선택이 아닐 수 있다. 즉, 보다 경험이 많고 전문성을 갖춘 상담자에게 상담을 받는 것이 내담자에게는 더 좋을 수 있다. 이럴 경우에는 내담자에게 최선의 경우는 아닐지라도, 최소한 초급 상담자 수준에서 가장 효과적인 상담이 될 수 있도록 수퍼바이저의 특별한 노력이 필요하다. 그러나 수퍼비전에도 불구하고 도움이 되지 않는다면, 보다 경험이 많은 다른 상담자에게 내담자를 의뢰하는 것이 바람직하다.

다른 경우는 내담자를 손상된 상담자로부터 보호하는 것이다. 손상된 상담자란 상담자의 실제 능력 면에서는 내담자에게 효과적인 도움을 줄 수 있으나, 현재 개인적인 문제로 인하여 일시적으로 자신의 기능을 충분히 발휘하지 못하는 상담자를 말한다. 이런 경우 수퍼바이저는 상담자에게 단기 상담을 제공하거나 수퍼비전 시간에 상담자 개인의 문제를 다룰 수 있다. 만약 수퍼비전만으로 상담자의 효율성이 회복되지 않으면 상담자는 보다 전문적인 상담을 받거나 당분간 상담 활동을 쉬는 것이 바람직할 수도 있다.

효과적이지 않은 상담자로부터 내담자를 보호하는 것은 때때로 내담자가 상담 과정 중 겪을 수 있는 부정적 경험을 예방하는 효과가 있다. 내담자는 상담을 통해 자신의 문제를 해결할 수 있을지도 모른다는 기대와 희망을 가지고 있다. 그러나 내담자의 기대와 달리 상담이 어느정도 진행되어도 변화가 없어 상담의 효과가 나타나지 않을 때도 있다. 이는 내담자의 기대가 비현실적으로 높아서일 수도 있지만, 때로는 상담자가 회기를 효율적으로 수행하지 못하기 때문일 수도 있다. 상담 효과에 대해 만족하지 못하면 내담자는 상담을 포기하게 된다. 내담자의 상담 포기는 문제해결 시도에 대한 좌절로 이어져 내담자의 문제해결 의지를 약화시킴과 동시에 상담 관계의 실패라는 또 다른 문제를 야기한다. 수퍼비전을 통해 상담자가 더 효과적으로 상담을 수행하게 된다면, 수퍼비전은 내담자가 진정으로 얻고자 하는 상담 효과를 제공함으로써 내담자를 도와줌과 동시에 상담 수행 실패로부터 상담자를 보호하는 역할도 겸하게 된다.

2) 수퍼비전의 중요성

프로이트는 정신분석의 이론 습득과 훈련분석을 받았다고 하더라도 습득된 정신분석의 이론을 실제 분석상황에 잘 적용시키기 위해서는 수퍼비전이 필요하다고 하였다. 이동식(1996)은 "치료자 자신의 문제에 걸려 치료가 되지 않는다. 치료상 나타난 치료자의 문제를 치료하는 것이 정신치료지도(수퍼비전)다." 라고 하였다. 이는 내담자가 자기 문제를 극복할 때까지 자신의 핵심 문제를 반복하듯이 상담자도 상담 시에 반복된 패턴을 보인다는 것이다. 이처럼 수퍼비전은 치료적 자료를 제공함으로써 상담자의 문제를 검토하는 데 도움이 되고, 상담에서 다루고 있는 문제가 내담자 치료에 어떻게 나타나는가를 실감할 수 있으며, 부족한 이론적 지식을 보충하는 기회도 제공하게 된다. 그리고 상담과 심리치료와 수퍼비전을 통하여 자기관찰의 능력이 향상돼 가면서 상담자 자신의 신경증적 문제뿐만 아니라 긍정적인 부분을 자각하는 데도 도움이 된다. 이를 구체적으로 살펴보면 첫째, 수퍼비전을 통하여 상담자로서의 자질, 인격을 닦아 나가면서 구체적인 상담 기술이 함께 습득된다. 둘째, 상담 시간에 깨닫지 못한 내담자의 전이감정을 깨닫는 데 도움이 된다. 셋째, 구체적인 교정을 받을 수 있게 된다. 넷째, 수퍼비전을 통해 자신의 문제를 깨닫게 되어 상담을 더욱 촉진시킨다. 그런 면에서 수퍼바이저는 상담 전공자들에게 문지기 역할을 하게 되고 상담자의 현재, 그리고 미래의 내담자에 대한 책임까지도 지게 된다(임효덕, 1991).

왓킨스(Watkins, 1997)도 수퍼비전은 수퍼바이지에게 자신들이 하고 있는 상담에 대한 피드백과 질적인 통제를 제공한다고 설명하였다. 상담에 대한 질적인 통제란 내담자가 괜찮은 돌봄을 받고 있고 상담자들이 역할수행에 필요한 충분한 기술을 갖고 있으며, 만약 그런 기술이 부족한 상담자가 있다면 보완이 된다는 것을 의미한다.

이와 비슷한 맥락에서 그렌벤(Grenben, 1991)은 수퍼비전이란 수퍼바이지에게 자신이 행하고 있는 상담에 대한 피드백을 줄 뿐만 아니라 수퍼바이지가 혼란을 느끼거나 도움을 필요로 할 때 어떻게 할 것인지에 대한 적절한 안내를 해주며, 수퍼바이지가 상담 장면에서 내담자의 역동이나 개입 또는 치료의 방향에 대한 대안적인 견해와 조망을 가질 수 있도록 도와주는 것이라고 했다. 뿐만 아니라 수퍼비전은 수퍼바이지에게 치료 경험을 가질 수 있게 하고, 내담자에 대한 호기심을 촉진시킨다. 더불어 상담자로서의 자기정체감을 형성하는 과정에 기여하여 그들이 상담을 배우고 행하는 데 있어 혼자가 아니라는 것을 알게 함으로써 안전한 피난처를 제공해 주는 기능을 한다.

3) 수퍼비전의 특성

수퍼비전은 수퍼바이저와 수퍼바이지의 독특한 관계를 발전시키고 또 그 관계를 활용하는 것을 포함하고 있다. 나아가 이 관계는 수퍼바이지가 내담자와 가지는 관계에서도 직접적인 영향을 미치는 힘을 가지고 있다(장성숙, 1991). 따라서 수퍼비전의 특성은 수퍼바이저와 수퍼바이지의 관계를 바탕으로 하고 있다.

첫째, 수퍼바이저는 수퍼바이지의 교육적 발전을 촉진시킬 뿐 아니라 동시에 내담자의 안녕을 보호하기 위해 수퍼바이지의 상담 과정을 평가하고 조절하는 역할을 해야 한다. 둘째, 수퍼비전은 사람과의 관계에서 나타나는 문제를 다루므로 개개인의 자아 특성에 따라 수퍼바이저와 수퍼바이지 간의 의사소통에 잠정적인 어려움이 있을 수 있다. 따라서 서로에 대해 탐색하고 이해하는 시간이 필요하다. 셋째, 수퍼비전 관계 속에서 나타나는 현상이 수퍼바이지와 그의 내담자와의 관계에서도 유사하거나 같은 현상으로 나타나며, 더 나아가 내담자와 그가 중요하게 간주하는 인물들과의 관계에서도 나타난다. 넷째, 수퍼바이지가 수퍼비전을 할 때 사용하는 기법과 개인적 준비의 정도가 다르므로 수퍼비전은 상담 수련생에 따라 다르게 적용해야 한다.

이러한 일반적인 수퍼비전의 특성에서 가장 중요한 것은 수퍼바이저와 수퍼바이지의 관계이고 이에 의해서 수퍼비전의 효과가 좌우된다. 예를 들어, 상담에서 내담자가 수퍼바이지를 화나게 하면 수퍼비전에서 수퍼바이지는 수퍼바이저에게 화를 내게 된다. 이때 수퍼바이저가 수퍼바이지를 어떻게 다루느냐가 상담에서 하나의 모델이 된다. 따라서 수퍼비전의 관계는 학습과 성장을 자극하는 원천으로서 작용하고 이것이 상담 관계의 모델이 된다. 수퍼비전은 수퍼바이저와 수퍼바이지가 모두 배우고 변화하는 기회에 참여한다는 것을 의미하며, 이러한 상호존중을 바탕으로 한 상호성이 수퍼비전의 가장 큰 특성이다.

수퍼비전이 보다 효율적이기 위해서는 배움, 목표와 기대, 치료 기술의 발달 측면에서 상호적이어야 한다. 상호성에 바탕을 둔 효율적인 수퍼비전에서는 배움이 수퍼바이저에게도 진행된다. 수퍼바이저는 권위적인 위치에서 내려다보는 관점이 아니라 보다 포괄적인 관점으로 보다 면밀한 수퍼비전을 통해 수퍼바이지의 성격, 현재적 상황, 과거와 현재 경험, 배움의 경향과 정도를 알게 된다. 수퍼비전 초기에 수퍼바이지는 수퍼바이저에게 단지 배우기만 하려는 자세를 가지게 되는데 이것을 극복하기 위해서는 초기 면담에서 사전지도를 해야 하고 수퍼바이지가 가질 수 있는 초기 저항을 빨리 다루어서 감소시켜야 한다. 초기 저항이 감소됨으로써 작업동맹이 이루어지게 되고 수퍼바이지가 갖는 구체적 기대와 목표를 분명하게 설정하게 된다. 수퍼비전에 대한 수퍼바이저와 수퍼바이지의 목표와 기대, 방법과 기간 등을 초기 1~2회 면담 때 서로 분명히 해 두어야 한다. 치료 기술의 발달에서는 수퍼바이지가 효과적인 치료 기술을 스스로 발견하여 선택하도록 준비시켜 주는 교육을 수퍼바이저가 실시하고, 수퍼바이지도 이 과정을 통해 자신의 치료 기술을 발달시키고 성장함으로써 수퍼바이저의 발달에도 기여하게 된다.

4. 수퍼비전 모델

모델은 사물(상황)이 무엇인가와 그것이 어떻게 작용하는지에 대한 기술이다. 수퍼비전 모델은 수퍼비전이 무엇이며 어떻게 수퍼바이지의 학습과 전문적 발달이 일어나는가에 대한 이론적 기술로 볼 수 있다. 즉, 수퍼비전 기술 개발을 위한 이론적 지도다. 어떤 모델은 학습과 발달을 하나의 과정으로 기술하기도 하고, 또 다른 모델은 학습과 발달을 초래하기 위해서 수퍼비전에서 무엇이 이루어져야 하는지에 관한 구체적인 사항들을 기술하기도 한다. 완전한 모델은 학습이 어떻게 일어나는지와 함께 수퍼바이저와 수퍼바이지가 이러한 학습을 가져오기 위해 무엇을 해야 하는지도 포함한다. 따라서 효과적인 수퍼바이저는 명확히 기술된 수퍼비전 모델을 가지고 있으며, 그들이 수퍼바이지와 어디로 가고 있는지, 그 곳에 도달하기 위해 무엇을 해야 하는지를 알아야 할 것이다.

수퍼비전은 초보 상담자들의 훈련을 위해서뿐만 아니라 전문가로서의 지속적인 발전을 위해서도 필수적인 학습 경험으로 인식되고 있다. 수퍼비전의 이런 중요성에 대한 인식은 수퍼비전 모델을 정립하고자 하는 시도로 이어졌고, 지금까지 상담 이론에 근거한 모델, 수퍼비전 과정에서 수퍼바이저가 수행하는 역할에 초점을 맞춘 사회적 역할 모델, 발달적 수퍼비전 모델 등 많은 수퍼비전 모델들이 제시되어 왔다(Bernard & Goodyear, 2004). 그런데 수퍼비전에서 이루어지는 학습 과정과 전문성이 개발되는 과정을 제대로 설명할 수 있는 적절한 수퍼비전 모델은 아직 정립되지 않았다는 지적도 많다.

수퍼바이저와 수퍼바이지, 이들 두 사람이 이루어 내는 대인적 과정으로 규정되는 수퍼비전의 모델은 그 이론적 배경에 따라 매우 다양하다. 결국 수퍼바이지, 수퍼비전 과제, 수퍼바이지의 역할과 관련된 자신의 관점을 이해함으로써 많은 개입 전략 중에서 적절한 것을 선택할 수 있다. 또한 수퍼비전의 이론적 모델을 개발해 가는 것은 한 번에 이루어지는 것이 아니다. 수퍼바이저로서 또 임상가로서의 경험과 삶의 경험을 통해 얻어지는 지혜 속에서 모델은 발전해 가는 것이다.

이 장에서는 수퍼비전 모델에 대한 이론적인 접근으로 상담과 심리치료 이론 중심 수퍼비전 모델, 발달적 수퍼비전 모델, 통합적 수퍼비전 모델을 살펴보기로 한다.

1) 상담과 심리치료 이론 중심 수퍼비전 모델

상담과 심리치료 이론 중심 수퍼비전 모델로는 심리역동 모델, 행동적 모델, 인지적 모델, 인간중심 모델이 있다(Bernard & Goodyear, 2004; Bradley & Ladany, 2001). 각 모델에서 주안점을 두는 바와 각 모델이 가지는 장단점에 대해 살펴보기로 한다.

(1) 심리역동 수퍼비전 모델

심리역동 수퍼비전 모델의 목적은 치료 제공보다는 가르치는 것이다. 또한 이 모델에서는 수퍼바이지와 밀접한 관계를 맺으며 작업하는데, 이것은 수퍼바이저와 수퍼바이지 간의 관계적 갈등을 해결해 가는 역동을 이해하는 방법을 배우도록 함으로써 나중에 수퍼바이지가 내담자와 작업할 때 도움이 될 수 있도록 하기 위한 것이다. 따라서 이 모델에서 강조하는 것은 내담자, 수퍼바이지(상담자), 수퍼바이저 간의 관계와 이들 간의 상호작용 과정이다.

이 모델에서의 주요 개념은 평행 과정, 내재화, 대인 간 역동, 개인 내 역동이다. 평행 과정은 상담 과정과 수퍼비전 과정에서 비슷하게 상호 간 역동이 일어난다는 것으로, 가르치고 배우는 데 있어 하나의 도구로 사용될 수 있는 독특한 특성이다. 여기서 평행 과정이 학습이 일어나는 상황이라면, 내재화는 학습이 일어나는 발달적인 과정이다. 대인 간 역동은 수퍼바이지와 내담자 간, 그리고 수퍼바이저와 수퍼바이지 간에 일어나며 수퍼바이저는 대인 간 역동을 어떻게 잘 처리할 수 있는지를 모델링을 통해 가르치게 된다. 개인 내적인 역동은 외현적 행동, 감각 과정(느낌, 사고, 지각, 태도, 신념), 상투적인 인지를 포함하는 것이다. 이 같은 개념을 적용했을 때, 수퍼바이저의 주요 임무는 내담자의 개인 내적인 역동이 수퍼바이지의 행동에 어떻게 영향을 미쳤는지 이해할 수 있도록 돕는 것이다.

다음은 심리역동 접근에서 수퍼바이저가 일반적으로 하게 되는 질문과 반응의 예다.

- 당신은 우리의 수퍼비전 작업과 당신의 내담자와의 관계에서 유사한 점이 보입니까?
- 우리는 지금 당신이 수퍼바이저로서 나의 인정을 원한다는 점에 대해 이야기하고 있습니다. 당신은 내담자가 당신에게 찬성하지 않으면 내담자를 직면하기를 주저하는 것 같습니다.
- 내담자의 저항이 어떤 의도를 만족시키고 있는지에 대해 잠시 깊이 생각해 보십시오.

• 당신은 내담자에게 매우 강한 정서적 반응을 갖고 있는 것 같습니다. 당신의 삶에서 이러한 감정을 경험한 적은 언제이고 그 대상은 누구였습니까?

심리역동 수퍼비전 모델의 장점은 첫째, 수퍼비전과 상담에서 이루어지는 대인 역동을 인식하는 데 중점을 둔다는 것이다. 이렇게 함으로써 상담 관계에서 발생하는 의사소통 문제가 무엇인지를 알 수 있게 되며 적절한 반응과 기법을 배울 수 있게 된다. 또한 수퍼바이저가 개인 내 역동을 강조함으로써 수퍼바이지는 수퍼비전에서 경험한 통찰을 수퍼바이지 삶의 다른 장면에 일반화할 수 있게 된다. 둘째, 수퍼비전 관계를 강조하고 있다는 점이다. 초점과 목표를 어디에 둘 것인지 협의하는 과정은 수퍼비전 관계를 더 탄탄하게 만들고, 수퍼바이지의 학습과 발달에 대한 요구를 충족시킬 수 있게 한다. 마지막으로, 대인 간 의사소통, 초점 맞추기, 반응하기, 유추하기, 모델링 등을 포함한 심리역동 수퍼비전 기술과 기법은 상담 실제에 기본이 되는 것들이라는 점에서 장점이 될 수 있다. 수퍼바이지가 자신만의 이론을 개발한다 하더라도 대인 상호작용의 기본 기술은 상담 관계를 맺는 데 매우 중요하기 때문이다. 반면에 이 모델은 경험적이고 평가적인 연구가 부족하다는 것과, 대인 기술을 가르치기 어렵다는 점, 그리고 심리역동 수퍼바이저가 수퍼비전과 상담의 경계를 유지하기 어렵다는 단점이 있다.

(2) 인간중심 수퍼비전 모델

인간중심 수퍼비전 모델은 인간중심적 상담 접근에 근거를 두고 상담자의 자신감과 자신에 대한 이해를 촉진하는 한편, 상담자가 치료적 과정에 대한 이해를 통해 성장할 수 있도록 돕는 것이다. 즉, 수퍼바이지는 한 개인으로서뿐만 아니라 전문가로서의 발달을 위한 무한한 자원을 가지고 있다는 가정에서 출발한다. 이 모델에서 강조하는 것은 상담과 수퍼비전의 상황과 과정은 비슷해야 한다는 것이다. 결국 인간중심 수퍼비전 모델에서 수퍼바이저는 훌륭한 상담자라는 점이 전제가 된다.

인간중심적 상담 접근에 근거를 둔다는 것은 촉진적 조건이 내담자와의 관계에서처럼 수퍼바이지에게도 필요하다는 것을 말하며, 내담자가 스스로 문제를 해결해 나가듯이 수퍼바이저가 촉진적인 조건을 제공하면 상담자가 스스로 수퍼비전 회기를 이끌어 간다는 것이다. 즉, 이 모델에서 수퍼바이저는 공감, 온정, 진실성이 요구되는 신뢰할 수 있고 촉진적인 관계를 발달시키고 이것은 수퍼바이지가 성장하고 발달할 수 있는 분위기를 제공해 준다.

인간중심 모델에서 수퍼바이지를 훈련시키는 초점은 초급 상담자들에게는 감정에 주의 기울이기, 내담자에게 정확하게 반영하기를 배우도록 하는 것이다. 인간중심상담에서 유래하는 촉진적인 조건은 다른 대부분의 수퍼비전 모델에서도 공통적으로 주장되고 있다. 효과적인 수퍼바이저의 특징은 인간중심상담자가 갖추어야 할 기본적인 자세를 가지는 것이며, 이런 촉진적인 태도는 수퍼비전이 상호존중과 신뢰를 바탕으로 진행될 수 있도록 한다. 이렇게 관계를 우선시한 점과 수퍼바이지의 잠재력에 대한 믿음이 인간중심상담의 장점이지만, 상담과 수퍼비전의 경계가 불분명한 것이 단점이라고 볼 수 있다.

다음은 인간중심적 접근에서 수퍼바이저가 주로 사용하는 질문과 반응이다.

- 그 회기에서 당신이 내담자와 어떠했는지에 대해 좀 더 이야기를 듣고 싶습니다.
- 나는 당신이 자신의 내적 지시를 좀 더 신뢰하기를 격려합니다.
- 당신은 정말 어떻게 앞으로 나아갈지 모르겠다고 이야기하고 있습니다만, 만약 당신이 알고 있다면, 어떠한 행동을 취하겠습니까?
- 당신이 오늘 내담자와 함께 한 경험에 대해 무엇이 중요하다고 알게 되었는지 말해 주세요.
- 당신이 내담자와 함께 만들었던 분위기에 대해 좀 더 이야기를 듣고 싶습니다.
- 내담자의 세계에 대해 당신이 어느 정도 이해하고 있다고 느끼십니까?
- 오늘 회기에서 우리가 할 작업에 대해 당신은 무엇을 기대하고 있습니까?

(3) 인지행동 수퍼비전 모델

이 접근은 고전적 조건화와 조작적 조건화에 근거를 둔 행동치료에서 시작되었다. 행동치료는 여전히 하나의 독립된 치료 학파이긴 하지만, 인간의 신념, 가정, 사고와 이들이 정서와 행동에 어떠한 영향을 미치는지에 초점을 두는 인지행동치료의 좀 더 광범위한 영역으로 발전되어 왔다. 기본적인 가정은 개인의 정보처리 과정이 그들의 행동, 정서, 생리 기능에 영향을 미치는 방식이다. 인지행동적 수퍼비전의 중요한 과제 중 하나는 인지행동 기법을 가르치고 내담자와 이러한 접근에 관한 잘못된 생각을 수정하는 것이다. 이러한 회기들은 구조화되고, 분명한 초점이 있으며, 교육적이고 수퍼바이저와 수퍼바이지 모두가 회기의 구조와 내용에 대한 책임을 진다. 수퍼비전에서 수퍼바이지가 가지고 있는 자신의 기술에 대한 인지적 심상이 치료자로서 그들의 능력에 어떻게 영향을 주는지에 초점을 둔다. 이러한 작업을 통해서 수퍼바이지는 내담자에게 이러한 인지행동 방법들을 적용하는 기법 또한 배우게 된다.

엘리스와 벡(Ellis & Beck, 1997)은 인지치료 수퍼비전에서 일어나는 9단계를 다음과 같이 개관하고 있는데, 이것은 수퍼비전 회기의 내용에 관한 예를 제공한다.

- 체크인: 시작을 위해서 '안녕하세요. 오늘 어떠신가요?'라고 질문한다.
- 안건 수립: 수퍼바이저는 수퍼바이지가 수퍼비전 회기를 면밀하게 준비하도록 가르치고, '오늘은 어떤 작업을 하고 싶습니까?'라고 질문한다.
- 지난 수퍼비전 회기와 연결하기: '지난 시간 당신은 무엇을 배웠습니까?'라는 질문으로 최근 수퍼비전 회기의 작업을 검토한다.
- 지난번에 수퍼비전을 받은 치료 사례에 관한 질문: 지난번에 논의되었던 사례의 경과나 특별한 어려움을 검토한다.
- 지난 수퍼비전 회기 이후 과제 검토: 과제에는 관련 자료 읽기, 사례와 관련된 글 쓰기 혹은 내담자와 새로운 기법 시도해 보기 등이 포함된다.
- 우선 사항 결정과 안건 항목 논의: 수퍼바이지의 치료 회기 녹음(녹화) 테이

프 검토는 수퍼비전 회기에서 주요 초점이 된다. 교수와 역할극은 일반적인 수퍼비전 방법이다.

- 새로운 과제 주기: 회기의 결과로 수퍼바이지가 인지행동치료의 지식과 기술을 발달시키는 데 도움이 되는 새로운 과제를 준다.
- 수퍼바이저의 요지 요약: 회기의 초점을 분명히 하고 중요한 점을 강조하기 위해 수퍼비전 회기에서 무엇이 다루어졌는지 수퍼바이저가 되짚어 준다.
- 수퍼바이지의 피드백 듣기: 수퍼바이저는 회기 전반에 대한 피드백을 질문하고, '오늘 무엇을 배웠습니까?'라는 질문으로 회기를 끝마친다.

인지적 수퍼비전 모델은 수퍼비전 목표 설정과 평가를 함께 한다는 점, 수퍼바이지의 상담 수행에 방해되는 개인적인 문제 발견과 처리를 도와주는 점, 수퍼바이저가 효율적인 인지 개입에 대한 모델이 된다는 점, 수퍼비전에서 다양한 기법과 방법이 있다는 점이 장점이다. 그러나 인지적 수퍼비전 모델은 방법의 효과에 대한 경험적 연구가 부족하며 감정이나 통찰에 대한 관심이 부족하다는 단점이 있으며, 행동적 수퍼비전은 정서와 인지에 대한 관심이 부족하며 행동에 대한 동기를 거의 무시한 채 기술적인 측면에 집중하고 있다는 단점이 있다.

2) 발달적 수퍼비전 모델

기존의 수퍼비전 모델 가운데 수퍼비전과 상담교육 분야의 연구와 논의를 주도해 온 모델은 발달적 수퍼비전 모델이다. 발달적 수퍼비전 모델은 포괄적이면서도 구체성을 띠고 있기 때문에 여러 모델 중 가장 영향력이 있는 것으로 부각되고 있는 모델이다. 이 모델은 호건(Hogan, 1964)이 처음 제시하였고, 로건빌과 그의 동료들(Loganbill, Hardy, & Delworth, 1982), 그리고 스톨텐베르그(Stoltenberg, 1981)에 의해 발전되었다. 특히 스톨텐베르그의 상담자 복합 모델은 수련생이 각각 구별되는 네 단계를 거치면서 발전하게 되는데, 이때 지도자는 각 단계에 적합한 정신치료지도의 환경을 제공해야 한다고 본다. 발달적 수퍼비전 모델은 국내에서도 근래 수퍼비전과 상담교육 분야에 가장 큰 영향을 미치고 있다(신종임, 천성문, 이영순, 2004). 이 모델의 기본 가정은 두 가지다. 첫째, 상담자가 유능성을 획득해 나가는 과정에서 질적으로 다른 단계나 수준을 거쳐 간다는 것이다. 둘째, 상담자의 만족도와 성장을 최대화하기 위해서는 상담자의 발달 수준에 따라 각 수준에 적합하며 다른 수준과는 질적으로 상이한 수퍼비전 환경을 제공해야 한다는 것이다. 이 모델은 발달 수준에 따라 상담자의 특성과 요구가 다르므로 수퍼비전 교육내용과 방식을 달리해야 할 필요성을 부각시킨다. 초보 임상가의 특징은 자신감 부족과 제한된 기초 기술로 나타난다. 그리고 좀 더 숙련된 수퍼바이지는 경험과 수퍼비전을 통해 자신감과 기술을 발달시키며 자부심을 가진 임상가로 발전한다. 발달적 수퍼비전 모델의 내용을 좀 더 체계적으로 살펴보도록 하자.

(1) 발달적 수퍼비전 모델의 기본적 가정

발달적 수퍼비전 모델은 발달심리학의 이론과 가정에서 많은 영향을 받아 형성되었다. 이 모델에는 개인이 갖고 있는 내적 능력에 대한 깊은 믿음과 존중이 있다. 또한 수퍼바이저와 수퍼바이지의 정체감 형성 과정을 바탕으로 이루어졌다. 그리고 상담자의 발달이란 단순한 기술 습득에서 더 나아가 정체감을 가진 통합된 상담자가 되는 것으로 본다. 이에 따른 기본 가정은 다음과 같다.

- 발달 이론의 핵심 개념들이 상담자의 발달에 적용된다.
- 상담자의 발달을 구별하는 단계가 있다.
- 발달 단계는 명확한 순서에 따르지만 여러 가지 내용이 다른 발달 단계에 있을 수도 있다.
- 발달 단계 내의 성장과 발달 단계 간의 성장은 주의 깊은 일련의 경험과 숙고를 필요로 한다.

(2) 훈련 중인 상담자의 발달 단계

가장 유용한 발달적 수퍼비전 모델 중 하나는 스톨텐베르그, 맥닐과 델워스 (Stoltenberg, McNeill & Delworth, 1998)에 의해 개발된 통합발달 모델(integrated developmental model: IDM)이다. 이 모델은 10년간의 연구에 근거하여, 수퍼바이지의 발달 단계를 세 가지 수준으로 나누고 각 수준별로 수퍼바이저의 역할을 기술하고 있다. 이들은 수퍼바이지의 발달이 인간 발달 단계처럼 분명하게 구분된 세 가지 수준을 거치는 것은 아니라는 점을 강조한다. 예를 들어, 어떤 수퍼바이지는 개인상담에서는 매우 숙련된 반면, 집단상담을 이끄는 데 있어서는 초보 수준일 수 있다. 수준 1의 수퍼바이지는 입문 단계의 치료자로서 대개 자신감과 기술이 부족하다. 이들은 수퍼바이저의 더 많은 구조화와 방향제시를 필요로 한다. 수준 2의 수퍼바이지들은 점점 자신감을 가지고 자신의 능력과 의사결정 과정에 믿음을 갖기 시작한다. 이 단계에서 수퍼바이저가 때로 방향을 제시해 주기도 하지만 수퍼바이지의 개인적 반응과 문제들이 치료자로서 그의 기능에 어떠한 영향을 미치고 있는지를 평가하는 것에 더 많은 초점을 둔다. 수준 3에서는 수퍼바이지가 수퍼비전의 구조를 주도하게 된다. 즉, 자신감 수준이 급속하게 높아지며 수퍼비전은 점점 더 비형식적이고 동료적인 성향을 보이며 수퍼바이저는 자문가로서의 역할을 하게 된다.

발달적 수퍼비전 모델은 상담자의 발달이 자신의 전문적 생애를 통해 계속적으로 진행되는 것으로 가정하는데, 이 모델에서 가정하는 세 단계는 정체, 혼란, 통합 단계다. 먼저, 정체 단계는 정체와 자각의 결여가 주요 특성이다. 이 단계에 있는 상담자는 상담 활동에 대한 열정과 관심이 부족할 수 있고, 상담자는 낡은 사고와 행동의 유형에 고정되어 있을 수 있다. 그리고 편협하고 경직된 사고 유형을 나타내며 전형적으로 낮은 개념적 수준에 있다고 볼 수 있다. 또한 자신에 대한 자아개념이 낮으며 수퍼바이저에게 의존하는 모습을 보인다. 혼란 단계에서 상담자는 처음으로 무엇인가가 부적절하다는 것과 해결책이 없다는 것을 깨닫고 혼란에 빠질 수 있다. 자신에 대한 태도 역시 혼란, 양가감정, 변덕스러운 동요를 반영한다. 또한 실패감과 무능감에서 성취감, 전문성, 유능감 등으로 정서적 변동이 자주 일어난다. 그러나 여전히 수퍼바이저에게 해답을 찾고 매우 의존하는 모습을 보이는 것은 변함이 없다. 반면에 상담자의 낡은 사고와 행동 방식이 흔들리고 무너졌으므로, 새롭고 신선한 관점으로 대체될 수 있는 가능성은 있다. 끝으로 통합 단계의 주요한 특성은 재조직, 통합, 새로운 인지적 이해, 유연성, 불안정의 인식에 근거한 개인적 안정감, 수퍼비전의 중요한 주제에 관한 계속적인 조정 등이다. 상담자는 처음으로 선견지명과 미래에 대한 방향감을 가지고 자신에 대해서도 현실적 견해를 가지며 자신이 소유한 능력에 대해 확신하게 된다. 그럼으로써 계속적인 자기성찰 과정을 통해 성숙해 간다. 또한 이 단계에서는 수퍼바이저가 보여 주는 명료하고 합리적인 견해를 분명하게 이해하게 된다. 따라서 이 단계의 경험은 상담자가 경직된 사고에서 벗어나 새로운 가치를 받아들이는 일련의 과정으로 볼 수 있다.

(3) 수퍼비전의 주제

이 모델에서 제안한 발달적 주제와 관련되어 수퍼비전에서 나타나는 여덟 가지 주제에 대해 살펴보면 다음과 같다. 첫째, 전문 능력이다. 이는 치료계획을 수행하기 위해 기술과 기법을 사용할 능력을 의미한다. 둘째, 정서적 자각이다. 이것은 상담자가 상담 및 수퍼비전 관계에서 나타나는 자신의 감정을 자각하고 효율적으로 사용하는 능력을 말한다. 셋째, 자율성이다. 이는 어떤 상황에서 선택하고 결정할 수 있는 능력을 의미한다. 넷째, 정체감이다. 정체감의 주제는 상담자로서 충분히 기능하는 전문가가 되기 위해서 통합된 이론적 정체감을 갖는 것을 의미한다. 다섯째, 개인차의 존중이다. 이는 상담자가 내담자를 독자적인 인간으로 보고 그의 배경, 가치, 신체적 외모 등의 차이를 인식할 수 있는 능력을 포함한다. 여섯째, 목적과 방향이다. 즉, 상담의 목표를 설정하는 기능을 나타내며 치료계획의 확립을 포함하게 된다. 일곱째, 개인적 동기다. 상담자가 전문 영역인 상담을 선택하게 된 이유가 무엇인지에 대한 보다 충분한 이해를 하는 것은 내담자를 조력하는 데 있어서 상담자에게 발생될 수 있는 사적인 갈등 요인을 배제할 수 있다는 점에서 매우 중요하다. 마지막으로 전문적 윤리가 있다. 이는 상담자로서 지켜야 할 윤리적 문제들에 대해 인식하고 정해진 윤리적 규준에서 벗어나지 않게 행동하는 것과 관련된다. 이를 스톨텐베르그, 맥닐과 델워스는 발달 수준의 평가를 위한 임상 실제의 여덟 가지 구체적인 영역으로 보고 있다. 이들 영역은 개입 기술 능력, 평가 기술, 상호작용 평가, 내담자 개념화, 개인차, 이론적 성향, 치료계획과 목표, 전문가적 윤리다.

이 모델(IDM)의 장점은 수퍼바이지가 유능한 임상가로 발달하도록 돕기 위해 광범위한 수퍼비전 방식과 전략들을 활용할 수 있다는 점이다. 제한점은 첫째, 이 모델이 주로 수퍼바이지로서 학생들의 발달에 초점을 두고 있다는 점과 둘째, 각각의 수퍼바이지 수준에 적용될 수 있는 수퍼비전 방식들을 구체적으로 제시하지 못하고 있다는 점이다. 일반적으로 볼 때 발달적 수퍼비전 모델의 단점은 발단 단계별 특징에 대한 기술이 포괄적이며 단순할 뿐만 아니라 이론마다 그 내용이 매우 유사하다는 점이다. 또한 발달 단계별로 상담자들이 공통적으로 나타내는 특성들을 기술하는 데 치중하여 발달 과정상 나타나는 상담자들 간의 차이점에 대해서는 거의 다루지 않는다는 점이다.

3) 통합적 수퍼비전 모델

통합적 수퍼비전 모델은 하나 이상의 이론과 기법에 바탕을 둔다. 다양한 이론적 개념과 개입 전략들은 임상가의 변화에 대한 신념과 가치, 치료적 과정, 그리고 내담자의 요구에 적합하도록 독특한 방식으로 결합된다. 통합적 수퍼비전 모델은 일반적으로 수련생들이 통합적 상담 모델 관점을 가진다는 가정에 근거한다. 이렇게 다양한 기법에 기초한 통합적 접근은 타 모델에 비해 좀 더 융통성이 있다.

최상의 통합적 관점은 다양한 치료적 접근들에서 공통되는 기본 원리와 방법들을 분석하여 체계적으로 통합하는 것이다. 이런 통합을 하려면 먼저 다양한 이론에 정통하고, 이론의 통합 관점을 받아들이고, 지속적으로 효과적인 통합에 관한 자신의 가정을 검증해야 한다. 이런 점에서 통합적 관점은 방대한 연구와 임상적 경험, 연구 이론화의 산물이라 할 수 있다(Corey, 2009). 통합적 접근의 장점은 수퍼바이저가 수퍼바이지, 내담자, 그리고 수퍼비전 환경에 맞게 수퍼비전 방식들을 독특하게 맞출 수 있다는 것이다. 반면 통합적 접근이 가지는 제한점은 수퍼바이저가 수퍼비전 모델과 기법 영역에 관한 광범위한 이해를 필요로한다는 점이다. 통합적 수퍼비전 모델 중에서 변별 모델과 체계적 접근 모델에 대해서 좀 더 살펴보기로 한다.

(1) 변별 모델

버나드(Bernard, 1979)에 의해 개발된 구별적 모델(discrimination model)의 기본은 기법 절충에 있다. 이 모델에서 수퍼바이저는 수퍼비전의 세 가지 영역에 초점을 둔다. 그것은 수퍼바이지의 개입 기술, 수퍼바이지의 개념화 기술, 수퍼바이지의 개인화 기술 혹은 개인 치료 양식(style) 등이다. 각각의 세 가지 영역에서 현재 기능 수준이 평가되면 수퍼바이저는 수퍼바이지의 학습과 성장을 촉진시킬 역할을 정하게 된다. 이 모델에서의 세 가지 역할은 교사, 상담자, 자문가로서의 역할이다. 구별적 모델은 수퍼바이저의 접근이 개별 수련생의 개인적 수련 요구에 따라 결정되기 때문에 변별 모델이라고도 불리고 있다.

(2) 체계적 접근 모델

체계적 접근 모델은 수퍼바이저 교육과 실제에 대한 지침으로 홀로웨이(Holloway, 1995)에 의해 개발되었다. 이 모델은 특정 이론적 접근을 선택하지 않고 수퍼바이저의 역할을 조직한 개념적 모델이다. 이 모델에는 다음과 같은 다섯 가지 구체적인 목표가 있다. 첫째, 수퍼바이지는 광범위한 전문적 태도, 지식, 기술을 학습해야 한다. 둘째, 수퍼비전은 상호 전문적 관계의 맥락 속에서 일어난다. 셋째, 수퍼비전 관계는 수퍼비전의 목표 달성에 수퍼바이지를 관련시키는 주요 수단이다. 넷째, 내용과 가정은 모두 관계의 맥락 속에서 교수 접근의 중심이 된다. 마지막으로 지식과 기술 습득을 통해 수퍼바이지의 역량이 강화된다. 또한 홀로웨이(Holloway, 1995)는 수퍼비전 관계를 발달, 성숙, 종결의 단계로 보고 있다.

(3) 그 외의 통합적 모델

브래들리, 굴드와 파(Bradley, Gould, & Parr, 2001)는 통합적 수퍼비전에 관한 연구를 반영하는 새로운 모델로 성찰학습 모델, 해결 중심 모델, 도식 중심 모델을 언급하고 있다. 이를 간략하게 살펴보면 다음과 같다.

먼저, 성찰학습 모델은 워드와 하우스(Ward & House, 1998)가 성찰학습 이론과 수퍼비전 관계와 전문가로서의 수퍼바이지의 발달을 통합하여 제시한 것이다. 이들의 모델은 성찰학습의 원리를 수퍼비전 과정과 수퍼비전 발달 단계에 연결시킨다. 수퍼바이지는 상담 문제 상황을 재구성하기 위해 이해, 이미지, 행동을 사용하여 그들의 상담 실제를 재구성한다.

다음으로, 해결 중심 모델의 기본 가정은 수퍼바이지가 전문가이며 임상 장면에서 문제를 해결할 수 있는 자원을 가지고 있다는 것이다. 즉, 해결 중심 수퍼비전은 두 가지 단계로 이루어진다고 본다. 그 중 첫 번째는 수퍼바이지가 수퍼비전에서 원하는 것에 대한 논의, 수퍼비전 관계, 해결 중심 수퍼비전에 관한 가정을 포함하는 개념을 수립하는 단계이며, 두 번째는 목표 설정과 오리엔테이션을 포함하는 해결 중심 수퍼비전 이행 단계다. 이 모델은 가족치료와 이야기 치료에 기반을 두고 있으며 수퍼바이지가 수퍼비전에서 학습하고 성장하도록 지지하고 역량을 강화하는 데 초점을 두고 있다.

마지막으로, 도식 중심 모델은 인지, 행동, 경험, 대인관계 접근을 접목시킨 도식 중심 치료에 기반을 둔 모델이다(Greenwald & Young, 1998). 주요 수퍼비전 경험은 소개, 안건 설정, 사례개념화, 사례 전략, 사례 수행, 기술적 사례 문제해결, 관계 문제 작업, 수퍼바이지를 위한 지지 제공, 개념화와 개입 사안들에 대한 논의로 이루어진다.

○ 요약

타고난 상담자, 수퍼바이저 또는 수퍼바이지는 없으며, 다만 본인의 의지나 상황에 따라 주어진 각각의 역할에서 필요한 기술들을 습득하고 연습하며 다듬어 나가야 한다. 그러므로 효과적이고 긍정적인 수퍼비전을 하기 위해서는 우선 수퍼비전에 관계하고 있는 각 참여자들의 다양한 역할과 기능에 대한 고려가 있어야 한다. 효과적인 수퍼바이저란 '뛰어난 능력'이라는 최종목표의 상태에 도달한 사람이라기보다 그들이 하고 있는 일을 돌아보고 어떻게 하면 그 일을 좀 더 창의적으로 할 수 있을 것인지에 대해 깊이 탐구하는 사람을 의미한다. 즉, 효과적인 수퍼바이저는 어떤 고정된 상태에 머무르기보다 하나의 과정에 참여하려고 하는 사람으로서 성장을 위해 끊임없이 노력해 가는 사람일 것이다.

그러므로 수퍼바이저는 수퍼바이지로서의 자신의 경험에 대해 개인적 성찰을 한 후에 수퍼바이저와 수퍼바이지가 수퍼비전 과정에서 어떤 작업을 해야 하는가에 대한 지침을 마련할 수 있도록 주요 이론을 숙달하기 위해 노력하는 것이 매우 중요하다. 즉, 인간의 특성과 변화 과정에 대한 자신의 신념에 가장 가까운 이론들을 선택하고, 어떠한 측면이 자신에게 가장 적합한지를 결정하기 위해 그 이론에 대한 자신의 지식을 깊이 있게 하는 데 노력해야 한다. 그리고 자신이 선택한 이론들을 자신의 것으로 만들 수 있는 방법을 탐색해야 한다. 그러나 한 가지 이론에만 매달리는 것은 임상 실제와 수퍼비전 실제에서 일어날 수 있는 복잡성을 창의적으로 해결하는 데 요구되는 치료적 유연성에 오히려 방해가 될 수 있다. 즉, 수퍼바이지가 체계적인 방식에 따라 다양한 이론들로부터 개방적으로 각 기법들을 취하되, 수퍼비전의 기능과 역할에 대한 타당성에 관해서 수퍼바이지와 함께 논의할 필요가 있다는 것을 의미한다. 또한 외국의 수퍼비전 모델을 참고로 하여 국내 실정에 맞게 다시 다듬어서 직접 실험해 보는 연구들이 활성화됨으로써 우리 현실에 맞는 수퍼비전 모델을 구축해 나가는 작업이 필요하다고 본다.

제2장
수퍼바이저의 역할과 기능

| 김계현 |

상담교육의 특징 중 하나는 수퍼비전이라는 교육 방법일 것이다. 전문상담사를 양성하는 교육 방법과 경로에는 여러 가지가 있는데, 그중에서 수퍼비전은 상담자 양성의 가장 특징적인 교육 방법으로 여겨지고 있다(김계현, 1992). 이 장에서는 상담교육 방법으로서의 수퍼비전에서 수퍼바이저가 어떤 역할을 하도록 기대되며 실제로 어떤 기능들을 수행하게 되는지에 대하여 고찰한다.

1. 상담 수퍼바이저의 직무와 자격 심사

현재 우리나라 상담학 분야에서는 상담 수퍼바이저의 역할과 기능이 법령 혹은 전문 학회의 자격관리 등을 통해서 정의되고 있다. 1990년대 초반 정도만 해도 우리나라 상담학계는 수퍼비전의 개념 정도만 이해하고 있었을 뿐, 수퍼바이저의 자격과 기능, 직무 등에 대하여 구체적으로 정의되어 있지 못했었다. 그러나 짧은 기간 동안 상담학의 전반적인 발전과 함께 상담자의 교육을 담당하는 수퍼바이저에 관한 사항들도 발전하게 되었다.

1) 청소년상담사 1급

우리나라 청소년상담사는 1, 2, 3급으로 구분되는데 그중 수퍼바이저는 1급 청소년상담사에 해당된다. 1급 청소년상담사의 역할은 다음과 같다.

> • 1급: 청소년상담을 주도하는 전문가(지도 인력)
>   - 청소년상담 정책 개발 및 행정업무 총괄
>   - 상담기관 설립 및 운영
>   - 청소년들의 제 문제에 대한 개입
>   - 2급 및 3급 청소년상담사 교육 및 훈련
>
> 출처: 청소년상담사 홈페이지(https://www.youthcounselor.or.kr/new/sub01_3.html)

1급 청소년상담사가 2, 3급 청소년상담사의 업무를 지도, 감독, 교육하는 직무에 대해서는 다음과 같은 분석이 있다(한국청소년상담원, 2004; 한국청소년상담복지개발원, 2018). 업무 분석 연구에 의하면, 1급 상담사는 2, 3급 상담사를 위한 교육과 훈련, 수퍼비전, 자문을 한다. 뿐만 아니라, 1급 상담사는 자신의 전문성을 향상하기 위한 6종류의 구체적인 활동을 수행함으로써 전문가로서 지속적인 발전을 도모하는 것으로 파악된다. 1급 청소년 상담사의 직무를 정리하면 〈표 2-1〉과 같다.

그런데, 2, 3급 청소년상담사의 직무분석 결과와 1급 청소년상담사의 직무분석 결과를 비교해 볼 때 다소 애매한 점이 발견된다. 2, 3급의 직무에서 교육과 수퍼비전을 받고 자문을 받아야 한다는 부분이 명확하게 나오지 않는다는 점이다.

ㅇㅇㅇ **표 2-1 1급 청소년 상담사의 구체적 직무**

상담인력교육	4	• 상담교육 기획 • 교육내용 구성 및 교안 작성 • 프로그램 실시 • 결과 평가
수퍼비전	6	• 수련생 사례기록 검토 • 수퍼비전할 내용 정리 • 수련생의 수퍼비전 목표 및 내용 확인 • 수련생의 요구와 발달 단계를 고려한 수퍼비전 실시 • 수련생의 요구에 맞게 수퍼비전이 진행되었는지 확인, 평가 • 수퍼비전 일지 작성
자문하기	6	• 자문 요청받은 문제내용 파악 • 자문에 필요한 자료수집 • 자료분석을 통한 자문내용 구성 • 자문 실시 • 자문 결과에 대한 피드백 받기 • 자문 과정 및 성과에 대한 평가실시
전문성 향상하기	6	• 교육분석 받기 • 수퍼비전을 받기 • 상담 전문성 향상 교육 참여 • 학회 활동 • 상담 관련 연구 수행 및 결과발표 • 상담윤리강령 준수

2) 관련 학술단체 자격

우리나라 상담학계에는 크고 작은 다양한 학회들이 구성되어 있다. 대표적 학회로는 한국상담학회와 한국상담심리학회가 있다. 두 학회는 각각 전문가자격관리를 하고 있는데, 그 구체적 내용에는 공통점이 많으므로 여기서는 한국상담학회의 자격 규정을 중심으로 살펴보겠다. 그리고 이 두 학회보다 다소 규모가 작지만 자격관리를 엄격히 수행하는 학회의 예로서 한국가족치료학회를 들 수 있는데, 이 학회의 규정도 살펴보고자 한다.

(1) 한국상담학회

한국상담학회의 전문가 자격은 '전문상담사'라고 부르는데, 그 등급을 4개로 나누고 있다. 제일 상위등급은 '수련감독급 전문상담사'로서 수퍼바이저에 해당하고, 그다음으로 1급, 2급 3급이 있다.

학회의 규정에 의하면, '수련감독급' 전문상담사의 직무 중에는 ① 해당 전문 영역에서 전문상담사의 교육 및 추천, ② 해당 전문 영역에서 전문상담사의 수련 내용 평가, 인준 및 추천 등의 업무가 명시되어 있으므로 수련감독급 전문상담사가 하위급 상담사들의 업무를 감독, 지도, 교육하도록 되어 있다.

그리고 동 규정에 의하면, 1급 전문상담사의 직무에도 하위급(2, 3급) 상담사들의 교육에 참여하도록 하는 내용이 있다. 즉, 1급 자격을 취득한 후 2년이 경과하면 하위급 상담사의 교육을 하도록 한 것인데, 그 취지는 1급 상담사들이 미래에 그 상위급인 수련감독급으로 발전하기 위해서는 교육 및 수퍼비전을 수행하는 경력이 필요하기 때문에 그 경력을 쌓게 해 주기 위한 장치로 파악된다. 그리고 전문상담사 자격을 새로 취득하거나 혹은 하위급에서 상위급으로 올라가기 위해서는 수련감독자로부터 각각 정해진 시간 동안 직접 지도감독을 받도록 규정해 놓음으로써, 수련감독자의 직무 수행이 반드시 이루어지도록 규정을 마련해 놓고 있다(한국상담학회 홈페이지, http://www.counselors.or.kr).

(2) 한국가족치료학회

한국가족치료학회(www.familytherapy.or.kr)에서도 자격기준을 두고 있다. 학회 자격관리 규정에 의하면, 가족치료사 1급과 2급 자격 및 '가족치료 수퍼바이저' 자격을 설정하고 있다. 수퍼바이저의 직무와 기능은 다음과 같이 되어 있다.

- 다양한 수퍼비전 모델에 대한 충분한 지식이 있으며 이를 전달할 수 있어야 한다.
- 자신의 주 모델의 철학적·실용적 시사점을 비교·설명할 수 있어야 한다.
- 치료자-내담자, 수퍼바이저-치료자-내담자 관계를 관찰하고 설명할 수

있어야 한다.

- 위의 관계들에서 생기는 문제를 인식, 감독, 평가할 수 있어야 한다.
- 다양한 수퍼비전 상황(예: 현장 또는 비디오를 통한 지도감독)에서 수퍼비전을 구조화하고 문제를 풀며 다양한 개입을 할 수 있어야 한다.
- 지도감독에 대한, 지도감독상 생기는 쟁점을 제기할 수 있어야 한다.
- 지도감독에 있어 문화, 성, 계층, 윤리, 경제, 법적 쟁점을 인식하고 이에 대해 민감해야 한다.

그리고 가족치료 전문가로서 수퍼바이저 자격을 가지기 위해서는 가족치료사 1급으로서 소정의 기간 동안 전문가 활동을 하여야 한다. 그리고 그 기간 동안 규정된 분량의 활동을 하여야 수퍼바이저의 자격을 취득할 수 있도록 되어 있다.

- 가족치료 수퍼바이저는 본 학회의 회원으로 가족치료사 1급을 취득한 지 5년이 지난 후, 자격심사에 통과한 자로 한다.

가족치료 수퍼바이저 심사를 받기 위해서는 다음 기준을 충족해야 한다.

- 가족치료사 1급 자격 취득 후 가족치료를 80사례, 400시간 이상 실시하여야 한다.
- 1급 자격 취득 후 가족치료 지도감독을 50시간 이상 실시하여야 하며, 지도감독한 사례를 수퍼바이저 모임에서 1회(2시간) 발표하여야 한다.
- 1급 자격 취득 후 지도감독에 대한 개인 또는 집단 지도감독을 20시간 이상 받아야 한다.
- 1급 자격 취득 후 본 학회에서 주관하는 사례회의에 15회 이상 참석과 1회 이상 발표를 하여야 한다.
- 1급 자격 취득 후 수퍼비전을 위한 연수에 10시간 이상 참석하여야 한다(제

18조 3-(7)을 근거로).

- 1급 자격 취득 후 한국가족치료학회지에 단독 저술한 논문을 1편 이상 게재하여야 한다(단, 2인의 공동연구 시 논문 2편을 게재하여야 하며 주 저자여야 한다).

2. 수퍼바이저의 역할과 기능

상담 수퍼비전의 뿌리는 정신분석가 양성 과정과 관련이 있다. 정신분석가 양성은 스승과 제자, 분석가와 교육분석자(수련생) 간의 일대일 관계에서 이루어지는 전통을 가지고 있었는데, 상담 수퍼비전은 이러한 과정을 도입한 것으로 보인다. 그러나 상담은 정신분석에 비해서 그 적용 영역과 분야가 넓고 다양해서 그 교육의 방법 또한 다양화되었는데, 그 결과로 상담 수퍼비전의 형태 및 수퍼바이저 역할이 더욱 다양해지게 되었다. 이 절에서는 수퍼바이저 역할 및 기능에 대한 이론들을 개관하고, 관련 연구 및 실제에 관하여 논의할 것이다. 특히, 상담 수퍼비전이 사례 발표회와 어떻게 달라야 하는지에 대해서도 논의할 것이다.

1) 수퍼바이저 역할에 대한 이론

수퍼바이저의 역할은 한 가지가 아니라 여러 가지다. 수퍼바이저의 대표적인 역할들로는 교사(가르치는 역할), 자문가(질문에 대답해 주는 역할), 치료자(수련생의 개인적 문제를 치료적으로 다루는 역할), 평가자(수련생의 전문적 발달 과정을 평가하는 역할), 멘토(대선배로서, 본받고 싶은 대상으로서의 역할) 등이 있다(김계현, 2002). 이 역할들 중에서 수퍼바이저는 한두 역할만을 수행할 수도 있지만, 동시에 더 많은 역할을 수행해야 하는 경우도 생긴다.

(1) 교사, 즉 가르치는 역할

수퍼비전은 상담 사례를 직접 수행하는 수퍼바이지들이 받는 것이기 때문에 수퍼비전에서 무엇을 가르친다는 것은 수퍼바이지가 현재 담당하고 있는 사례를 기초로 이루어진다고 보아야 할 것이다. 수퍼비전에서는 무엇을 가르치게 되는가? 수퍼바이지는 이미 수업 시간을 통해서 상담의 이론과 기법들에 대해 교육을 받은 상태다. 그리고 현재는 기관에서 실제 사례를 담당하고 있다. 이 수퍼바이지는 사례를 정확하게 이해하고 있는가, 아니면 잘못 이해하고 있는가? 이 수퍼바이지가 세운 상담의 목표는 타당하며 실제적으로 성취 가능한 목표인가, 아니면 비현실적인 목표인가? 이 수퍼바이지가 이 사례에서 수행하는 상담의 기법들은 정확하게 적용되었는가, 아니면 미흡하게 적용되었는가? 수퍼바이저는 수퍼비전을 통해서 수퍼바이지에게 사례를 파악하고 이해하는 데 필요한 사례개념화, 상담 기법, 상담목표 수립 등에 대해서 함께 토의하고 필요한 경우엔 그것을 가르쳐 줄 수 있다.

(2) 자문가 역할

수퍼바이지는 때때로 수퍼바이저에게 질문을 하거나, 어떤 조언을 해 달라는 요구를 할 것이다. 수퍼바이지가 가지고 오는 질문의 종류는 매우 다양하다. 그것은 내담자와의 관계에 관한 것일 수도 있고, 사례가 너무 어렵다는 것일 수도 있고, 사례를 종결할지 여부를 판단하는 것일 수도 있으며, 내담자의 위험성(예: 자살, 자해, 기타 위기상황) 등을 다루는 방법에 관한 것일 수도 있다. 수퍼바이저는 수퍼바이지의 이런 자문 요구에 적절히, 효과적으로 응해 주어야 한다. 자문을 요하는 쟁점들은 대체로 단기적으로 해소될 수 있는 것들이기 때문에 자문가의 역할은 그 쟁점이 해소되면 자동적으로 함께 해소된다.

(3) 치료자 역할

수퍼바이저는 때때로 수퍼바이지와의 수퍼비전 시간에 수련생 개인의 문제를 다루기도 한다. 이것은 정신분석가 양성에서 행하는 교육분석과 유사한 것이다. 수퍼바이지는 상담 과정 중에 내담자가 전달하고자 하는 내용을 제대로 알아차리지 못하는 경우가 있는데, 이런 현상이 반복해서 일어나는 경우 수퍼바이저는 수퍼비전 시간에 이 문제를 본격적으로 다룰 수가 있다. 수퍼바이지의 개인적 문제로 인하여 내담자에 대한 이해 수준이 방해를 받을 수 있기 때문이다. 그리고 수퍼바이지가 자신의 개인적 문제로 인해서 발생하는 역전이 현상과 투사 현상 등을 알아차리지 못하는 경우에도 수퍼바이저는 치료자로서의 역할을 수행할 것이다. 수퍼바이지는 이런 경험을 통해서 개인적 치료 효과를 볼 뿐만 아니라, 수퍼바이저가 자기를 상대로 심리치료를 행하는 과정을 직접 체험하고 관찰할 수 있는 좋은 기회를 갖게 되는 것이다.

(4) 평가자 역할

수퍼바이저는 여러 가지 이유로 인해서 수퍼바이지를 평가하는 입장에 놓인다. 수퍼바이지가 대학원생인 경우 수퍼바이저는 수퍼바이지의 실습 수행 수준을 평가해 주어야 하는데, 그 평가에 근거하여 수퍼바이지는 학점을 받을 수가 있게 된다. 혹은, 수퍼바이지가 전문가 자격 심사에 수퍼비전 자료를 제출할 경우에도 수퍼바이저는 평가자의 역할을 하게 된다. 전문가 자격 심사를 위한 자료로서 수련수첩(수련기록부)에 수퍼바이저가 간단한 평가를 기입하도록 하는 것이 보통이다. 따라서 수퍼바이저는 수퍼바이지가 상담 전문가로서 발달하는 과정과 수준을 수시로 평가하여야 하는데, 그 주요 평가 내용은 수련생의 발달 수준, 장점과 약점, 상담 전문가로서 결정적인 문제점이 있는지 여부 등이 될 것이다.

(5) 멘토 역할

수퍼바이저는 수퍼바이지의 멘토 혹은 롤모델 역할을 한다. 수퍼비전은 일대일 관계에서 이루어지기 때문에 '도제식 교육'의 속성을 가지며, 따라서 수퍼바이지가 수퍼바이저를 멘토 혹은 롤모델로 여기는 것은 자연스러운 일이다. 수퍼바이지는 수퍼바이저가 겪어 온 과정과 동일한 과정을 밟아서 발전하는 것에 대해 자긍심을 느끼며 자기도 머지않아 수퍼바이저와 같은 높은 수준의 전문가로 발전할 것이라는 기대를 가진다. 이런 역할은 수퍼바이저가 기획을 해서 이루어지는 것이 아니고 수퍼바이지 측에서 수퍼바이저를 멘토 및 롤모델로 삼는 것이다. 수퍼바이저는 자기가 그런 입장에 있음을 의식하여 수퍼바이지에게 바람직한 모델이 되도록 노력하여야 한다.

2) 수퍼바이지의 발달 수준에 따른 수퍼바이저 역할 변화

상담 전문가의 역량은 지속적으로 향상되고 발달하는 것으로 알려져 있다. 그러나 구체적으로 역량의 어떤 속성들이 어떻게 발달하는 것인지에 관해서는 이견이 있다고 보인다. 상담사의 역량이 지속적으로 발달한다는 관점을 받아들이는 경우에 수퍼비전 이론은 이 점을 간과할 수가 없다. 상담사의 발달 수준에 따라서 수퍼비전의 목표나 전략이 달라져야 할지도 모르기 때문이다.

(1) 상담자의 발달은 '단계적'으로 이루어지는가

분야에 관계없이 발달을 설명하기 위해서 '단계(stage)' 혹은 '계단'의 개념을 도입하는 경우가 많다. 이것은 발달 과정의 각 단계 사이에는 타협할 수 없는 '질적 차이'가 존재한다는 가정이기도 하다. 예를 들면, 피아제(J. Piaget)의 아동 인지 발달 이론에서 전조작기와 구체적 조작기, 혹은 구체적 조작기와 형식적 조작기 간의 인지 과정의 차이는 양적인 차이로 설명하는 것보다는 질적인 차이로 설명하는 것이 더 옳다고 볼 수 있다. 그러나 반대로 발달을 단계적으로 설명하곤 하지만 각 단계 사이에 질적 차이가 분명하게 보이지 않는 경우가 많다. 예를 들면, 피아제의 인지 발달 이론을 모방하여 제시한 콜버그(L. Kohlberg)의 도덕성 발달 이론은 단계를 설정하고 있지만 각 단계 사이에 분명한 질적 속성의 차이가 발견되지 않는다. 이런 경우는 앞 단계와 다음 단계 사이에 차이가 있으며, 그 차이는 계단과 같은 급격한 변화에 의해 발생한다기보다는 완만한 경사면과 같이 변화하는 것이지만, 이를 단계로서 설명하는 것이 여러 가지 이점을 제공하기 때문에 단계적 설명이 허용되는 것으로 보인다.

단계설의 이런 속성은 수퍼비전 이론에도 그대로 적용된다. 초기 수퍼비전 이론가들(예: Hogan, 1964)은 초보 수련생들은 수퍼바이저에 대한 의존성이 높고 자기의 생각에 대한 자신감이 부족하지만, 경력이 많아짐에 따라서 자율성이 향상되고 자신감도 높아진다고 가정하였다. 그리고 로건빌, 하디와 델워스 (Loganbill, Hardy, & Delworth, 1982) 등은 상담자의 상담 기술, 정서자각, 자율성, 정체성 등 8개 속성을 종합적으로 평가할 때 상담사의 발달을 '① 정체기, ② 혼란기, ③ 통합기'로 구분하여 제시할 수 있다고 주장한 바 있다.

이런 단계 이론의 허구성을 정확히 인식하되, 단계설이 제공할 수 있는 실용적 이점을 활용할 줄 알아야 할 것이다. 자율성, 자신감, 정체성, 상담 기술 등의 속성이 계단과 같이 급격하게 달라지고, 앞 단계의 속성이 다음 단계에서는 사라지거나 하는 것은 분명 아니다. 즉, 계단적인 변화가 아니라 완만한 경사면과 같은 변화 과정을 보인다고 생각하는 것이 사실에 더 가까울 것이다. 하지만 발달에 관한 이론적 설명을 도모하기 위해 단계의 개념을 도입함으로써 학자들은 크게 두 가지 실용적 이점을 확보할 수 있다. 그 두 가지 이점 중 하나는 과학적 연구를 위한 실용성이 높아지는 것이고, 다른 하나는 상담교육을 위한 실용성이 높아지는 것이다. 여기서는 주로 상담교육을 위한 실용성에 대하여 논의할 것이다.

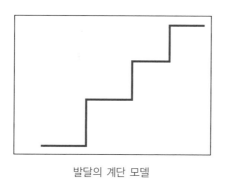
발달의 계단 모델

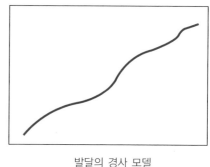
발달의 경사 모델

[그림 2-1] 발달의 계단(단계) 모델과 경사 모델의 비교

(2) 상담자의 발달 단계를 고려한 수퍼비전

지금까지 여러 수퍼비전 이론가들이 상담자로서의 발달에 대하여 단계 이론을 제시하였다. 그들 이론 중에는 서로 달라서 합의되지 않는 점들도 있지만 어느 정도 합의에 이른 일반 이론도 있다. 여기서는 일반 이론을 중심으로 살펴보겠다.

첫 번째는 의존성-자율성의 변화다. 이론가들은 상담사로서 교육을 받는 기간이나 실습 초기에는 전문가로서 자신의 판단에 대하여 자신감이 부족하고 수퍼바이저, 즉 상급 전문가에게 의존하려는 경향이 높지만 경력이 쌓임에 따라서 자신감과 자율성이 향상되는 면을 보인다고 한다. 이 이론은 이후의 여러 연구를 통해서 상당 수준 입증된 바 있다(Stoltenberg & Delworth, 1987; Leach, Stoltenberg, McNeill, & Eichenfield, 1997). 그렇다면, 수퍼바이지의 자신감, 의존성-자율성의 발달 수준을 고려할 때 수퍼비전은 어떻게 달라져야 하는가? 이에 대한 가설은 자신감이 낮고 의존성이 높은 수퍼바이지에게는 좀 더 지지적이고, 친절하며, 시범과 가르침 위주의 수퍼비전이 효과가 높을 것으로 보고 있다. 반면에 자신감이 향상되고 자율성이 높아진 수퍼바이지에게는 도전, 실험, 자율적 판단 등을 좀 더 강조하는 수퍼비전을 권유하고 있다.

두 번째는 구체적 상담 개입 기술과 사례개념화 등 인지적 기술의 발달이다. 이 부분에서는 특히 사례개념화 기술에 대한 연구가 많이 수행되었다(예: Hillerbrand & Claiborn, 1990; 손은정, 이혜성, 2002; 이윤주, 김계현, 2002). 즉, 사례개념화에 활용되는 가설 범주의 수, 가설적 개념의 복잡성, 가설 형성에 드는 시간, 사례개념화 요소 목록 등을 조사하여 이들이 상담 경력에 따라서 변화하는지를 검토하기 위한 연구들이다. 그런데 연구 결과는 일관성이 부족하다(최한나, 2005). 사례개념화의 역량, 즉 인지적 기술은 경력에 따라서 향상되는 것으로 보이지만, 구체적으로 어떤 인지적 과정이 어떻게 달라지는지에 대해서는 연구들 간에 상반된 결과를 보여 주기 때문이다. 연구 결과의 비일관성은 상담교육 실제에 혼란을 제공할 가능성이 있다. 예를 들면, 경력에 따라서 사례개념화 범주의 수가 증가하는 수퍼바이저가 있는가 하면 그렇지 않은 수퍼바이저도 있으므로 사례개념화 부분을 교육하는 전략을 선택할 때 수퍼바이저는 수퍼바이지 개인별로 차별화된 접근을 시도해야 할 것이다.

세 번째는 작업동맹, 정서적 민감성, 자기성찰 등 다양한 주제에 걸쳐서 상담자의 발달을 연구한다는 점이다. 그리고 상담자의 발달에 관한 초기의 이론과 연구들은 주로 상담학을 전공하는 대학원생 수준에 집중되어 있었으나 최근에 이를수록 상담자의 발달을 전생애적으로 보기 시작하며 따라서 숙련된 상위급 상담자의 변화 양상에도 관심을 두고 있다는 점도 중요한 동향 변화다(최한나, 2005). 연구 결과들을 개관해 보면, 초보 상담자, 즉 상담을 바로 배우기 시작하였거나 1년 이내인 경우는 숙련된 상담자들과 비교하였을 때 그 차이가 분명하게 드러난다. 그러나 상담자들의 수준을 3단계 정도로 나누는 경우에는 중간급이 초급이나 상위급과 차이가 분명하게 드러나지 않는다는 점에 주목해야 할 것이다. 다시 말해서 상담자의 역량이나 어떤 상담자 속성이 변화하고 발달하는 것은 분명해 보이지만, 그것으로부터 3개 이상의 단계를 발견하기는 어렵다고 보는 것이 타당하다. 그렇다고 해서 상담자의 발달은 2단계로 이루어진다고 주장할 근거도 부족하다. 상담자의 발달과 관련해서는 단계적인 접근 방법보다 다른 접근 방법이 더 유효할지도 모른다.

(3) 수퍼바이지의 교육 요구를 고려한 수퍼비전

수퍼바이지의 경력 수준에 따라서 수퍼비전 교육 요구(needs)가 변화하는가? 다시 말해서 초보 상담자가 교육받기를 원하는 교육 요구와 숙련된 상담자가 교육받기를 원하는 교육 요구 간에는 어떤 차이점들이 있는가?

이 접근법은 앞에서 설명한 상담자의 발달 이론과 다소 다른 접근법이다. 이 접근법에서는 교육 요구를 '수퍼비전을 받기를 바라는 구체적 내용'으로 표현하기 때문에 교육 요구는 곧바로 교육 내용으로 해석될 수 있다는 실용적 이점을 확보할 수 있다. 예를 들면, 감정 반영이나 질문 등을 비롯한 상담의 세부 기술들, 해석 혹은 즉시성 다루기 등 상담의 고급 기술들, 사례개념화를 위한 세부적인 인지적 내용과 기술들이 여기에 해당된다. 상담자가 배우고 익혀야 할 지식과 기술을 상담교육의 세부 내용으로 간주한다는 점, 그리고 그 세부 교육 내용에 대한 수퍼바이지의 수요를 파악하고 그것에 기초한 수퍼비전 전략을 수립한다는 점에 있어서 앞에서 제시한 발달 이론과는 접근 방식을 달리한다고 말할수 있다.

발달 이론은 명백히 수퍼바이지, 즉 수련생을 중심으로 이론을 수립한다. 다시 말해서 발달 이론은 수련생이 가지고 있을 속성(예: 자율성과 타율성, 자기효능감, 혹은 어떤 역량)을 중심으로 그 속성이 변화하는지에 관심을 집중한다. 따라서, 수퍼비전을 통해 다루어야 할 교육 내용은 2차적인 관심사가 될 것이다. 반면에 수퍼비전 교육 요구에 관한 탐구는 교육 내용을 일차적인 관심 대상으로 삼는다는 점에서 발달 이론과는 분명한 차이가 있다(김계현, 2002; 문수정, 1999).

발달 이론과 교육 요구 접근의 차이점에 대해서는 다음과 같은 분석도 가능하다. 대부분의 발달 이론들은 에릭슨(E. Erikson)의 이론이나 피아제의 이론 등을 그 모델로 삼고 있다고 해도 과언이 아니다. 그런 모방은 더 확산되어서 콜버그의 도덕성 발달 이론을 비롯하여 교육심리학 및 아동학의 여러 발달 모델들에 적용되었다. 또한 진로(career) 분야에서도 유사한 형식의 발달 이론들이 제시되었으며[예: 수퍼(Super), 긴즈버그(Ginzberg)], 상담교육 분야에서도 발달 이론이 적용되었다. 즉, 발달 이론은 심리학적 접근법들 중 하나로서 한 개인이 시간의 흐름에 따라서 변화해 가는 모습을 단계의 개념을 가지고 기술해 보려는 시도라고 말할 수 있다. 이와 대조적으로, 교육 요구 접근은 상담교육에서 다루는 교육 내용(상담 기초 기술, 고급 기술, 사례개념화 등 인지적 기술, 상담 관계 다루기 등)에 대한 교육 요구, 즉 어떤 내용을 언제, 어느 수준으로 교육받고자 하는지를 파악하고자 하는 것이다. 이 접근법이 발달 이론과 전혀 관련이 없는 것은 아닌데, 그 관련성은 상담자의 발달 수준에 따라서 교육 요구가 어떻게 변화하는지를 탐구하는 것이 중요한 연구 주제가 되고 있기 때문에 생긴다. 달리 말하면, 교육 요구 접근법은 교육학적 전통 특히 교육과정학 및 교수설계 이론을 기반으로 한다고 해석할 수 있다.

상담 수련의 기준은 무엇인가

초급 상담자와 상위급 상담자를 구분하는 '객관적' 기준은 무엇일까? 그런 기준이 과연 존재할까? 존재한다면 연구자들이 그것을 알아낼 수 있을까? 그 첫 번째 후보는 상담학을 교육받은 기간이다. 예를 들면, 학위(석사, 박사 등), 상담을 시작한 후 경과한 기간 등이 그것이다. 두 번째 후보는 상담 실무 경력이다. 다시 말해서 실무 경험의 양이다. 몇 사례의 상담을 하였는지, 몇 사례의 검사를 실시하고 해석하였는지, 상담을 시행한 시간을 합치는 경우 총 몇 시간인지 등이 그것이다. 세 번째 후보는 수퍼비전을 받은 경력이다. 수퍼비전을 몇 시간이나 받았는지, 몇 사례에 대해서 수퍼비전을 받았는지, 다양한 치료 접근법에 대해서 수퍼비전을 받았는지 아닌지 등이 그것에 해당할 것이다.

연구자들 중에는 이 세 후보들 중에서 어느 것이 상담자의 발달에 가장 강하게 영향을 주는지 분석해 보는 연구를 하기도 한다. 연구 결과, 세 후보 중에서 어느 것이 다른 것보다 더 강한 영향을 준다는 결론을 얻는다면 그것을 주 기준으로 삼을 수 있다는 생각에서다. 그런데 여기에는 하나의 함정이 도사리고 있다.

상담자의 발달 수준을 측정하는 준거(criteria)가 아직 확실하지 못하다는 점이 바로 그 함정이다. 최한나(2005)에 의하면, 연구자들은 상담자의 발달 수준을 측정하기 위한 척도를 몇 가지 개발하였으며 그 타당성을 분석해 왔지만(예: 심흥섭, 이영희, 1998; Leach, Stoltenberg, McNeill, & Eichenfield, 1997; McNeill, Stoltenberg, & Romans, 1992), 문제는 그 척도들의 타당도가 부족하다는 점이다. 현재 확보된 타당도는 내용타당도의 일부와 구인타당도의 일부(요인 구조) 정도로 볼 수 있는데, 준거타당도 정보는 거의 가지고 있지 못하다. 발달 수준을 정의하는 개념이 분명하지 못하고, 이를 측정하는 척도의 타당도가 덜 확보된 만큼, 그것을 촉진시키는 요소(상담 수련 기간, 사례 경험의 양, 수퍼비전을 받은 시간 수 등)가 무엇인지 밝히려는 연구 또한 타당도를 그만큼 상실하는 것이다.

3. 수퍼바이저의 다중 역할

수퍼바이저와 수퍼바이지(혹은 수련생)는 같은 분야에 종사하는 전문인일 뿐만 아니라 때로는 같은 기관에 소속되는 경우도 있다. 그 결과로 수퍼바이저와 수퍼바이지는 수퍼비전 관계 이외에도 한 기관(혹은 한 부서)의 관리자와 직원의 관계를 가지기도 하고, 혹은 한 기관의 교수와 학생의 관계를 가지기도 한다. 이와 같은 관계 양상을 '이중적 관계(dual relationship)' 혹은 '다중 관계(multiple relationship)'라고 부른다. 이 이중적 관계 혹은 다중 관계는 수퍼바이저와 수퍼바이지 간에 다양한 종류의 실제적 이슈들을 발생시키며, 아울러서 상담 수퍼비전 연구에서도 주요한 탐구 주제가 되어 왔다.

1) 지도 vs. 감독

수퍼바이저와 수퍼바이지는 한 기관에서 근무하는 상황에 처할 수가 있다. 한 직장에서 상사는 하급 직원을 지도감독하는 입장이 된다. 경우와 상황에 따라서 수퍼바이저는 수퍼바이지를 감독해야 하기도 하고, 지도하며 가르치기도 해야 한다. 구체적으로 설명하겠다.

직장에서의 감독자는 하급 직원이 맡은 업무를 제대로 수행하는지 관찰하고 평가하여야 한다. 여기서는 임상적 차원과 관리적 차원 두 가지에 관해서 설명하겠다.

첫째, 상담 기관에서 수퍼바이저급 상담자들은 각급 상담자들이 내담자의 문제를 정확하게 평가하고 진단하고 있는지를 파악해야 한다. 예컨대, 초보 상담자가 내담자 문제의 심각성을 정확하게 파악하지 못하고 과소평가한다고 하자. 수퍼바이저의 견해로는 내담자 문제가 상담자가 보는 것보다 훨씬 더 심각하고 위험성도 있는 경우다. 상담 센터에서 수퍼바이저 역할을 담당하는 상급자들은 중하급 상담자들이 이런 실수를 범하지 않도록, 즉 상담의 실패 가능성을 줄이고 위험한 상황이 발생하지 않도록 도모하는 역할을 담당한다.

둘째, 수퍼바이저가 감독하여야 할 내용 중에는 기록 관리를 비롯한 행정적 업무를 규정대로 잘하고 있는지에 관한 것이 있다. 상담 센터에는 접수면접 기록지, 심리검사 채점표 및 결과 해석에 관한 기록, 상담회기별 기록 등 다양한 기록 양식들이 있다. 상담자들은 자기가 수행한 각종 업무의 과정과 결과를 일일이 상세하고 정확하게 기록할 의무가 있다. 특히 초보 상담자에게는 이런 기록 업무의 중요성을 수퍼바이저가 강조해서 가르쳐 주어야 한다. 또한 상담센터는 기록지들을 보관하고 관리하는 규칙을 가지고 있어서 수퍼바이저는 이 점이 잘 지켜지도록 감독할 책임도 갖고 있다.

지도자로서의 입장과 감독자로서의 입장은 다르다. 수퍼바이저의 역할과 입장은 상황에 따라서 친절한 지도자가 되기도 하고, 엄격한 감독자가 되기도 한다. 이렇게 다중 역할을 수행하는 것이 중요한 쟁점이 되는 이유는 한 사람이 두 가지 상반되는 입장을 수시로 바꿀 수 있어야 하기 때문이다. 이것은 결코 쉬운 일은 아니다. 아침에 있었던 사례 점검 회의 시간에는 엄격하고, 경우에 따라서는 무서운 감독자이며 직장 상사로서 행동했던 수퍼바이저가 오후의 개인 수퍼비전 시간에는 아주 자상하고, 지지적이며, 친절한 '선생님'으로 행동하게 될 수 있다. 이런 다중 역할은 상담 기관에서 근무하는 전문가라면 거의 예외 없이 가끔은 맞닥뜨리는 상황이므로 수퍼바이저들은 이런 복잡한 상황에 지혜롭게 대처하려는 기본적 태도를 가져야 할 것이다.

임상적 차원이라고 해서 지도자적인 역할만 하는 것이 아니며, 관리적 차원이라고 해서 감독자적인 역할만 하는 것은 아니다. 만약 중하급 상담자가 임상적 판단을 잘못하여 상담 진행이 실패하는 결과를 초래한다면 이에 대해서는 수퍼바이저도 역시 그 책임을 나누어 질 수밖에 없다. 감독을 제대로 수행하지 못한 데 대한 책임이다. 반대로, 사례 기록 관리 등의 업무에 있어서 수퍼바이저는 초급 상담자 오리엔테이션 등 교육을 통해서 친절하고 구체적이며 명확한 가르침을 제공해 주어야 한다. 상담자들이 대학에서 잘 배워 왔으리라고 가정하고 이런 관리적 부분의 교육을 소홀히 한다면 이는 수퍼바이저로서의 책임을 다하지 못한 것이다.

2) 수퍼바이지에 대한 치료적 역할 vs. 사례연구자 역할

수퍼바이저가 수퍼바이지를 만나고 수퍼비전을 수행하는 물리적 조건에는 몇 가지 다른 유형들이 있다. 그것을 크게 나누면 우선 일대일로 만나는 개인 수퍼비전의 형태가 있으며, 다음으로 수퍼바이저 1인이 다수의(2~3인 정도부터 10명 내외까지 다양함) 중·초급 상담자들을 만나는 소집단 수퍼비전의 형태가 있고, 마지막으로 수퍼바이저 1인이 1인의 수퍼바이지를 만나되 그 앞에는 수십 명 혹은 수백 명의 청중이 동시에 참여하는 형태가 있다. 특히 이 세 번째 경우는 수퍼비전이라 부르지 않고 사례 발표회라고 부르는 게 보통이다.

수퍼비전 과정은 단일한 과정이 아니라 복합적인 과정이다. 한 시간 동안에도 수퍼바이저는 교사처럼 가르치기도 하고, 시범을 보이기도 하며, 수퍼바이지의 통찰을 이끌어 내기 위하여 질문을 하기도 한다. 그런데, 잠시 후 수퍼바이저는 교사가 아니라 치료자로서의 역할을 수행하기도 한다. 수퍼바이지가 내담자의 호소를 알아차리지 못하고 있는데 그렇게 되는 원인이 주로 수퍼바이지에게서 비롯된다고 판단되는 경우에 특히 치료자로서의 역할 수행이 필요하다. 즉, 수퍼바이저의 어떤 감정, 어떤 생각이 상담 과정 중에 발생하였는지를 분석하고 그런 감정과 생각의 기저에 무엇이 작용하였을지에 대한 역동적 작업을 할 수가 있는 것이다. 수퍼비전은 때로는 수퍼바이지에 대한 심리치료 기능을 하기도 한다.

이런 치료적 기능은 특히 일대일 수퍼비전에서는 매우 자연스럽게 이루어질 수 있다. 수퍼비전 과정 자체가 개인상담의 형태와 일치하기 때문이며, 수퍼비전 과정에 대한 비밀유지가 용이하기 때문이다. 그러나 소집단 수퍼비전이나 사례 발표회에서는 이런 치료적 작업이 아예 시도되지 않거나 혹은 그 방법이 크게 달라질 수밖에 없다. 수퍼바이지의 개인적·사적인 내용이 다른 사람들에게 공개되는 경우 수퍼바이지는 물론 다른 참여자들에게도 상처를 줄 수 있기 때문이다. 수퍼바이저는 일대일 형태가 아닌 상황에서 치료적 역할을 수행할 것인지 판단할 때 고도의 주의를 기울여야 한다.

수퍼비전에서 치료적 기능만을 수행하는 것은 아니다. 수퍼비전은 매우 지적인 과정이기도 하다. 수퍼비전을 구성하는 매우 중요한 내용 중에는 사례개념화 작업이 있다. 사례개념화는 필요한 정보를 정확하게, 충분히 파악하였는지를 검토한 다음, 그 정보들을 기반으로 문제의 원인과 발달 경로를 추론하며, 문제의 예후를 예측하고, 문제해결을 도울 수 있는 방법들을 선택하는 작업이다. 사례개념화는 그 외에도 상담 과정에 장애가 될 수 있는 요인이나 상담 과정을 촉진시켜 줄 수 있는 요인들을 정리하는 작업도 한다. 이 모든 과정은 상당히 복잡한 지적 과정인데, 상담교육에서 가장 중요한 내용으로 인식되고 있다.

한 시간의 수퍼비전을 실시한다고 가정하였을 때, 그 한 시간 동안에 치료적 과정과 사례분석적 과정이 모두 수행될 수 있다. 여기서 수퍼바이저의 다중 역할 현상이 발생한다. 10분 전까지만 해도 인지적인 사례개념화 작업에 몰두하고 있었는데, 지금은 수퍼바이지의 개인적 문제를 다루기 위한 치료적 작업을 할 수도 있는 것이다. 그리고 이 치료적 작업이 어느 정도 수행된 다음 다시 인지적인 사례개념화 작업으로 되돌아갈 수도 있다. 수퍼바이저는 이 서로 다른 두 가지 역할을 적절하게 수행할 수 있도록 훈련받아야 한다.

3) 단회성 초빙 수퍼비전에서 발생하는 다중 역할 현상

앞에서 설명한 두 사안은 모두 수퍼비전 관계가 단회성이 아니라 수차례 이상 반복해서 이루어지는 경우에서 발생할 수 있는 다중 역할 이슈들을 다루었다. 그러나 수퍼비전이 이루어지는 형태들 중에는 단회성도 매우 자주 볼 수 있다. 이런 단회성 수퍼비전은 주로 상담 센터 혹은 상담학회 등 단체에서 수퍼바이저를 초빙하여 소집단 수퍼비전 혹은 대집단 사례 발표회를 개최하는 경우에 주로 발생한다.

초빙된 수퍼바이저는 수퍼바이지를 원래부터 잘 아는 경우도 있지만, 반대로 수퍼바이지를 처음 만나는 경우도 있다. 만약 후자의 경우라면 수퍼바이저는 수퍼바이지의 전문가적 발달 수준을 파악하기 위한 작업을 해야 할 것이다. 이런 단회성 수퍼비전에서는 흔히들 수퍼바이지가 사전에 사례에 관한 기록을 수퍼바이저에 제공해 주는데 이때 자신이 수퍼비전을 통해서 '배우고 싶은 점' 혹은 '다루고 싶은 점'을 기재하곤 한다.

수퍼바이지가 기재한 배우고 싶거나 다루고 싶은 점들 중에는 한두 시간의 단회 수퍼비전으로는 감당할 수 없는 것들도 자주 발견할 수 있다. 혹은 배우고 싶고 다루고 싶은 것들이 너무 여러 가지가 한 번에 제시되기도 하여 반드시 취사선택을 하여야 할 수도 있다. 어떤 경우에는 수퍼바이지의 현재의 전문성 수준에는 맞지 않아 보이는 너무 고차원적인 것을 다루고 싶어 할 수도 있다. 다시 말해서, 배우고 싶거나 다루고 싶은 사항에 관한 토의부터 시작해야 하는 상황이 발생할 수도 있다는 것이다.

이런 경우 수퍼바이저는 복잡한 역할 수행 과정을 거치게 된다. 우선 수퍼바이지의 전문성 수준을 평가하는, 즉 평가자로서의 역할을 수행한다. 이 과정은 결코 단순하지 않으며 쉽지도 않다. 단회 수퍼비전이기 때문에 매우 제한된 정보에 기초해서 성급한 평가를 해야 할 경우가 많다. 그리고 수퍼바이저는 선배 상담자 혹은 대가 상담자로서 유능한 멘토와 같은 역할을 수행하게 된다. 초빙 수퍼비전의 경우에는 정기적인 수퍼비전과는 달리 수퍼바이저가 전 과정을 주도해야 하는 경우가 많다. 수퍼바이저는 수퍼바이지 및 청중들이 미처 생각하지 못한, 자각하지 못한 새로운 대안들을 제시하여야 할 수도 있다. 청중들과 수퍼바이지는 수퍼바이저의 매우 적극적인 '사례분석'을 암암리에 요구하고 있으며 수퍼바이저는 이런 압력을 쉽게 느끼기 때문이다. 그래서 그들이 매우 유능한 수퍼바이저를 초빙하였고 성공적이면서 유익한 수퍼비전을 받았다는 경험을 수퍼바이저가 제공해야 한다는 '의무감'을 느끼도록 보이지 않는 영향력을 행사하기도 한다. 이런 식으로 초빙 수퍼비전 시간에 수퍼바이저는 동시에 여러 가지 역할을 수행하도록 요구받는다.

○ 요약

전문상담사를 양성하는 여러 가지 교육 방법과 경로 중에서도 수퍼비전은 상담자 양성을 위한 가장 특징적인 교육 방법으로 여겨지고 있다(김계현, 1992). 현재 우리나라 상담학 분야에서는 상담 수퍼바이저의 역할과 기능이 법령 혹은 전문 학회의 자격관리 등을 통해서 정의되고 있다.

상담 수퍼비전의 뿌리는 정신분석가 양성 과정과 관련이 있다. 정신분석가 양성은 스승과 제자, 분석가와 교육분석자(수련생) 간의 일대일 관계에서 이루어지는 전통을 가지고 있었는데, 상담 수퍼비전은 이러한 과정을 도입한 것으로 보인다.

그러나 상담은 정신분석에 비해 그 적용 영역과 분야가 넓고 다양해서 그 교육의 방법 또한 다양화되었는데, 그 결과로 상담 수퍼비전의 형태 및 수퍼바이저 역할이 더욱 다양해지게 되었다. 수퍼바이저의 역할은 수퍼바이지의 발달 수준에 따라 변화한다. 그리고 수퍼바이저와 수퍼바이지 사이에는 수퍼비전 관계 외에도 다양한 관계 양상(이중적 관계 또는 다중 관계)이 나타나게 되는데, 이와 관련한 수퍼바이저의 다중 역할은 주요한 연구 주제가 되어 왔다.

제3장
수퍼비전의 윤리

| 최해림 |

수퍼비전의 개념, 목적, 역할, 기능은 시간의 흐름에 따라 재정의되고 또 변화하였다. 처음에는 초보 상담자가 임상 재료를 개념화하고 치료 방법을 선택하고 적용할 수 있도록 도와주는 것이었으나, 이제는 상담자의 기술적 능력뿐만 아니라 더 나아가 신념 및 가치를 포함하여 상담자가 전문인으로서 성장하도록 도와주는 과정으로 본다. 이런 의미에서 윤리적인 상담자라는 정체성은 상담자가 전문가로서의 정체감을 형성하는 데 있어 필수적이며 특별한 관심을 요하는 부분이다. 상담자가 상담 실제에서 순간순간 윤리적 문제들을 인식하고 항상 깨어 있어야 한다면 훈련 중인 상담자나 수퍼바이지를 수퍼비전하는 수퍼바이저는 윤리적 상담자가 될 수 있도록 수퍼비전에서 이 문제들을 다루어야 하고 윤리적 상담자의 모델이 되어야 한다. 어쩌면 수퍼바이저는 그들의 수퍼비전을 받는 수퍼바이지의 윤리적 행동에 대하여 궁극적인 책임이 있다고 할 수 있다(Bernard & Goodyear, 2004). 상담자에게 윤리적 원칙을 가르치고 그들이 상담에서 윤리적 결정을 할 수 있도록 돕는 것이 상담교육자와 수퍼바이저에게 가장 중요한 일 중의 하나가 된다.

현재 한국의 상담자나 다른 정신건강 분야의 전문인들을 수퍼비전하는 분들 중, 과거에 교육을 받은 수퍼바이저들은 실제로 수퍼비전 이론이나 모델에 대한 정식 교육과 훈련을 받은 적이 거의 없다. 윤리교육과 훈련 역시 미미한 수준이고 이러한 현실 자체가 매우 윤리적이지 못한 것 같아 보인다. 이는 최해림(2002)의 연구에서 대부분의 상담자들은 윤리 과목을 택한 적이 없으며, 있다고 응답한 3명은 외국에서 교육받았다고 보고한 것에서도 잘 나타나고 있다. 미국의 경우도 사정은 좀 나은 편이지만 유로프스키와 소와(Urofsky & Sowa, 2004)의 보고에 따르면 상담교육 프로그램을 갖고 있는 148개 대학 중 31%가 상담윤리 과목을 제공하고 있으며, 11%는 다른 상담 과목 안에 포함되어 있다고 한다. 더 나아가 시카넥, 매카시-비치와 브라운(Cikanek, McCarthy-Veach, & Braun, 2004)의 연구에서는 수퍼비전과 관련된 학회 윤리강령을 정확히 아는 사람이 거의 없었고, 수퍼비전에 대한 사전 동의에 대하여 알고는 있었지만 정확하지 않았다. 윤리적 문제와 법적 문제의 차이를 명확히 구분하지 못하였으며, 전문직의 문지기로서의 역할에 대하여 인식하지 못하고, 잘못된 수퍼비전이 해를 끼칠 수 있다는 위험에 대하여 알지 못하였다고 보고한다.

한국의 현 상황이 어떠하든 어디에선가는 시작을 해야 하고, 수퍼바이지의 교육과 훈련을 맡고 있는 많은 전문가와 수퍼바이저는 임상 수퍼비전에 대한 책을 읽고 경험을 통하여 연마해야 하는 상황 속에서도 그 책임을 충실히 이행하고자 노력하는 것으로 보인다. 최근에 상담 윤리에 대한 관심과 함께 상담 관련 윤리를 다룬 저서(공윤정, 2008; 최원호, 2008; 최해림, 이수용, 금명자, 유영권, 안현의, 2010)도 나오고 있어 고무적이다.

1. 수퍼비전의 윤리규정

추어 박사(Zur & Debexion, 2010)는 심리치료와 상담 분야의 16개 학회의 수퍼비전에 관련된 윤리지침을 개관하였다. AAMFT(American Association for

Marriage and Family Therapy), AAPC(American Association of Pastoral Counselors), 미국심리학회(American Psychological Association: APA) 등 대부분의 학회의 윤리 지침은 여러 조항에 걸쳐 수퍼비전과 관련된 문항들이 여기저기 산재해 있고, 미국상담학회(American Counseling Association: ACA)는 특별히 수퍼비전, 훈련, 교수(teaching)라는 조항에서 수퍼비전과 관련된 윤리를 다루고 있다. 한국상담 심리학회 윤리강령(2018)이나 한국상담학회의 상담 전문가 윤리강령(2016)에도 수퍼비전에 관한 윤리지침은 따로 없고 여러 조항에 걸쳐 수퍼비전, 수퍼바이저 와 관련되는 내용이 포함되어 있다.

수퍼비전과 관련된 여러 학회들의 윤리강령들은 대부분 상담교육과 수퍼비 전을 책임지고 있는 교수, 수퍼바이저들이 그들의 학생, 수퍼바이지가 학회 윤 리강령에 나타나 있는 대로 윤리적 책임을 의식하도록 도와줄 책임이 있음을 강 조하고 있다. 여러 학회에서는 공통적으로 상담 관계, 사생활과 비밀보장, 전문 적 역량, 문화적 다양성, 학생과 수퍼바이지, 고용인에 대한 책임, 연구 등의 조 항 안에서 수퍼비전 관련 윤리 문제를 다루고 있다(Zur & Debexion, 2010). 학 자들도 수퍼비전과 관련된 윤리 문제를 다룸에 있어 그 주제에 차이가 있는 것 으로 보인다. 토마스(Thomas, 2010)는 윤리적 규준과 함께 현장에서의 윤리, 다 중 관계와 경계선, 사전 동의, 수퍼비전에서 일어나야 할 일 등을 다루었고, 버 나드와 굿이어(Bernard & Goodyear, 2004)는 수퍼바이저가 알아야 할 주요 윤리 적 주제로 적합한 과정(due process), 사전 동의, 다중 관계, 전문적 유능성, 비 밀보장, 법적 문제, 윤리적 결정 과정을 들고 있다. 보더스 등(Borders, Bernard, Dye, Fond, Henderson, & Nance, 1991)은 수퍼바이저 훈련 프로그램을 개발하였 는데 특히 윤리적·법적 문제로는 이중 관계, 적합한 과정, 사전 동의, 비밀보 장, 책무성과 공동 책무성, 자문, 전문가의 정보 등을 포함하고, 전문적 규율 문 제로는 전문적 규준, 자격증, 보험지급과 그 과정, 기관의 정책을 포함하고 있 다. 유영권(2010)은 수퍼바이저의 역할과 책임과 더불어 유능한 수퍼바이저, 무 능한 수퍼바이저, 수퍼바이저의 윤리적 결정 단계, 수퍼비전에서 다루어야 할 윤리적 문제, 수퍼비전 관계에서의 윤리적 문제를 다루고 있고, 길버트와 에번스(Gilbert & Evans, 2005)는 윤리적 의사결정에 초점을 맞추고 있다. 헤인스, 코리와 몰튼(Haynes, Corey, & Moulton, 2006)은 수퍼바이저의 역할과 책임, 부정적인 수퍼비전 사건의 영향, 윤리적 결정 방법 가르치기 등등 임상 수퍼비전에서의 윤리적 쟁점과 수퍼비전에서의 다중 역할과 관계, 수퍼비전에서의 법적 문제에 대하여 다룬다.

미국상담학회(ACA)의 윤리강령(Code of Ethics, Section F-Supervision, Training and Teaching, 2014)은 특별히 수퍼비전, 훈련, 교수(teaching) 영역을 하나로 묶어 독립된 조항으로 제시하고 있다. 상담자는 의미 있고 존경받을 수 있는 관계를 증진하고, 수퍼바이지와 학생들과의 관계에서 적절한 경계를 유지하도록 하며, 자신의 일에 대한 이론적·교육적 기본을 갖추고, 훈련 중인 상담자들을 평가할 때 공평하고, 분명하고, 정직해야 한다고 전제한다. 미국상담학회 윤리강령의 수퍼비전 관련 조항은 수퍼비전과 내담자의 안녕, 상담자 수퍼비전의 능력, 수퍼비전 관계, 수퍼바이저의 책임, 수퍼비전의 평가/보수교육/추천, 상담교육자의 책임, 학생의 복지, 학생의 책임, 학생의 평가/보수교육, 상담교육자와 학생 간의 역할과 관계, 상담교육과 훈련에서 다문화/다양성 능력 등 모두 11개의 항목으로 구성되어 있다. 상담윤리에 관련된 많은 논문들이 한 개의 구체적 항목에 관련된 것인 데 비하여 미국상담학회 윤리강령은 포괄적이면서도 비교적 자세하다. 물론 이 항목들의 내용은 다른 윤리 조항에서도 중복되기도 하지만 이 항목에 따라 내용을 살펴보고자 한다.

1) 수퍼비전과 내담자의 안녕

수퍼바이저의 가장 중요한 책임은 수퍼바이지가 제대로 상담하는가를 점검하고, 내담자의 안녕, 수퍼바이지가 제공하는 상담과 전문가로서의 발달을 살펴보는 것이다. 이렇게 하려면 수퍼바이지를 정기적으로 만나 사례 축어록이나 녹음을 검토하고 상담 장면을 관찰해야 한다. 수퍼바이지는 학회의 강령을 이해하고 지킬 의무가 있다. 예를 들면, 수퍼바이지는 내담자가 자신이 상담을 받고 있는 수퍼바이지의 자격에 대한 정보를 알도록 해야 한다거나, 상담 관계에서 내담자의 비밀이나 사생활을 보호해야 하고, 내담자에게 비밀보장의 한계를 알려야 한다. 수퍼비전 과정이 비밀보장에 영향을 줄 수 있다는 사실과 누가 상담 기록을 볼 수 있는지를 알도록 해야 한다.

2) 수퍼비전 관련 능력

수퍼비전을 하기 전에 상담자들은 수퍼비전 방법과 기술에 대하여 훈련을 받아야 한다. 수퍼비전을 하려면 정기적으로 상담과 수퍼비전에 대하여 보충교육을 받아야 한다. 또한 수퍼비전 관계에서 다문화 문제와 다양성에 대하여 인식하고 다루어야 한다.

3) 수퍼비전 관계

수퍼바이저는 수퍼바이지와의 관계에서 전문적 · 개인적 · 사회적 경계를 확실히 하고 유지해야 한다. 수퍼바이저는 현 수퍼바이지와 비전문적인 관계를 피하고 수퍼바이저가 다른 역할(행정가, 교수 등)을 해야 한다면 갈등을 최소화해야 하며 수퍼바이지에게 각 역할에서 기대하는 바를 설명해야 한다. 수퍼비전 관계에 영향을 줄 수 있는, 전문적 관계 외의 관계를 맺지 말도록 해야 한다. 현 수퍼바이지와의 성적 관계나 연애는 금지 사항이며 수퍼바이지를 성희롱해서도 안 된다. 또한 가까운 친구나 애인 또는 친구와의 수퍼비전은 피해야 한다.

수퍼바이저는 수퍼바이지와의 관계에서 힘의 차이가 있음을 알아야 한다. 비전문적인 관계가 미래에 수퍼바이지에게 도움이 될 수 있을지라도 상담자가 내담자와의 관계에서 조심해야 하는 바와 마찬가지로 조심해야 한다. 도움이 될 수도 있는 상호작용이나 관계의 예는 공식행사에 참석하거나, 병원방문, 스트레스 상황에서 지지를 해 주는 것, 전문 학회나 조직에 함께 회원으로 가입하는 것 등이다. 수퍼바이저의 역할 밖의 관계가 일어난다고 생각되었을 때 수퍼바이저는 수퍼바이지와 이에 대하여 열린 마음으로 의논해 보아야 한다. 비전문적인 관계가 일어나기 전에 수퍼바이저는 수퍼바이지와 이야기를 나누면서 이 관계의 장단점과 함께 수퍼바이지에게 미칠 영향을 고려해 보고 이 관계를 맺는 이유에 대하여 기록을 남겨야 한다. 수퍼바이저는 수퍼바이지와 앞으로 가질 추가적인 역할에 대하여 구체적으로 분명히 해야 한다.

4) 수퍼바이지의 책임

수퍼바이저는 사전 동의와 참여에 대한 원칙을 수퍼비전 내에서 통합해야 할 책임이 있다. 수퍼바이저는 개인적인 수퍼비전 행위에 대하여 그가 지키고 있는 원칙과 과정과 함께 수퍼바이지가 수퍼비전 행위에 대하여 항의할 수 있는 적합한 과정(due process)에 대한 기제를 알려 주어야 한다. 적합한 과정이란 수퍼비전에서 수퍼바이지가 수퍼비전의 내용, 과정, 평가의 방식이나 결과에 대하여 이의가 있을 때 이를 제기하는 방법, 절차에 대한 정보를 알려 주는 것을 의미한다. 수퍼바이저는 수퍼바이지가 전문적·윤리적 규준과 법적 책임에 대하여 인식하도록 해야 한다. 학위 후 상담자들의 수퍼바이저는 이들이 전문적 상담의 규준을 따르도록 격려해야 한다.

수퍼바이저는 수퍼바이지가 자신(수퍼바이저)에게 연락을 취할 수 있는 방법, 그리고 자신의 부재 시 위기를 다룰 수 있도록 대신 도와줄 수 있는 다른 수퍼바이저에게 연락할 수 있는 과정과 방법을 알려 주어야 한다. 수퍼바이저나 수퍼바이지는 적당한 예고로 수퍼비전 관계를 종결할 권리가 있다. 종결의 이유를 상대방에게 알려야 한다. 문화적·임상적 또는 전문적 쟁점이 수퍼비전 관계의 지속에 중요하기 때문에 양쪽 모두 차이를 해결하기 위해 노력해야 한다. 종결이 확인되면 수퍼바이저는 가능하면 다른 수퍼바이저에게 적절한 소개를 해 주도록 한다.

5) 학생과 수퍼바이지의 책임

수련 중인 상담자는 학회 윤리강령을 이해하고 준수할 의무가 있다. 기관이나 실습 현장에서 전문가적 행동을 다루는 관련된 법, 구속력 있는 정책, 규칙을 따를 책임이 있다. 학생들은 내담자가 상담자에게 요구하는 것과 똑같은 의무를 갖는다.

수련 중인 상담자는 내담자나 다른 사람을 해칠 수 있는 신체적 · 정신적 또는 정서적 문제가 있다면 상담해서는 안 된다. 이런 장애에 대한 신호에 민감해야 하며, 도움을 청하고, 상담 서비스를 효과적으로 할 수 없다고 의식하게 되면 프로그램 수퍼바이저에게 알려야 한다. 더 나아가 다른 사람들에게 서비스를 제공할 능력을 방해하는 문제를 교정하기 위하여 적절한 전문 서비스를 받아야 한다.

수퍼바이지는 상담하기 전에 내담자에게 자신이 학생이고 수퍼바이지라는 것을 밝히고 이 위치가 비밀 보장의 한계를 가질 수 있음을 밝힌다. 수퍼바이저는 제공되는 상담의 수준과 학생의 자격에 대해 내담자가 알고 있다는 것을 확인해야 한다. 학생은 훈련 과정 중 상담관계와 관련된 모든 정보는 사용하기 전에 미리 내담자의 허락을 받아야 한다.

6) 수퍼비전의 평가/보수교육/추천

수퍼바이저는 수퍼바이지의 수행을 평가하고 피드백해 준 것을 지속적으로 기록해 둔다. 또한 수퍼비전하는 동안 정기적으로 만나 공식적인 평가회기를 갖는다. 평가를 지속적으로 하면서 수퍼바이저는 상담에 방해가 될지 모르는 수퍼바이지의 한계를 알게 되는데 수퍼바이저는 필요하다면 수퍼바이지가 보충할 수 있도록 도와준다. 수퍼바이저가 전문적 서비스를 제공할 수 없을 때 훈련 프로그램이나 전문가 자격 경력을 쌓을 수 있는 상담 유관 기관으로 떠나도록 한다. 수퍼바이저는 자문을 구하고 수퍼바이지를 떠나게 하거나 도움을 받도록 의뢰한 결정을 문서화한다. 수퍼바이저는 수퍼바이지가 다른 가능한 대안이 있는지 알도록 하고, 그 결정을 다룬다. 만약 수퍼바이지가 상담을 요구한다면 수퍼바이저는 가능한 의뢰처를 제공해 준다. 수퍼바이저는 수퍼바이지를 상담하지 않는다. 수퍼바이저는 대인관계 능력이 내담자, 수퍼비전 관계, 전문가로서의 기능에 영향을 미친다는 관점에서 다룬다.

수퍼바이저는 수퍼바이지가 그 추천에 걸맞은 자격이 있다고 믿을 때 자격증, 면허증, 구직 또는 훈련 프로그램의 수료 등을 받도록 추천한다. 자격과 관계없이 수퍼바이지가 어떤 방법으로라도 그 추천과 관련된 의무 수행에 있어 피해를 줄 수 있다고 믿는다면 수퍼바이저는 그 수퍼바이지를 추천하지 말아야 한다.

7) 상담교육자의 책임

상담교육 프로그램을 개발하고 운영하고 수퍼비전을 하는 상담교육자는 교사로서 또 상담 실무자로서의 기술을 갖고 있어야 한다. 상담 전문직에 대한 윤리적 · 법적 규율에 대하여 알아야 하고, 이 지식을 응용할 줄 알아야 하며, 학생들과 수퍼바이지가 그들의 책임을 알도록 해야 한다. 상담교육자들은 상담교육과 훈련 프로그램을 윤리적으로 실천하며, 전문가 행동의 롤모델이 되어야 한다.

상담교육자들은 다문화/다양성과 관련된 재료들을 전문상담자의 발달을 위한 모든 과목과 워크숍에 녹여 넣어야 한다. 상담교육자는 강의 교육과 수퍼비전이 있는 상담 실습이 들어간 교육과 훈련 프로그램을 만들어야 한다.

상담교육자는 학생과 수퍼바이지가 전문직의 규준과 책임, 윤리적 책임을 인식하도록 해야 한다. 상담교육자들은 전 교과 과정을 통하여 윤리적 사항을 녹여 넣어야 한다. 상담교육자들은 학생과 수퍼바이지가 집단상담을 지도하거나 임상 수퍼비전을 할 때 동료들의 권리를 타협해서는 안 된다는 것을 확실히 하도록 모든 노력을 해야 한다. 상담교육자들은 학생들과 수퍼바이지들이 상담교

육자, 수퍼바이저와 똑같이 윤리적 책임이 있다는 것을 명확히 이해하도록 해야
한다.

상담교육자가 경험적 근거 없이 또 이론적 근거 없이 새로운 기법이나 과정
을 가르칠 때 그 상담 기법이나 과정이 '증명되지 않았고 개발 중임'을 정리하고
그 상담 기법이나 과정을 사용하였을 때 일어날 수 있는 위험과 윤리적 사항들
을 학생들에게 설명해야 한다.

상담교육자는 현장 배치나 경험과 관련하여 훈련 프로그램의 정책을 분명히
갖고 있어야 하고, 학생이나 수퍼바이지, 현장 수퍼바이저와 프로그램 수퍼바이
저를 위한 역할과 책임에 대하여 분명히 언급해야 한다. 현장 수퍼바이저가 수
퍼비전을 할 자격이 있음을 확인하고 이 역할에 대하여 전문적·윤리적 책임이
있음을 알려 준다.

상담을 시작하기 전에 훈련 중인 상담자는 학생이라는 신분을 밝히고 이 신
분이 비밀보장의 한계에 어떤 영향을 주는지 설명해야 한다. 수퍼바이저는 실
습 현장에서 내담자는 어떤 서비스를 받고 있으며 그 서비스를 제공하는 학생과
수퍼바이지의 자격을 알아야 함을 알려 주어야 한다. 학생과 수퍼바이지는 훈
련 프로그램 중 상담 관계에서 일어난 어떤 정보를 사용하기 전에 내담자 승낙
을 받아야 한다.

8) 학생의 복지

상담교육자는 오리엔테이션이 발달 과정이고, 이 과정이 학생의 교육과 임상
훈련 전반을 통하여 계속됨을 인식하여야 한다. 상담 교수들은 미래의 학생들
에게 상담교육에서 기대되는 정보를 제공한다. 예를 들면 다음과 같다.

- 상담전문직의 가치와 윤리적 원칙
- 훈련을 성공적으로 마치기 위하여 각 유형과 수준에 적합한 기술과 지식
  습득

- 필요한 과학 기술
- 프로그램 훈련 목적, 목표, 임무, 들어야 할 과목
- 평가 근거
- 훈련 과정의 한 부분으로 자기 성장이나 자기 개방을 격려하는 훈련 요인들
- 수퍼비전의 유형, 현장의 조건들, 요구되는 실습 현장 경험
- 학생과 수퍼바이지 평가와 퇴학/퇴출 정책과 과정
- 졸업생들의 최근 고용 전망

9) 학생의 평가/보수교육

상담자는 학생들에게 프로그램 시작 전에, 그리고 프로그램 중에 학문적으로나 임상적으로 기대되는 능력 수준, 평가 방법, 평가의 시기 등을 분명히 언급해야 한다. 상담교육자는 훈련 프로그램 전반을 통하여 학생들의 수행에 대한 평가나 피드백을 지속적으로 학생들에게 제공한다. 상담교육자들은 지속되는 평가를 통하여 어떤 학생은 상담 수행에 방해가 되는 요인을 갖고 있거나 상담 능력을 성취할 수 없다는 것을 알아차려야 한다.

상담교육자들은 다음과 같은 사항에 주의해야 한다.

- 필요하다면 학생들이 도움을 받아 보수할 수 있도록 한다.
- 전문가의 자문을 구하고 퇴학/퇴출 또는 의뢰에 대한 결정을 문서화한다.
- 학생들이 도움을 청하거나 프로그램을 떠날 수 있도록 요구되는 결정을 시기적절하게 따를 수 있도록 한다. 또는 기관의 정책이나 과정에 따라 적합한 과정(due process)을 거칠 수 있도록 한다.
- 보수교육의 일환으로 상담교육자는 학생이 상담을 요청하거나 상담 서비스가 요구될 때 수용할 수 있는 의뢰를 한다.

10) 상담교육자와 학생 간의 역할과 관계

현 학생과의 성적 관계 또는 연애는 금지된다. 학생들을 성희롱해서도 안 되고 학생에게 행해진 성희롱을 묵과하여도 안 된다. 교수가 과거 학생이었던 사람과 성적 관계 또는 다른 친밀한 관계를 맺게 될 때 허심탄회하게 의논해야 한다. 교수는 과거 학생과 과거에 가졌던 관계가 영향을 받고 변경될 수 있다는 것을 논의해야 한다. 상담교육자는 비전문적 관계는 물론, 전문적 관계일지라도 훈련 경험이나 평가에 영향을 줄 수 있거나 학생에게 해가 될 수 있을 때는 그 관계를 피하는 것이 좋다. 상담교육자는 어떤 형태의 전문적 서비스, 수고비, 변상, 보수를 학생이나 수퍼바이지가 나가 있는 현장 기관으로부터 받을 수 없다.

상담교육자는 현 학생을 상담하지 않는다. 훈련 경험과 관련된 단순한 역할은 제외된다. 상담교육자들은 교수와 학생 간에 힘의 차이가 있다는 것을 인식해야 한다. 만약 어떤 비전문적인 관계가 학생에게 도움이 될 수 있다고 여겨질 때 상담자-내담자와의 관계에서와 마찬가지로 조심해야 한다. 관계 맺는 것이 도움이 될 수 있는 예는 공식행사에 참석하거나, 병원방문, 스트레스 상황에서 지지를 해 주는 것, 전문 학회나 조직에 함께 회원으로 가입하는 것 등이다. 상담교육자는 교수와 수퍼바이저의 역할 밖의 관계가 일어난다고 생각되었을 때 학생과 이에 대하여 열린 마음으로 의논해 보아야 한다. 상담교육자는 학생과 상호작용을 하는 이유, 장단점, 학생에게 기대되는 바를 의논한다. 상담교육자는 비전문적인 관계가 일어나기 전에 학생과 의논하면서 앞으로 가질 추가적인 역할의 본질과 제한점에 대하여 구체적으로 분명히 해야 한다. 학생과의 비전문적 관계는 시간제한적이고, 학생의 동의가 먼저 있어야 한다.

11) 상담교육과 훈련에서 다문화/다양성 능력

상담교육자는 다양한 교수들을 확보하도록 한다. 또한 상담교육자는 적극적으로 다양한 학생들을 모집하고 확보하도록 한다. 상담교육자는 다문화/다양성에 관한 역량을 확고히 보여 주어야 한다. 다양한 문화적 배경을 가진 학생들이 다른 유형의 능력을 가지고 훈련 경험을 받으러 온다는 것을 인식하고 귀중하게 여긴다. 상담교육자는 다양성을 가진 학생들의 복지와 학업 성취를 지지하고 고취할 수 있는 적절한 편의를 제공한다. 상담교육자는 적극적으로 다문화/다양성 능력을 위한 훈련을 수퍼비전 프로그램에 넣는다. 또한 학생들이 다문화적 의식을 가지고 관련 지식, 기술을 훈련하여 다문화 상담의 능력을 갖도록 한다. 상담교육자는 상담 사례, 역할극, 토론, 질문 등 강의 활동을 통하여 다양한 문화적 조망을 촉진한다.

이상은 미국상담학회(ACA)의 윤리강령(Code of Ethics, Section F-Supervision, Teaching and Training, 2014) 중 특별히 수퍼비전, 훈련, 교수 영역과 관련된 항목들을 중심으로 살펴본 내용이다. 각 항목에 따라 연구 논문들이 많아 그 내용을 포함하면 좋겠지만 생략하기로 한다.

2. 수퍼비전 현장에서의 윤리 문제

제2장에서는 수퍼바이저의 역할과 기능에서 무엇이 수퍼비전의 기준이 되어야 하는지 기술하고 있다. 이 역할과 기능을 제대로 수행하지 못할 경우 수퍼바이저로서 이미 비윤리적이라고 할 수 있고, 비윤리적이라고 말하기는 힘든 경우에도 상담자로서 윤리적으로 떳떳하지 못함을 의미한다고 할 수 있다. 코리, 코리와 캘러넌(Corey, Corey, & Callanan, 2011)은 수퍼비전에서 중요한 윤리 쟁점은 수퍼바이지의 권리와 수퍼바이저의 책임이며 상담자-내담자 관계에 관련된 윤리적 규준은 수퍼바이저-수퍼바이지 관계에도 적용된다고 보면 된다고 하였다. 헤인스 등(Haynes et al., 2006)은 수퍼비전에서 중요한 윤리적 쟁점은 내담자 권리, 수퍼바이저의 권리 및 책임, 수퍼바이지와 내담자에 대한 수퍼바이저의 책임 간의 균형 유지에 대한 것이라고 하였다.

래드니, 레만-워터맨, 몰리나로와 월개스트(Ladany, Lehrman-Waterman, Molinaro, & Wolgast, 1999)에 따르면, 수퍼바이지 중 51%는 그들의 수퍼바이저가 적어도 한 가지 이상의 윤리적이지 않은 행동을 하였다고 보고했다. 공윤정(2008)은 수퍼비전에서 가장 흔한 윤리규정의 위반은 수퍼바이지가 부적절한 상담 서비스를 제공하였는데도 수퍼바이저가 이를 인식하지 못해서 적절한 조치를 취하지 못하는 것이라고 하였다. 바넷, 에릭슨-코니시, 굿이어와 라이튼버그(Barnett, Erickson-Cornish, Goodyear, & Lichtenberg, 2007)도 부정적 수퍼비전 경험이 수퍼바이지의 발달에 어떤 영향을 주는지 많은 수퍼바이저들이 알지 못한다고 하였다. 수퍼바이저가 기술적·인지적·정서적 결함이 있을 때 흔히 보일 수 있는 문제로는 수퍼비전의 여러 요소를 불균형적으로 제공하는 것, 수퍼바이지의 발달적 요구에 둔감하고, 수퍼바이지가 수퍼바이저의 견해와 다르게 행동하는 것을 유연하게 받아들이지 못하는 것 등이 있다. 또한 수퍼비전에 대한 헌신이 부족하고, 수퍼비전의 경계나 어려운 문제를 제대로 잘 다루지 못하여 전문적으로, 개인적으로 좋은 롤모델이 되지 못하는 경우가 있다. 수퍼바이저가 관계에 문제가 있어 수퍼바이지를 모욕하거나, 적절한 정보를 제공하지 않고, 수퍼비전 목적에 맞지 않게 수퍼비전을 운영하며 수퍼비전 시간을 제대로 운영하지 못하는 경우도 비윤리적이다(공윤정, 2008).

워딩톤, 탠과 폴린(Worthington, Tan, & Poulin, 2002, 공윤정, 2008 재인용)은 230명의 수퍼바이지와 97명의 수퍼바이저를 대상으로 수퍼바이지의 윤리적 위반에 대해 조사하였다. 이에 따르면, 수퍼바이지의 비윤리적 행동으로는 의도적으로 수퍼바이저에게 중요한 정보를 수퍼바이저에게 말하지 않는 것, 상담에 영향을 줄 수 있는 개인적 편견을 밝히지 않는 것, 수퍼바이지에게 허용된 자율성보다 더 많은 자율성을 가지고 사례를 처리하는 것, 수퍼바이저와의 갈등을 다루지 못하는 것 등이 있었다. 또한 수퍼비전 시간을 실제보다 많은 것으로 보고하거나, 상담을 실제보다 부풀려 보고하는 행동, 수퍼바이저의 상담에 대해 과오에 대한 책임이 높아질 줄 알면서도 특정한 행동을 하거나, 의도적으로 수퍼바이저의 지시를 따르지 않고, 상담에 영향을 주기 시작한 개인적 문제를 말하지 않거나, 수퍼바이저의 비윤리적 행동을 보고도 아무에게도 말하지 않는 행동 등이 있다. 래드니와 동료들(1999)은 수퍼바이저의 윤리적 위반에 관한 수퍼바이지들의 호소에 대하여 면밀한 연구를 하였는데 부적절한 평가와 피드백 절차에 대한 것이 호소의 1/3이었다. 이 불평은 두 번째 호소로 언급된 불평보다 거의 두 배나 되었다. 이러한 염려 때문에 평가와 피드백에 대하여 특별히 주의할 필요가 있다. 진행되고 있는 임상적 · 개인적 · 전문적 문제에 대하여 피드백을 준다는 것은 경험이 많은 수퍼바이저에게도 어려운 일이다(Hoffman, Hill, Holmes, & Freitas, 2005). 수퍼바이저가 피드백을 준다는 것은 수퍼바이지가 변화할 수 있다고 믿는 것이고, 피드백을 주지 않는다는 것은 수퍼바이지의 잠재적 발달에 대한 신뢰가 부족하다는 증명이라고 이해한다면 수퍼바이저가 피드백하기가 좀 편할 수 있을 것이다.

매카시, 쿨러코스키와 켄필드(McCarthy, Kulakowski, & Kenfield, 1994)에 따르면, 수퍼바이지가 수퍼바이저의 훈련과 교육에 대한 배경 정보를 잘 모르는 경우, 수퍼바이저가 수퍼바이지의 피드백을 묻는 정도이고 수퍼비전이나 수퍼바이지에 대한 평가를 거의 하지 않는 경우, 전이 · 역전이 문제가 가장 자주 나오는 주제임에도 불구하고 수퍼바이저와 수퍼바이지의 관계에 대해서 논한 적이 없는 경우 등에서 문제가 발생한다. 넬슨과 프리드랜더(Nelson & Friedlander, 2001)는 수퍼바이저로부터 받은 상처는 수퍼바이지에게 치명적일 수 있다고 하였다. 수퍼바이저는 지지를 안 해 주고, 수퍼바이지의 관점을 무시하고, 수퍼바이저의 기분에 따라 수퍼비전을 운영하며 수퍼바이저 자신이 자기의 능력에 자신이 없거나 다중 역할로 알게 모르게 수퍼바이지의 안녕에 영향을 미치면서 수퍼바이지에게 상처를 준다. 물론 수퍼바이지의 변인도 있을 수 있지만, 그리고 이러한 수퍼바이저의 행동은 윤리적 문제로 확실히 지적하기에는 힘들지 모르지만 적절하지 못한 행동일 수 있다. 수퍼바이저의 행동이 비효율적이지만 해가 되지는 않을 수도 있고, 비효율적일 뿐만 아니라 해가 되는 경우도 있을 수 있다.

최근 이하얀, 서영석, 박성화, 이정윤, 최유리(2017)는 수퍼바이저가 이행해야 할 윤리적 행동이 무엇인가 탐색하고, 수퍼바이지 141명을 대상으로 수퍼바이지가 지각한 수퍼바이저의 윤리적 수행에 대하여 조사하였다. 불이행 비율이 높은 항목은 '수퍼비전 및 수퍼바이저/수퍼바이지 역할에 대한 오리엔테이션' '연구윤리' '수퍼비전과 상담의 구별'이었다고 보고한다. 이는 외국 선행 연구와 비교했을 때 불이행률이 상당히 높다고 하였다.

주위에서 종종 목격되는 비윤리적인 행동으로는 수퍼바이저가 수퍼비전 자료를 읽지도 않고 오거나, 집단 수퍼비전에서 참석자의 코멘트만 잔뜩 이야기하도록 하고 수퍼바이저는 한두 마디 하고 끝내든가, 공개집단 수퍼비전에서 두 명의 수퍼바이저가 참석해야 하는데 한 수퍼바이저가 지도를 하고 다른 수퍼바이저는 인사만 하고 사라지는 경우 등이 있다. 전이 문제를 다루면서 불필요하게 탐색하여 수퍼바이저로서의 경계를 넘어서는 행동을 하기도 하고, 반면에 수퍼바이지의 위기를 모르는 척하는 경우도 있다. 또한 교수이면서 대학원 학생의 개인상담과 수퍼비전을 동시에 하는 경우도 있다. 궁극적으로 수퍼바이저는 수퍼바이지의 모든 행동에 대하여 윤리적·법적 책임이 있으므로 자신이 관리할 수 있을 만큼만 해야 하는데 일주일에 서너 사례 이상의 수퍼비전을 강행하는 경우도 있다. 기관의 형편상 어쩔 수 없지만 수퍼비전의 경험이 전혀 없는 팀장이 수퍼비전을 하는 경우도 종종 있다.

어떤 수퍼바이지는 단지 자격증을 따기 위한 목적으로 수퍼비전 횟수만 채우려는 태도를 보인다. 제대로 피드백을 듣지 않고, 같은 사례의 1회 상담 후, 3회 상담 후에만 수퍼비전을 받고 나서 2회 후에도 수퍼비전을 받은 것으로 해 달라는 요청을 하는 경우, 중요한 정보를 사례에 기록하지 않고 사례 제시 때 그 부분을 설명하느라 대부분의 시간을 낭비함으로써 수퍼바이저의 피드백을 막아 버리는 경우도 있다. 또 많은 대학에서 대부분의 수퍼비전이 선후배 간에 일어나 외부 피드백의 경험을 갖지 못하고, 후배가 선배의 사례를 수퍼비전하는 경우도 생기면서 비윤리적인 행위가 일어나기도 한다.

1) 사례 1

어느 대학의 외부인을 위한 상담소에서의 일이다. 상담 전문가인 소장은 인턴 한 명을 상담소 행정직원으로 쓰며 인턴 비용을 면제해 주는 대가로 월급 흥정을 하였다. 이곳의 인턴들은 그 소장이 리더인 집단에 모두 참여하여야 한다. 집단에서 나온 인턴들의 개인적 문제에 대하여 집단 밖에서 만났을 때 쉽게 언급을 한다. 또한 이 소장은 인턴들을 위하여 집단 수퍼비전을 하고 있다. 수퍼비전 자료는 거의 미리 읽어 보지 않는다. 인턴들에게 개인상담을 자신에게 받을 것을 제안한다. 소장과 약속이 된 상담을 소장이 바쁘다고 대학원 학생인 인턴이 대신 상담하도록 한다. 하나하나의 사건은 그 당시 나름대로의 이유가 있었으리라고 짐작이 가나 일련의 행동은 인턴들에게 윤리적 수퍼바이저의 롤모델을 제시하기에는 부족하다는 생각이다.

2) 사례 2

수퍼비전에서 수퍼바이지가 현재 자살 위험이 있는 내담자를 상담하고 있다. 부모에게 알리면 다시는 상담을 안 오겠다고 하니 보호자에게 알릴 수가 없다는 것이 문제가 된다. 지역정신건강보건센터 의뢰를 고려해 보았으나 내담자에게 별 도움이 되지 않으리라고 판단되었다. 수퍼바이지는 내담자의 행적을 추적하느라 대부분의 시간을 보내고 있어 수퍼바이지 자신의 일상생활을 거의 할 수 없을 정도였다. 수퍼바이저는 내담자의 안녕은 수퍼바이지와 수퍼바이저 둘 다 함께 책임을 져야 하는 부분이고, 수퍼바이지가 수퍼바이저의 지도하에 내담자를 위하여 마땅한 상담을 진행하고 있다면 안심을 해도 좋다고 하였다. 그러나 수퍼바이지가 자신의 일상생활을 할 수 없을 정도로 내담자에게 매여 있는 것은 상담자가 내담자에 대해 염려하기 때문이겠지만, 상담자 개인의 문제로 인한 것일 수도 있다고 지적하였다. 이 경우 내담자가 무사히 위기를 넘겼지만 그것이 수퍼바이지가 자신의 생활을 희생한 결과인지는 알 수 없다. 수퍼바이저가 수퍼바이지의 지나친 관여를 더 단호하게 다루지 않은 것은 바로 이 부분에 확신이 없었기 때문이다.

3. 수퍼비전과 윤리교육

최원호(2008)는 그동안 상담계에서는 상담자를 양성하는 데만 목적을 두었을 뿐 진정한 윤리의 교육적 의미를 가르치는 일에 소홀하였다고 하였다. 장차 상담자로 살아갈 학생들이 여러 가지 윤리적 상황을 올바르게 인식하고 대처할 수 있도록 도와주는 동시에 내담자가 좀 더 합리적으로 의사결정을 할 수 있도록 실질적인 도움을 제공하기 위하여 수퍼바이지에게 윤리적이고 전문적인 행동을 모델링하고 가르치는 것은 필수적이다.

수퍼바이지가 어떻게 윤리적 상담자라는 정체성을 가지게 되는 것인가? 단지 윤리지침을 따르면 되는 간단한 문제가 아니다. 윤리지침 자체가 애매모호하고, 수퍼바이저의 행동을 지켜보고 따라 한다고 배울 수 있는 것이 아니며, 또한 윤리가 옳고 그름을 따지기보다 하면 안 되는 것에 초점을 맞추기 때문이다.

한델즈만, 고틀립과 냅(Handelsman, Gottlieb, & Knapp, 2005)은 윤리적 훈련을 문화이입 모델(acculturation model)로 설명한다. 이 모델에서는 심리학이 하나의 전문적이고 과학적인 학문으로서 나름대로 고유한 문화, 전통, 가치, 실무 방법, 윤리적 원칙이 있다고 전제한다. 심리학이라는 문화에 접촉하고 참여하는 과정에서 개인이 원래 갖고 있는 윤리성과 심리적 윤리와의 동일화가 상호작용하면서 대학원 학생들에게 통합, 동화, 주변경계, 분리가 일어난다. 윤리적 이입 과정에서 통합을 선택하는 사람은 자기 자신의 가치를 이해하고 유지하면서 심리학의 윤리적 가치를 수용한다. 예를 들어, 개인이 갖고 있는 존중감은 내담자에게 보여 주는 존중감과 일치하게 된다. 대학원 학생이 심리학이라는 문화에 들어오면서 이 문화의 새로운 전통, 가치, 행동을 경험하면서 스트레스와 갈등을 가질 수 있다. 사람을 돕는 전문직에 들어오면서 커다란 책임감을 짊어지게 된다는 사실에 놀라기도 한다. 다음으로 윤리과목을 택하면서 윤리적 정체성을 형성하기 시작하게 되는데 이 시기에 특히 자기성찰이 도움이 된다. 자신의 윤리적 자서전을 써 보는 것도 도움이 된다고 한다. 다음에 수퍼비전 실습을 통하여 현장에서 새로 가지게 된 윤리적 정체성을 시험해 보게 된다. 훈련 프로그램이 대학 학과나 어떤 기관에서 진행될 때 거기에서 윤리적 문화가 창조되도록 노력할 때 통합된 윤리적 문화이입도 가능해진다.

뉴펠트(Neufeldt, 2007)는 수퍼바이저가 심리치료 회기에 생긴 윤리적 문제를 다룰 때 레스트(Rest, 1984, Neufeldt, 2007 재인용)가 제시한 네 가지 요인들에 비추어 질문을 해 나갈 수 있다고 제시한다. 네 개의 구성 요인은 다음과 같다.

- 한 사람의 행동이 어떻게 다른 사람의 안녕에 영향을 미치는가라는 의미로 상황을 해석
- 도덕적 행동 코스를 만들어 나가며 구체적 상황에서 도덕적 이상을 확인
- 여러 가지 가치 중 개인이 행동할 아이디어를 선택
- 개인이 의도한 것을 실행

도덕적 추리는 점점 더욱 복잡해지고, 발달된다. 대학을 가지 않은 학생들에 비해 대학 3, 4학년과 대학원에서 도덕적 추리력이 더 높은 수준으로 발달하는 것으로 보인다고 한다. 수퍼바이저들은 심리치료 회기에서 대두된 윤리 문제들을 위의 구성 요인에 맞추어 다루어 볼 수 있다.

수퍼바이지의 전문성 발달에 따른 수퍼비전의 모델 이론들이 앞에서 제시되었다. 스톨텐베르그와 델워스(Stoltenberg & Delworth, 1987)는 수퍼비전의 통합 발달 모델에서 4개의 수준으로 전문성 발달을 설명한다. 각 수준에 따라 특징이 있고 필요성이 다르다. 또한 스톨텐베르그와 맥닐(Stoltenberg & McNeill, 2009)은 8개의 임상적 활동 영역을 제시하였는데, 수퍼바이지는 그 수준에 따라 각 영역에서 다른 특징을 보이고 수퍼바이저는 이 수준과 영역별 특징에 따라 5개의 범주에서 개입을 할 수 있다고 하였다. 토마스(Thomas, 2010)는 수퍼바이지가 각

발달 단계에서 보이는 특징과 이때 적합한 요구, 가능한 개입에 따른 윤리적 도
전에 대하여 다음과 같은 설명을 제시한다.

1) 수준 1 수퍼바이지

스톨텐베르그와 맥닐(2009)에 따르면 수준 1 수퍼바이지는 훈련받은 것을 실
천해 보려는 동기가 높다. 수퍼바이지가 새 내담자를 만나면서 기대와 함께 도
전을 느끼며 불안해하는 것은 이해가 된다. 이 불안이 내담자를 단순하게 보게
만들어 밑에 깔린 병리적 문제를 지나치게 심각한 것으로 또는 아무것도 아닌
것으로 이해한다. 그러나 바로 이 불안이 배우고자 하고 능력을 느끼고 싶어 하
는 열망을 갖게 하고 동기를 높게 한다. 기술을 배우며 수퍼바이저에게 의존하
게 되고 자주적이지 못하기 때문에 수퍼바이저가 구조를 제공하고 안내해야 한
다. 수준 1 수퍼바이지는 자기 자신의 수행에 몰두해 있기 때문에 내담자의 입
장에서 경험을 기억하지 못할 수 있다. 이렇게 동기는 높지만 의존적이고 자기
각성이 제한되어 있는 특징이 있을 때 구조화된 학습과 어떻게 해야 하는지 알
려 주는 재료가 필요하다.

수준 1 수퍼바이지와 관련된 윤리적 문제는 주로 능력과 관련된 것이다. 물
론 다른 영역에서도 문제가 일어날 수 있다. 초보 임상가가 자격이 있는 전문가
의 수퍼비전하에 상담할 수 있고 일반적으로 이것은 비윤리적이라고 보지 않
는다. 모든 윤리지침은 수퍼바이저가 수퍼바이지를 면밀하게 모니터링할 의무
가 있다고 요구한다. 초보 임상가는 복잡한 임상적·윤리적 상황에서 적절하
고 신뢰할 수 있는 반응을 할 수 있는 지식과 경험이 부족하다. 자기에게 초점
이 맞추어져 있고 단순하게 보려고 하기 때문에 수준 1 수퍼바이지는 내담자가
보이는 중요한 병리증상을 인식하지 못하여 위험에 빠질 수 있다. 복잡한 문제
를 자신이 다룰 수 있는 문제로 지각하기 쉽다. 예를 들면, 주요 우울증을 적응
장애로, 외상 후 스트레스 장애를 사회불안증으로 오인하는 실수를 저지를 수
있다. 수준 1 수퍼바이지는 새로운 상황을 헤쳐 나가야 할 때 그 상황과 비슷한

자기 자신의 경험을 근거로 일반화하는 경향이 있다. 그러나 임상적 경험이 부족하기 때문에 수퍼바이지는 어떻게 진행할 것인지 잘못된 가정을 할 위험이 있다. 수준 1 수퍼바이지는 순진한 실수를 하기 쉬우면서도 수퍼바이저에게 어떤 질문을 해야 할지 모를 수 있다. 수퍼바이지의 자기보고만 무조건 믿는 것은 좋은 수퍼비전이 아니다. 수퍼바이지의 자기보고 외에 관찰도 하고, 기록도 점검하며, 테이프도 보면서 일어날 수 있는 윤리 문제를 눈여겨보아야 한다.

2) 수준 2 수퍼바이지

수준 2로 넘어가면서 수퍼바이지는 자기에 초점을 맞추고 자아의식에 빠져 있던 특징이 감소하고, 내담자에게 관심을 갖기 시작하면서 공감 능력이 증가한다. 내담자의 반응을 더욱 상세하게 기억해 내므로 보고도 잘 한다. 경험을 쌓으며 수퍼바이지는 좀 더 복잡하고 애매모호한 임상작업을 인식하고 인내할 줄 알게 된다. 또한 좀 더 자율적일 수 있고 수퍼바이저로부터 오는 도전을 받아들일 수 있게 된다. 그러나 도전에 직면하면서 다른 점에서 발달적 어려움을 겪을 수 있다. 내담자의 관점과 요구를 지나치게 수용하면서 부담을 느끼고 힘들어질 수 있다. 내담자가 나빠지거나 수퍼바이지 자신이 잡일에 시달리면서 실망하게 되고 동기가 흔들리며 자신의 한계를 느끼거나 지나치게 일에 빠지게 된다. 내담자와 한편이 되어 종종 수퍼바이저와 대결을 하고 수퍼바이저의 제안이 '안 먹힐 때' 화를 내거나 수퍼비전에서 투명하지 않게 된다. 이럴 때에는 수퍼바이지를 지지하고 수퍼바이지의 의견을 존중해야 하며, 지시하기보다 대안을 제시하고 상담 계획을 세울 때 공동 작업을 하는 것이 도움이 된다.

수준 2에서는 다양한 윤리적 도전을 받게 된다. 내담자와 지나치게 동일화하거나 지나치게 동화를 하게 되면서 내담자와의 경계가 불분명해질 수 있다. 가장 분명한 두 개의 경계성 문제가 있다. 하나는 수퍼바이지의 개인적 생활과 전문적 생활의 경계이고, 다른 하나는 수퍼바이지의 개인적 문제와 내담자 문제와의 경계다. 공감 능력이 증가하면서 학대, 충격, 심각한 병 또는 어마어마한 경제적 어려움 같은 내담자의 경험을 걸러서 듣지 못하고 내담자에게 감정이입이 되어 정서적 피로감을 느끼게 된다. 때로 이러한 몰려오는 감정을 다루기 위하여 배우자나 친구들에게 내담자 이야기를 반복하게 된다. 이러한 실수는 수준 2 수퍼바이지의 단순성 때문이 아니다. 사회적 관계에서 그러한 정보를 말하는 것은 자신의 경험과 내담자의 경험을 분리할 수 없기 때문이다. 수준 2의 수퍼바이지가 자신의 무능력을 느낄 때 내담자에 대하여 비하하는 말을 하게 되고 내담자에 대한 무례한 태도까지 가지게 될 수 있다. 수퍼바이저는 수치심을 느끼지 않도록 수퍼바이지를 다루어야 한다. 수퍼바이지와 내담자의 경계를 분명히 알도록 하고 내담자의 문제를 자신의 문제로 만들지 말고 오히려 수퍼바이지의 역전이나 정서적 반응에 대해 인식하도록 한다. 불안이나 충격에서 벗어나기 위하여 또는 친구나 동료를 즐겁게 하기 위하여 내담자의 이야기를 해서는 안 된다. 수퍼바이저는 수퍼바이지가 수퍼비전 집단, 수퍼바이저, 또는 자신의 치료자 등 적절한 대상에게 내담자에 대한 생각과 감정을 논하도록 해야 한다.

수준 2 수퍼바이지가 갖는 또 다른 경계성의 문제는 내담자와의 관계에서 경계를 짓는 일이다. 수퍼바이저가 분명한 경계를 논할 때 수준 2의 수퍼바이지는 이것을 공감을 덜 하라는 의미로 받아들일 수 있다. 수퍼바이지는 내담자의 감정에 너무 빠지는 것이 필요하지 않으며 오히려 효과적이지 않다는 것을 배워야 한다. 예를 들어, 내담자가 학대받은 이야기를 들으며 수퍼바이지가 너무나 슬퍼하면 내담자가 오히려 수퍼바이지를 위로해야 한다고 느낄 수 있다. 결과적으로 내담자는 이 상담자가 자신을 도울 수 없다고 느낄 수 있다. 수퍼바이저는 수퍼바이지가 내담자와의 경계를 분명히 하려면 이 과정을 모니터링하고 자신을 돌보도록 도와주어야 한다. 또한 수퍼바이저는 수준 2 수퍼바이지의 도전과 갈등을 견딜 수 있는 힘이 있어야 한다.

3) 수준 3과 통합 수준 3i 수퍼바이지

수퍼바이지는 수준 3으로 넘어가면서 자신과 타인에 대한 자각이 믿을 만해지고, 동기도 안정성을 보이며, 자율성도 높아진다. 자신의 장점과 단점을 좀 더 정확히 알고 내담자에 대한 정서적·인지적 반응에 대하여도 인식한다. 내담자에게서 얻은 정보를 이론과 경험에 근거하여 더욱 깊이 이해하여 세련된 개입을 할 수 있게 된다. 수준 3 수퍼바이지는 동시에 효과적으로 내담자와 자신과 상담 과정에 초점을 맞출 수 있다. 수준 3 수퍼바이지는 방어적이지 않고 도전을 잘 받아들인다. 수준 3i 수퍼바이지는 수준 3 수퍼바이지의 특징과 함께 여러 영역을 거쳐 통합되어 있다. 그래서 수준 3과 3i 수퍼바이지에게는 비지시적일 수 있고 창조성을 격려하며 위험 부담을 갖고 도전을 해 보도록 도와주는 것이 필요하다.

수준 3과 3i 수퍼바이지는 수준 1의 수퍼바이지와 달리 자신의 능력에 대하여 알기 때문에 능력과 관련된 윤리적 실수를 하지 않는다. 자신이 다룰 수 없다고 생각하면 내담자를 다른 전문가에게 의뢰하고 필요하면 자문을 구한다. 예외는 수퍼바이지의 맹점이 작용하며 객관성이나 효과성에서 양보나 절충이 일어나는 경우다. 다중 관계, 자신의 문제와 내담자의 문제가 융합을 이루는 경우에 어떤 타협이 일어나거나, 수퍼바이지의 힘든 외적 상황 때문에 평소와 같은 건전한 판단을 못할 수도 있다. 수퍼바이저는 전형적인 행동이 아닐 때 관찰을 하여 직면하도록 해야 한다. 수퍼바이지의 발달은 복합적이기 때문에 한 영역에서 발달을 하였다 하더라도 다른 영역에서 아직 발달하지 않았을 수도 있다. 수퍼바이저가 수퍼바이지의 능력을 높이 평가하여 너무 큰 자율성을 주는 것도 문제가 될 수 있다.

토마스(Thomas, 2010)는 수퍼바이지의 발달 수준에 따라 수퍼바이저가 유념해야 할 윤리적 쟁점뿐만 아니라 여러 가지 이론적 접근의 특징에 따라 수퍼바이저가 유념해야 할 윤리적 쟁점에 대해서도 제안한다. 예를 들면, 내담자 중심 수퍼비전에서 초보 수퍼바이지가 자신이 내담자에 대해 느끼는 감정과 내담자가 경험하는 어려움을 혼동하고 내담자의 가사를 도와주는 경우가 있다. 행동주의 수퍼비전에서는 상담 기술과 그 적용에 초점을 맞추다가 수퍼바이저와 수퍼바이지, 수퍼바이지와 내담자의 관계에서 일어나는 역동에 소홀하여 윤리적 문제가 될 수 있는 실수를 범할 수 있다. 수퍼바이지가 내담자를 너무 열심히 도와주는 과정에서 내담자가 강한 전이가 일어난 것을 의식하지 못하였다가 이 전이감정을 알고 놀라서 수퍼바이저에게 의논하지도 않고 내담자에게 상담종결을 이메일로 알리는 예를 들 수 있다. 역동적 치료와 수퍼비전에서는 훈련 과정이 길고, 전문가의 사회가 좁고, 만남이 오래 지속되기 쉬운데 관계에만 초점을 맞추다 보니 전문가의 역량, 다중 관계, 관계의 경계 문제가 흔히 일어날 수 있다.

대학원 학생들 또는 수퍼바이지들이 심리학이라는 문화를 접촉하고 참여하는 과정에서 개인이 원래 갖고 있는 윤리성과 심리적 윤리와의 동일화가 상호작용하면서 통합, 동화, 주변경계, 분리가 일어난다는 문화이입 모델(Handelsman, Gottlieb, & Knapp, 2005)이나 점점 복잡해지고, 발달하는 도덕적 추리력을 활용하여 윤리적 딜레마를 다루도록 하자는 제안(Neufeldt, 2007)은 나름대로 윤리적 상담자로 성장하는 데 도움이 되는 관점이다. 수퍼바이지가 전문가로서 각 발달 단계에서 보이는 특징과 이때 적합한 요구, 가능한 개입에 따른 윤리적 도전을 제시하고 이론적 접근에 따라 발생할 수 있는 윤리적 행동을 설명한 토마스(Thomas, 2010)의 관점 또한 수퍼바이저들이 명심해야 할 것이다. 상담자가 상담 실제에서 순간순간 윤리적 문제들을 인식하고 항상 깨어 있으려면, 훈련 중인 상담자나 수퍼바이지를 수퍼비전하는 수퍼바이저가 윤리적 상담자가 될 수 있도록 수퍼비전에서 이 문제들을 다루고 윤리적 상담자의 모델이 되어야 한다.

4. 윤리적 결정

상담에서 윤리적 문제 중 하나는 상담 실제에서의 구체적인 윤리적 선택 및 결정을 어떻게 하는가다. 수퍼바이저가 수퍼비전에서 윤리적 딜레마를 맞아 어떻게 다룰 것인지 그 틀을 가르쳐 주며 모델을 보여 주는 것이 가장 유용한 윤리교육이 될 것이다.

상담과 심리치료는 보살핌과 존중의 관계에 기초한 친밀한 행위다. 마찬가지로 수퍼바이저는 관심 어린 돌봄과 공정성으로 수퍼바이지와의 관계를 촉진해야 한다. 뉴펠트(Neufeldt, 2007)는 여러 학자들의 제안을 종합하여 전문가로서 가장 상위 수준에서 기능하기 위해 기초로 해야 할 윤리 원칙 여섯 가지로 자율성(autonomy), 무해성(nonmaleficence), 자비심(beneficence), 정의성(justice), 충성심(fidelity), 진실성(veracity)을 제시했다. 모든 개인은 스스로 결정하고 선택할 수 있음을 전제하고, 상담자나 치료자는 내담자를 존중하고 내담자의 안녕을 우선으로 하며 따라서 어떤 해가 되는 행위는 피해야 한다. 모든 이에게 공정해야 하며, 정직하고 신뢰할 수 있는 관계를 맺으며, 진실하게 대하여야 한다. 심리학자들은 선을 추구하고, 미래상과 분별력을 보여 주고, 행동을 평가함에 있어 애정과 감정의 역할을 인식하고, 자기이해와 자기자각을 실제로 보여 주고, 지역사회 안에서 일어나는 일에 대해 도덕적 결정을 해야 한다.

윤리 원칙에 대하여 이해를 한다고 하더라도 어떻게 효율적으로 실천해야 하는지에 대해서는 불분명할 수 있다. 수퍼비전 과정에서 만나는 윤리적 딜레마를 어떻게 다룰 것인가? 딜레마 상황을 어떻게 찾고, 어떤 방법으로 윤리적 결정을 내리도록 지도할 것인가? 최원호(2008)는 윤리적 문제를 해결하는 과정에 내담자가 참여하는 것이 중요하고 이 점을 수퍼바이지에게 가르치도록 제안한다. 수퍼바이지가 내담자와의 관계에서 일어난 윤리적 문제를 수퍼비전 회기에 가져올 때 수퍼바이저가 개방적인 태도를 지니면 수퍼바이지는 이러한 태도를 모델로 앞으로도 전문가로서 성장하면서 자문을 구하는 태도를 배우게 될 것이다.

코리, 코리와 캘러넌(Corey, Corey, & Callanan, 2011)은 윤리적 결정이 단순히 인지적이고 직선적인 과정이 아니기 때문에 윤리적 결정을 할 때 감정이 어떤 역할을 하는지 인식해야 한다고 하였다. 또한 내담자의 안녕을 위해 당사자인 내담자를 가능한 한 참석시키는 것이 현명하다고 주장한다. 다음은 코리, 코리와 캘러넌(2011)이 제안한 윤리적 결정의 과정이다.

1) 문제 혹은 갈등 찾기

상황을 설명해 줄 수 있는 정보를 가능한 한 많이 수집한다. 그리고 발생한 갈등이 윤리적·법적·전문적 또는 도덕적인지 혹은 이것들이 혼합된 것인지 결정한다. 윤리적 갈등을 해결하는 첫 단계는 문제가 있다는 점을 인식하고 그 문제의 성격을 구체화하는 것이다. 대부분의 윤리적 갈등은 복잡하기 때문에 다양한 관점에서 조망해야 하며, 단순하게 해결하려는 것을 피하는 것이 좋다. 내담자 및 수퍼바이지에 대한 자문은 이 첫 단계에서 시작해서 윤리적 문제에 대한 결정을 하고 행동적 조치를 취하는 등의 작업 과정 내내 지속된다.

2) 잠재적 문제 찾기

정보가 수집되면 중요한 사안을 목록화하고 기술하되 불필요한 것들을 정리한다. 그 상황에 영향을 받게 될 모든 사람들의 권리, 책임, 복지 등을 평가한다. 윤리적 결정의 일부 과정은 상충하는 가치를 찾는 것도 포함한다. 의사결정에 반드시 고려되어야 할 가치는 무엇인지 수퍼바이지에게 질문한다. 이러한 가치나 원칙들의 우선순위를 정하고 각각의 가치가 갈등 상황을 해결하는 데 적절히 적용될 수 있는 방식을 생각해 보는 것이 유익하다.

3) 관련 윤리지침 검토

자신이 속한 전문가 단체의 규율 또는 원칙이 해당 문제에 적절한 해결책을 줄 수 있는지 알아보고, 수퍼바이저의 가치나 윤리관이 관련 지침에 부합하는지 혹은 상충하는지 생각해 본다. 윤리지침 요건에 대한 연구와 논의를 위해 수퍼바이지에게 도움을 구한다.

4) 적용 가능한 법과 규정 알기

윤리적 갈등 상황에서 적용 가능한 관련 법규에 대한 최신 정보를 습득하는 것이 필요하다. 이것은 비밀유지 여부, 아동 또는 노인 학대 보고, 자신이나 타인의 위험과 관련된 문제 대처, 친권 문제, 기록, 검사 및 평가, 진단, 자격요건, 그리고 치료 과실 등의 문제에 있어 특히 중요하다. 수퍼바이지가 해결하려는 문제와 관련되어 있을 때 반드시 이 문제들을 함께 논의한다.

5) 자문 구하기

이 단계에서는 문제에 대한 다른 관점을 얻기 위하여 동료에게 자문을 구하는 것이 유익하다. 두 명 이상의 전문가에게 자문을 구하고 당신의 성향과 일치하지 않는 사람들에게까지 자문의 범위를 확대한다. 법적 질문이 제기되면 법률 조언을 구하고 자문가들의 제안을 포함한 자문 내용을 문서화하는 것이 바람직하다. 자문은 지역사회 동료들이 같은 상황에서 취했거나 취할 수 있는 행동의 예를 찾아서 지역사회의 기준에 부합하도록 설명해 주기 때문에 법정 사건에 중요하며 수퍼바이저가 간과하였을지 모르는 정보나 사건에 대해 생각해 보도록 도움을 줄 수 있다. 윤리적 결정을 할 때 선택한 일련의 행동이 건전한 사고과정에 기초한 것임을 증명해야 한다. 적절한 때에 수퍼바이지와 내담자를 자문 회기에 참가시킨다.

6) 가능한 행동적 조치 과정을 고려하기

윤리적 결정을 내리는 단계에서 브레인스토밍(brainstorming)이 유용하다. 여러 가지 가능한 조치들을 고려할 때 내담자, 수퍼바이지, 그리고 다른 전문가들과 논의한다.

7) 다양한 결정에 대해 숙고하기

의사결정에 따른 조치가 내담자나 내담자와 관련된 사람, 수퍼바이지, 그리고 수퍼바이저 자신에게 미칠 영향을 깊이 따져 본다. 내담자와 결과를 상의하는 것이 가장 중요하며, 이 논의가 시작되면 결정하기에 따라 수퍼바이저와 수퍼바이지는 공동 치료자로서 역할을 수행할 수도 있다.

8) 최선의 조치를 선택하기

최선의 결정을 내릴 때 여러 자원으로부터 모은 정보를 숙고한다. 갈등이 두드러질수록 조치 과정은 명확해지는 반면, 갈등이 미묘할수록 결정은 어려워진다. 최선의 선택이라고 여겨져 결정이 내려지면 조치 과정을 평가하기 위해 할 수 있는 것을 한다. 경험을 통해 학습이 이루어질 수 있도록 하기 위해서는 그 상황과 자신이 취한 조치에 대한 평가를 반추하는 것이 필수적이다. 성과를 추적해 확인하고 추가 조치가 필요한지 살펴보고 더 정확한 상황적 판단을 위해 수퍼바이지와 내담자를 이 과정에 참가시킨다.

간단히 말하면 어떤 윤리적 결정을 할 때 명심할 것은 관련된 모든 사실을 수집하고, 가능한 모든 자원을 동원하여 합리적인 사고를 통하여 가장 좋은 조치를 택하는 것이다. 이 과정에서 상담자는 내담자와 동료들과 함께 토론하고 자기성찰을 하게 된다. 또한 이 과정을 통하여 결국에는 모두에게 가장 좋은 결정을 하게 될 것이다.

5. 맺는말

많은 상담자들이 교육분석과 수퍼비전이 전문가로서의 성장에 가장 많은 영향을 주었다고 보고한다. 수퍼비전은 상담 전문가 양성에 있어 큰 비중을 차지하고 있다. 수퍼비전(supervision)은 문자 그대로 위에서 보는 것(oversee)이다(Holloway, 1992). 경험자의 눈으로 초보자의 작업을 봐 주는 것이므로 수퍼바이저는 예민한 선생, 분별력 있는 전문가여야 한다. 숙련된 상담교육자는 전문적 상담 서비스의 질을 모니터링하고 문지기(gatekeeper) 역할을 할 수 있어야 한다. 효과적이고 윤리적인 수퍼비전을 하려면 수퍼바이저가 내담자의 안녕을 보호하면서도 수퍼바이지가 전문가로서 발전할 수 있는 기회를 무리 없이 제공하는 것이 중요하다. 수퍼바이저와 수퍼바이지의 관계는 매우 중요한데, 의존적인 수퍼바이지와의 관계는 내담자의 상담 관계와 비슷하므로 수퍼바이저의 책임과 수퍼바이지의 권리를 분명하게 표명할 필요가 있다. 컨(Kern, 2000, Corey, Corey, & Callanan, 2011 재인용)은 수퍼바이지 헌장(Supervisee's Bill of Rights)을 발표하였는데 특히 수퍼비전 관계와 윤리쟁점에서는 윤리강령, 이중 관계, 적합한 과정, 평가, 사전 동의, 비밀보장, 연대책임을 강조하였다.

이러한 학회의 윤리적 지침이나 학문적 지식을 아는 것과 상담 실제에서 과정적 지식으로 응용하는 것은 차이가 있기 때문에 수퍼비전에서 윤리 문제를 검증할 수 있는 현장과 밀접한 관계가 있는 쟁점과 사례를 알도록 도와야 한다. 수퍼비전 장면에서 수퍼바이저는 시기적절한 피드백과 성장에 도움이 되는 조언을 하며, 적절한 관계유지를 하도록 한다. 수퍼바이지에게 해가 되고 착취적인 관계를 엄격하게 피하고, 내담자와 수퍼바이지에 대한 비밀은 합당한 이유가 있을 때 외에는 반드시 지켜야 한다. 슈퍼바이저는 자신 있는 영역에 대해서만 수퍼비전을 하고, 개인의 안녕과 수퍼바이지가 효과적으로 발달하는 데 영향을 줄 수 있는 요인들에 관심을 가지고 다양한 관점, 문제에 관심을 가지고 수퍼바이지의 모델이 된다.

끝으로 버나드와 굿이어(Bernard & Goodyear, 2004)는 수퍼비전에서 윤리적인 것과 법적인 것을 구별하고 있지만 많은 전문가들은 윤리적인 것과 법적인 것을 거의 동일어로 여기고 있다. 서로 관련이 있는 것은 확실하지만 각각 분명히 다른 목적을 가지고 있다. 윤리적 지침은 본질적으로 넓은 개념으로 시작되고 실제 해석이 전문가마다 다를 수도 있는데 주로 전문가로서의 책무성, 수퍼바이저의 자격, 의무와 책임, 이중 관계, 수퍼바이지가 받아야 할 내담자 동의 등을 다룬다. 법적 문제는 책무성, 비밀보장, 수퍼바이저의 표준적 상담, 보호할 의무, 내담자와 수퍼바이저의 안녕을 다룬다. 이 장에서는 윤리적 문제와 법적 문제를 함께 다루었다. 또한 비디오 수퍼비전 등 인터넷을 통한 수퍼비전에 대한 윤리는 앞으로 더 다루어야 할 문제다.

○ 요약

윤리적인 상담자라는 정체성은 상담자가 전문가로서의 정체감을 형성하는데 있어 필수적이다. 이 장에서는 수퍼비전과 관련된 여러 학회의 윤리규정의 요점을 비교하고 미국상담학회가 제시한 수퍼비전, 훈련, 교수(teaching) 영역의 윤리규정(2014) 조항을 중심으로 윤리적 쟁점 등을 소개하였다. 다음으로 구체적 사례와 함께 수퍼비전 현장에서 일어나고 목격되는 윤리 문제를 다루었다. 그리고 수퍼바이지가 윤리적 상담자로서 성장하게 되는 과정을 문화이입 모델(acculturation model), 윤리적 문제들을 도덕적 추리 과정으로 보는 관점, 수퍼바이지가 각 발달 단계에서 보이는 특징과 요구 그리고 가능한 개입에 따른 윤리적 도전을 제시한 발달 모델을 통하여 살펴보았다. 마지막으로 상담 실제에서 윤리적 문제를 해결하는 과정에 대한 내담자의 참여를 강조하며 구체적인 윤리적 선택 및 결정 과정을 소개하였다.

제2부

상담 수퍼비전의
이론적 배경

제4장
정신분석 이론에 기반한 수퍼비전

| 최의헌 |

1. 정신분석이란 무엇인가

1) 정신분석의 영역

정신분석은 전통적으로 프로이트(Freud)가 자신의 심리치료 이론과 방법을 지칭한 용어로 알려져 있다. 일반적인 상담 전체를 지칭하는 '심리치료(정신치료)' 용어를 빌리자면 정신분석은 프로이트식 심리치료인 것이다. 그런데 상담을 크게 지지 상담과 통찰 상담이라는 두 가지 큰 틀로 분류하는 관점에서 보자면 모든 통찰 상담은 정신분석으로 불리는 편이다. 프로이트는 여러 견해에 대해 자신이 창안한 정신분석의 틀에 속하는 이론과 실제에 부합하는지를 정확히 구분한 편이었기에 프로이트의 이론은 그만큼 고유한 영역이 되었고 모든 통찰 상담의 근원이 될 수 있었다. 하지만 같은 시기에 융(Jung)의 분석치료가 출발하였고, 프로이트의 이론에 수정을 가하거나 다른 입장을 표명하는 새로운 기류가 형성되면서 대상관계 이론, 대인관계학파, 자기심리학파, 라캉(Lacan) 정신분석, 현대정신분석 등의 다양한 분석적 영역들이 세워지게 되었다. 그러므로 현대의 상황에서 프로이트가 주장한 심리 이론과 상담기법에 의한 것으로만 정신분석 이라는 용어를 제한하기에는 어려움이 있다. 그렇다고 정신분석은 어디까지라고 공통된 기준을 만들 수도 없다. 우리는 모두 누가 그 용어를 사용했느냐에 따라 그가 가진 정신분석의 영역에 대한 견해를 고려해 생각할 수밖에 없다.

2) 정신분석과 심리역동

아마도 정신분석이라는 용어를 대치할 만한 가장 대표적인 용어가 심리역동 (정신역동)일 것이다. 사실 프로이트가 정신분석이라는 용어를 사용하고 설리반 (Sullivan)이 역동(dynamism)이라는 용어를 사용하는 시점에서 두 용어는 서로를 구분짓는 특성이 강했다. 프로이트는 인간 심리를 일종의 정신 장치(psychic apparatus)로 간주하고 기계와 같이 어떤 고정된 작동 원리가 있다고 생각한 반면, 설리반은 인간 심리가 시간에 따라 장소에 따라 대상에 따라 시시각각 변하는 유동적인 특성을 갖고 있다고 생각하였기 때문이다. 그럼에도 불구하고 더 큰 시각에서 보면 정신분석과 심리역동에 초점을 맞추는 인간심리 이론은 인간이 의식의 영역으로만 설명되지 않는 어떤 특정한 원리와 흐름으로 움직인다는 공통된 견해를 갖고 있으며 이는 흔히 인간의 '내면' 혹은 '깊은 곳'으로 설명되고 있다. 이러한 영역들은 과학적 입증이 어려워서 논리와 경험에 의한 추상적인 개념으로 진행된다. 가바드(Gabbard, 2008)는 무의식, 정신결정론, 전이, 역전이, 저항이 심리역동을 설명하는 대표적인 개념이라고 기술하였다.

심리역동을 한 마디로 정의하기는 어렵다. 일반적으로 심리역동은 개인의 핵심이 되는 취약성을 어떤 식의 패턴으로 방어하며 살아가고 있는지로 설명된다. 이러한 개념을 담고 있는 용어 중에 열쇠-자물쇠 기전(Key-lock mechanism)이 있다. 말 그대로 자물쇠는 짝이 맞는 열쇠로만 열린다는 개념이다. 이러한 비유와 인간 심성을 연결하면 인간은 노출될 문제를 숨긴 채로 갖고 있는, 즉 자물쇠가 잠겨 있는 상태인 것이다. 웬만한 것으로는 그것을 열 수 없다는 것은 인간이 나름의 방어로서 자신의 고유한 취약성을 교묘히 감추고 있다는 것을 상징한다. 그러나 짝이 맞는 열쇠로 자물쇠를 여는 것처럼, 개인의 취약성을 정확히 건드리는 유발인자가 들어오면 그 사람은 취약성이 노출되어 심리적인 문제 혹은 증상을 나타낸다. 정신분석은 이러한 심리역동의 면면들을 탐색하고 명료화하는 과정이라고 할 수 있다. 잠겨 있는 자물쇠로 상징되는 개인의 고유한 취약성은 기본취약인자(predisposing factor)라고 부르며, 이러한 자물쇠를 여는 열쇠는 유발인자(precipitating factor)라고 부른다. 치료자는 내담자의 심리역동을 이해하기 위해서 내담자의 문제 혹은 증상을 이해하는 데 필요한 유발인자와 기본취약인자를 찾아간다. 일반적으로 탐색의 순서는 최근의 문제에 가까운 쪽부터 시작하여 지금의 문제와 먼, 즉 어린 시절 쪽으로 확인해 나간다. 이를 위해서는 현재를 통해 과거를 보는 연습이 치료자에게 중요하다.

3) 통찰치료와 지지치료

심리치료를 크게 둘로 구분하는 방식 중에는 정신분석의 형식을 가진 경우와 그렇지 않은 경우로 나누는 방식이 있다. 흔히 전자를 통찰치료, 후자를 지지치료라고 부른다. 이러한 구분은 명료한 구분은 아니지만 정신분석의 개념을 가진 경우와 그렇지 않은 경우의 차이를 이해하는 데에 도움을 준다.

통찰치료에는 '탐색적' '표현적' '심층적' 등의 다양한 수식어가 붙는다. 그에 비해 지지치료에서는 수식어 대신 음악치료, 인지치료, 미술치료, 대인관계치료, 문학치료 등의 다양한 치료명이 지지치료 자체를 대변한다. 콜비(Colby,

ㅇㅇㅇ **표 4-1** 통찰치료와 지지치료의 차이

통찰치료	지지치료
통찰 지향적, 탐색적, 표현적, 심층적, 노출하는	지지적, 덮는
치료자는 중립적 · 폐쇄적	치료자는 적극적 · 개방적

1987)는 두 치료를 'uncovering'과 'covering'으로 구분하였다. 통찰치료는 심리적 역동과 취약성을 노출시키는 것을 위주로 하는 반면, 지지치료는 이를 덮어 싸매는 것을 위주로 한다는 의미일 것이다. 마치 상처 부위를 더 절개하여 깊은 부분에 다른 무엇이 있는지를 확인하는 수술적 치료와 상처를 소독하고 연고를 바르고 붕대를 감아 상처를 덮어 싸매는 보존요법의 차이를 보는 것 같다.

두 치료의 분명한 차이는 치료자의 자세에서 드러난다. 통찰치료의 치료자는 자신을 노출시키는 것을 최소화하며 치료자로서의 견해를 적극적으로 드러내기보다 거울과 같은 중립적인 자세를 취함으로써 내담자의 모습이 더 극명히 드러나도록 돕는다. 반면 지지치료의 치료자는 치료자로서의 자기개방과 함께 치료자로서의 전문성과 긍정적인 이미지를 드러내며 치료자의 견해를 적극적으로 표현하면서 내담자를 앞에서 끌거나 뒤에서 밀어 주는 분명한 역할을 감당한다.

두 치료는 기법에서도 차이가 있는가? 한편으로는 그렇고, 다른 한편으로는 아니다. 우선, 어떤 치료기법도 통찰치료에만 적용되거나 지지치료에만 적용되는 경우는 없다. 가바드는 치료의 기법을 해석, 직면, 명료화, 자세하게 말하도록 격려함, 공감적 확인, 조언과 칭찬, 긍정으로 구분하였는데 앞쪽이 통찰치료에서 더 강조되는 치료 기법이고 뒤쪽이 지지치료에서 더 강조되는 치료 기법이다. 하지만 의미의 중요도 면에서 그렇게 구분하는 것일 뿐이고, 통찰치료와 지지치료 모두 뒤쪽의 치료 기법을 양적으로 더 많이 쓴다. 그러한 면에서 보면 두 치료는 기법에서 차이가 없다. 하지만 같은 치료기법이라도 질적인 차이가 존재한다. 대표적으로 통찰치료에서 볼 수 있는 '해석'의 기법과 지지치료에서 볼 수 있는 '해석'의 기법은 비록 개념은 같으나 질적인 차이를 보인다. 통찰을 정의할 때 지적 통찰(intellectual insight)과 정서적 통찰(emotional insight)이라고 구분하는데, 지적 통찰은 문제가 어떠한지를 지식적으로는 알았으나 아직 뼈저리게 느끼지는 못한 경우이며, 정서적 통찰은 통찰에 대한 것이 지식에 머물지 않고 정서적으로 충분히 뼈저리게 느낄 뿐 아니라 시행착오와 훈습을 거쳐 깨달은 바를 자기 것으로 체득한 경우를 말한다. 지지치료의 해석은 대개 지적 통찰을 가져오며 통찰치료의 해석은 정서적 통찰을 가져온다. 왜 그럴까? 통찰치료의 해석은 거기에 도달할 때까지 시간이 오래 걸리며 무수한 사전작업을 통해 이미 시행착오와 재확인이 충분히 이루어진 상태에서 해석 작업이 진행되기 때문이다.

4) 왜 정신분석인가

정신분석은 이론만큼이나 치료의 구조와 진행에서 엄격한 틀을 지니고 있다는 특징을 지닌다. 그리고 상대적으로 시간이 많이 소요되며 이는 치료비 부담도 증가한다는 것을 의미한다. 현대의 치료는 보다 빠르고 단순화된 방식으로 변화되고 있다. 그런 의미에서 정신분석은 구시대적 습관을 잘 버리지 못하고 있는 것처럼 보인다. 과연 정신분석의 엄격한 틀은 반드시 계속 유지되어야 하는가? 이에 대해서는 학자 간의 논란이 있을 것이다. 정신분석을 고수하는 사람의 입장에서는 정신분석의 틀만이 정신분석이 목표로 하는 깊이 있는 통찰에 도달할 수 있다고 생각한다. 그 점에 있어서는 수긍할 만하다. 하지만 그에 조금 못 미치는 목표에 도달하는 것은 훨씬 빠르고 쉽다고 할 때, 무엇을 선택할지는 치료자는 물론 내담자의 몫이기도 하다.

통찰이 가져다주는 유익과 그 필요성을 이해하기 위해서는 보존적 치료와 수술적 치료의 비유를 통해서 다시 생각해 볼 수 있다. 가령 우리 몸에 상처가 아문 후에 상처 아래에 고름이나 종기가 있는 것을 느낄 수 있다고 하자. 이 상처를 낫게 하기 위해서 피부에 항생제나 치료연고만 바르면 괜찮을까, 아니면 피부를 절개하여 고름이나 종기를 제거하는 것이 나을까? 정답은 고름이나 종기가 어느 정도의 수준이며 어떻게 진행되고 있는지에 따라 다를 것이다. 굳이 절개할 필요가 없다고 여기면 보존적인 치료로 진행하겠지만 상처가 더 심해지기만 한다면 시간을 더 끌지 않고 절개를 하기로 결정할 것이다. 심리적인 문제에서도 비슷하다. 어떤 이가 사별을 경험한 후 몇 년이 지나 우울증이 생겼다고 하자. 대부분은 그에게 우울증을 극복할 다양한 생활의 변화 혹은 자극이나 약물치료를 권할 것이다. 그래서 좋아지면 다른 치료의 필요성을 느끼지 않게 된다.

그런데 우울증이 잘 낫지 않는다. 그와 함께 이야기를 해 봤더니 과거 사별했을 당시의 심정이나 이후에 사별의 아픔을 어떻게 처리해 왔는지에 대해서 제대로 다루어 본 적이 없다는 것을 알았다. 과연 그 얘기를 하는 것이 도움이 될까? 굳이 아픈 과거를 꼭 들추어내는 게 바람직한가? 이러한 판단에 종기의 비유가 도움이 된다. 그가 다른 도움으로 문제를 해결하지 못하였고 그에게 무언가 아래에서 곪아 가고 있다고 여기는 부분이 있다면 분석적인, 즉 노출하는 치료가 필요할 것이다. 수술은 정해진 환경에서 충분히 소독된 도구를 가지고 정해진 순서에 따라 집도를 해야 하는 것처럼 정신분석은 비교적 엄격한 치료의 틀을 고수해야만 한다. 그래야 최대의 성과를 이루어 낼 수 있다.

2. 정신분석 이론의 주된 주제들

정신분석의 이론을 특정 학자에 국한하지 않고 다루려면 나름의 기준을 가지고 주제별로 내용을 분류할 필요가 있다. 여기서는 정신분석이 중요하게 여기는 이면, 연상, 치료의 틀, 관계, 그리고 분석의 두 측면인 수평적 분석과 수직적 분석에 대해 설명하겠다.

1) 이면

프로이트의 정신분석 개념 중에서 가장 중요한 두 가지를 들라고 하면 학자들은 무의식과 정신결정론을 든다. 무의식 개념은 흔히 빙산 그림을 들어 설명한다. 우리가 수면 위에서 보는 것이 다인 것 같지만 실은 그보다 훨씬 큰 부분이 수면 아래에 있다. 우리가 빙산을 제대로 안다고 하려면 당연히 빙산의 밑 부분까지 알아야 한다. 마찬가지로 우리는 우리가 의식하는 부분에서 생각하고 느끼고 행동하지만 우리의 생각과 감정과 행위가 그에 따라서만 결정된다고 생각하면 큰 오산이다. 우리가 의식하는 측면 너머에 무언가가 있다. 그저 있는 정도가 아니라 빙산과 흡사하게 훨씬 크다. 프로이트는 의식이 무의식을 거스를 수 없다고 하였다. 나름대로 의식적 사유와 노력을 기울이나 결국은 무의식의 방향에 따라 진행된다는 것이다. 정신결정론의 개념은 이러한 요소와 연결된다.

이를 치료 현장 안에서 고려하면, 내담자는 자기가 알고 느끼고 생각하는 대로 말한다. 하지만 자기가 미처 알지 못하는 측면이 있다는 것을 생각해야 한다. 심지어, 자기가 말하는 내용의 이면에 있는 것이 훨씬 더 중대하고 중요하다는 것을 깨달아야 한다. 그러기 때문에 치료자는 내담자가 하는 말의 내용을 그저 요약 정리하는 정도로는 따라갈 수 없다. 내담자가 말하면서 스스로 고려하지 못하는 측면까지 생각하고 이를 내담자에게 제시하여 내담자로 하여금 폭넓게, 그리고 다각적으로, 심지어 다른 차원에서 상황을 재조명할 수 있게 해야 한다. '조하리의 창'[1]은 굳이 무의식이라는 단어를 쓰지 않아도 우리가 모르는 영역이 얼마나 중요한지를 상징적으로 잘 설명한다. 치료자는 내담자 스스로가 아는 영역에 우선 집중하지만 거기에만 머물러서는 안 된다.

2) 연상

정신분석은 무의식을 의식화하는 작업이다. 내담자가 미처 알지는 못하지만 객관적인 관찰자인 치료자가 내담자의 감정을 읽어 내는 경우라면 치료자는 그 부분을 내담자가 알 수 있도록 하여 의식화 작업을 돕는다. 그런데 내담자는 물론이고 치료자도 모르는 영역은 어떻게 하면 의식화할 수 있을까? 프로이트는 무의식을 의식화하는 치료 기법으로 자유연상을 주장했다. 프로이트도 처음에는 최면과 같은 기법으로 무의식이 의식으로 올라오는 것을 경험하다가 암시, 압박, 질문 등 몇 가지 시행착오를 거치고 꿈의 기전을 이해하면서 자유연상이

---

1) 조하리의 창(Johari's window)은 한 사람은 자기 자신이 아는 영역과 모르는 영역, 그리고 남이 그에 대해 아는 영역과 모르는 영역을 고려하여 크게 네 영역이 존재한다는 것을 간단한 도식으로 보여 주며, '나도 알고 남도 나에 대해 아는 영역'이 넓어지는 것이 바람직한 인간 유형이라고 설명하였다. 이 영역이 넓어지기 위해선 피드백, 자기개방, 통찰이 필요하다는 것도 도식으로 간단히 설명한다.

라는 기법을 발달시켰다. 꿈이 수면 상태에서 무의식을 드러내는 대표적인 길인 것처럼 자유연상은 의식 상태에서 가장 덜 방해받고 무의식 정보를 의식화하는 방법인 것이다. 최면 상태나 취중 진담처럼 내담자의 방어가 약해져서 내담자의 속생각 혹은 무의식이 가려지지 않고 올라오는 경우를 고려해 보자. 무의식은 일반적으로 의식으로 올라오는 데에 방해를 받거나 차단되어 있지만, 때로는 느슨한 틈을 타서 의식으로 올라오기도 한다. 자유연상은 그러한 틈을 활용하는 기법이다.

그렇다고 해서 시금도 자유연상을 주된 기법으로 하여 상담할 필요는 없다. 왜냐하면 자유연상 작업을 통해 이루어진 무수한 분석의 경험들이 정리되어 인간 심층심리에 대한 많은 지식이 이미 쌓여 있기 때문이다. 이제는 그 지식을 발판으로 삼아 조금 더 수월한 기법으로 내담자의 심리를 이해할 수 있게 된 것이다. 그러한 기법 중의 하나로 '연상'이 있다. 연상에는 자유연상만 있는 것이 아니다. 끝말잇기도 하나의 연상 게임이다. 어떤 하나의 단어나 이미지는 어떤 원칙에 따라 다음 단어나 이미지로 옮겨 갈 수 있다. 이러한 정신 과정을 연상이라고 하며, 굳이 자유연상이 아니어도 연상은 상담에 유용한 자료가 된다.

연상을 따라가는 심리치료 방식을 '상담 내용보다 상담 과정에 치중하는 심리치료'라고 말하기도 한다. 예를 들어, 치료 중에 내담자는 이야기의 주제를 바꾼다. 일상의 대화에서 자연스럽게 주제가 바뀌는 것은 흔히 있는 일이다. 그런데 왜 바뀌는가? 대개는 연상이 있어서다. 어젯밤에 무슨 일이 있었는지를 말하다가 TV로 스포츠 중계 얘기를 하는 도중에 자신의 취미생활인 야구 얘기로 이야기 주제가 바뀌는 경우, 스포츠와 운동 취미에서 연상이 일어났음을 알 수 있다. 중요한 건 연상의 습관과 중요도다. 어떤 이는 언제나 자주 이야기 주제가 바뀌는데 이는 사소한 연상에 쉽게 영향을 받는 개인의 성격 혹은 습관을 반영한다. 습관이 아니어도 때로 연상에 따라서 이야기 주제가 바뀌는데, 치료자는 이런 순간에 대해 깊은 관심을 가지게 된다. 그러한 연상은 내담자의 무의식의 혹은 중요한 심리 부분을 상징하기 때문이다. 그런 의미에서 '연상을 잘 다룬다'는 말과 '내용보다 과정 중심의 심리치료에 능통하다'는 말은 흡사한 표현인 것이다.

3) 치료의 틀

정신분석은 비교적 엄격한 치료의 틀을 유지한다. 치료의 틀은 크게 치료 구조와 치료 규칙으로 나뉜다. 비유를 들자면 스포츠의 경기장은 치료 구조이고 스포츠 경기 규칙이 치료 규칙이다. 치료 구조의 가장 주된 구성 요소는 시간, 장소, 비용이다. 예를 들어, '매주 목요일 6시부터 한 시간씩 어느 장소에서 상담을 하고 비용은 회당 몇 만 원이다.'라고 정하는 것이 치료 구조다. 치료 규칙은 준수해야 할 조항들이다. 시간을 엄수해야 하고, 상담 비용은 언제 어떻게 내어야 하고, 사정이 있어 시간을 변경하려면 어떻게 해야 하고, 상담 시간에 내담자는 가급적 자유롭게 이야기를 할 수 있어야 하고, 이야기를 미리 준비해 오기 보다는 그동안의 생활을 한 번 회상하고 특별한 준비 없이 오는 것이 좋으며, 이야기할 것만 말하지 않고 연상이나 환상 혹은 상상도 이야기해야 하며, 시간 중에는 말로 의사 표현을 하고 행동화를 삼가야 한다 등등의 다양한 규칙이 있다.

이러한 치료 구조와 규칙의 틀을 가져야 하는 이유는 스포츠 경기장과 경기 규칙이 있어야 하는 이유와 일단 동일하다. 이러한 틀은 상담이 어떤 것인지를 보다 명료하고 쉽게 이해할 수 있으며 일단 그 틀을 잘 익히면 상담이 더 재미있게 된다는 것도 포함한다. 스포츠 경기에서는 규칙을 어기면 제한을 받는다. 하지만 상담의 틀은 '어기면 안 된다'는 말만 하기 위한 것이 아니다. 스포츠 경기의 규칙과 마찬가지로 치료의 틀도 거기에서 벗어날 기회가 있게 마련이다. 틀이 분명할수록 그것이 어긴 것인지 여부도 분명하게 판정된다. 그래서 정신분석의 틀이 엄격한 것이다. 어긴 것을 문제 삼기 위함이 아니라 어기는 데에는 어떤 '연상'이 있고 거기에 심리적으로 중요한 무언가가 있기 때문이다.

4) 관계

정신분석은 저항과 전이를 명료화, 직면하고 해석하는 작업이다. 저항과 전이는 주로 대인관계의 주제를 담고 있다. 말란(Malan, 1979)은 그의 책에서 인간을 심층적으로 이해하는 두 개의 삼각형을 도식화하였다. 이 도식에 따르면 내담자는 치료자에게 크게 두 가지 표현을 한다. 하나는 진심에 해당하는 불안(anxiety)이고, 하나는 포장에 해당하는 방어(defense)다. 실은 진심과 포장 말고 하나가 더 있는데 그것은 숨겨져 있다. 숨겨진 감정을 살펴보면 그것은 다시 셋으로 세분된다. 이 셋은 특정인을 향한 감정이다. 하나는 가장 근원이 될 만한 부모(P: parent)에 대한 감정이요, 다른 하나는 최근 중요한 인물(O: other)에 대한 감정이다. 마지막 하나는 치료자에 대한 감정(T: transference)이다. 말란은 해석의 순서를 ① O, ② O-P 연결, ③ T, ④ T-O 연결, ⑤ T-P 연결로 설명하였다. 이를 통해 볼 때, 치료자는 결과적으로 보면 부모와 중요한 인물에 대한 감정을 이어 주는 다리다. 중요한 최근 인물에 대한 감정이 부모에 대한 감정과 관련이 있다는 사실은 O-P연결에 해당하므로 치료자에 대한 감정(T)이 다루어지기 전에 먼저 언급이 되긴 하지만 그러한 연결은 아직 초보적인 단계인 것이다. 최근 인물에 대한 감정이 부모에 대한 감정과 관련되어 있다는 사실을 좀 더 심층적으로, 그리고 뼈저리게 느낄 수 있으려면 치료자에 대한 감정이 다루어져야 하고 그러한 감정이 최근 인물이나 부모와의 감정과 무관하지 않음을 깨달아야 한다.

이 점은 정신분석에서 매우 중요하다. 내담자는 치료 시간 중에 겉으로 드러나지 않는 치료자-내담자 교류 방식을 반복한다. 여기에는 치료자에 대한 첫인상, 치료자에 대한 기대와 환상, 표현된 것 이상으로 담겨 있는 침묵을 비롯

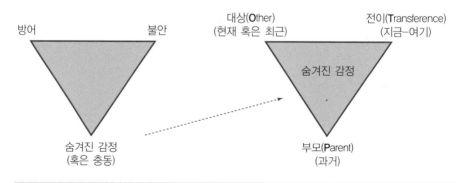

[그림 4-1] 통찰의 삼각형

한 비언어적 의사소통에 이르기까지 다양한 교류가 포함된다. 치료 상황에서 내담자는 자신의 역동적인 부분을 재현(reenactment)한다. 통찰 상담에서는 내담자와 치료자의 상호관계를 통해서 내담자의 대인관계 및 내적 갈등을 이해한다. 상호관계는 의존과 독립 혹은 융합과 이탈로 표현되는 양극단의 사이를 오간다. 이러한 감정은 퇴행하여 지나치게 표출되는 수준에서 방어하여 겉으로는 무난하게 처리되는 수준까지 다양하게 나타난다. 치료자는 이러한 교류의 방식에 민감해야 하고 이러한 교류를 치료 시간 중에 공개적으로 다룰 수 있어야 한다. 정신분석의 이론에서는 이러한 교류의 양상을 저항과 전이의 관점에서 주로 다루게 된다.

5) 수평적 분석

인생사에는 다양한 갈등의 기회가 있다. 단순하게는 나와 타인 사이에서 힘의 치우침이 있다. 나와 타인이 대립하고 있을 때 상황은 중립적이거나 어느 한쪽에 유리하게 작용한다. 나와 타인이 잘 협력하고 있는데 상황이 순탄하게 뒤따라 주지 않는 경우도 있다. 그럴 때 우리는 탓을 하게 된다. 남 탓을 하거나 환경 탓을 할 때도 있지만 때로는 자기 탓을 하면서 자책한다. 호나이(Horney, 2006)는 신경증의 문제를 가진 인간은 세 가지 경향성이 있다고 하였다. 첫째는 순응형(moving toward people)으로서 타인을 향하는 욕구를 위주로 하고 스스로를 무력하다고 여기며 타인에게 의존하고 관심과 인정을 추구한다. 둘째는 공격형(moving against people)으로서 타인에 반하는 욕구를 위주로 하고 외향적이고 적대적이며 대인관계가 거칠고 피상적이다. 셋째는 고립형(moving away from people)으로서 타인으로부터 멀어지려는 욕구를 위주로 하고 자기를 추구하고 독립적이며 정서성과 관계성을 피한다. 여기서 중요한 것은 세 경향성 자체가 문제는 아니라는 점이다. 우리 누구나 이 세 가지 경향성을 갖고 있다. 이 경향성을 골고루 사용한다면 그는 건강한 사람이다. 문제가 되는 것은 이 중 한쪽에만 치우치는 경우를 말한다. 그것이 바로 '불균형'인 셈이다.

호나이의 견해와 같이 비슷한 역동적 에너지 혹은 영역을 나누고 이들의 균형을 이야기하는 경우에서는 그 에너지 혹은 영역 간에 상하 관계가 존재하지 않으며, 같은 수준에 있는 에너지 혹은 영역들이라 할 수 있다. 이처럼 같은 수준에 있는 에너지 혹은 영역들 간의 비교와 상호작용들을 검토하는 것을 여기에서는 수평적 분석이라고 칭하였다. 여기에는 뒤에서 언급하는 수직적 분석의 '위계' 혹은 '깊이' 개념이 없다. 우리가 혈액형이나 MBTI, 애니어그램을 통해 사람의 성격을 나누고 그런 특성을 설명하는 것도 수평적 분석의 한 예다. 가끔은 완전히 같은 수준은 아닌 에너지 혹은 영역들 간의 관계라고 해도 전체적인 맥락에서는 수평적 분석에 해당한다. 프로이트의 구조적 모델에 따른 심리 분획은 수평적 분석과 수직적 분석이 섞여 있는데 이를 수평적 분석 관점에서만 국한하여 보자면 수평적 분석이 되는 것이다. 수평적 분석은 어떤 근거로 에너지나 영역을 나누었느냐가 가장 큰 관건이다. 마음의 분획은 개념적인 구분일 뿐이다. 그러니 두 개로 나눌 수도 있고 세 개로 나눌 수도 있고 몇 십 개로 나눌 수도 있다. 프로이트는 마음을 원초아, 자아, 초자아로 나누었다. 대상관계 이론에서는 마음을 좋은(good) 부분과 나쁜(bad) 부분으로 나누고 각각은 또다시 자기표상과 대상표상으로 나누어 전체 네 분획으로 나눈다. 기준에 따라 나뉘는 형태야 여러 가지겠지만 적어도 3~5세를 지난 대상의 마음 분획은 셋 이상은 되어야 한다. 마음의 분획을 양극의 두 개(이는 1~3세의 심리 수준을 상징한다.)로만 이야기하는 것은 너무 압축적이며 적어도 셋 이상의 분획을 나누는 것이 심리 이해의 측면에서 좋고 심리적인 불균형이라는 표현을 적용하기에도 좋다.

6) 수직적 분석

앞서 언급한 분석은 같은 수준의 심리 에너지 혹은 영역들을 서로 비교하기 때문에 수평적 분석이라고 칭했다. 반면 수직적 분석은 '깊이'를 말한다. 대표적인 것이 의식과 무의식이다. 의식과 무의식이라는 표현은 깊이의 개념에 따라 고안된 것이다. 융의 경우도 무의식 개념을 언급하고 있으므로 수직적으로 깊이의 개념을 언급한 셈이다. 프로이트가 언급한 원초아, 자아, 초자아의 개념을 수평적으로 해석할 수 있으나 깊이를 가미하면 원초아가 가장 깊이 있는 영역으로 묘사된다. 융의 이론을 도식화한 것을 보면 깊이라는 개념보다 중심이라는 개념을 선호하고 있다. 그래서 인간심리 영역을 도해로 그릴 때 가장 중심에 자기(Self)를 표시한다. 융 이론에서의 자기는 프로이트 이론에서의 자기와 매우 큰 개념 차이를 보인다. 사울(Saul, 1980)은 '핵심 역동(nuclear dynamics)'이라는 개념을 언급하였다. 이러한 핵심, 중심, 심층 등의 개념은 모두 수직적 분석의 방식을 말하는 것이다. 정신분석은 수직적 분석을 지지한다. 이는 수직적 분석을 제공하지 않는 이른바 '지지치료'의 치료 깊이와 가치에 비해 정신분석의 치료적 깊이와 가치가 우월하다는 암묵적인 자긍심을 반영한다.

과연 인간의 성격에 수직적인 깊이가 존재하는가? 성격에 관한 이론을 보면 수직적인 깊이를 인정하는 이론과 인정하지 않는 이론이 있다. 깊이를 인정하는 이론은 성격에 중심이 있다고 하며 그 핵심은 평생 변하지 않는다고 말한다. 심지어 완전히 변해 버린 사람이 있다고 해도 그의 핵심은 변하지 않았고 다만 그의 표면적인 포장이 바뀐 것이라고 말한다. 반면 설리반의 성격 이해를 보면, 그는 사람에게 일관성 있는 핵심 형태는 없는 것처럼 말한다(Chapman, 1978). 사람은 대상에 따라 시기에 따라 그리고 상황에 따라 태도가 자주 바뀐다는 것이다. 우리가 흔히 말하는 그 사람의 성격이라는 것은 '핵심'이 아니라 다만 그러한 태도가 사는 동안에 양적으로 가장 많이 나왔다는 것을 설명한다. 인간이 쉽게 변하지 않는다는 것을 고려할 땐 핵심으로서의 성격 이론이 지지를 받고, 어떤 인간이라도 변할 수 있는 것을 고려할 땐 설리반의 성격 이론이 지지를 받을 것이다.

심리 발달 단계는 수직적인 깊이로 이해할 수 있는 좋은 예다. 심리학자들은 인간의 심리성장에 대해 다양한 견해를 제시해 왔다. 프로이트는 심리성적 발달 단계를 주장하여 구강기, 항문기, 성기기를 초기에 주장하였다가 성기기 중간에 잠재기가 있다는 것을 이해하여 성기기를 남근기, 잠재기, 성기기로 다시 세분하였다. 에릭슨(Erikson)은 심리사회적 발달 단계를 주장하였는데 시기적으로는 프로이트와 앞의 네 단계가 서로 일치하며 프로이트가 언급한 성기기는 청소년기, 성인초기, 성인중기, 성인후기의 네 단계로 세분되었다. 에릭슨의 심리사회적 8단계는 각 시기의 과제를 제대로 수행하였는지의 여부에 따라 성취 혹은 실패의 흔적이 남는다.

성격을 수직적인 깊이로 인정하느냐의 여부에 따라 중요한 견해 차이가 생기는 것처럼, 심리 발달을 수직적인 깊이로 인정하느냐에 따라 심리적인 문제를 이해하는 관점에 차이가 생긴다. 심리역동을 주장하는 입장에서 심리 발달은 분명 수직적인 깊이가 존재하는 것으로 보는 편이나, 어느 발달 시기를 중요시하는지에 있어서는 각각 다른 견해를 보였다. 프로이트는 어느 시기가 더 중요하다는 표현을 쓰지는 않았지만 오이디푸스 콤플렉스에 해당하는 남근기를 가장 중요한 발달 시기로 꼽게 된다.

하지만 사실 그 전 발달 시기가 무난하게 지난 것을 전제하고 있기 때문에 이전 발달 시기를 더 비중 있게 생각해야 할지도 모르겠다. 실제로 클라인(Klein)이나 말러(Mahler)의 경우 성기이전기(pregenital period)를 강조하고 있다. 이러한 학자들은 비록 명확하게 그렇다고 말은 안 했지만 인생의 나머지 시기가 중요한 발달 시기를 반복 재현하며 사는 것이라고 말하고 있는 셈이다. 반면 에릭슨과 같은 학자는 인생 전체의 비중을 비교적 균등하게 보려는 견해를 갖는다. 인생은 각각의 시기마다 나름대로의 의미와 목표와 과제를 갖는다. 그러므로 평생 살아가는 동안 항상 새로운 인생의 의미와 과제를 경험하는 것이라고 볼 수 있다. 그렇다고 에릭슨이 앞서 말한 '반복'의 개념을 부정하고 있는 것은 아닐 것이다. 문제는 인생의 어디까지를 이후 인생에서 반복하느냐에 있다. 학자마다 이후 인생이 어디를 반복하는지에 대해 견해가 서로 다르나 일반적으로는 7세 이전에 한정되는 시기다. 발달 단계는 초기 단계일수록 심리의 기저를 담당한다. 0~1세의 시기가 그런 의미에서 가장 인격의 기반을 형성한다. 그리고 1~3세 발달 단계가 그 기초 위에 서며 그다음 3~5세가 또 그 기초 위에 선다. 발달의 가장 초기는 근원을 상징하고, 연령이 올라갈수록 섬세한 분화를 상징한다.

3. 수퍼비전에서 수퍼바이지와 수퍼바이저의 관계

1) 정신분석 이론에 기반한 수퍼비전의 차별성

다른 수퍼비전과 정신분석 이론에 기반한 수퍼비전의 차별성을 어디서 찾을 수 있을까? 가장 첫째는 인간을 이해하는 정신분석 시각에서 찾을 수 있겠다. 정신분석에 따르면 인간은 그가 의식적으로 생각하고 느끼고 판단하는 것으로 움직이는 존재라기보다는 그가 미처 의식하지 못한 무의식의 힘에 의해서 움직이는 존재다. 그러므로 수퍼비전은 준비된 자료의 표면적인 양상뿐 아니라 그 기저에 있는 내담자와 치료자의 욕구와 기대, 미묘한 교류에 집중하여 진행된다. 둘째로 정신분석이 지향하는 상담의 방식과 분위기에 대한 것이다. 비교적 적극적이고 개방적인 다른 상담 방식에 비해서 정신분석은 중립적이고 폐쇄적인 치료자 위상을 가지며, 시간을 엄수하고 적절한 치료 관계의 거리를 유지해야 하는 심리치료 문화를 조성해야 한다.

그러나 이러한 차별성보다 정신분석 수퍼비전의 독특성을 더 극명하게 나타내는 세 번째 차별성은 내담자의 문제에 대한 것만 아니라 치료자의 개인적인 문제에 대해서 언급하고 이를 수퍼비전의 중요한 주제로 삼는다는 점이다. 수퍼비전은 심리치료와 다르므로, 운동 코치가 반드시 운동선수 출신이 아닌 것처럼, 수퍼바이저가 꼭 우선적으로 정신분석가가 되지 않아도 될 것이라는 상상을 해 볼 수 있다. 하지만 정신분석 수퍼바이저의 기본 소양은 먼저 정신분석가가 되는 것이다. 왜냐하면 수퍼비전의 발표자인 수퍼바이지는 수퍼비전 안에서 내담자와 흡사한 역할을 맡기 때문이다. 수퍼바이저는 반드시 정신분석가로서의 충분한 경험과 실력이 있어서 수퍼바이지의 역전이와 연결된 그의 개인적인 문제를 고려하고 다룰 수 있어야 한다. 하지만 수퍼비전 시간에 수퍼바이지를 내담자처럼 파악하고 다루는 것은 한계가 있으며 집단 수퍼비전의 경우엔 더욱 그렇다. 그럼에도 불구하고 수퍼비전 시간에 수퍼바이지는 자신을 공개할 수 있어야 한다. 정신분석가는 스스로 정신분석을 받는 것이 수련의 필수 과정이므로 내담자 역할을 맡는 것이 그렇게 생소한 것은 아니다. 정신분석에 기반한 수퍼비전에서는 다른 수퍼비전과 차별되게 치료자의 상상, 연상, 기타 다양한 치료자의 재료가 매우 중요하다. 이는 내담자의 저항, 전이 문제와 치료자의 역전이 문제를 이해하는 데에 핵심적인 역할을 한다.

2) 수퍼비전에서 수퍼바이지와 수퍼바이저의 심정

수퍼비전에서 사례를 발표하는 수퍼바이지는 자신의 사례가 공개되는 것에 대한 부담을 갖는데 일반적으로 내담자의 정보 공개에 대한 우려보다는 수퍼바이지가 상담을 어떻게 했는지 노출되는 것에 대한 부담이 더 크다. 개인 수퍼비전에서는 제출된 사례 자료 외에도 수퍼바이저의 질문에 의해 개인의 느낌이나 사적인 부분이 더 노출된다. 집단 수퍼비전에서는 일반적으로 같이 참여한 동료들의 피드백에 따라 치료를 잘했는지 여부가 느껴진다. 이러한 과정에서 수퍼바이지는 인정 욕구와 함께 '수치'의 감정을 직면하게 된다. 정신분석 이론에 기반한 수퍼비전에서는 이러한 직면을 회피해선 안 된다. 하지만 일부 수퍼바이지는 이러한 직면을 회피하고 자신의 사례에 대해 합리화나 지식화의 방어를 사용하면서 자신을 변호하다 보니 정작 수퍼비전에 집중을 못한다.

수퍼비전에서 부담을 갖는 것은 수퍼바이저도 마찬가지다. 수퍼바이저로서 초보인 경우는 더욱 그러하다. 대개 수퍼바이저의 위치까지 도달하려면 오랜 시간동안 정신분석에 치중했어야 한다. 나름대로 자긍심을 가질 만한 위치에 도달해서 이제 그럴듯한 수퍼비전을 진행할 수 있겠다는 기대와 달리 초보 수퍼바이저에게는 초보 수퍼바이지가 연결되기 마련이다. 즉, 정신분석의 수준은커녕 심리치료의 일반적인 내용도 아직 숙지하지 못한 것 같은 수퍼바이지들을 마주할 가능성이 높다. 수퍼바이저는 자신의 기대에 충족되지 않는 내담자의 수준 혹은 준비 자세에 의해 내면의 실망과 분노가 일어날 수 있다. 이는 자신의 처지와 정체성까지 연결된다.

중요한 건 지금 언급한 이러한 감정들이나 관계가 형성되는 것이 지극히 당연하고 자연스러운 일이라는 점이다. 정신분석에 기반한 수퍼비전은 이러한 현실을 있는 그대로 정확히 직시하면서 이를 배움의 도구로 전환할 수 있는 용기 있는 자세를 필요로 한다. 수퍼바이저와 수퍼바이지의 관계를 정직하게 들여다보는 수퍼비전은 수퍼바이지로 하여금 자신의 치료 시간에서 치료자-내담자 관계를 정직하게 들여다보는 모델이 된다.

4. 수퍼비전 구성

1) 수퍼비전 자료의 준비와 제출

수퍼비전을 위해서는 치료자가 내담자와 상담에서 나눈 대화를 문자로 전환한 축어록[2]을 필요로 한다. 다른 수퍼비전과 차별되는 사례 양식의 특징으로는 내담자의 역동적 이해를 정리하거나 내담자의 자아강도를 기술하거나 각 상담 시간을 마친 후의 소감을 적거나 이전에 받은 수퍼비전의 내용을 간단히 기술하는 것 등이 있다.

진행 시간의 효율성을 위해 미리 축어록을 제공하여 충분히 읽어 오게 한 후 수퍼비전을 진행하는 것이 최근의 추세이고 집단 수퍼비전의 경우 더욱 그러하다. 미리 축어록을 제공하는 방식의 수퍼비전은 누구나 상담 전체를 숙지하고 참여하는 것이라 내용 전체를 언급하고 다루는 것이 용이하다. 그러나 미리 축어록을 제공하지 않고 수퍼비전 시간에 축어록을 제시하는 경우도 있다. 이 경우는 상담과 마찬가지인 현장성이 강조된다. 상담을 미리 알아 준비할 수가 없다고 해서 현장에서 나온 상담 이야기가 성의 없이 다루어지는 것은 아닌 것처럼, 수퍼비전도 미리 축어록을 제공하지 않았다고 해서 현장에서 나온 수퍼비전

---

2) 문자 그대로의 뜻과 달리 축어록은 면담 내용(verbatim)을 하나도 빠뜨리지 않고 문자로 옮기는 것이 일반적이다. 그래서 '완전어록'이라고 고쳐 부르기도 한다.

이야기가 성의 없거나 허술하지는 않다. 현장에서 축어록을 제시할 때는 시간의 한계상 축어록 전체를 볼 가능성이 적으므로 앞부분만 다루거나 중간에 같이 다루었으면 하는 부분에 집중하게 된다. 수퍼비전을 준비하는 수퍼바이지 입장에서 열심히 수 페이지나 되는 축어록을 작성한 후 그 내용 전체를 시간에 검토하지 못한다고 하면 '굳이 고생하면서 왜 내용 전체를 타이핑해야 하는 건가'라는 의문을 가질 수 있겠다. 그러나 일반적으로 수퍼비전의 핵심은 수퍼바이저가 지도해 주는 것이 아니라 수퍼바이지가 축어록을 준비하고 작성하면서 상담 전체를 자세히 되새겨 보고 충분히 생각하는 자체이며, 실제로 축어록을 작성해 본 사람이라면 전체적인 준비의 고생이 헛되지 않음을 잘 알 것이다. 이러한 수퍼비전 방식의 결정은 수퍼비전의 상황이나 수퍼바이저의 선호도에 따라 정해질 것이다. 일반적으로 현장의 변화에 금방 적응하기 어려운 수퍼바이지라면 축어록을 미리 제공하는 방식이 나을 것이며, 수퍼바이지와 수퍼바이저 모두 임기응변이 빠르고 변화와 모험을 즐기는 성향이라면 후자의 방식에서 보다 생산적이거나 창의적인 수퍼비전을 이끌어 낼 수 있다.

2) 내담자에게 비중을 더 맞출 것이냐, 아니면 수퍼바이지에게 비중을 더 맞출 것이냐

정신분석에 기반한 경우가 아니라면 일반적으로는 수퍼바이지에게 비중을 많이 두지는 않고 사례 자체, 즉 내담자의 이해에 비중을 두는 편이다. 그에 반해 정신분석 이론에 기반한 수퍼비전은 수퍼바이지에게도 상당한 비중을 두는 편이다. 이는 치료자로서 치료 시간에 어떤 기법과 태도를 구사했는지에 관한 내용뿐 아니라, 치료 시간에 치료자 개인이 가진 개인적인 느낌과 생각, 기대와 욕구, 더 나아가 이와 연상으로 연결될 수 있는 치료자의 사적인 정보와 경험, 그리고 환상까지 포함한다.

내담자에 대한 것과 치료자에 대한 것 모두 수퍼비전에서 상당한 가치가 있다. 개인 수퍼비전의 경우 수퍼바이지에 대한 개인적인 공개가 충분히 가능한 경우라서 수퍼바이지에게 비중을 높일 조건이 좋은 반면 집단 수퍼비전에서는 수퍼바이지의 개인적 정보가 너무 노출되는 것이 바람직하지 않을 수 있기 때문에 주의를 요한다. 그럼에도 불구하고 집단 수퍼비전에서 수퍼바이지의 자기노출은 치료자 자신뿐만 아니라 다른 참석자에게도 자기노출과 집단역동에 대한 훌륭한 훈련 경험이 된다. 그러므로 집단 수퍼비전의 경우 다른 참여자는 사례에 대해서만이 아니라 수퍼바이지에 대해서도 관심 어린 피드백을 제공하는 것이 좋다. 그렇게 해야 집단에서 역동적인 교류가 일어난다.

5. 수퍼비전 실제

수퍼바이저는 자신의 경험과 관점에 따라 사례를 검토하고 수퍼바이지가 관심을 갖는 주제에 대해 조언을 해 줄 수 있다. 여기서는 사례 자료가 심리치료의 초기, 중기, 후기 시점 중 어디에 해당하느냐에 따라 변경되는 관심 영역에 맞추어 서술하였다.

1) 치료의 초기

치료의 초기에 치료자는 무엇을 해야 하는가? 치료자는 내담자를 파악하여 그에 대한 역동적 이해를 가짐과 함께 심리치료가 무엇인지를 '치료의 틀'을 통해 보여 주어야 한다. 그리고 문제의 해결을 도와주기 전에 관계를 맺어야 한다. 치료자는 심리치료자로서의 전문성을 멋진 해석과 환상의 증폭이 아닌, 유익한 질문과 진지한 태도로 보여 주어야 한다. 치료 초기에 많은 사례가 중단되므로 어떤 가능성이 있는지를 검토하고 사전에 방지할 수 있는 노력을 해야 한다. 이러한 내용을 모아서 상징적으로 표현하자면 '내담자를 붙잡지 말고, 만나라'고 말할 수 있다. 수퍼바이저는 이러한 일련의 목표가 잘 진행되고 있는지를 검토한다.

심리치료의 시작에서 가장 중요한 사실은 내담자가 정신분석을 하기에 적절한 대상인지에 대한 분별이다. 심층심리치료를 위해서는 내담자가 상담의 과정을 견뎌 낼 만한 기본적인 소질을 갖고 있어야 하는데 이를 위한 가장 무난한 표현으로 '자아역량(ego capacity, 자아강도)'이 있다. 정신분석이 가능한 자아역량은 '건강한 부분이 있어야 한다'는 말로 표현된다. 이에 대한 구체적인 항목으로 드왈드(Dewald, 1978)는 대상관계, 동기, 심리학적 심성, 방어, 지능, 불안과 좌절에 대한 인내도, 타성형(alloplastic)과 자기성형(autoplastic)을 나열하였다. 이러한 초기 판단이 항상 옳을 수는 없으므로 치료를 하면서 자아역량에 대한 판단은 계속 수정되고 그에 따른 정신분석 적절성도 확인되어야 한다.

치료를 시작하기 전에 오리엔테이션을 갖는 시간을 마련하는 경우와 그렇지 않은 경우가 있다. 이를 가리켜 '사전면담' 혹은 '평가면담'이라는 용어를 사용하기도 하는데, 어떤 분석가는 이를 인정하지 않는다. 비록 정식 치료계약 이전에 진행되는 경우라 하더라도 이미 치료와 두 사람의 관계가 시작된 것이라고 해야 하기 때문이다. 그렇다고 해도 제대로 된 출발이 첫 만남에서부터 있는 것은 아니라는 점에는 모두 암묵적으로 동의한다. 정식 출발 이전 시기에서는 내담자의 자아역량을 평가하면서 과연 내담자가 정신분석에 참여할 만한지 가늠하는 시간을 가진다. 그리고 타당한 경우 앞으로 상담이 어떻게 진행될 것이라는, 이른바 정신분석에 대한 입장을 설명하고 내담자의 동의를 구한다. 그래야 제대로 된 출발이다. 치료 초기의 수퍼비전에서는 이러한 과정이 순조롭게 이루어지고 있는지를 점검하고 지지하며 앞으로 예상되는 사안들을 미리 고려한다. 이어서 내담자의 주요 문제를 듣고 내담자를 사례분석 혹은 사례도식화하며 내담자가 정신분석의 문화에 익숙하도록 적응시키는 과정이 진행된다.

(1) 역동적 사례분석

치료 초기에는 내담자의 증상이나 문제에 대한 역동적인 가설을 세우고 타당성을 타진하는 시간을 갖게 된다. 그림 퍼즐을 맞추듯 내담자가 주는 정보와 치료자가 파악하게 된 내용에 따라 내담자의 역동적 이해의 그림을 구체화해야 한다. 초보 치료자는 전체적인 것을 보는 시각이 부족하다. 그래서 어디서부터 그림을 짜 맞추어야 할지 당황하는 경우가 많다. 그림 퍼즐을 맞출 때에는 요령이 있다. 먼저 한 면이 직선인 것들을 찾는다. 그것은 그림 퍼즐의 모서리에 해당한다. 나머지 것들은 비슷한 색상의 것들끼리 서로 모은다. 그러면 전체 그림에서 비슷한 색상의 부분과 대조하여 맞추기가 쉽다. 정신분석도 이와 비슷하다.

　가장 우선 맞추는 것은 '분명한 것'이다. 이러한 분명한 정보들은 우리가 이론에서 익히 배운 핵심적인 내용을 잘 보여 주는 증상 혹은 심리상태다. 예를 들어, 내담자가 이성 관계에서 쉽게 이별의 주제에 치중하고 이로 인해 쉽게 화를 내며 자해가 반복된다고 하면 우리는 경계성 인격을 가장 먼저 떠올리게 될 것이다. 경험자에게는 이러한 확실한 추정이 잘 보이는 반면 초심자는 방향성을 잡기 어려워할 때가 있다. 그다음에 확인하는 것은 '서로 비슷한 것'이다. 시점이 달라도 비슷한 패턴을 보인 상황이나 자주 등장하는 단어나 감정에 주목한다. 이러한 정보들이 확실한 정보에 따른 내담자의 심리 이해와 같은 개념에 있는지 비교해야 한다. 수퍼바이저는 수퍼바이지가 이러한 시각을 가지고 사례를 잘 파악해 나가고 있는지 점검하게 된다.

(2) 치료동맹의 형성
　치료동맹은 라포(rapport), 신뢰 관계 등의 용어로 표현되기도 하며 그린슨(Greenson, 2001)은 특별히 작업동맹이라는 표현을 썼다. 치료의 초기에 내담자의 문제를 이해하고 분석하는 부분만큼이나 중요한 것이 협력적인 치료 관계를 세우는 일이다. 협력적인 치료 관계를 위한 조건은 다음과 같다. 첫째, 한 사람은 치료자이고 한 사람은 내담자라는 각자의 역할을 이해한다. 둘째, 치료자와 내담자가 정신분석에 걸맞는 상담의 규칙과 지침, 즉 상담의 문화에 자신을 동화시킨다. 셋째, 치료자와 내담자의 협력은 내담자의 문제를 해결하는 것을 목표로 한다. 앞의 두 가지는 '치료의 틀'을 준수하면서 이루어진다.

　많은 경우 내담자에 대한 깊이 있는 이해가 내담자를 안정시키고 변화시킨다고 생각하기 쉽다. 틀린 말은 아니지만 치료 초기에서 볼 때엔 너무 요원한 이야기다. 치료 초기에 실제로 내담자에게 가장 큰 영향을 주는 것은 관계 그 자체다 (사실 깊이 있는 통찰도 관계를 빼놓고 생각할 수 없다). 내담자는 자기 이야기를 들어 주고 객관적으로 상황을 재구성하며 적절한 조언과 지지를 아끼지 않는 치료자를 만난다는 그 자체로 혹은 치료자에 대한 정서적 반응으로 일시적인 문제의 호전을 경험한다. 프로이트는 이를 가리켜 '전이치유'라는 표현을 사용하였다. 이러한 현상은 치료가 초기에서 중기로 이행되는 것임을 알려 주는 지표가 된다.

(3) 치료의 틀을 세우기

앞서 치료의 틀이 어떤 것인지를 언급했다. 치료는 일종의 계약 관계다. 즉, 상호합의하에 일정한 규칙과 목표를 가지고 서로 만나는 것이다. 이 계약 관계 안에서 치료자는 치료자다워야 하며, 마찬가지로 내담자는 내담자다워야 한다. 그러한 관계 설정에 필요한 치료의 틀을 내담자에게 잘 알려 주고 숙지할 수 있게 해야 한다. 내담자의 자아역량에 따라 정신분석이 가능한지 여부가 결정된다고 하였는데, 내담자가 치료의 틀을 잘 세워 나가는 것은 내담자의 자아역량이 정신분석에 적합하다는 것을 보여 주는 좋은 증거다.

(4) 치료 초기의 실수와 치료의 취소

치료가 기대한 횟수를 채우지 못한 상태에서 내담자의 요청으로 치료가 취소 혹은 중단되는 것을 치료 조기 종결이라고 하는데, 기대한 횟수는커녕 치료 초반에서 바로 탈락하는 경우도 종종 있다. 치료자에게 전혀 통보도 없이 치료가 중단되는 경우는 치료 실패라는 표현을 쓰기도 한다. 치료의 조기 종결이나 실패는 치료 중기나 후기보다는 초기에서 더 많이 일어나는 현상이다. 여러 이유가 있겠지만 가장 쉬운 설명은 '준비가 안 되어서'다. 때로는 내담자가, 때로는 치료자가, 혹은 둘 다 준비되지 못한 경우도 있다.

준비되지 않은 내담자는 치료 초기에 강렬한 감정에 쉽게 휩싸이는데, 특히 불안과 의심을 갖는 경우가 많다. 어떤 내담자는 치료 초기에 너무나 많이 감정을 털어놓았다가 자기 스스로 주체를 못하고 이후 치료를 지속하지 못한다. 또 어떤 내담자는 치료자를 신뢰하지 못하고 계속 근거 없이 의심하여 결국 치료를 중단한다. 마찬가지로 준비가 부족한 치료자는 이러한 내담자의 반응을 어떻게 처리할지 몰라 우왕좌왕할 수 있다. 더 문제가 되는 것은 어떻게든 중단만은 면하게 하려고 무리수를 두는 경우다. 치료 초기에 어떤 이유로든 지속적인 치료로 이어지지 못하는 예는 허다하며 경험 많은 정신분석가도 피할 수 없다. '남을 내담자를 남게 하라'는 표현이 상징하듯이, 치료자는 나름의 노력을 하되 치료에 준비가 미비한 내담자까지 무리하게 붙잡을 필요는 없는 것이다. 수퍼비전에서 이러한 원리가 잘 적용되고 있는지를 점검할 수 있다.

2) 치료의 중기

치료자는 치료의 중기에 내담자를 보다 깊이 파악할 기회로 내담자를 이끌어가야 한다. 좀 더 정확히 말하면, 이끈다기보다는 '같이' 가야 한다. 심리치료의 중기에서는 치료의 꽃이라 할 수 있는 전이, 저항, 해석을 모두 볼 수 있다. 수퍼비전에서는 때로는 드라마틱하게, 때로는 지루하게 진행되는 치료자와 내담자와의 줄다리기와 같은 흥미진진한 교류를 보게 된다.

(1) 깊이 고찰하는 치료자의 자세

치료자도 자기 주관적인 견해에 지배를 받으므로 다소 편향적인 시각으로 내담자를 파악하고 자신에게 보다 관심이 가는 이야기 주제에 집중할 수 있다. 하지만 치료자는 부단히 노력하여 그러한 일이 최소화될 수 있게 해야 한다. '중립성'과 '절제'로 표현되는 정신분석가의 치료 태도를 통해 그러한 목표에 가까이 다가갈 수 있다. 또 다른 표현으로는 '골고루 주의를 주며 조망하는 것(evenly hovering attention)'이 있다. 치료자는 내담자의 이야기에서 주관적으로 경중을 판단하는 것을 자제해야 한다. 가급적 사소한 흐름이라도 똑같이 주의를 기울여야 한다. 이러한 태도는 쉽게 습득되는 게 아니다. 수퍼비전 자료에서는 치료자가 어디서 어떤 말을 사용했느냐를 통해 치료자의 관심이 드러난다. 하지만 이것으로는 충분하지 않다. 수퍼비전 시간에 치료자가 그 당시 생각했던 여러 생각과 느낌들을 같이 들어야 한다. 이러한 과정을 통해 치료자의 편향된 태도가 파악될 수 있고 이를 어떻게 하면 수정할지 논의할 수 있다.

수퍼비전 시간에 자주 거론되는 것 중 하나가 치료자의 의도와 표현의 일치 여부다. 축어록에서 치료자가 어떻게 말을 했는지는 명확하게 드러나지만 치료자가 원래 어떤 생각을 갖고 있었는지, 어떤 말을 하고 싶었는지는 치료자가 직접 말해 주어야 알 수 있다. 사실 그런 차이는 내담자의 경우도 마찬가지다. 그런 의미에서 보자면 내담자의 부분보다는 치료자의 부분을 수퍼비전하는 것이 더 충실할 수 있기도 하다. 어쨌든, 치료자가 왜 이런 말을 했는지 수퍼비전을 할 때 비교적 많은 경우 치료자의 의도와 실제 표현이 다르다. 예를 들어, 치료자는 '아니, 왜 그런 식으로 행동을 하는 거야?'라고 생각하면서 말로는 "그런 상황에서 정말 힘드셨겠어요."라고 말하기도 한다. 이유를 물으면 치료자의 생각이 내담자에 전달되어서는 안 된다는 생각이고, 내담자를 공감해야 한다고 배웠기 때문이란다. 얼핏 들으면 옳은 말이다. 그런데 공감이란 게 그렇게 생각과 다른 표현일 수 있겠는가? 치료자는 여기서 자신의 생각을 여과 없이 전달하는 것은 지양하더라도 가급적 자기 생각과 일치하는 표현을 쓰는 법을 배워야 한다. 사실 초보 치료자라고 해도 일반적으로 '해야 한다'고 말하는 치료 원칙보다 그의 직감과 느낌으로 내담자에게 반응하는 것이 훨씬 더 좋은 치료의 원천이 된다. 그러한 감각을 잘 인정하고 효과적으로 표현하도록 다듬는 것이 수퍼비전에서 이루어지는 대표적인 작업 중 하나다. 위의 경우라면 차라리 "그 상황에서는 왜 그렇게 행동하신 거죠?"라고 하거나 "저를 비롯해 다른 사람들이 ○○ 씨의 행동을 이해하기보다는 비난하기가 쉬울 것 같은데, 다른 사람들이 미처 고려하지 못한 ○○ 씨의 느낌이나 의도는 무엇이 있을까요?"라고 하는 게 더 바람직하다. 일반적으로 치료자는 내담자에 대한 부정적인 느낌이 생길 때 정직하게 표현하는 데 서툴다. 그러한 부분을 잘 극복할 수 있도록 수퍼비전하는 것이 필요하다.

'자세하게 말할 수 있도록 격려하는' 것이 또한 치료자가 해야 할 중요한 일이다. 가장 쉽게는 "좀 더 자세히 말씀해 주시겠어요?"라고 하여서 내담자가 자기 스스로 이야기를 확장하고 세부적인 부분까지 묘사하게 한다. 하지만 내담자에게만 맡기면 이야기가 내담자의 관심사에 치중하여 골고루 자세히 묘사되지 못한다. 그런 경우에 치료자는 내담자가 간과하거나 회피하는 부분을 볼 수 있게 해 줘야 한다. 그리고 다각적으로 그 이야기나 상황을 재조명하는 기회를 가져야 한다. 이야기에서 다양한 인물이 나오면 다른 사람의 시각에서 그 이야기나 상황이 어떻게 보였을지를 질문하여 내담자 이외의 관점 혹은 객관적인 관점으로 상황을 재검토할 수 있어야 한다. '제3자가 이 상황을 지켜보고 있었다면 …'이라는 가정을 넣어서 객관적인 시각으로 재조명하게 유도할 수도 있다. 자기 스스로도 다른 관점을 가질 수 있다. 대표적인 것이 과거의 나와 지금의 나. 예를 들어, 내담자가 5년 전 마음에 상처를 입은 어떤 경험을 이야기했다고 하자. 치료자는 그에게 "지금 입장에서 그 상황을 생각해 보면 어떤 생각이 드세요? 지금 입장에서는 다르게 생각하거나 다르게 했을 거라고 여기는 것이 있으세요?"라고 물음으로써 지금의 나를 새로운 관찰자로 세운다. 대부분 세월이 지난 후 지금의 나는 인생 경험이 좀 더 많아서 이제 확장된, 그리고 보다 성숙한 시야로 상황을 파악할 수 있다. 좀 더 전문적인 용어를 쓰자면 보다 성장한 자아 기능으로 상황을 파악할 수 있게 된 것이다. 이러한 일련의 기법들을 쓰지 못하고 몇 마디 묻다가 내담자의 대답이 지지부진해서 그냥 주제가 전환되는 경우가 축어록에서 나오면 수퍼바이저는 치료자로 하여금 내담자의 자발성을 넘어서서 좀 더 자세하게 상황이 파악될 수 있도록 해 줄 수 있는 노력이 무엇인지를 생각해 보게 한다. 군이 이런 기법을 쓰지 않고도 내담자가 스스로 자기 자발성의 한계를 극복하게 해 줄 수 있는데, 그것은 중요도를 고취시켜서 스스로 잘 보게 하는 것이다. 누군가 수학 문제를 못 풀 때 문제를 푸는 공식을 설명해 주거나 문제 푸는 순서를 안내해 줄 수도 있겠지만, 그 문제를 해결해야 앞으로 다른 어떤 것도 쉬워지기 때문에 매우 중요하다는 점만 강조하고 한 번 알아서 잘 풀어 보라고 한 후 기다릴 수도 있는 것과 같다. 중요도의 고취는 단순히 "지금 이

것이 매우 중요합니다."라는 막연한 표현으로 할 수도 있지만 무엇이 어떻게 중요하다고 좀 더 자세하고 분명히 알려 주는 것도 좋을 것이다.

(2) 분석자료에서 '드러난 표현, 숨겨진 표현, 연상, 꿈'

내담자의 이야기를 경청하는 요령은 '골고루 주의를 주며 조망하는 것'과 함께 정신분석 이론의 주된 주제들(내담자의 이면과 연상, 관계를 살피는 것 등)에서 계속 언급되었다. 모든 자료들은 의미와 가치를 내포하고 있다. 치료자는 자료를 풍부하게 하기 위해 적절한 집중시키기와 질문으로 내담자가 보다 자세하게 이야기하도록 격려해야 한다. 확대된 이야기들은 명료화, 직면 기법을 통해 정제된다. 분산되고 안개 속에 있는 것 같은 이야기들은 중심 혹은 핵심이 되는 몇 가지 주제로 좁혀진다. 명료화와 직면을 위해선 정신분석 이론에 의한 인간 이해와 정신병리(이상심리학) 지식을 통합적으로 갖추고 있어야 한다.

치료자는 내담자의 말한 내용 외의 것에 대해서도 집중하고 그것을 같이 들여다보자고 요청하며 실제적으로 묘사해 줄 수 있어야 한다. 내담자의 비언어적인 자세, 소리, 태도, 몸짓, 복장과 몸치장 등에서 내담자의 생각이나 감정을 짐작할 만한 것이 있다면 관심을 가지고 내담자와 치료자가 함께 살펴보아야 한다. 표정은 대표적인 비언어적 표현이다. 치료자는 이러한 지적이나 언급을 통해 숨겨진 표현을 드러난 표현으로 치환하는 작업을 해야 한다.

꿈은 정신분석에서 자주 거론되는 자료다. 그런데 꿈에 대한 견해는 학자마다 다르다. 프로이트는 꿈을 통해 무의식의 존재를 발견했으며, 무의식은 있는 그대로 노출될 수 없어 꿈과 같은 변형작업을 거치는데 이러한 꿈 작업은 심리 방어 기전과 동일하다고 정리하였다. 꿈의 가장 중요한 목적은 욕구의 실현이다. 비록 진정한 실현은 아니지만 꿈이라는 환상 속에서 내적 욕구를 만족시킨다. 꿈은 비록 매력적인 자료이긴 하지만 다중적인 의미를 지닌 미로와도 같아서 분명한 해석이라는 것은 불가능하다. 꿈 분석을 매우 중요시하는 분위기의 학파가 아니라면 일반적으로 꿈은 내담자가 무의식과 방어기전이 있다는 것을 배우거나 애매한 정보를 어떻게 추적해 들어가야 하는지 요령을 터득하거나 치료자와 내담자와의 관계를 상징하는 부분들을 살펴보는 도구 정도로 활용된다.

(3) 내용과 과정

심리치료를 할 때에는 내담자가 이야기한 내용을 잘 들어야 한다고 생각한다. 하지만 치료는 말의 내용만으로 이루어지지 않는다. 중요한 것은 말 그 자체만이 아니라 그 뒤에 숨겨진 내담자의 감정과 불안이다. 말의 표면적 내용은 오히려 사람의 내면을 숨기거나 포장하는 도구로 쓰일 때가 더 많다. 그러므로 치료자는 말에만 얽매여서는 안 되며 보다 넓고 깊게 봐야 한다. '내용과 과정'을 구분하는 연습을 끊임없이 하면 그러한 안목이 생긴다. 과정을 다루는 치료자는 내용을 다루는 치료자보다 한 단계 높은 치료자다.

내용과 과정을 구분해 보자. 내용은 줄거리에 해당한다. "지금 어떤 얘기를 하신 거죠?" 혹은 "이야기를 정리해 볼까요?"는 내용을 점검하는 것에 해당한다. 과정은 내용 이외의 모든 것이라고 해도 무방하다. 어떤 사람이 가족에 대해 이야기를 했다고 할 때 내용은 '가족 이야기'다. 그렇다면 과정은 무엇일까? 내용 이외의 모든 것이라 했으니 어떤 것이 해당될지 생각해 보자. 대표적인 것은 이야기 순서다. 아버지, 어머니, 형, 동생 순서로 이야기를 했다고 하면 그 순서가 과정의 한 요소인 것이다. 말의 속도도 과정이다. 전체적인 말의 속도도 중요하지만 부분 부분의 속도도 중요하다. 가령 아버지 얘기는 짧고 빠르게 말하고, 어머니 얘기는 길고 천천히 말했다고 한다면 그러한 차이가 과정의 한 요소가 된다. 생략과 중간 침묵, 주제 전환도 과정의 한 요소다. 4인 가족 얘기를 하는데 어머니는 거명만 할 뿐 별다른 언급 없이 넘어갔다고 하면 이는 의미 있는 생략이다. 이야기가 진행되다가 갑자기 다른 주제로 전환되는 경우는 전환하지 않고 그 이야기를 계속 할 때 갖는 심리적인 압박이 있기 때문에 그럴 수 있다. 그 외에도 내용 이외의 다양한 과정 요소들이 있는데 심리치료, 특히 정신분석에 기반한 심리치료는 이러한 과정 요소들을 중시한다. 내용이 중요하지만 내용만큼 혹은 그보다 더 과정이 중요하다. 과정은 내담자의 숨겨진 표현을 드러내는 단서가 되기 쉽다. 수퍼바이저는 치료자가 내용과 과정을 골고루 집중하고 있는지를 검토한다. 치료 시간 중에 치료자와 내담자가 함께 주목할 만한 과정인데 치료 중에는 간과된 부분이 있는 경우, 이러한 부분을 치료자가 다시 살펴보도록 돕는다.

(4) 저항, 전이, 역전이

대부분의 정신분석 책들이 저항과 전이, 역전이에 대해 상세한 설명과 사례들을 제공한다. 그만큼 이 주제는 실제 치료에서 가장 중요하다. 다른 책에서도 충분히 얻을 수 있는 지식은 여기서는 제외하고, 어렴풋이 저항과 전이를 감지한 경우 치료자가 해야 할 부분에 대해서만 언급하겠다.

모든 상황이 다 드러난 자료를 가지고 그것이 저항인지 전이인지를 결론 내는 것은 비교적 쉽다. 하지만 치료 현장에서 내담자가 "이건 저항입니다." 혹은 "이건 전이입니다."라고 하면서 말을 시작하는 건 아니다. 그러므로 어렴풋하게 뭔가 있는 것 같다는 치료자의 느낌에서 시작하는 작업이 중요하다. 일반적으로 뭔가 있는 것 같다는 것은 크게 두 가지에서 발견된다. 첫 번째는 치료의 틀을 어기는 경우다. 치료 초기에 시간과 장소와 비용의 틀을 세우는 것을 이미 알 것이다. 내담자가 이런 틀, 즉 구조와 규칙을 잘 지키다가 어느 순간 이러한 틀을 약간 어기거나 심하게 깨는 경우가 있다. 이것은 내담자의 심경 변화를 의미하며 그것은 저항이거나 전이일 가능성이 높다. 예를 들어, 늦게 온다든지, 치료 시간이 끝났는데도 계속 말을 멈추지 않는다든지, 치료비를 안 가져 온다든지, 초기 약속을 넘어서는 사적인 연락을 하거나 선물을 한다든지 하는 경우가 이에 해당한다. 이것이 아직 저항인지 전이인지는 모르나 어떤 의미가 있을 것이라고 짐작하는 것은 지극히 당연한 추측이다. 두 번째는 의미 있어 보이는 과정의 요소다. 다른 말로 '숨겨진 표현'이라고 할 수도 있겠다. 내담자는 말로 충분히 담을 수 없는 다양한 생각과 감정을 비언어적인 방식으로 표출한다. 그러한 점을 현장에서 바로 발견하고 같이 주목할 수 있도록 하는 것은 치료자의 몫이다. '지금-여기(here and now)'라는 표현은 과정의 순간을 주목하라는 말과 동일한 표현일 때가 많다.

일단 이러한 식으로 어렴풋이 짐작이 가는 경우 치료자는 이 점에 내담자도 같은 관심과 호기심을 가지고 주목하게 한다. 그리고 나서 이 상황이 무엇인지 자세히 보고 왜 이런지 이유를 살피는 작업을 함께 하게 된다. 그러다 보면 이것이 저항인지 전이인지 혹은 전이저항인지에 대해 알게 되며 내담자가 이에 따른 원인을 생각하다 보면 적절한 이유에 해당하는 연상이 풍부하게 나타난다. 치료자는 이러한 경험을 공유하면서 '아 저항과 전이를 이렇게 발견하여 여기까지 이렇게 이끌어 가는구나.' 하는 생각을 갖게 된다.

치료자를 향한 명료한 감정을 다룰 때에도 저항과 전이의 요소에서 생각해 봐야 한다. 내담자가 치료자를 깊이 사랑하고 성적인 환상이 풍부하게 일어날 때에 혹은 치료자를 깊이 미워하고 가해의 환상이 풍부하게 일어날 때에 그것이 진정 치료자만을 향한 감정이라 할 수는 없다. 때로는 그 감정에 치우쳐서 자신을 들여다보지 않고 그 감정에 안주하려는 전이저항일 수 있으며, 중요한 인물과 치료자를 같은 인물인 것처럼 취급하여 빠져드는 전이 현상일 수 있다. 내담자가 이런 감정을 치료자를 향한 것으로 직설적으로 표출하면 어떤 치료자는 이런 경험에 압도되거나 당황할 수 있다. 치료자가 이러한 표현에 얼어붙지 말고 "좀 더 자세히 말씀해 주시죠."라고 하며 그 주제를 직시하고 더욱 자세히 살피려는 자세를 가져야 한다. 만약 치료자가 그런 태도를 취하지 못하는 경우 수퍼바이저는 그러한 치료자의 이유를 살펴야 한다. 치료자 자신의 사적인 감정이나 역전이 감정에 의해 그러한 반응이 나타날 가능성이 높기 때문이다.

(5) 해석

해석은 넓은 의미로는 치료 시간에 내담자가 보인 내용과 과정에 대해 그 의미와 가치를 살펴서 설명하는 것이며, 좁은 의미로는 내담자의 현재 혹은 최근 생각이나 감정이나 행동 반응이 모두 과거 중요한 인물에 대한 생각, 감정, 행동의 재현임을 알려 주는 것이다. 그러므로 치료자의 해석은 내담자의 통찰로 이어지게 된다.

통찰치료와 지지치료를 설명하는 부분에서 지지치료의 해석은 지적 통찰로 이어지는 반면 통찰치료의 해석은 정서적 통찰로 이어지는 점에서 서로 다르다고 설명한 바 있다. 그런데 해석이 어떻게 다르기 때문에 그런 차이가 날까? 통찰치료의 해석은 그만큼 시간이 충분히 소요되면서 통찰의 사전 준비가 많이 있어야 한다고 했다. 말란이 말한 통찰의 삼각형에 따르자면 통찰은 O, T, P가 모두 잘 설명되어야 한다. 그런데 좁은 의미의 해석은 O-P 연결이면 족한 것처럼 보인다. 말란도 이를 유념해서인지 O-P 연결은 해석의 다섯 절차 중 두 번째에 해당한다고 했다. 이 정도는 지지치료 수준의 해석인 셈이다. 진정한 O-P 연결은 반드시 T, 즉 전이를 이해하는 과정이 있어야 한다. 다시 말해, 현재 중요한 인물과의 감정이나 생각이 실은 과거 중요한 인물(대개는 부모)과의 감정의 재현이라는 것을 통찰치료적인 수준으로 뼈저리게 이해하려면 반드시 그러한 관계 특성이 치료자-내담자 사이에서, 즉 치료 시간에 똑같이 재현되어야 한다는 것이다. 정신분석가는 그런 기회를 기다려야 한다. 이미 치료 중에 부모와의 관계 패턴이나 현재 중요한 사람과의 관계 패턴이 잘 검토되어 둘 사이의 연결성을 충분히 설명할 수 있다고 해도 이것이 온전한 해석이 될 수는 없다. 온전한 해석을 위해서는 이러한 패턴이 치료 시간 중에 치료자-내담자 관계에서도 똑같이 재현되어야 한다. 그러한 '지금-여기'를 해석할 때 그 해석은 내담자를 정서적 통찰에까지 이끈다. 즉, 사람을 움직인다.

이렇게 내담자의 중요한 교류 패턴이 치료자-내담자 관계에서 재현되는 것을 가급적 빨리 일어나게 할 수 있을까? 만약 그렇다면 치료 시간을 단축할 수도 있으리라는 기대가 생긴다. 결론적으로 말하면, 그럴 수 있다고 하는 단기역동치료가 있는가 하면 시간이 얼마나 소요되는지는 사실 내담자에게 달려 있다고 생각하는 정신분석이 있다. 단기역동치료는 치료자-내담자 관계에서 중요한 개인의 교류 패턴이 가급적 일찍 나타나도록 치료자-내담자 관계를 보다 의도적으로 몰고 간다. 심한 정도는 아니지만 일종의 '조작'인 셈이다. 반면 일반적인 정신분석에서는 터득할 만한 기회는 계속 제공하더라도 내담자가 스스로 터득할 때까지 기다린다. 이는 '통찰을 위한 분위기를 조성 혹은 촉진한다.'고 표현할 수 있겠다. 조성과 조작의 경계는 모호하다. 수퍼비전에서는 조성과 조작의 미묘한 긴장 속에서 어디에 위치해 있는지를 검토하고 어디에 위치해야 하는지를 경험적으로 터득하도록 지도한다.

3) 치료의 후기

치료의 후기에서 치료자의 과제는 상담을 마무리하고 내담자를 떠나보내는 것이다. 이를 위해 '유종의 미' 혹은 'good-bye'의 개념을 쓰기도 한다. 최근 들어서 후기의 과제는 다소 약해졌다. 예전의 정신분석은 일단 마치면 그 내담자와는 다시 정신분석을 이어 가지 않게 되므로 그야말로 진짜 이별인 셈이었다. 하지만 이제는 치료를 마쳤다가도 시간이 지나 다시 치료를 받아야겠다고 생각하면 다시 치료에 들어갈 수 있으므로, 다시 만날 수 있다는 여지로 인해 진정한 이별 느낌이 다소 약하긴 하다. 그럼에도 불구하고 치료의 후기에서 이별의 주제를 피할 수는 없다.

(1) 언제부터 후기인가

심리치료의 중기에서 후기로 이행되는 과정은 그렇게 뚜렷하지 않다. 하지만 두 가지 주제가 나타나면 치료가 후기에 가까워졌음을 알 수 있다. 첫 번째는 그동안 저항, 전이, 해석을 다루면서 내담자의 심층을 이해하는 작업 과정을 내담자가 충분히 숙지하여 이제는 이러한 작업을 혼자서도 어느 정도 감당할 수 있다는 느낌을 말한다. 두 번째는 이제 치료자와 내담자가 헤어져야 할 때가 되었다는 것을 인식하게 되는 것이다. 이 두 가지는 동전의 앞뒤와 같은 것이다. 마치 도제 관계의 스승이 산중 수련을 잘 해낸 제자에게 "이제 하산하여라." 하고 말하는 것과 비슷하다. 다만 고려할 점은 이제 스스로 자신을 감당하고 치료자와도 작별할 때가 다가왔다고 느꼈다고 해서 바로 정리하는 것이 아니라 이제 후기라는 시기를 비로소 시작하는 단계라는 것이다.

(2) 종결의 선언

말러가 6개월~3세까지의 '분리-개별화' 시기를 언급한 것과 흡사하게, 치료는 최종적으로 분리-개별화를 향해 가는 것이며 상담의 후기에 접어들면 분리-개별화의 후기에서와 같이 화해기를 맞이한다. 그러기 때문에 상담의 후기에는 개인의 어린 시절 분리-개별화를 겪는 와중에 경험한 사건들을 회상하고 재현하는 느낌을 갖게 된다. 일례로, 종결이 선언되면 종종 내담자는 그동안 극복한 것 같았던 문제들의 일시적 악화를 보인다. 이는 '선생님, 저는 아직 끝낼 수 없어요. 제게는 이런 문제들이 아직 남아 있잖아요. 저를 버리고 떠나시면 안 돼요.'라는 의미일 수 있다. 어떤 내담자는 종결 자체를 직면하기 어려워서 종결이 선언되는 시점에서 치료가 흐지부지되다가 급기야 말도 없이 치료에 안 오고 그냥 치료가 중단되는 사태를 맡기도 한다.

그런데 종결의 선언에서 분리-개별화의 정점을 다시 떠올리게 되고 과거를 재현하는 문제는 내담자에게만 일어나는 게 아니다. 치료자도 역전이 감정에 휩싸여서 이별을 직면하지 못하고 저항하거나 부적절한 방어를 보일 수 있다. 일례로, 종결을 선언한 내담자에게 그동안 내담자가 보인 혹은 아직 극복하지 못한 문제들을 나열하는 치료자가 있다. 이는 '○○씨, 나는 아직 당신을 떠나보낼 준비가 안 돼 있습니다. 나에게서 도움을 더 받으면서 관계의 끈을 계속 유지합시다.'라는 의미일 수 있다.

종결을 선언하는 것은 내담자가 완전해서가 아니다. 내담자의 문제가 여전히 많아도 문제를 해결해가는 정신분석적 요령을 나름대로 터득하여 혼자서 그런 방식을 적용할 수 있다고 한다면 치료를 마무리할 조건은 충분히 갖춰진 것이다. 마치 자식을 떠나보내듯 치료자는 내담자를 이 세상과 다른 사람에게 맡긴다. 수퍼비전에서는 이러한 과정 중에 나타나는 치료자의 다양한 감정을 검토하게 된다. 치료자는 어쩌면 애도반응과도 흡사한 반응을 나타낼 수도 있다. 수퍼바이저는 종결 과정이 내담자뿐 아니라 치료자에게도 중요한 성숙의 기회임을 수퍼바이지에게 알려 주어야 한다.

○ 요약

정신분석의 개념은 심리역동, 통찰치료, 심층심리치료라는 용어로 확대된다. 정신분석은 이면, 연상, 치료의 틀, 관계를 중시하며 내담자를 수평적으로, 그리고 수직적으로 분석하여 이해한다. 정신분석에 기반한 수퍼비전은 다른 상담에 비해 치료자-내담자 관계나 수퍼바이저-수퍼바이지 관계에 집중하여 수퍼비전을 한다. 내담자를 이해하는 것만큼이나 수퍼바이지의 심성을 이해하는 과정이 중요하다.

수퍼비전은 치료가 초기, 중기, 후기 중 어디인지에 따라서 집중하는 주제가 달라진다. 치료 초기를 담은 사례의 수퍼비전에서는 치료의 틀을 세우고 치료관계를 형성하는 것에 얼마나 주의를 기울였는지 살핀다. 치료 중기를 담은 사례의 수퍼비전에서는 내담자의 이야기를 심층적으로 접근하는 치료자의 기법을 주로 살핀다. 치료 후기를 담은 사례의 수퍼비전에서는 적절한 마무리와 이별의 과제가 잘 이루어지고 있는지를 살핀다.

수퍼비전은 또 다른 정신분석이다. 수퍼바이저와 수퍼바이지와의 교류는 치료자와 내담자와의 교류에 대한 모델이 된다.

제5장
행동주의 이론에 기반한 수퍼비전

| 손진희 |

    행동주의 수퍼비전은 행동주의 치료 원리에 근거를 둔다. 행동주의 이론은 새로운 학습조건을 창출함으로써 내담자에게 문제가 되는 행동을 직접적으로 수정하는 데 관심이 있다. 행동주의 수퍼비전 역시 수퍼바이지의 모든 행동을 학습된 것이라고 보고, 수퍼바이지가 상담 수행 중에 보이는 부적합한 행동을 학습 원리에 따라 수정하는 것을 목표로 한다.

    행동주의 수퍼비전은 행동주의 문헌에서 자주 다루어지지 않았다(Linehan, 1980). 대학원생이나 인턴 훈련과 관련한 포괄적인 논의들은 부분적으로 있어 왔으나 개인 수퍼비전에서 다루어야 할 내용이 무엇인지, 어떤 절차들을 적용할 것인지 등에 대한 논의는 제한적으로만 이루어졌다. 행동주의 수퍼비전에 사용된 방법이나 기법에 대한 연구도 행동주의 상담에 대한 연구의 일환으로 수행되었을 뿐 행동주의 수퍼비전 자체에 특별히 초점을 둔 연구는 부족한 형편이다(Bradley & Gould, 2001). 하지만 행동주의 수퍼비전이 관찰 가능한 행동에 초점을 두고 엄격한 과학적 절차를 따른다는 점은 행동주의 훈련에 대한 논의에서 공통적으로 강조되는 것들이다.

행동주의 수퍼비전에 대한 제한된 논의 가운데 개인 수퍼비전에 초점을 두고 행동주의 수퍼비전에 대한 포괄적인 모델을 제시한 입장들이 있다. 브래들리와 굴드(Bradley & Gould, 2001), 리네한(Linehan, 1980), 레빈과 틸커(Levine & Tilker, 1974), 델라니(Delaney, 1972) 등이 이에 해당한다. 리네한(1980)은 행동주의 수퍼비전에 대한 3차원 모델을 제시하고 수퍼비전 목표, 절차와 방법, 그리고 일반화 문제를 중심으로 행동주의 수퍼비전 틀을 제시하였다. 브래들리와 굴드(2001), 레빈과 틸커(1974), 델라니(1972)는 구체적인 수퍼비전 방법을 중심으로 행동주의 수퍼비전을 다루었다.

이 장에서는 위의 네 가지 입장을 중심으로 행동주의 수퍼비전에 대해 기술하고자 한다. 구체적으로는 행동주의 수퍼비전의 특징, 행동주의 수퍼비전의 목표와 방법, 그리고 행동주의 수퍼비전에 대한 평가 등 세 개의 영역으로 구분해서 다룬다.

1. 행동주의 이론의 개요

행동주의 수퍼비전을 이해하기 위해서 먼저 행동주의 이론에서 보는 행동에 대한 정의와 가정을 살펴본다.

1) 행동의 정의

이 장에서는 행동주의 이론을 행동치료, 행동수정, 응용행동분석과 같은 용어를 포괄하는 의미로 사용한다. 밀텐버거(Miltenberger, 2008), 마틴과 피어(Martin & Pear, 2003)는 행동수정에 대한 기술에서 행동에 대한 정의를 다음과 같이 제시하였다.

• 행동(behavior)은 인간이 행하고 말하는 것이다. 행동은 개인의 행위를 포

함하고 있기 때문에 그 개인의 정적인 특성이 아니다. 어떤 사람이 화가 난 다고 말하는 것은 단지 그 행동을 명명한 것이고 그 사람이 화가 날 때 하는 행동을 확인하는 것이 행동이다.

- 행동은 측정할 수 있는 차원(dimensions)이 있다. 행동의 빈도, 지속시간 및 강도를 측정할 수 있다. 살을 빼기 위해 얼마나 자주 달리기를 하는지, 한 번 달리기를 할 때 얼마나 오랫동안 하는지, 걷거나 달릴 때 그 강도가 어느 정도인지를 측정할 수 있다는 점에서 행동은 차원적이다.

- 행동은 타인이 관찰하고 설명하고 기록할 수 있다. 특정 행동이 발생하면 우리는 행동을 관찰할 수 있고 이를 기록할 수 있다. 이때 '관찰'이란 타인에 의한 관찰만이 아니라 자신에 대한 관찰도 포함한다.

- 행동은 물리적·사회적 환경에 영향을 미친다. 우리는 시공간 속에서 행동을 하기 때문에 우리가 어떤 행동을 하게 되면 환경에 영향을 미치게 마련이다. 여기서 환경은 물리적인 것뿐만 아니라 사회적 환경을 포함한다.

- 행동에는 법칙이 있다. 행동의 발생은 환경 사건에 체계적인 영향을 받는다. 우리는 내·외적인 어떤 자극에 의해 영향을 받아 행동을 하고 이 행동은 다시 환경에 영향을 미친다. 따라서 어떤 행동에 대한 선행 환경 사건과 행동의 기능적 관계를 살펴보게 되면 행동의 법칙을 발견할 수 있다.

- 행동은 외현적·내현적으로 나타날 수 있다. 외현적 행동이란 특정 행동을 하는 사람 자체보다는 다른 사람이 관찰하고 기록할 수 있는 행위다. 반면 어떤 행동은 사고와 감정과 같이 개인적으로 일어나기도 하는데 이를 내현적 행동이라 한다. 내현적 행동 역시 행위자 본인이 관찰할 수 있기 때문에 행동으로 볼 수 있다.

2) 행동주의 이론의 가정

코리(Corey, 2009)는 행동주의 이론의 기본 가정을 여섯 가지로 제시하였다. 첫째, 행동치료는 과학적 방법의 원리와 절차에 근거를 둔다. 실험에서 도출된 학습 원리들은 부적응 행동을 변화시키도록 사람들을 도와주는 데 체계적으로 이용된다. 행동주의 개념과 절차들은 명확하게 기술되고, 경험적으로 검증되며, 지속적으로 수정된다.

둘째, 행동치료는 과정을 중요시하지 않으며 내담자의 현재 문제를 다루고 현재 문제에 영향을 주는 요인을 강조한다. 행동치료는 응용행동분석으로도 불리는데 이는 현재 내담자에게 문제가 되는 행동에 초점을 두고 이런 행동을 야기하는 환경적 요인을 밝히고 이를 변화시키는 데 관심을 두기 때문이다.

셋째, 행동치료에서는 내담자가 자신의 문제를 다루기 위해 구체적인 행동을 하기를 바란다. 행동치료는 개인의 특질이나 특성보다는 행동에 초점을 두기 때문이다. 따라서 내담자들에게 어려움에 대한 호소뿐만 아니라 어려움을 해결하기 위한 다양한 행동을 직접 할 것을 요구한다.

넷째, 행동치료는 근원적인 역동의 통찰 없이도 변화가 가능하다고 가정한다. 행동치료는 행동변화가 진정한 자기이해를 이끈다고 보기 때문이다. 따라서 자기 문제를 이해하는 것과 그것을 변화시키는 행동을 하는 것을 구별한다.

다섯째, 변화를 평가하고 문제를 확인하며 외현적 행동을 직접 평가하는 것을 강조한다. 행동치료의 최종적인 결과가 행동의 변화라는 점에서 그 행동의 변화 여부를 관찰하고 평가하는 것은 매우 중요하다. 따라서 타인이나 본인으로 하여금 목표로 설정한 행동의 변화를 면밀히 평가하도록 요구한다.

여섯째, 행동절차는 각 내담자의 욕구에 맞도록 구성된다. 행동치료는 다양한 기법을 활용할 수 있는데, 어떤 상황에 있는 어떤 내담자에게 왜 이 기법을 적용하는 것이 효과적인지를 고려해서 처치를 진행하는 것이 중요하다.

2. 행동주의 수퍼비전의 특징

1) 행동주의 수퍼비전의 행동 개념

행동주의 수퍼비전의 가정을 이해하기 위해서 먼저 행동주의 수퍼비전에서 행동을 보는 관점을 살펴본다. 여기에서는 쟈크보우스키-스펙터 등(Jakubowski-Spector, Dustin, & George, 1971)의 행동주의 상담교육 모델의 입장을 살펴본다.

첫째, 행동주의 상담교육 모델에서 행동은 관찰 가능한 개별 행동뿐만 아니라 수퍼바이지의 생각, 감정, 행위를 포함한다. 수퍼바이저가 관찰할 수 있는 행동인 내담자와의 약속지키기, 녹화 테이프 만들기, 내담자 부모와 면담하기 등의 행동뿐만 아니라 수퍼바이지만이 직접 관찰할 수 있는 개인적인 사건도 포함된다. 즉, 겉으로 관찰 가능한 행동뿐만 아니라 수퍼바이저는 수퍼바이지가 내적으로 경험하는 사고와 감정을 이해해야 하는데, 사고와 감정을 다루는 것은 훈련을 계획하고 평가하는 데 도움이 된다.

둘째, 행동주의 상담교육 모델에서는 행동을 특질로 보지 않는다. 특질은 다양한 상황에서 지속적으로 행동에 영향을 주는 성격적 특성을 의미하기 때문이다. 반면, 행동을 상황적 용어로 정의하게 되면 수퍼바이저가 특정 행동에 영향을 미치거나 통제하는 변인을 보다 쉽게 결정하게 해준다는 점에서 행동주의 수퍼비전에서는 행동을 상황적인 것으로 본다.

셋째, 행동은 개인의 과거와 현재 학습 경험의 자연스런 결과로 정의된다. 따라서 수퍼바이지의 바람직하지 않은 행동은 성격파탄의 결과가 아니라 학습의 결과가 된다. 이런 점은 행동을 변화 가능한 것으로 본다는 관점과 일맥상통한다.

넷째, 행동주의 상담교육 모델에서는 행동을 학습 원리를 통해 변화하는 것으로 본다. 따라서 수퍼바이저가 관심을 둬야 하는 부분은 수퍼바이지에게 바람직한 변화를 야기하기 위해 어떤 학습조건을 만들어야 하느냐다.

2) 행동주의 수퍼비전의 가정

앞에서 언급한 행동주의 이론의 가정은 행동주의 수퍼비전에도 그대로 적용된다.

첫째, 행동주의 수퍼비전 역시 실험적인 접근을 강조한다(Bradley & Gould, 2001; Linehan, 1980). 즉, 수퍼바이지에게 문제가 되는 행동이 무엇인지 규명하고 이를 수정하기 위해 과학적인 실험적 절차를 따른다. 이런 실험적 절차에 포함되는 대표적인 내용은 현재 수퍼바이지가 상담자로서 기능하는 데 문제가 되는 행동이 무엇이며 새롭게 배워야 하는 행동이 무엇인지를 규명하는 것이다. 그리고 이런 행동이 주로 어떤 조건에서 나타나는지 관련된 변인을 찾아내고 이를 통제하기 위해 행동주의 치료 원리 중 어떤 방법을 적용할지를 결정한다. 그 다음에는 구체적인 전략을 사용해서 개입하고 그 결과를 평가하는데, 이런 모든 절차는 그 자체로 실험적인 모습을 담고 있다.

둘째, 행동주의 수퍼비전은 개인 특수적(person-specific)인 입장을 갖는다(Bradley & Gould, 2001; Linehan, 1980). 행동주의 치료와 마찬가지로 수퍼비전 역시 수퍼바이지 개인이 개별적으로 처한 상황이나 발달 단계를 고려해서 수퍼비전을 해야 한다는 점에서 그러하다(Levine & Tilker, 1974). 특히 수퍼비전의 목표를 달성하기 위해서는 수퍼바이지의 발달 단계를 고려할 뿐만 아니라 수퍼바이지가 수퍼비전에 대해 갖는 욕구를 평가하는 것을 중요하게 여긴다.

셋째, 행동주의 수퍼비전에서는 수퍼바이지의 행동 동기보다는 상담 중에 나타나는 수퍼바이지의 구체적인 행동에 더 많은 관심을 가진다. 심리역동 수퍼비전 이론에서 다루는 수퍼바이지의 과거력 탐색보다는 수퍼바이지에게 현재 문제가 되는 행동을 정확하게 분석하고 이를 적절한 처치를 통해 수정하는 데 더 초점을 둔다(Linehan, 1980). 또한 현재 문제가 되는 행동에 영향을 미치는 선행 영향 요인에 대해 관심을 가지며, 이런 영향 요인의 변화를 유도하기 위해 다양한 학습 경험을 제공한다. 그리고 수퍼바이지에게 개입된 처치를 엄격하게 평가하여 수퍼바이지의 학습 진전 정도를 점검한다.

결론적으로 행동주의 수퍼비전은 수퍼바이지의 관찰 가능한 행동, 현재 행동에 영향을 미치는 요인들, 변화를 증진시키는 학습 경험, 개별 수퍼바이지의 욕구나 상황에 맞는 치료 전략, 엄격한 과학적인 평가에 토대를 둔다는 특징이 있다.

3) 행동주의 수퍼바이저의 역할

행동주의 수퍼비전 이론에서는 수퍼바이저를 다양한 역할 수행자로 본다. 첫째로 행동주의 이론에서는 수퍼바이저를 자문가로 본다. 이런 입장은 행동치료자에 대한 초기 행동주의 이론가들의 입장을 반영한다(예: Gardner, 1976; Krasner, 1969). 이들은 행동치료자들이 자신들이 직접 내담자를 만나는 것보다는 내담자와 관계된 사람들에 대해 자문하는 역할을 해야 한다고 보았는데, 이것이 수퍼비전에도 그대로 적용된다고 하겠다.

행동주의 수퍼바이저는 목표 설정자이기도 하다(Follette & Callaghan, 1995; Jakubowski-Spector et al., 1971). 수퍼바이저는 수퍼비전 목표를 설정하고 구체적인 기술을 가르치고 배우는 것과 관련된 여러 가지 영역에 대한 계약을 하고 이를 실행해야 한다(Schmidt, 1979).

행동주의 수퍼바이저는 훈련을 전이시키는 촉진자 역할을 담당하기도 한다(Jakubowski-Spector et al., 1971). 즉, 수퍼바이저는 교실에서 배운 행동주의 원리를 실제 내담자와의 상담 장면에서 수퍼바이지가 효과적으로 수행할 수 있도록 다양한 방법과 절차를 활용해서 수퍼바이지를 지도하는 존재다.

행동주의 수퍼바이저는 수퍼바이지에 대한 모델의 역할을 한다(Jakubowski-Spector et al., 1971). 행동주의 수퍼비전에서는 다양한 모델을 관찰하게 함으로써 수퍼바이지의 학습을 촉진하는데, 대표적인 모델 중 한 사람이 바로 수퍼바이저 자신이다. 수퍼바이저는 자신의 상담 장면을 수퍼바이지에게 관찰하게 함으로써 수퍼바이지가 새로운 행동을 학습하거나 이전에 자신이 이미 습득한 행동을 더 잘 사용하도록 강화시키는 역할을 하기도 한다.

마지막으로 행동주의 수퍼바이저는 강화의 제공자다(Follette & Callaghan, 1995; Jakubowski-Spector et al., 1971). 행동주의 원리 중 대표적인 것 중 하나가 바로 행동에 대한 강화라는 점에서 행동주의 수퍼비전에서도 이 강화 원리가 그대로 적용된다고 할 수 있다. 따라서 행동주의 수퍼바이저는 수퍼바이지가 바람직한 행동을 할 경우에 이를 적극적으로 강화시킨다. 대표적인 강화 방법 중 하나는 언어적으로 하는 것인데, "좋아요" "잘했어요!" 등과 같은 강화가 되는 말을 한다(Delaney, 1972). 이런 강화 활동을 통해 수퍼바이지의 특정 행동이 새롭게 습득되거나 소거될 수 있다고 보기 때문이다. 또한 강화자로서 수퍼바이저는 단순한 자극자에 그치는 것이 아니라 어떤 환경, 누구에 의해서 조성되는 환경에서든 강화가 일어날 수 있도록 하는 일상적인 강화중재자 역할을 할 수 있어야 한다(Follette & Callaghan, 1995).

3. 행동주의 수퍼비전의 목표

행동주의 수퍼비전의 목표는 수퍼바이지의 구체적인 행동 기술을 수정하는 것이다. 기본적으로는 수퍼바이지의 욕구에 근거를 두고 수퍼비전 목표가 결정되어야 하지만 수퍼바이저가 보다 큰 틀에서 수퍼바이지가 습득해야 하는 기술 목록을 갖고 있는 것 또한 중요하다. 수퍼바이지가 구체적으로 학습해야 할 행동 목록들은 수퍼바이저에게 수퍼바이지의 현재 행동을 평가할 수 있는 틀을 제공해 주며 앞으로 수퍼비전에서 초점을 두어야 할 행동이 무엇인지를 알려 주기 때문이다.

행동주의 이론가들 간 일치된 합의점은 갖지 못했지만 몇몇 이론가들은 행동주의 훈련에서 다룰 필요가 있는 기술들을 제시하려는 시도를 했다. 예컨대, 술저-악서로프 등(Sulzer-Axaroff, Thaw, & Thomas, 1975)은 행동주의 상담자들이 습득해야 하는 일련의 기술 목록을 11개로 정리하여 제시하였는데, 이 목록은 행동주의 이론을 적용하는 치료자들로부터 추출한 것이다. 11가지 목록은 구체적으로 ① 행동수정 모델에 대한 지식(행동수정 프로그램을 고안하고 실행하는 필수적인 단계들을 거론할 수 있는 능력), ② 평가계획과 목표를 수립하고 이를 관리하는 역량, ③ 윤리, 법과 핵심원리에 익숙해지고 이를 적용하는 기술, ④ 행동관찰 기술, ⑤ 측정 기술, ⑥ 치료 전략 수립 기술, ⑦ 행동주의 절차 수행 기술, ⑧ 의사소통 기술(구두, 서면, 시청각), ⑨ 행동수정 기술을 훈련시키고 자문하는 기술, ⑩ 행정처리 기술, ⑪ 연구 기술 등이다.

로이드와 화이트헤드(Lloyd & Whitehead, 1976)는 행동주의 입장에 있는 교수들에게 학생들이 배워야 하는 행동목록을 거론하게 해서 5개의 유목을 제시하였다. 자기 관리 기술(약속 시간에 도착하기), 응용 기술(처치 프로그램 기획하기), 대인 기술(부모들을 요령 있게 다루기), 학업적 기술(행동주의 문헌에 친숙해지기) 등이 그것이다. 이런 목록들은 수퍼비전에서 수퍼비전 목표를 설정하기 위해 수퍼바이지와 논의하는 과정에 유용한 지침이 될 수 있다.

반면, 리네한(1980)은 행동주의 수퍼비전의 목표를 인지적 영역, 정서적 영역, 행동적 영역 등 세 가지로 구분해서 살펴볼 것을 제안하였다. 이 관점은 행동을 관찰 가능한 구체적인 행위뿐만 아니라 생각과 감정을 포함하는 것으로 보고 있다. 즉, 행동주의 이론에서는 외현적으로 관찰 가능한 행동에만 초점을 두는 것이 아니라 다른 사람이 관찰하지 못하는 내현적 행동에도 주목한다(Martin & Pear, 2003; Miltenberger, 2008)는 것과 같은 입장이다. 내현적 행동에 포함되는 것으로는 수퍼바이지가 내적으로 경험하는 생각과 감정이 있다.

행동주의 수퍼바이저는 수퍼바이지가 행동변화에 대한 원리와 행동주의 철학을 이해하고, 다양한 행동주의 원리를 적절하게 구별해서 적용하도록 하고, 내담자 행동 문제를 이해하기 위해 분석적인 방법을 적용할 수 있는 능력을 개발하도록 도와야 한다. 이런 과정을 통해 수퍼바이지는 내담자의 문제를 기능적으로 분석할 줄 알게 되고, 행동주의 원리가 어떤 문제에 어떻게 적용될 수 있는지를 이론적으로 알게 된다(Follette & Callaghan, 1995).

  본 절에서는 리네한(1980)의 관점이 앞에서 거론된 다른 학자들의 구체적인 행동 목록을 포괄하면서 동시에 명료하게 그 내용을 전달할 수 있어 이를 중심으로 수퍼비전의 목표를 제시하고자 한다. 다음은 리네한(1980)이 제안한 세 가지 행동 영역의 치료 목표들이다.

1) 인지적 기술

  행동주의 수퍼비전에서 가장 우선적인 변화의 대상은 수퍼바이지의 부적절한 행동이다. 그런 까닭에 인지적 기술이 상담목표로 언급된다는 것이 의아할 수 있다. 하지만 리네한이 언급하는 인지적 기술은 수퍼바이지의 개인적 생각만을 의미하는 것이 아니라 보다 넓은 의미의 인지적 능력을 말한다. 수퍼바이지는 행동주의 이론에 대한 내용적 지식뿐만 아니라 습득한 지식을 상담 과정에서 효율적으로 사용할 줄 아는 능력을 갖추어야 하는 것이다. 보다 세부적으로는 과학적 방법론을 익혀야 하며, 문제 행동과 치료에 관련한 이론적이고 경험적인 문헌 내용에 익숙해지고, 기초적인 인간 심리의 원리를 이해할 뿐만 아니라 윤리적이고 법적인 문제 처리 능력을 갖추어야 한다. 이를 구체적으로 살펴보면 다음과 같다.

  행동주의 이론을 습득하고자 하는 수퍼바이지는 과학적 태도를 갖추어야 한다. 내담자 문제를 초기에 규명할 줄 알아야 하며 동시에 그 문제에 영향을 미치는 변인을 밝히고, 알맞은 처치를 계획해서 처치가 제대로 이루어지고 있는지 검증할 줄 알아야 한다. 이런 태도는 일찍이 상담 분야의 방법론으로 제시되어 왔던 과학자-임상가 훈련 모델과 양립한다. 따라서 수퍼바이저는 수퍼바이지에게 과학자적인 자세로 내담자 문제를 조명하는 기술을 가르쳐야 한다.

  수퍼바이지가 경험적으로 검증된 처치를 실행하고자 한다면 내담자의 문제 행동과 그 문제 행동을 수정할 수 있는 처치 방법에 대한 이론적이고 경험적인 문헌에 익숙해지는 것이 필요하다. 이론적 문헌에 친숙해지는 것은 자신이 상담하고 있는 내담자의 문제에 대한 효과적인 치료법이 무엇인지에 대한 확인을 하는 것이며 효과성이 검증된 개입을 하도록 한다는 점에서 중요하다. 따라서 수퍼바이저는 수퍼바이지가 지속적으로 행동주의 관련 이론적 지식을 습득할 수 있도록 격려해야 한다.

수퍼바이지는 인간이 행동하는 동기는 무엇이며 동기의 영향은 무엇인지 등에 대한 인간의 행동을 이해할 수 있는 기초적인 심리적 원리에 대한 지식도 갖추어야 한다. 특히 학습, 생리학, 성격, 사회인지심리학, 이상행동 등의 다양한 연구 분야에 대한 지식을 갖출 필요가 있다.

수퍼바이지의 유능성이 요구되는 마지막 분야는 윤리적이고 법적인 이슈와 관련된 것이다. 이는 모든 인간 서비스직에서 요구되는 것들이라는 점에서 행동주의 치료자가 되려고 하는 수퍼바이지도 이에 유능해질 필요가 있다. 구체적으로는 치료와 관련된 전문적인 실습이나 내담자 권리, 수용 가능한 개입, 병원 의뢰 절차 등과 관련된 분야의 지식을 갖추어야 한다.

인지 기술과 관련된 네 가지 내용 영역에 이외에도 리네한(1980)은 내담자를 평가하고 효과적인 처치를 계획하는 사례개념화, 훌륭한 임상적 판단, 자신의 가치와 신념, 그리고 치료 상황에 영향을 미치는 성격적 기대 등의 영향에 대한 인식도 중요한 인지 기술로 다루고 있다. 이를 세부적으로 살펴보면 다음과 같다.

수퍼비전에서 중요한 과제 중 하나는 수퍼바이지들이 사례개념화 능력을 갖추는 일이다. 이는 개별적 단위의 구체적인 기술을 통합하는 고차원적인 인지 능력에 해당한다. 리네한은 행동주의 수퍼바이지가 배워야 하는 사례개념화 활동에는 ① 내담자의 문제 행동 규명하기, ② 문제 행동에 영향을 미치는 변인 밝히기, ③ 내담자 문제에 적합한 처치 방법과 상호작용하는 내담자 변인 규명하기, ④ 선택한 처치를 촉진시키거나 방해하는 환경적 변인 밝히기, ⑤ 처치에 대해 평가하기 등이 포함될 수 있다고 보았다.

상담자가 내담자에 대한 개입을 잘 하기 위해서는 훌륭한 임상적 판단 능력도 요구된다. 즉, 언제 어떤 처치를 구성할지, 어느 시점에 처치와 목표를 변화시킬지, 처치 중에 생각지 못한 이슈가 발생할 때 어떻게 대처할지 등의 판단 능력을 갖추어야 한다.

또 하나의 중요한 인지적 능력은 내담자에게 일련의 개입을 하는 우리 자신의 가치, 믿음과 성격적인 영향 요인을 인식하는 능력과 관계된다. 리네한은 행동주의 치료에서 가치의 문제가 충분히 조명받지 못했지만 행동주의 치료 역시 가치에서 자유로울 수 없다고 보았다. 그런 까닭에 수퍼바이저는 내담자와 수퍼바이지 모두 가치 지향적 존재이므로 수퍼바이지에게 치료 과정에서 가치의 문제가 제기될 수 있음을 인식시킬 필요가 있다. 그리고 내담자와 가치의 갈등이 일어날 때의 중재 방법 역시 다루어야 한다.

수퍼바이저는 수퍼바이지가 갖고 있는 잘못된 신념도 다룰 필요가 있다. 수퍼바이지 자신의 신념이나 가치가 어떻게 상담 중에 영향을 미치는지를 인식시키는 것이다. 상담 중에 가장 흔하게 있을 수 있는 조기 종결 사례를 예로 들어 보자. 대부분의 초보 수퍼바이지들은 자신이 상담 능력이 부족해서 내담자가 상담을 그만둔 것이라고 생각하기가 쉽다. 만약 수퍼바이지가 이와 같은 생각을 내면화하고 있다면 상담을 제대로 수행하기가 어려우므로 행동주의 수퍼바이저는 수퍼바이지의 이런 비합리적인 내적 대화 영역에도 관심을 기울여야 한다.

2) 외현적 행동 기술

외현적 행동 기술은 수퍼바이지가 상담을 하는 동안 나타내는 반응을 의미한다. 상담 중에 내담자에게 적용할 치료계획을 설명하는 행동이 이에 해당한다. 수퍼바이지가 아무리 내담자에 대한 따뜻한 마음을 가지고 있어도 그게 내담자에게 전달되지 않으면 소용이 없다. 상담 중에 수퍼바이지가 내담자가 알 수 있도록 내담자에게 따뜻함을 전달하는 것도 외현적 행동 기술을 통해서다. 리네한(1980)은 행동주의 치료자가 배워야 할 외현적 행동 기술을 5개로 분류해서 설명하였다. 절차적 기술, 대인-임상적 기술, 행동적-임상적 기술, 전문가적 기술, 자기개발 기술 등이다.

(1) 절차적 기술

수퍼바이지가 상담에서 내담자 문제를 평가하고 처치 기법을 실행하는 능력을 말한다. 행동주의 절차를 적용하려는 수퍼바이지는 자신이 상담하게 된 내담자에게 가장 적합할 것으로 여겨지는 검증된 치료 절차를 찾아 이를 실제로 내담자에게 실행할 수 있어야 한다. 치료 절차를 언어로 설명할 줄 아는 데 그치는 것이 아니라 치료 회기 내에서 내담자에게 구체적으로 적용할 줄 알아야 하는 것이다. 불안장애를 가진 내담자에게 체계적 둔감화 기법을 적용할 줄 알아야 하는 것과 같은 것이다. 따라서 수퍼바이지가 치료절차에 대한 지식을 어떻게 습득했는지에 상관없이 수퍼바이저는 수퍼바이지가 자신의 내담자에게 필요한 처치 절차를 제대로 적용할 수 있도록 도와야 한다. 그러나 수퍼바이지에게 어떤 절차들을 가르쳐야 할지는 수퍼바이지가 상담하고 있는 내담자의 요구를 고려해서 할 필요가 있다.

(2) 대인-임상적 기술

대인-임상적 기술은 성공적인 치료에 결정적인 영향 요인이다. 하지만 행동주의 치료에서 이런 대인관계적인 측면의 중요성은 중요하게 고려되지 않았다. 행동주의 상담자들은 온정, 공감, 신뢰, 진실성, 수용 등의 요인은 행동 변화를 일으키기 위한 필요조건은 되지만 충분조건은 아니라고 주장한다(Corey, 2009). 그러나 실제 행동치료를 하는 치료자들은 내담자들과 매우 높은 수준의 대인 접촉을 하고 있고 정확한 공감을 보이며 성실성을 보이는 것으로 나타났다(Sloane, Staples, Cristol, Yorkston, & Whipple, 1975). 상담자와 내담자의 치료 관계는 행동 변화에 중요한 공헌을 한다(Granvold & Wodarski, 1994). 리네한(1980) 역시 행동주의 치료자와 비행동주의적 치료자들이 치료 중에 내담자에게 보이는 따뜻함이나 무조건적 긍정적 존중의 정도에는 차이가 없다고 하였다. 그러면서 행동주의 치료자들이 대인관계적 기술을 중요하게 고려하지 않는다는 믿음을 만들어 낸 원인 중의 하나는 아마도 행동주의 연구 문헌에서 치료자의 대인관계적 행동을 무시했기 때문인 것 같다고 보았다. 만약 치료자가 내담자에 대한 따뜻함과 돌보는 마음을 전달할 수 없다면, 그리고 내담자의 직간접적인 의사소통에 민감하게 대처하지 못한다면 내담자 편에서 치료를 중단하거나 치료자의 지시를 무시하거나 치료자에게 상담에 필요한 정보를 말하지 않을 수가 있다. 결국 가장 강력한 행동변화 기법이 무용지물이 될 수 있는 것이다(Linehan, 1980).

다음은 행동주의 수퍼비전에서 수퍼바이저가 수퍼바이지에게 가르쳐야 할 구체적인 대인-임상적 기술 목록으로 제시된 것이다(Phillips, 1977).

- 내담자 진술의 의미를 잘 모를 때에는 내담자에게 질문하기
- 상담자가 내담자를 이해하고 있고 잘 따라가고 있다는 인상을 주기 위해 내담자가 말하는 것에 성실하게 반응하기
- 내담자가 현재 말하는 것을 이전에 말한 것과 연결짓기
- 치료에 도움이 되는 것이라면 치료자 편에서 먼저 주제 꺼내기
- 내담자가 말하는 것의 비일관성, 모순되는 것을 지적하기
- 주어진 주제에 대해 내담자가 충분히 말하게 하고 감정 표현을 격려하기
- 치료의 핵심 주제에 집중하기
- 내담자에게 가설을 설명하기
- 내담자가 문제를 명료화할 수 있게끔 다양한 방법에 대한 시도를 제안하기
- 내담자에게 치료자의 말에 대해 반응하도록 요구하기
- 적합한 방식이라면 어떤 내용이라도 빼놓지 않고 내담자에게 말하기
- 어떤 주제도 사소하거나 가볍게 여기지 않기

(3) 행동적-임상적 기술

행동적-임상적 기술은 내담자의 문제해결을 위해 적용하는 행동적 처치와 평가를 내담자에게 적절하게 설명하는 능력을 포함한다. 또한 내담자가 치료에 적극적으로 참여하도록 내적 동기를 갖게 하고 치료 중에도 동기를 계속 유지하도록 만드는 능력이 포함된다. 수퍼바이저는 수퍼바이지가 이와 같은 임상 능력을 배울 수 있도록 해야 하는데, 특히 수퍼바이지가 폭넓은 심리적 원리를 이

해하고 이를 치료 중에 적용할 수 있도록 지도해야 한다.

(4) 전문가적 기술

수퍼바이지는 자신과 같은 이론적 입장을 가진 구성원들이나 다른 학파의 전문가들에게 전문적인 자문을 받는 능력을 갖추어야 한다. 보다 구체적으로는 치료에 대한 보고서와 내담자의 치료 진전 상황을 설명할 줄 알아야 한다. 또한 내담자의 변화 과정을 그래프나 차트로 정리하고 이를 내담자와 다른 전문가에게 알기 쉽게 전달할 수 있어야 한다. 뿐만 아니라 치료를 제시간에 시작하고 마칠 줄 알아야 한다. 마감 기일을 지켜 보고서를 완성하고 필요한 행정 절차를 지키며, 동료나 다른 전문가와 협력하는 역량도 갖추어야 한다. 내담자와 상담료를 논의하고 받을 줄 알아야 하며 상담과 관련된 여러 윤리 강령을 준수할 줄 알아야 한다. 따라서 행동주의 수퍼바이저는 수퍼바이지가 이와 같은 다양한 행동적 기술을 배우고 적용할 수 있도록 수퍼비전에서 다룰 책무가 있다.

(5) 자기개발 기술

자기개발 기술이란 수퍼바이지가 수퍼비전 이외의 다양한 학습 장면에 적극적으로 참여함으로써 자신의 발전을 도모하는 행동들을 가리킨다(Hayes & Hawkins, 1976). 특히 이는 수퍼바이지가 공식적인 수련활동을 마치게 되는 시점에 필요한 것이다. 이 범주에 해당하는 행동으로는 지속적인 독서, 각종 사례회의 참여, 콜로키움 참여, 강의 듣기, 행동치료와 관련 전문가 학회에 가입하기 등이 있다. 어떤 수퍼바이지에게는 개인 치료나 집단 치료에 참여하도록 권유할 수도 있다.

3) 생리적·정서적 기술

정서적 체계는 행동주의 훈련에서 가장 무시되었던 영역이다. 하지만 수퍼바이지가 행동주의 수퍼비전에서 중요하게 다루는 행동 기술을 효과적으로 배우도록 하기 위해서는 수퍼바이지에게 정서적 기술을 가르치는 것이 필요하다. 수퍼바이지들은 상담 중에 실수와 관련된 수치심을 가질 수 있고 자신이 내담자에게 효과적인 치료를 제공하지 못한 것에 대해서 불안을 느끼기 쉽다(Batten & Santanello, 2009). 상담자가 불안해지면 내담자에게 효율적으로 반응하기가 어려울뿐만 아니라 특히, 불안이 수퍼바이지가 통제할 수 있는 범위를 넘어서는 것이라면 상담 과정에 영향을 미치게 된다. 따라서 수퍼바이저는 수퍼바이지가 상담 장면에서 자주 경험함으로써 상담에 지장을 주는 정서적 반응이 무엇인지 알아차리고 이를 조절할 수 있도록 가르칠 필요가 있다(Batten & Santanello, 2009; Linehan, 1980). 수퍼바이지가 자신에 대한 정서적 자각을 하는 것은 상담자로서 내담자에 대하여 공감함으로써 상담 중에 경험하는 것을 회피하지 않게 해 준다.

행동주의 수퍼비전에서 중요한 두 번째 생리적 · 정서적 반응은 수퍼바이저에 대한 수퍼바이지의 반응과 관계된 것이다. 대표적인 것이 평가불안이다. 초보 수퍼바이지들은 수퍼바이저로부터 받는 평가를 곧 자신의 가치나 능력에 대한 평가로 인식하는 경향이 있기 때문에 수퍼바이저는 이를 민감하게 알아차리고 다룰 수 있어야 한다. 수퍼바이저가 수퍼바이지의 이런 평가 불안을 제대로 다루어 주지 못한다면 수퍼바이지 개인뿐만 아니라 상담 중에 내담자에게 부정적인 영향을 줄 수가 있다. 수퍼바이지에 대한 비판보다는 비평이 되어야 하고, 수퍼바이저는 이러한 비평이 칭찬과 균형을 이루도록 접근할 필요가 있다.

수퍼바이저는 수퍼바이지의 요구에 개방적인 자세로 대처할 필요가 있다. 수퍼바이지가 보이는 외적 행동과 내적인 반응이 같을 것이라고 짐작하지 말고 내적으로 담고 있을 수 있는 수퍼바이지의 정서적 반응을 민감하게 포착하고 이를 수퍼비전에서 다루어야 한다. 수퍼바이지의 어떠한 정서가 무슨 이유로 야기되었는지를 탐색하고 이를 수퍼비전에서 처리할 수 있도록 한다면 상담 효율성을 높일 수 있다.

4. 행동주의 수퍼비전의 방법

행동주의 수퍼비전의 구체적인 방법과 과정에 대해서는 행동주의 수퍼비전 이론가들 사이에 명확히 합의된 것이 없다. 대학원생이나 인턴을 대상으로 한 몇 가지 행동주의 훈련 모델들이 제시되었지만 개인 수퍼비전의 내용과 과정을 구체적으로 다룬 수퍼비전 모델은 많지 않다. 이 와중에 리네한(1980)은 행동주의 수퍼비전에 대한 3차원 모델을 제시하고 수퍼비전 목표 달성을 위한 방법으로 몇 가지 절차를 비교적 상세히 다루었다. 브래들리와 굴드(2001)는 행동주의 수퍼비전의 방법론으로 5단계를 제시하였다. 수퍼비전 관계 확립, 수퍼바이지 기술에 대한 분석과 평가, 수퍼비전 목표 설정하기, 목표 달성을 위한 전략 수립과 실행, 학습에 대한 평가와 일반화가 그것이다. 레빈과 틸커(1974)는 수퍼바이지와 일대일 수퍼비전을 다루는 구체적인 치료 훈련 모델을 제안하고, 모델링과 직접적 피드백 그리고 시청각 도구를 사용하는 구체적인 기법을 강조하고 있다. 델라니(1972) 모델은 구체적인 수퍼비전 진행 과정을 다섯 단계로 구분해서 제시하고 있는데 브래들리와 굴드의 5단계와 유사하다. 본 절에서는 행동주의 수퍼비전에 대한 제한된 관심에도 불구하고 비교적 구체적인 행동주의 수퍼비전 방법을 제시한 이들 세 명의 수퍼비전 모델들을 통합하여 제시한다. 특히 브래들리와 굴드(2001)가 제안한 5단계 방법론을 중심으로 수퍼비전 과정을 기술한다.

1) 수퍼비전 관계 확립

행동주의 이론은 내담자의 변화가 구체적인 행동치료 기법 때문에 발생한다고 보는 입장에 있기 때문에 상담자와 내담자 간의 관계적인 부분에 대해서는 많은 논의를 하지 않았다. 행동주의 수퍼비전 모델 역시 수퍼비전 관계를 경험적 학습이나 치료적 성장에 필요한 핵심 요소로 간주하지는 않았다. 하지만 오늘날 행동주의 수퍼비전 모델에서는 수퍼바이저와 수퍼바이지 간의 협력적 관계를 무시하지 않고 수퍼비전 관계를 수퍼비전 과정의 중요한 도구적인 부분으로 간주하는 것으로 바뀌었다(Bradley & Gould, 2001). 그리고 수퍼비전 관계가 학습을 촉진시키고 역할연습, 모델링이나 강화와 같은 학습이 잘 일어나도록 분위기를 제공할 수 있다고 본다.

수퍼바이저와 수퍼바이지 간의 촉진적인 관계는 수퍼바이지의 생각과 감정을 공유하게 한다. 또한 수퍼바이저에게 수퍼바이지에 대한 행동 기술의 평가와 수퍼비전 목표를 설정하는 데 필요한 정보를 제공해 주기도 한다. 폴레트와 캘러헌(Follette & Callaghan, 1995)은 수퍼비전에서 구체적인 방법론을 적용하기 전에 수퍼바이저와 수퍼바이지 간에 작업동맹을 형성하는 시간이 필요하다고 주장하기도 하였다. 이는 상담에서 상담목표를 달성하기 위해서는 내담자와 상담협력 관계를 먼저 세우는 것이 필요하다는 고전적인 주장과도 일맥상통하는 부분이다. 한편 수퍼비전 관계를 공고히 하는 것은 두 사람 모두에게 인내심을 필요로 한다 수퍼비전 과정 자체가 수퍼바이지 평가 기능을 갖고 있기 때문에 수퍼비전 과정을 급격히 밀어붙이는 실수를 범할 수 있기 때문이다. 유능한 수퍼바이저는 효과적으로 수퍼비전을 진행하기 위해서 우선적으로 수퍼바이지와 작업동맹을 형성하는 데 노력한다(Bradley & Gould, 2001).

2) 수퍼바이지의 기술에 대한 분석과 평가

행동주의 수퍼비전은 목표 지향적이다. 이런 목표를 설정하기 위해서는 수퍼바이지가 이미 습득하고 있는 행동 기술이 무엇인지, 습득한 행동 기술을 얼마나 잘 수행하고 있는지를 분석하고 평가하는 것이 선행되어야 한다. 즉, 수퍼바이지의 종합적인 상담 수행 능력과 구체적인 기술력뿐만 아니라 수퍼바이지가 얼마나 다양한 기술을 구사할 수 있는지에 대한 검토가 이루어져야 한다. 따라서 행동주의 수퍼바이저는 수퍼바이지의 이런 상담 수행 능력을 분석하고 평가하기 위해서 수퍼바이지가 상담에서 실행해야 하는 다양한 상담 기술에 대한 폭넓은 지식을 지닐 것이 요구된다. 유능한 수퍼바이지가 갖추어야 할 이상적인 기술 목록을 갖추고 있어야 수퍼바이지의 수행 능력을 분석하고 평가할 수 있게 되기 때문이다.

수퍼바이저가 이 과정을 제대로 수행하기 위해서는 수퍼바이지의 행동 기술 뿐만 아니라 행동 기술이 이루어지는 과정 차원을 중요하게 고려해야 한다. 과정 차원을 고려하지 않으면 수퍼바이지가 수행하는 과제나 행동 기술을 사용하는 목적을 잃게 되고 단순하게 기계적인 행동만을 반복하게 만들 수가 있다. 그런 까닭에 어떤 기능에 포함된 기술의 순서나 흐름이 제대로 지켜져서 수행되도록 지도하는 게 필요하다. 단순히 구체적인 행동 기술을 실행한다는 차원을 넘어서서 과정 차원을 고려해서 자연스럽게 행동 기술을 구현할 수 있도록 해야 하는 것이다. 상담의 효과는 과정 차원을 놓치지 않아야 달성된다.

3) 수퍼비전 목표 설정하기

작업동맹을 형성하고 수퍼바이지의 상담 기술에 대한 분석과 평가가 이루어진 다음 단계는 수퍼비전의 목표를 설정하는 것이다. 수퍼바이지가 수퍼비전을 통해 성취해야 할 수퍼비전 목표는 수퍼바이지와 수퍼바이저가 합의를 해서 정해야 하지만 수퍼바이저는 수퍼바이지가 목표를 정하는 데에 수동적인 입장에 머물지 않고 자기주도적인 입장으로 참여하도록 이끌어야 한다. 행동주의 수퍼비전의 특징 중 하나가 개인 특수적인 입장에 있다고 언급한 것처럼 수퍼바이지의 욕구에 기초해서 수퍼비전 목표가 설정되어야 하는 것이다. 수퍼바이지의 욕구를 파악하기 위해서 수퍼바이저는 수퍼비전에 대한 수퍼바이지의 기대를 탐색해야 한다.

행동주의 수퍼비전에서 달성해야 하는 목표는 상담 중에 나타나는 수퍼바이지의 부적합한 행동 기술이다. 그리고 이런 행동 기술은 행동적일 수도 있고, 인지적이거나 정서적 기술이 포함될 수도 있다. 행동적 기술은 외현적으로 드러나서 관찰하기 쉽지만 내현적 기술인 인지와 정서 측면은 수퍼바이저가 민감하게 관찰하지 않으면 놓칠 수 있는 영역이다. 따라서 수퍼바이저는 앞에서 언급한 다양한 행동 목록을 충분히 인지하고 외현적이고 내현적인 행동 기술 영역을 모두 고려해서 수퍼비전 목표를 정해야 할 것이다.

4) 목표 달성을 위한 전략 수립과 실행

수퍼비전을 수행하는 일반적인 방법은 수퍼바이지 자신의 사례 자료를 활용해서 치료 기술을 가르치는 것이다. 언어적 도구, 시청각 도구 또는 관찰 가능한 자료를 통해서 수퍼바이지는 다음 치료 회기에서 적용해야 할 내용이나 치료 과정 중에 일어나는 중요한 사건에 대해 논의할 수 있다. 이를 위해서 수퍼바이저는 인지적·행동적·정서적 행동 기술을 가르치는 데 효과적으로 알려진 절차를 사용한다. 이 과정에서 어떤 내용이 수퍼비전의 목표가 되어야 하는지, 어떤 기법이 사용되어야 하는지는 수퍼바이지와 수퍼바이저가 합의를 통해 결정한다. 행동주의 수퍼비전에서는 여러 가지 기술 훈련 기법이 선택될 수 있는데, 리네한(1980)은 행동주의 치료자들을 훈련하는 데 적용할 수 있는 다음의 네 가지 절차를 제시하였다.

(1) 반응 형성과 강화 절차

이 절차는 수퍼바이지가 이미 일정한 치료적 행동 기술을 습득하고 있는 경우에 사용하는 것으로, 수퍼바이지의 대인관계 기술과 치료 기술을 강화시키기 위한 기법이다. 즉, 초보 수퍼바이지라도 이미 습득하고 있는 기술 외에 대인관계 기술이나 의사소통 기술을 더 배우게 함으로써 내담자 치료에 도움이 되도록 하는 것이다. 이런 반응 형성과 강화 절차는 ① 수퍼비전 회기 동안에 이루어지는 역할연습, ② 실제적인 상담 장면에서 하는 실습 경험, ③ 수퍼바이저의 피드백, 코칭 및 반응 강화, ④ 자기평가와 자기조절적 강화를 통해서 이루어질 수 있다.

(2) 반응 억제 해소 절차

이미 습득한 기술을 활용하지 못하게 하는 변인을 감소시키거나 수정하도록 고안된 것이다. 치료자에게 부정적인 정서적 반응이 일어나게 되면 내담자에게 도움이 되는 행동이 억제당할 수가 있다. 치료자가 비현실적인 기대나 믿음을 가지고 있거나 임상적 상황에 대한 잘못된 가치판단을 할 경우에도 임상적으로 유용한 반응을 하지 못할 수 있다. 예컨대, 수퍼바이지가 내담자를 직면시키면 내담자가 자신과 거리를 둘 것이라고 생각하는 경우 치료 중에 필요한 피드백을 하지 못할 수가 있다. 자신이 치료 기술을 훌륭하게 수행하지 못하기 때문에 유능한 치료자가 될 수 없을 것이라고 생각하는 수퍼바이지도 평가에 대해 지나친 두려움을 갖게 되어 치료 회기 중에 제대로 판단을 할 수 없게 된다. 이런 상황이 발생할 때 사용하는 절차가 바로 반응 억제 해소 절차인 것이다. 이 절차는 ① 억제된 반응에 대한 모델링, ② 불안 반응을 해소하는 둔감화, ③ 인지적 재구조화, ④ 치료자 자신의 가치, 믿음, 목표에 대해 지속적으로 수퍼바이저와 논의하기 등을 포함한다.

(3) 반응 학습 절차

초보 치료자가 이미 습득한 행동과 새로운 반응들을 강화하는 것과 관련되는 절차다. 이 절차 역시 여러 가지 모델링 기법을 활용할 수 있다. 수퍼바이저가 직접 시범을 보이거나 일방경을 통해 관찰하게 할 수도 있다. 직접적인 관찰 이외에도 수퍼바이저는 자신이 실습할 때 사용했던 임상적 방법을 설명하거나 혹은 자신의 가치, 신념, 개념적 모델을 같이 나누면서 상징적인 방식으로 모델링을 제공할 수도 있다.

(4) 반응 전이 절차

수퍼바이지가 새롭게 배운 임상 기술을 다양한 장면에서 활용할 수 있도록 돕는 것과 관련된 것이다. 이 절차에 포함되는 것은 ① 모델링, 사례 읽기, 혹은 여러 가지 행동 문제에 다양한 방법론을 적용해 보게 하기, ② 개별 사례의 원인을 규명하고 명명하는 자기 교습 훈련을 통해 기본적인 원리를 새로운 장면에 적용하도록 연습하기, ③ 수퍼바이지가 다양한 장면과 다양한 유형의 내담자를 경험하도록 인턴 프로그램에 참여시키기 등이다.

수퍼바이저는 이러한 절차들을 수퍼바이지와 합의한 구체적인 목표에 맞도록 선택적으로 적용할 필요가 있다. 이런 리네한의 네 가지 절차에는 공통적인 방법들이 포함되어 있다. 역할연습, 모델링, 라이브로 관찰하기 등과 같은 것들이 이에 해당한다. 따라서 이런 구체적인 수퍼비전 방법에 대해 살펴보는 것이 도움이 된다.

레빈과 틸커(1974) 역시 행동주의에 대한 개인 수퍼비전 모델에서 구체적인 수퍼비전 방법을 제시함으로써 도움을 주었다. 레빈과 틸커의 행동주의 수퍼비전 접근은 수퍼바이지를 점차적으로 임상적 실습에 노출시키는 것이 최상의 학습 결과를 양산한다는 믿음을 근거로 갖고 있다. 즉, 수퍼바이지를 내담자와 접촉하지 않게 하고 책임을 지지 않는 상태로부터 점차적으로 내담자를 직접 대면하게 하고 상담에 대한 책임을 늘려 가는 훈련 과정을 제안하였다(Levine & Tilker, 1974). 다음은 이들이 제안한 개인 수퍼비전에서 적용할 수 있는 구체적인 수퍼비전 기법에 대한 것이다. 이런 방법들을 적절히 구현하게 되면 앞에서 리네한이 언급한 네 가지 절차들을 효과적으로 수행할 수 있게 된다.

① 비참여적 관찰 방법

이는 수퍼바이지가 직접 혹은 일방경이나 TV 기기를 통해서 선배 치료자가 내담자와 상호작용하는 것을 관찰하도록 하는 것이다. 이런 간접적인 학습을 통해 수퍼바이지는 임상 실제에 대한 여러 가지 반응 목록을 접하게 된다. 이 절차는 여러 명의 수퍼바이지들에게 한꺼번에 시범을 보여 주는 기법으로도 유용하게 사용될 수 있다. 초보 수퍼바이지들은 보통 내담자가 하는 말보다는 다음에 무슨 말을 할까를 더 생각하는 경향이 있는데 이런 비참여적 관찰 방법은 내담자-치료자 관계에 초점을 두게 하는 데 도움이 될 수 있다. 또한 수퍼바이지가 보다 쉽게 구체적인 경청 기술을 배울 수 있도록 해 준다. 이것은 일종의 모델링 방법이기도 한데, 행동주의에서 모델링은 새로운 행동 기술을 배우는 데 매우 도움이 되는 학습 원리다.

② 역할연습하기

역할연습은 수퍼비전의 어떤 단계에서도 사용할 수 있는 유용한 기법이다. 역할연습은 수퍼바이지가 내담자에게 행동 절차를 적용하면서 겪고 있는 어려움을 지적하거나 새로운 기법을 알려 주는 데 유용하게 사용할 수 있고, 내담자 문제에 대한 다양한 가설을 세워 보게 하는 데에도 활용할 수 있다. 특히 역할연습은 수퍼바이지에게 내담자 문제를 탐색하기 위한 정보수집 면담 방법을 가르치는 데 가장 도움이 된다. 역할연습이 갖는 결정적인 장점은 수퍼바이지가 보이는 문제 행동을 즉각적으로 수정하게 한다는 사실이다. 수퍼바이저와 수퍼바이지 둘 모두가 '치료적 상호작용'에 대해 직접 관찰할 수 있게 한다는 장점도 있다.

내담자와 치료자 역할은 수퍼바이지가 어떤 욕구를 가지고 있느냐에 따라 이루어질 필요가 있다. 수퍼바이저는 치료자 역할을 하고 수퍼바이지는 내담자 역할을 경험할 수 있다. 일반적으로 초보 수퍼바이지는 내담자를 어떻게 편안하게 하는지, 내담자 문제를 어떻게 탐색하는지, 편안한 상담 분위기를 어떻게 조성하고 상담회기를 마치는지 등을 잘 모른다. 역할연습은 상대적으로 안전한 상황에서 위의 부족한 기술을 연습할 수 있도록 한다.

하지만 역할연습에도 단점이 있는데, 역할연습에서 경험한 상황이 실제에서 생기는 경우가 많지 않다는 사실이다. 역할연습을 너무 많이 하게 되면 상담 실제에서 하는 훈련을 지체시킬 수 있다. 그럼에도 불구하고 앞에서 언급한 것처럼 역할연습은 수퍼바이지들에게 유용한 많은 기회를 제공한다. 특히 치료에서 생길 수 있는 문제들에 대해 직접적인 직면을 하도록 해 주기 때문에 새로운 상담 기술을 배울 때나 적절하지 않은 반응 행동을 수정하는 데 있어 수퍼비전의 모든 단계에서 사용 가능하다.

③ 수퍼바이지 배석시키기

수퍼바이지가 수퍼바이저와 함께 직접 내담자를 만나게 하는 것이다. 이 방법은 치료자가 회기를 마치고 난 후 치료 중에 일어난 일을 즉각적으로 수퍼바이지에게 설명할 수 있게 해 준다. 또한 자신이 한 치료에 대해 부끄러워하지 않는 개방적인 태도를 보여 주고 수퍼바이지의 주의를 확실하게 이끌며 치료와 수퍼바이지 간의 거리를 좁혀 준다. 역할연습 같은 기법이 사용될 때에는 모델링효과와 반응일반화의 가능성을 증가시키기도 한다. 한 가지 문제점이라면 내담자가 치료 중에 언급하는 내용에 대해 수퍼바이지가 부적절한 반응을 보일 수 있다는 점인데, 이 경우에도 수퍼바이지와 역할연습을 통해 해결할 수 있다.

이 방법의 효과를 극대화하기 위해서는 가능한 한 치료 회기 이후에 치료 중에 일어난 일들에 대해 자세히 논의할 필요가 있다. 수퍼바이지는 치료에서 실행된 특정 접근에 대해 질문하거나 반대를 표명하기도 하며, 다음 회기에 대해 더 관여할 수 있다. 수퍼바이지가 치료에 대해 책임성을 부여받는 정도는 수퍼바이지의 기술이나 수퍼바이지가 갖고 있는 문제의 성격에 대한 수퍼바이저의 평가에 의해 결정된다. 점차적으로 수퍼바이저는 치료에서 행해야 할 기법들을 직접 시범 보이는 단계로 나아가는데, 이 과정에서 수퍼바이지는 가장 의미 있는 방법으로 수퍼바이저의 행동을 관찰하게 된다. 수퍼바이저 역시 직접적으로 수퍼바이지의 기능 수준에 대한 정보를 얻을 수 있다.

이 방법에 대한 비판 중 하나는 수퍼바이지의 이런 단순한 관찰이 치료자와 내담자의 관계를 왜곡시킬 수 있다는 것이다. 하지만 수퍼바이지가 배석해서 생기는 내담자의 불안은 사전에 내담자에게 충분히 설명된다면 빠른 시간 안에 낮아지게 된다. 이 방법은 수퍼바이지에게 상담반응 목록을 가르치는 가장 효과적인 방법 중 하나다.

④ 귀에 이어폰 꽂기

수퍼바이지가 여러 가지 상황에 대한 면담을 유능하게 수행할 수 있게 되면 수퍼바이지가 치료에 대한 책임을 질 수 있는 시기가 되었다고 볼 수 있다. 이 절차는 수퍼바이지가 귀에 이어폰을 꽂고 상담을 하면 상담실 밖에서 수퍼바이저가 상담 과정에 대해 수퍼바이지에게 즉각적인 피드백과 지시를 내리는 것으로 구성된다. 이때 수퍼바이저의 지시는 수퍼바이지에게만 들린다. 수퍼바이저는 지시만 하는 게 아니라 수퍼바이지가 잘 수행하는 반응에 대해서도 즉각적인 지지를 한다. 수퍼바이지가 새로운 질문을 할 수 있도록 돕기도 하고, 기법을 실행하는 데 발생하는 문제를 조정해 주거나 수퍼바이지가 우왕좌왕할 때 즉각적인 도움을 제공한다는 점에서 유용하다.

수퍼바이지들 편에서는 대체적으로 이 방법에 대해 긍정적인 반응을 보이지만 이 방법에도 문제는 있다. 수퍼바이지에게 많은 지시를 주게 된다는 것은 수퍼바이지가 이 방법을 사용하기에는 아직 무리가 있다는 것을 나타내는 것이기도 하기 때문이다. 또한 지시를 받으며 상담을 한다는 점이 현실적인 상담에서 적용하기 어렵다는 문제점도 있다.

⑤ 시청각 테이프 활용

이는 수퍼바이지가 독자적으로 상담을 수행하고 수퍼비전에서는 상담 녹음자료를 가지고 토론을 하는 것이다. 수퍼바이지의 행동이 이미 이루어진 이후에 검토된다는 점에서 한계가 있지만 여러 가지 이점도 있다. 특히 이 방법은 오늘날 수퍼비전 형태로 가장 많이 활용되고 있는 방법 중의 하나다. 시청각 자료를 활용한 수퍼비전 방법은 수퍼바이지가 상담 과정 중에 발생한 자료에 대해 미처 인식하지 못하는 정보를 파악하게 해 준다는 점에서 도움이 된다.

5) 학습에 대한 평가와 일반화

행동주의 수퍼비전의 방법론에서 마지막 단계는 수퍼바이지에게 적용한 전략과 기법을 평가하는 것이다. 궁극적으로 수퍼비전 목표가 달성되었는지를 평가하게 되는데 이런 평가는 두 차원에서 이루어져야 한다. 하나는 수퍼바이지가 치료자로서 상담회기 중 행동이 나아졌는지, 다른 하나는 치료자가 내담자의 행동 변화에 기여를 해서 내담자 편에서 행동의 변화가 일어났는지를 평가하는 것이다(Follette & Callaghan, 1995).

수퍼비전에 적용된 전략과 기법에 대한 평가는 비교적 쉽게 진행될 수 있다. 수퍼비전에서 설정한 목표가 행동적으로 명명되었고 관찰 가능하기 때문이다. 바람직하다고 설정한 행동 목록을 수퍼바이지가 상담 상황에서 구현하는지를 관찰한다면 수퍼바이지의 상담행동 능력을 평가할 수 있다. 만약 수퍼바이지가 바람직한 행동 목록을 갖는 데 실패했다면 이에 대한 원인을 찾아야 한다. 실패에 대한 원인으로는 수퍼바이지가 갖춘 지식이 부족했거나 행동 습득이 제대로 일어나지 않아서일 수도 있다. 또한 수퍼바이지가 수퍼비전에서 다루고 있는 전략이나 기법 실행에 참여하는 동기가 낮았을 가능성도 있다. 뿐만 아니라 수퍼바이저나 수퍼바이지 모두 수퍼비전에서 계획하고 실행되는 전략이나 목표에 대해 충분히 이해하지 못했을 가능성도 있다. 수퍼바이저는 어떤 원인으로든 수퍼바이지가 기법 수행을 습득하지 못했다면 수퍼비전 목표를 달성하기 위해 다양한 방법을 동원해서 실패를 수정해야 한다.

수퍼비전 목표가 달성되었을 경우에는 수퍼비전에서 수퍼바이지가 습득하게 된 기술과 학습 내용은 다른 수행 상황으로 일반화되어야 한다(Delaney, 1972). 상담 실제적인 장면으로 훈련 내용을 전이하는 것은 행동주의 수퍼비전이 궁극적으로 추구하는 것이기 때문이다. 이 과정에서 수퍼바이지가 자기주도성을 갖도록 하는 것이 중요한데, 이는 새로 습득한 행동 기술이 장기적으로 일반화되는 데 결정적이기 때문이다. 일반화와 전이가 잘 일어나게 하기 위해서는 수퍼바이지가 여러 가지 상황에 많이 노출되도록 격려할 필요가 있다. 새로운 기술을 요구하는 상황을 논의하고 새로운 기술에 적응하도록 자극함으로써 수퍼바이저는 수퍼바이지가 가진 상담자로서의 '반응 능력'을 향상시킬 수가 있다.

5. 행동주의 수퍼비전 모델에 대한 비평

행동주의 수퍼비전에 대해 비평은 행동주의 상담 이론의 비평과 궤를 같이한다. 여기서는 행동주의 수퍼비전에 초점을 둔 비평인 브래들리와 굴드(2001)의 관점을 중심으로 행동주의 수퍼비전 모델에 대한 평가를 장점과 단점 측면으로 살펴본다.

1) 행동주의 수퍼비전의 장점

행동주의 수퍼비전이 갖는 장점은 수퍼바이지에게 상담 기술을 가르치는 데 적용하는 방법론과 기법들에 있다. 행동주의 수퍼바이저들은 초보 수퍼바이지들이 기술이 부족하고 상담 중에 부적절한 행동을 한다는 사실을 자연스러운 것으로 생각한다. 바로 이런 이유로 행동주의 수퍼바이저들은 수퍼바이지들이 행동주의 상담을 실행하는 데 필요하다고 여기는 구체적인 방법과 기법들을 가지고 훈련시키고자 한다. 사용되는 기법들은 행동주의 상담 행동 기술 목록에 있는 것들이고, 이런 기술들은 엄격한 과학적 방법으로 검증된 것들이다.

또 다른 장점은 수퍼바이지에 대한 평가를 한다든지, 수퍼바이지가 수퍼비전에서 성취해야 하는 목표를 설정한다든지, 목표의 달성 여부를 평가하는 데 있어서 수퍼바이지 개개인의 특수성을 고려한다는 점이다. 각각의 개별 수퍼바이지들은 서로 다른 욕구와 기술을 갖추고 있고 발달 수준이 다르기 때문에 이를 고려하는 것이 중요하다. 수퍼바이지 개인의 특수성을 고려하는 것은 그들과의 관계를 공고히 하고 협력을 이끌어 내는 데 도움이 된다.

행동주의 수퍼비전에서 수퍼바이지의 수행 능력에 대한 엄격한 평가는 또 다른 강점이다. 평가가 수퍼비전 동안 반드시 이루어져야 할 과정이라고 할 때 수퍼바이지의 사전 능력에 대한 평가와 사후 평가가 엄격하게 진행된다는 점은 수퍼바이지의 발달을 촉진하는 데 중요한 기여를 할 수 있다.

마지막으로 행동주의 이론은 내담자에 대한 치료 기법과 절차를 구체적으로 명료하게 공개함으로써 수퍼바이지의 수련과정에서 발생할 수도 있는 폐쇄적이고 비밀스런 신비화 경향을 불식시키는 데에 기여를 했다는 평가가 있다. 행동주의 이론의 구체성과 과학적 특성이 수퍼바이지의 수련과정을 효율적으로 단기화하는 데에 기여를 했다는 점에서 경제성이 높은 수련모델로 평가받을 만하다.

2) 행동주의 수퍼비전의 단점

행동주의 수퍼비전의 주요 단점 중의 하나는 정서와 인지에 대한 관심이 제한적이라는 것이다. 비록 행동주의 수퍼비전의 목표가 정서와 인지 기술에 대해서도 초점을 둘 필요가 있다고 언급했지만 행동주의 이론에서 일차적인 관심은 관찰 가능한 행동의 변화에 있기 때문이다. 이런 점은 개인의 행동에 대한 동기를 무시하게 만든다. 따라서 상담 중에 수퍼바이지가 보이는 행동 이면의 이유나 원인을 다루지 않고 겉으로 보이는 증상인 행동만을 다루게 될 수 있다.

행동주의 수퍼비전이 개인의 행동에 대한 다문화적 의미에 관심을 두지 않는다는 점은 또 다른 단점이다. 수퍼바이지의 문화적 배경을 주목하지 않는다면 수퍼바이저는 수퍼바이지가 보이는 행동 중 문화적으로 의미 있는 행동을 부적절한 것으로 규정하고 수퍼바이지에게 자신의 생각을 강요할 수가 있다. 수퍼바이저가 수퍼비전에서 그랬던 것처럼 수퍼바이지 역시 상담에서 문화적인 의미를 무시하는 행동을 내담자에게 그대로 반복할 수가 있다.

비록 행동주의 수퍼비전에서 사용되는 방법과 기법들은 행동주의 상담에 대한 많은 연구 결과를 원용하는 것이지만 여전히 행동주의 수퍼비전에 대한 연구들은 부족한 편이다.

마지막으로 상담 과정에 대한 관심이 없다면 행동주의 방법론과 기법은 기계적인 것이 될 수 있다. 행동주의 수퍼비전이 기계적인 기법 적용에 지나친 초점을 둔다는 지적을 극복하기 위해서는 과정 차원을 다룰 필요가 있다. 행동주의 수퍼바이저들은 수퍼바이지가 사람이라는 점을 무시하고 외현적 기술 행동이나 방법론의 학습에만 지나치게 매이지 않도록 노력해야 한다.

○ 요약

행동주의 수퍼비전은 행동주의 이론의 학습 원리를 수퍼비전에 그대로 적용한다. 즉, 수퍼바이지의 모든 행동을 학습된 것이라고 보고, 수퍼바이지가 상담 수행 중에 보이는 부적합한 행동을 학습 원리에 따라 수정하는 것을 목표로 한다.

대학원생에 대한 행동주의 훈련 모델에 비해 개인적으로 이루어지는 행동주의 수퍼비전은 행동주의 문헌에서 자주 다루어지지 않았다. 하지만 행동주의 수퍼비전에 대한 제한된 논의 가운데 개인 수퍼비전에 초점을 두고 행동주의 수퍼비전에 대한 포괄적인 모델을 제시한 입장들이 있다. 브래들리와 굴드(2002), 리네한(1980), 레빈과 틸커(1974), 델라니(1972) 등이 이에 해당한다. 이 장에서는 위의 네 명이 제시한 행동주의 수퍼비전 모델을 통합해서 행동주의 수퍼비전의 특징, 행동주의 수퍼비전의 목표와 방법, 그리고 행동주의 수퍼비전에 대한 비평 등의 세 가지 영역으로 크게 대별해서 논의를 진행하였다.

행동주의 수퍼비전은 수퍼바이지의 관찰 가능한 행동, 현재 행동에 영향을 미치는 요인들, 변화를 증진시키는 학습 경험, 개별 수퍼바이지의 욕구나 상황에 맞는 치료 전략, 엄격한 과학적인 평가에 토대를 둔다는 특징이 있다.

행동주의 수퍼비전의 목표는 크게 인지적 · 행동적 · 정서적 영역으로 설정할 수가 있으며, 어떤 행동에 초점을 두는지는 수퍼바이지의 욕구에 기반하여 결정되어야 한다. 행동주의 수퍼비전 방법은 브래들리와 굴드의 5단계를 중심으로 살펴보았다. 구체적으로는 수퍼바이저와 수퍼바이지 간의 관계 확립, 수퍼바이지 기술에 대한 분석과 평가, 수퍼비전 목표 설정하기, 목표 달성을 위한 전략 수립과 실행, 학습에 대한 평가와 일반화 등을 다루었다. 마지막으로 행동주의 수퍼비전에 대한 비평을 장점과 단점으로 구분해서 살펴보았다.

제6장
내담자/인간 중심 수퍼비전

| 연문희 |

1. 인간중심 수퍼비전의 개념과 목적

수퍼비전은 칼 로저스(Carl Rogers)의 오래된 관심사였다. 로저스는 연구와 훈련 목적으로 심리치료 면담 녹음 테이프를 공개적으로 사용한 최초의 사람이었다(Rogers, 1942; Covner, 1942). 칼 로저스에 앞서서 시행되고 있던 프로이트(Sigmund Freud)의 정신분석적인 수퍼비전은 수퍼바이지의 자기보고에 전적으로 의존하는 방식이었을 뿐 내담자 자료를 있는 그대로 공개하지는 못하였다. 그러나 로저스는 심리치료 면담의 녹음된 테이프를 경청하면서 효율적인 상담 과정을 연구하고, 상담자의 전문성과 인간적인 성장을 촉진하였다. 그 경험을 바탕으로 로저스는 내담자/인간 중심의 상담을 단순하게 가르치는 것만으로는 부족하다고 결론을 내렸다.

상담자에 따라서 정도의 차이는 있지만 통상 강의실에서 배운 이론과 상담실에서 행하는 실제 사이는 거리가 있고, 말과 실제 행동 사이에도 괴리가 있는데,

이러한 불일치를 자각하고 일치시키도록 조력하는 일이 수퍼비전이다. 그런데 로저스에 따르면, 상담 과정에 있었던 수퍼바이지의 말과 행동에 대하여 수퍼바이저가 조언, 충고, 훈계하거나 관련된 정보와 지식을 제공하는 지시적 방법은 수퍼바이지의 자기이해와 인간적인 성장 발달을 돕는 최선의 방법이 아니다. 로저스는 가르침보다는 스스로 배우도록 분위기를 조성하는 것이 의미 있는 학습과 성장 발달을 효율적으로 촉진하는 방법이라고 주장한다(Rogers, 1957a). 왜냐하면 의미 있는 학습은 가르쳐서 되는 것이 아니라, 배우고 싶은 호기심에서 출발해서 "바깥세상에서 발견하고 내면화하여 그것을 자기의 일부가 되게 하는 것"(Rogers & Freiberg, 2011)이기 때문이다. 따라서 충고보다는 탐색을, 설득이나 논쟁보다는 지지와 격려를, 타인평가보다는 자기평가를 통해서 인간의 실현 경향성이 발현되도록 동기를 강화하고, 인간 개인의 자율성을 존중하는 것이 인간 중심의 상담이나 수퍼비전의 특징이다. 따라서 수퍼바이지나 내담자에게 동기를 인위적으로 주입하지 않고, 그 사람으로부터 동기를 자연스럽게 끌어내는 것이 특징이다. 즉, 인간 개인의 실현경향성을 존중하고 조장한다는 말이다.

인간중심 수퍼비전은 상담자와 내담자와의 관계에서 상담자가 치료적 조건인 일치성 혹은 진실성, 무조건적인 존중, 그리고 공감적 이해의 분위기를 제대로 조성하는가에 관심을 가진다. 그의 딸 나탈리 로저스(Natalie Rogers, 1994)는 자신의 아버지를 이렇게 대변한다.

(우리 아버지) 로저스는 무엇보다도 개인의 존엄성과 가치를 소중히 여겼고, 만일 적절한 환경이 조성되면 개인의 자기지도 능력이 촉진된다는 것을 믿었다. 여러 해 동안의 신중한 연구 결과 그는 안전하고 지지적인 환경은 사람마다(어린이들까지도) 자기발견, 자기존중 및 자기주도적인 학습의 길로 나아가게 한다는 신념을 입증하였다. 그는 안전한 환경을 조성하는 방법을 구체적으로 기술하였다. 기본 전제는 만약에 교사, 부모, 혹은 카운슬러로서 우리가 진실하고, 아끼고 사랑하며, 공감적이면서 일치성이 있으면 우리는 다른 사람의 성장과 학습 능력을 조장하게 된다는 것이다. 그것은 참으로 단순해 보이지만 사실은 그렇지

않다(Rogers & Freiberg, 2011: viii).

인간중심상담에서는 개개인의 천부적인 자기실현 경향성을 신뢰한다. 인간의 본성은 근본적으로 선하고, 건설적이고, 사회적이며, 실현경향성에 따라서 전진하는 존재라고 믿는다. 타고난 잠재 능력을 발휘하여 충분히 기능하는 인간이 되도록 조력하기 위해서는 상담자는 치료적 조건, 즉 진실성, 무조건적인 존중, 그리고 공감적 이해의 태도로 내담자와 관계를 맺어야 한다(연문희, 이장호, 이영희, 2007; Kirshenbaum & Henderson, 1989; Meador & Rogers, 1984; Rogers, 1957b).

자기개념과 경험 사이의 불일치로 불안을 경험하고 부적응 행동을 하여 상담실을 찾아오는 내담자는 상담자의 치료적 조건을 일정 기간 경험하면서 상담자와 서로 신뢰하는 편안한 관계를 형성하게 된다. 내담자를 있는 그대로 수용하고, 공감적으로 이해하는 상담자와의 안전한 관계에서 내담자는 방어의 필요성을 느끼지 않게 되어 자신의 부정적인 감정을 자유롭게 표현하고 이해받게 된다. 부정적인 감정을 충분히 이해받고 수용하고 나면 내담자는 나아가 자기 자신에 대한 긍정적인 감정을 수용하게 되고, 자기탐색이 활발해지면서, 보다 통합된 자기개념이 형성되어 마침내 충분히 기능하는 사람으로 성장하게 된다.

인간중심 수퍼바이저는 내담자와 관계하는 상담자처럼 수퍼바이지에게 치료적 조건을 제공하여 수퍼바이지 스스로 자기 자신을 탐색하고 이해하도록 조력하고, 내담자와의 관계에서 느끼는 어려움과 상담 과정에 대한 통찰이 생기도록 조력하여 인간적 및 상담 전문가적인 성장을 조장하는 것이 목적이다. 따라서 인간중심 수퍼비전은 상담과정과 유사하다. 패터슨(Patterson, 1983)도 역시 심리치료의 조건과 과정은 수퍼비전 중에 일어나는 것과 유사하다고 강조하였다. 인간중심 수퍼비전은 가르침과 심리치료를 통합하여 영향을 주는 과정이지만, 그것은 교수(instruction)도, 그렇다고 심리치료도 아니라고 주장한다(Patterson, 1964; Bernard & Goodyear, 2004). 그러나 수퍼비전에 대한 로저스의 개념은 심리치료에 더 가까웠던 것 같다. 굿이어(Goodyear)와의 인터뷰에서 다음과 같이 진술한 내용에서 수퍼비전에 대한 칼 로저스의 개념을 짐작할 수 있다.

> 나의 주된 목적은 수련생들이 자신감을 갖고, 자기 자신에 대한 이해를 높이
> 고, 심리치료 과정을 이해하도록 조력하는 것이다. 그런 목적을 달성하기 위해
> 서 수련생이 내담자와 상담하면서 느끼는 어려움을 탐색하는 것은 매우 유익한
> 경험이라는 것을 발견했다(Hackney & Goodyear, 1984: 283).

인간중심 수퍼바이저가 성공하기 위해서는 수퍼바이지가 그 내면에 자기 자신과 심리치료 상황을 모두 탐색하고 성장할 동기와 능력을 가지고 있다고 굳게 신뢰해야 한다. 이것은 심리치료사가 내담자의 기본적인 능력을 신뢰하는 것과 똑같은 신뢰다(Rice, 1980). 패터슨과 라이스(Rice)는 둘 다 인간본성과 변화에 대한 태도와 수퍼바이지에게 보여 줘야 할 수퍼바이저의 태도를 다음과 같이 기술하였다.

> 인간중심 수퍼바이저에게 가장 중요한 것은 개인의 성장 동기에 대한 믿음
> 과 개별화 능력과 자기실현의 방향으로 전진할 수 있는 능력을 믿는 것이다. 이
> 와 같은 인간에 대한 신뢰가 없는 수련생은 내담자가 변하는 데 필요한 심리
> 적 환경을 제공할 수 없다. 인간중심 이론을 성공적으로 활용할 수 없는 수련생
> 들은 역동적인 무의식을 신뢰하거나 타인을 통제할 필요를 강하게 느끼게 된
> 다. 결론적으로 말해서 인간중심 심리치료사와 수퍼바이저는 그들 자신을 수용
> 하고 함께 하는 내담자와 자신들을 소중히 여기는 사람이어야 한다(Bernard &
> Goodyear, 2004: 79).

내담자에 대한 수용과 무조건적인 존중은 자기수용과 자기사랑이 있어야 가능한 것이기 때문에 패터슨과 라이스는 인간중심 수퍼바이저와 수퍼바이지들이 구비해야 할 자기 자신과 타인에 대한 신뢰와 태도에 관하여 아주 적절하게 묘사하였다.

수퍼비전에서 '내담자중심상담', 혹은 '인간중심상담'을 했다고 대답하는 수퍼바이지들도 그들의 축어록을 읽어 보면 칼 로저스의 인간중심상담과는 거리가 멀다는 것을 종종 발견하게 된다. 본인들은 내담자중심으로 상담하면서 내담자를 수용하고 존중하고 공감적으로 이해하는 데 심혈을 기울였다고 말하지만 실제 면담 녹음을 들어 보면 질문하고, 지시하고, 제안하고, 설명하고, 충고하며, 훈계하는 상담자를 자주 발견하게 된다. 많은 상담자들이 내담자의 천부적인 능력을 신뢰하지 못하고 그의 문제를 해결해 주려고 나서면서도 자기 자신의 그런 성향을 자각하지 못하는 경향이 있다. 그만큼 초보 상담자들은 내담자와의 관계에서 자기 자신의 성향을 잘 모르면서 상호작용하는 경우가 자주 있다. 그래서 상담자들이 '그들의 녹음 테이프를 직접 들어 보아야만 상담회기를 통제하거나 충고하려는 그들의 본래의 성향을 깨달을 수 있었다'고 로저스(1942, Bernard & Goodyear, 2004 재인용)는 일찍이 술회하면서 수퍼비전의 중요성을 강조하였다.

2. 인간중심 수퍼비전의 중요성

수퍼비전 모델은 수퍼비전이 무엇이며 어떻게 수퍼바이지의 인간적 발달과 상담 전문가로서의 발달이 일어나는가에 대한 이론적 기술이다. 지금까지 수퍼비전 모델의 분류 체계에 관한 합의점은 거의 없어 보인다. 오늘날 실제 상황에서는 대부분의 수퍼비전은 더 이상 특정 이론에 근거한 수퍼비전이나 발달적 접근의 수퍼비전 모델이 아니고, 탈이론적이거나 절충적이다. 그 이유는 대부분의 수퍼바이저들이 특별한 상담 이론을 신봉하거나 그 이론에 근거한 수퍼비전 모델을 추종하지 않고, 스스로 절충적이라고 생각하고 있기 때문이다(Bradley, Gould, & Parr, 2001; Patterson, 1997).

1980년대에 이미 미국심리학회 임상심리분과 회원 400명, 상담심리분과 회원 400명에게 그들이 선호하는 상담 및 심리치료 이론을 질문한 결과 가장 많은 41.2%가 절충적 이론, 10.84%가 정신분석 이론, 10.36%가 인지행동 이론,

8.67%가 인간중심 이론, 6.75%가 행동주의 이론을 선호한다고 보고하였다 (Smith, 1982). 어느 개별 이론에 대한 선호도가 크게 떨어졌고, 절충적 혹은 통합적 이론을 선호하는 경향이 두드러졌음을 그 통계 숫자는 분명하게 보여 준다. 통합적 · 절충적 이론을 선호하는 근거는 또 다른 연구 결과에서도 뒷받침된다. 허블, 던컨과 밀러(Hubble, Duncan, & Miller, 1999)는 내담자에게 변화가 생기게 하는 핵심 요인을 다음과 같이 네 가지 변인으로 규명하였다.

- 내담자와 그의 상담실 외적 요인(40%)
- 치료자의 돌봄, 공감, 온정, 수용, 격려 등 치료 관계 요인(30%)
- 기대와 희망 요인(15%)
- 상담 이론과 기술 요인(15%)

허블 등에 따르면, 상담의 성과를 설명해 주는 가장 큰 요인은 내담자 요인이다. 내담자의 동기유발, 내담자의 내적 및 외적 자원이 여기에 해당되는데 변화의 40%가 이 요인에 달려 있다. 그다음은 치료 관계 요인으로 변화의 30%를 설명해 준다. 즉, 상담자와 내담자의 조력 관계, 동맹 관계 형성이 두 번째로 중요한 요인이다. 그리고 상담과 상담자에 대한 희망적인 태도나 기대 요인이 15%의 변화를 좌우한다. 마지막으로 어떤 상담 이론과 기술을 적용하느냐에 변화의 15%가 달려 있다. 변화를 가져오는 네 가지 핵심 요인 중에서 상담 이론과 기술의 영향은 가장 적은 편이라는 말이다. 어떤 상담 이론과 기술이 더 효과적인지를 경쟁하던 시대가 지나가고 이제는 내담자 변인과 치료 관계 변인이 심리치료에서 가장 중요한 요인이라는 주장이 일반화되어 가고 있음을 보여 준다. 상담 전문가들이 상담 및 심리치료 이론 중에서 특정 이론을 선호하고 추종하던 성향이 변하는 근거를 이해할 수 있는 연구 자료다. 이에 따라 수퍼비전 모델도 탈이론적 혹은 절충적인 방향으로 변하는 추세다.

그에 따라 수퍼비전 모델도 통합적/절충적 모델이 가장 자주 사용되고 있음을 부인할 수 없다. 그럼에도 불구하고 여전히 인간중심 수퍼비전이 필요하고 중요한 이유는 다음과 같다.

첫째, 심리치료에서 내담자 변인(40%)과 조력 관계 변인(30%)을 합치면 두 변인이 변화의 70%를 책임진다고 볼 수 있다(Hubble, Duncan, & Miller, 1999). 그런데 이 두 변인은 어느 상담 이론보다도 내담자/인간 중심의 상담 및 심리치료에서 가장 강조하는 핵심 요인이다. 따라서 수퍼비전도 특별한 지식이나 기술을 제공하는 모델이 아니라 내담자가 중심이 되고, 내담자와 상담자와의 조력 관계를 중요시하며, 수퍼바이지의 인간적인 성장과 상담자로서의 전문적인 학습이 동시에 가능하도록 조력하는 내담자/인간 중심의 수퍼비전 모델이 효과적이고 유용한 접근법이라고 주장할 만하다.

둘째, 내담자/인간 중심의 상담 이론에 근거한 수퍼비전은 상담 이론적 선호 경향에 관계없이 모든 심리치료사들에게 필요하다. 왜냐하면 인간중심 수퍼비전은 상담자의 기본적인 태도와 자질을 기준으로 전문적인 성장 발달을 조력하는 과정이기 때문에 모든 상담자들에게 유익한 접근 방법이 될 수 있다. 1982년 연구에서 미국의 상담심리분과 회원과 임상심리분과 회원들이 그들에게 가장 영향력을 많이 미친 상담학자로 칼 로저스를 1등으로 선출하였고(Smith, 1982), 최근에 발표된 연구에서도 2,000여명이 넘는 정신건강 전문가들(mental health professionals)이 그들에게 가장 큰 영향력을 미친 사람으로 다시 칼 로저스를 1등으로 뽑은 연구 결과를 보면 칼 로저스 이론의 유용성을 다시 증명해 준 셈이다(Cook, Biyanova, & Coyne, 2009). 특기할 것은 그 연구대상은 절충적인 방법과 인지행동적인 접근을 선호하는 이들이 가장 많은 전문가 집단이었음에도 불구하고, 그들은 인간중심상담 이론을 제창한 칼 로저스에게서 가장 많은 영향을 받았다고 고백하였다는 사실이다.

셋째, 절충적 혹은 통합적 접근은 수퍼바이저와 수퍼바이지 사이에 갈등을 야기하기 쉽다. 대학원 과정에서 자기 자신의 상담 이론을 개발하도록 권유받은 학생도 있고, 어느 한 가지 상담 이론에 집착하지 말라는 충고를 들은 학생도 있을 것이다. 수퍼바이저들도 역시 개인적으로 어느 한 가지 상담철학에 심취할 수도 있고, 그렇지 않을 수도 있다. 그런가 하면 수퍼바이저와 수퍼바이지들이 모두 자신들의 방식이 절충식이라고 주장할 수도 있다. 이런 경우 상담의 실제에서 그 '절충식'이라는 것이 이론의 통합을 의미하는지 아니면 필요한 기술의 통합을 의미하는지 양자 간에 합의를 보기가 쉽지 않다. 절충적 접근은 평가자 역할을 하게 될 수퍼바이저에게 수퍼비전을 받을 때 수퍼바이지들의 갈등과 불안을 고조시킬 수 있다. 수퍼바이저에게 인정받거나 좋은 평가를 받고 싶은 수퍼바이지는 접근 방법의 불일치에서 오는 갈등으로 인해서 불안을 경험하기 쉽고, 의존적인 경향을 갖게 되거나, 자주적인 상담자로 성장하는 과정에서 지체될 수 있다.

넷째, 지금도 인간중심상담 이론을 개인적으로 선호하는 대학원생이나 수련생들이 있고, 수퍼바이저 중에도 그 이론을 추종하는 이들이 있다. 따라서 인간중심상담 이론에 근거한 수퍼비전 모델은 그런 수련생들을 위해서 필수적이라 하겠다. "수퍼비전에서 수퍼바이저와 수퍼바이지가 같은 이론을 믿고 선호한다는 것은 바람직할 뿐만 아니라 중요하고 필수적이다. 만약에 의미 있는 학습을 기대한다면 수퍼바이저와 수퍼바이지는 같은 상담 이론에 전념해야 한다."고 패터슨은 주장하였다(1997).

검색엔진 PsychoInfo를 통해서 컴퓨터 자료를 탐색해 보면 1980년대 이후에 인간중심 수퍼비전에 관한 저술이 많이 나오지 않는다. 이것은 로저스의 관점이 상담자와 심리치료사들에게 베풀 수 있는 유익의 한계에 도달했기 때문이라고 지적한 학자들도 있다(Gelso & Carter, 1985). 그럼에도 불구하고 로저스의 수퍼비전과 상담자 훈련에 대한 심대한 영향력은 줄어들지 않고 있다. 대부분의 상담심리 프로그램에서 지금도 로저스 이론과 직접 관련 있는 면접 기술로 대학원생들을 훈련시키고 있다. 로저스와 그의 동료들은 일찍이 로저스의 관계 변인을 사용하는 심리치료사의 수준을 측정할 수 있는 척도를 개발하였다(Rogers, Gendlin, Kiesler, & Truax, 1967). 관계의 태도와 조건을 객관화하기 위해서 "칼 로저스의 유능한 동료 두 사람인 카커프와 트록스(Carkhuff & Truax, 1965)는 이들 관계적인 태도를 특별한 기술로 교육할 수 있는 방법을 제안하기도 하였다. 이 기술을 배우게 하는 접근법과 거기에서 파생된 방법은 지금 거의 세계적으로 사용되고 있다."(Bernard & Goodyear, 2004)는 주장을 보아도 인간중심 수퍼비전의 영향력이 여전히 지속되고 있음을 알 수 있다.

3. 인간중심 수퍼비전의 주된 관심사

인간중심 수퍼비전이란 수퍼바이지가 내담자를 소개하거나 내담자 문제를 가져오는 것이 아니고, 자기 자신을 가져오는 것이라고 말할 수 있다. 상담자로서의 자기 자신을 수퍼비전 시간에 드러내는 것이다(Mearns, 1997). 이는 치료적 조건을 조성하는 상담자와 내담자와의 관계가 주된 관심사가 된다는 것을 의미한다. 치료적 조건을 제공하여 심리치료 분위기를 조성하는 것은 상담자와 내담자와의 관계에서 성공적인 조력 관계 형성 여부에 달려 있기 때문이다. 치료적 조건에 따라서 내담자와 상호작용하는 상담자의 태도와 반응이 효과적이면 조력 관계 형성에 성공하게 되고, 상담의 성과는 높아진다. 따라서 수퍼비전은 수련생인 수퍼바이지 자신에게 초점을 맞추게 된다.

겔소(Gelso, 2007)는 칼 로저스(1957)의 논문 「심리치료적 성격변화의 필요충분조건」은 상담심리학 역사상 가장 큰 영향을 미친 논문이거나 아니면 가장 중요한 논문 중의 하나라고 평하였다. 로저스가 경험하고 연구한 끝에 그 논문에서 발표한 여섯 가지 조건은 심리치료를 통한 성격변화에 필요한 조건이긴 하지만 충분한 조건은 아니라고 주장하는 이들도 적지 않다. 그러나 그 논문에서 규명한 여섯 가지 치료적 조건은 스미스(Smith, 1982)의 연구와 쿡, 비야노바와 코인(Cook, Biyanova, & Coyne, 2009)의 연구 결과로 밝혀진 것처럼 많은 상담심리 및 임상심리 학자와 정신건강 전문가들에게 여전히 큰 영향을 주고 있는 것으로 나타났다. 인간중심 수퍼비전에서는 수퍼바이지가 내담자와의 관계에서 이 조건을 제대로 이행하는지 확인하고 상담 과정에 대한 탐색과 깊은 통찰이 생기도록 분위기를 조성한다. 먼저 로저스가 주장한 성격변화의 필요충분조건 여섯 가지를 정리해 보면 다음과 같다.

- 두 사람이 심리적으로 접촉이 이루어져야 한다.
- 첫 번째 사람은 내담자라고 부르는데, 그는 불안하거나 상처받기 쉬운 상태에 있다.
- 두 번째 사람은 치료자라고 부르는데, 그는 두 사람 사이의 관계에서 일치성이 있고 통합되어 있다.
- 치료자는 내담자에 대한 무조건적인 긍정적 존중을 경험한다.
- 치료자는 내담자의 내적 참조체제를 공감적으로 이해하고 그 이해한 것을 내담자에게 전달하려고 노력한다.
- 치료자의 공감적 이해와 무조건적인 긍정적 존중이 내담자에게 어느 정도 전달되어야 한다.

이상의 조건이 구비되고 조성되면 상담과 심리치료에서 내담자에게 변화가 온다고 칼 로저스는 단언하였다. 언뜻 간단명료하고 실행하기에 매우 용이해 보이지만 사실은 그렇지 않다. 상담상황이나 일상생활의 인간관계에서 위의 조건을 실천한다는 것은 인간의 존재 방식의 변화를 의미하는 것으로 인간 본성에 대한 깊은 신뢰와 태도의 변화를 요구한다.

첫 번째 조건에 의하면 상담 혹은 심리치료에서는 서로 상대방에게 관심을 가지고 만나서 관계를 형성해야 그 효과를 기대할 수 있다. 상담자와 내담자를 포함하여 다른 인간관계에서도 돈독한 관계가 형성되면 의미 있는 변화를 기대할 수 있다는 말이다. 따라서 조력 관계 형성은 성공적인 상담이나 심리치료에서 요구되는 첫 번째 전제조건이다. 사무적이고 형식적인 인간관계가 보편적인 현대사회에서 이와 같은 조력 관계를 형성한다는 것은 내담자와 상담자 혹은 심리치료사 모두에게 큰 의미를 가지게 한다.

둘째, 내담자는 자기 경험과 자기구조가 일치하지 않거나 이상적인 자기(ideal self)와 현실적인 자기(real self) 사이의 괴리가 커서 불안을 경험하거나 긴장되어 일상생활에서 어려움을 겪고 있는 사람이다. 자기개념과 일치하지 않는 경험을 하게 되면 당황하거나 불안해진다. 공부 잘한다고 소문난 학생이 중요한 시험에서 거듭 실패하게 되면 당황, 불안, 실망과 좌절을 경험하고 낙담할 수 있다. 이런 경우 '공부 잘하는 학생'이라는 자기개념과 '중요한 시험에서 실패'라는 경험 사이에 불일치, 즉 인지부조화(cognitive dissonance)가 생긴다. 그 불일치와 인지부조화는 불안을 조성하고 부적응의 원인이 된다. 결국 상담을 필요로 하는 내담자가 되게 한다. 특히 평가소재가 자기 내면에 있지 않고, 외재적 평가소재를 가지고 살아가는 많은 현대인들은 이상적인 자기와 현실적인 자기 사이의 괴리에서 오는 불안을 경험하고 고민하기 쉽다.

셋째, 치료자는 내담자와의 관계에서 속마음과 언행이 일치하고, 진실하게 말하고 행동할 수 있는 성숙한 사람이다. 인간관계에서 언행이 일치하고 진실한 사람은 주위 사람들로부터 신뢰받을 수 있고, 다른 사람과 깊은 인간관계를 형성할 수 있다. 이제까지 신뢰받지 못하고 정서적으로 불안하던 내담자가 진정성 있는 치료자를 만나면 점진적으로 안도하고 신뢰할 수 있는 인간관계를 경험하면서 안정감을 느끼기 시작한다.

넷째, 치료자는 내담자를 남다른 주관적인 경험세계를 가진 독특한 존재로, 내담자를 있는 그대로 수용하고 무비판적인 태도로 맞이한다. 모든 인간이 저마다 남다를 수 있는 권리가 있음을 인정한다. 치료자는 실현경향성을 타고난 남다른 내담자를 조건 없이 존중하고 비소유적인 사랑을 실천할 수 있는 사람이다. 내담자의 말과 행동은 내담자의 입장에서 보면 순간순간마다 합당하다는 믿음을 가지고 치료자는 내담자를 있는 그대로 수용한다.

다섯째, 치료자는 내담자의 주관적인 경험세계를 내담자의 입장에서 공감하고 이해하며, 그 이해한 것을 언어적·비언어적으로 내담자에게 전달하려고 꾸준히 노력한다. 중요한 타인들로부터 인정받지 못하거나 이해받지 못하던 내담자는 공감해 주는 치료자와의 안전한 관계에서 자기 자신을 있는 그대로 수용하며 자기 나름대로 존재가치를 느낄 수 있게 된다.

여섯째, 내담자를 아끼고 사랑하는 상담자의 마음과 내담자의 언행에 대한 상담자의 공감적인 이해가 시선의 접촉, 얼굴 표정, 음성, 자세 등 비언어적인 방법과 공감적인 언어로 정확하게 표현되어 내담자가 그것을 어느 정도 지각할 수 있게 되면 점진적으로 내담자에게 변화가 오게 된다.

이상에서 언급한 여섯 가지 조건 중에서 상담자가 지녀야 할 태도적 자질로 세 가지를 특별히 강조하는데 일치성 혹은 진실성, 무조건적인 수용과 존중, 그리고 공감적 이해는 심리치료의 핵심적인 요소로 알려져 있다. 그들 핵심적 요소는 질적으로 좋은 인간관계를 형성하는 기본적인 태도와 기술이고, 성공적인 상담성과와 상관이 있다(Ivey, 1994; Luborsky, 1993; Sexton & Whitson, 1994). 로저스의 동료나 후학들은 일치성, 무조건적인 존중, 공감적 이해 이외에 구체성과 즉시성도 추가 요인으로 포함시켜 실행하기도 한다.

인간중심 심리치료의 세 가지 핵심조건은 수퍼비전에서도 필요한 기본 조건이다. 로저스가 강조한 일치성, 무조건적 존중, 공감적 이해 외에 다른 학자들이 후에 첨가한 구체성과 즉시성 등은 수퍼비전에서도 널리 인정받고 있다. 수퍼비전이 상담이나 심리치료와 똑같다는 말은 아니지만 이들 조건은 교수 (instruction)를 포함한 모든 조력 관계의 기본이 되는 조건이다. 수퍼비전과 치료를 어떻게 구별하느냐고 물었을 때 칼 로저스는 다음과 같이 대답했다고 기록되어 있다.

> 분명한 선을 긋기가 어렵다. 그것은 수직선상에 서로 다른 지점에 있다. 어떤 경우에는 수련생들이 내담자와의 관계에서 그들이 가지고 있는 문제들을 다루면서 곧바로 자기 자신을 깊이 들여다보기 시작한다. 그것은 바로 심리치료다. 어떤 경우에는 내담자와의 관계에서 생기는 문제에 더 관심을 가진다. 그것은 분명히 수퍼비전이다. 이런 경우에도 나는 수련생이 앞서가는 대로 따라갈 뿐이다(Hackney & Goodyear, 1984: 285).

로저스의 관점에 의하면 수퍼비전과 심리치료는 수직선상에서 상대적인 위치를 달리할 뿐이다. 수퍼비전은 수퍼바이지가 제기하는 문제에 초점을 둘 수 있고, 심리치료는 수퍼바이지의 내담자와의 관계를 다루면서 수퍼바이지 자신에 대한 깊은 이해와 상담 과정에 대한 이해를 높이는 데 더욱 중점을 둔다. 칼 로저스 자신은 촉진적 조건, 즉 일치성, 무조건적인 존중, 공감적 이해는 수퍼비전의 수퍼바이지와 심리치료의 내담자 모두에게 필요한 조건이라고 믿었다. 패터슨(1964)의 견해도 칼 로저스의 입장과 매우 유사하다. 그는 다음과 같이 진술하였다.

> 그러나 수퍼비전은 심리치료는 아니지만 모든 좋은 인간관계처럼 치료적이다. 수퍼비전은 치료적인 인간관계이고, 수련생들은 그 관계에서 학습한다. 그러나 수퍼비전에서 일어나는 학습은 일반 교실에서 일어나는 그런 학습은 아니다. 그 학습은 상담과 심리치료에서 일어나는 학습에 더 가깝다. 그 학습은 기술, 특수한 반응, 진단명 붙이기, 혹은 내담자의 성격역동을 규명하기보다는 수련생 내면의 민감성, 이해, 치료적인 태도의 개발과 관련이 있다.

경험 있는 전문가들도 "수퍼비전과 심리치료의 경계선을 분명하게 결정할 수 없을 때가 있는데 그렇다고 놀랄 필요는 없다."(Bonney, 1994)고 진술하는 것을 보면 전문가들도 그 경계선을 분명하게 설명하기가 쉽지 않다는 것을 알 수 있다. 그런 면에서 먼즈(Mearns, 1997)는 인간중심 수퍼비전 관계와 상담 관계는 유사하지만 차이가 있음을 다음과 같이 지적하여 수퍼비전과 상담 혹은 심리치료와의 차이를 이해하는 데 도움을 준다.

- 상담자와 내담자 관계는 일대일의 관계이고 배타적이고 절대적이다. 그러나 수퍼바이저와 수퍼바이지 관계는 일 대 다수일 수 있다.
- 상담자와 내담자 관계는 비밀유지가 철저하다. 그러나 수퍼비전 관계에서는 수퍼바이저들 혹은 동료 수퍼바이지들 사이에서 공유되는 정보가 더 많을 수 있다.
- 수퍼바이저와 수퍼바이지의 관계에서는 수퍼바이지도 책임을 공유할 능력이 있고, 그렇게 기대한다. 그러나 상담자와 내담자 관계에서는 상담자가 관계 형성에 책임을 진다.

- 상담 관계에서는 내담자에게 지시하거나 교수하려는 의도가 없으나 수퍼비전 관계에서는 필요에 따라 권하거나 추천할 수 있다는 차이가 있다.

수퍼비전 중에 인간중심 수퍼바이저가 주로 하는 질문이나 반응에 관하여 헤인스, 코리와 몰튼(Haynes, Corey, & Moulton, 2003)은 다음과 같이 요약하고 있다.

- 그 회기에서 당신이 내담사와 어떠했는지에 대해 좀 더 이야기를 듣고 싶습니다.
- 나는 당신이 자신의 내적 지시를 좀 더 신뢰하기를 격려합니다.
- 당신은 정말 어떻게 앞으로 나아갈지 모르겠다고 이야기하고 있습니다만, 만약 당신이 알고 있다면 어떠한 행동을 취하겠습니까?
- 당신이 내담자와 함께 한 경험에 대해 무엇이 중요하다고 깨닫게 되었는지 말해 주세요.
- 당신이 내담자와 함께 만들었던 분위기에 대해 좀 더 이야기를 듣고 싶습니다.
- 내담자의 세계에 대해 당신이 어느 정도 이해하고 있다고 느끼십니까?
- 오늘의 수퍼비전 회기에 대한 당신의 기대는 무엇입니까?

이상에서 살펴볼 수 있듯이 인간중심 수퍼비전에서는 먼즈(1997)의 주장대로 수퍼바이지가 수퍼비전 시간에 내담자 문제를 가져오는 것이 아니고, 자기 자신을 가져오는 것이다. 수퍼바이지는 내담자나 그의 문제를 수퍼비전에 소개하는 것이 아니라, 상담자로서의 자기 자신을 스스로 드러내 놓는 것이다. 수퍼비전 시간에 내담자에게 초점을 두지 않고, 수퍼비전을 받는 수퍼바이지에게 초점을 맞추기 때문에 수퍼바이지는 주도적으로 다음과 같은 질문들을 통해서 자기탐색을 하게 된다.

- 이 내담자와의 관계에서 나는 어떤 느낌을 느끼는가?
- 이 내담자와의 관계에서 나는 무슨 생각을 하는가?
- 어떤 측면에서 나는 내담자와의 관계에서 불일치성을 경험하는가?
- 내담자의 평가소재는 내적인가 아니면 외적인가?

내담자와의 관계에서 로저스가 강조한 치료적 조건을 상담자가 얼마나 제대로 제공하고 있느냐에 초점을 맞춘다고 볼 수 있다. 내담자와의 관계에서 상담자 자신은 어떤 태도로 어떻게 행동하는지에 주로 관심을 가진다. 첫째, 내담자와의 관계에서 일치성 혹은 진실성을 나는 경험하고 있는가? 어떤 측면에서 나는 내담자와의 관계에서 불일치성을 경험하고 있지는 않은가? 둘째, 나는 내담자와의 관계에서 있는 그대로 내담자를 수용하며, 남다른 인간으로 그의 경험을 존중하고 있는가? 셋째, 나는 내담자와의 관계에서 그의 주관적인 경험세계를 공감적으로 이해하고, 이에 대해 언어적·비언어적으로 의사소통하고 있는가? 내담자의 주관적인 경험세계에서 그가 느끼고 생각하는 대로 상담자가 공감적으로 이해하는지, 그리고 이해한 것에 대해 효율적으로 의사소통하는지 등에 관심을 가진다.

수퍼비전에서 관심을 가지는 치료적 조건을 제공하는 태도와 자세는 상담실에서 치료사와 내담자 사이의 언어적·비언어적 의사소통 기술로 나타나게 마련이다. 내담자의 말을 있는 그대로 수용하고 존중하는 자세는 재진술로 나타나고, 내담자의 내적 참조체제에서 이해하고 공감하는 자세는 감정의 반영이나 의미의 반영에서 실현된다. 격려하는 반응, 요약, 자기노출, 직면 등도 필요에 따라 사용되지만 치료사의 일치성이나 진솔성은 언제나 기본적인 존재 방식이다.

미시적 상담(micro-counseling)은 초보 상담자들을 위한 면담 기술훈련 프로그램으로 시작되었는데 세월이 지나면서 언어적·비언어적 행동을 토론할 수 있는 기본적인 용어를 제공해 주게 되었다. 미시적 상담은 상담회기에서 실제로 일어나는 행동을 세밀하게 명명할 수 있고, 이 구체적인 행동의 명명은 수퍼바이저와 수퍼바이지 사이의 분명한 의사소통을 가능하게 한다는 점을 암시하고 있다. 대니얼스, 리가지오-디길리오와 아이비(Daniels, Rigazio-Digilio, & Ivey, 1997)는 미시적 상담이 복합적인 구성 요소를 훈련 패키지로 만들어 심리치료적인 의사소통의 기술을 체계적으로 가르치는 접근 방법으로서 심리역동적 상담에서 인지행동적 상담, 그리고 인본주의적 상담에 이르기까지 상담자 훈련과 수퍼비전에서 활용될 수 있다고 주장한다. 인간중심 수퍼비전에서 주로 관심을 가지는 태도와 기술이 다른 접근 방법과 어떻게 차이가 나는지를 한눈에 파악할 수 있어서 [그림 6-1]에 제시하였다.

[그림 6-1]에서 보듯이 비지시적 상담, 인간중심상담에서 자주 사용하는 기법은 재진술, 감정의 반영, 의미의 반영, 피드백, 그리고 최근에 와서는 자기노출 등이다. 그리고 보통 사용하는 기법은 격려, 요약, 직면 등이다. 다른 접근 방법에서 자주 사용하는 질문, 충고, 제안, 지시, 해석, 논리적 결과 등은 인간중심상담에서는 거의 사용하지 않거나 아주 드물게 사용한다.

성공적인 인간중심상담의 축어록을 읽어 보면 상담자 반응을 제외하고 내담자 반응만 계속 읽어도 내담자를 이해하고 그의 상황을 파악하는 데 지장이 없다. 상담자가 내담자의 감정이나 생각의 흐름을 따라가며 반응할 뿐 대화의 방향을 전환하거나 흐름을 중지시키는 일이 거의 없다는 것을 알 수 있다. 내담자가 상담의 중심에 있고, 상담 과정을 주도하도록 상담자는 단지 조력하고 있다는 것이 축어록에서 그대로 나타난다. 그와는 반대로 지시적인 상담에서는 내담자 반응을 제외하고 상담자 반응만을 계속 읽어 보아도 상담의 흐름을 파악할 수 있다. 그 이유는 상담의 주도권이 내담자가 아닌 상담자에게 있다는 것을 의미한다(Porter, 1941).

상담자의 반응 중 격려하는 반응은 고개의 끄덕거림, 눈짓 혹은 '으흠, 음, 아하, 그래서, 그랬군' 등이 포함된다. 내담자가 한 말 중에서 한두 단어를 재진술하기도 한다. 상담자의 이와 같은 반응은 '당신 말을 내가 잘 듣고 있으니 계속하시오'의 의미를 전달하게 된다. 격려하는 반응을 보내면 내담자는 통상 자기 표현을 계속하게 된다.

미시적 상담		비지시적 상담	최신 인간 중심 상담	행동주의 상담	심리역동적 상담	형태주의 상담	지시적 상담	진로/의사 결정 상담	절충적 상담
경청하는 기술	개방적 질문	○	○	◐	◐	●	●	◐	◐
	폐쇄적 질문	○	○	●	○	◐	◐	◐	◐
	격려	◐	◐	◐	○	◐	◐	◐	◐
	재진술	●	◐	◐	◐	○	◐	◐	◐
	감정의 반영	●	◐	○	◐	○	◐	○	◐
	의미의 반영	◐	●	○	◐	○	○	○	◐
	요약	◐	◐	◐	○	○	◐	◐	◐
영향을 미치는 기술	피드백	○	●	○	◐	◐	◐	◐	○
	충고, 정보 제공, 교수	○	○	◐	○	○	●	●	◐
	자기 노출	○	●	○	○	○	○	◐	◐
	해석	○	○	○	●	●	○	◐	◐
	논리적 결과	○	○	◐	○	○	◐	◐	◐
	지시, 지도	○	○	●	○	●	◐	◐	◐
	영향을 미치는 요약	○	○	◐	○	○	◐	●	◐
	직면(결합된 기술)	◐	◐	◐	◐	●	◐	◐	◐

[그림 6-1] 다양한 이론적 접근에서 상담자들이 사용하는 미시적 상담 기술들의 예

범례: ● 자주 사용하는 기술; ◐ 보통 사용하는 기술; ○ 이따금 사용하는 기술

출처: Ivey(1988)의 [그림 16-2]의 일부임.

재진술이란 내담자가 한 말의 요점을 상담자의 말로 다시 진술하는 어법을 의미한다. 재진술을 통해서 상담자는 내담자의 말을 제대로 듣고 이해했는지를 확인하는 데도 도움이 되고, 내담자에게 자기가 한 말을 다시 음미해 볼 기회도 제공한다. 재진술의 정확도는 내담자의 반응, 즉 "맞아요, 그랬어요." 또는 "아니요, 그게 아니구요." 등으로 나타난다.

요약은 내담자가 한 말의 내용의 핵심을 정리하여 재진술하는 기법이다. 재진술은 내담자가 한 말의 한 가지 주제에 초점을 두게 되지만, 요약은 내담자의 몇 가지 생각이나 감정들을 포괄하여 진술한나는 점에서 차이가 있다. 요약은 한 회기를 마칠 때, 혹은 새로운 회기를 시작할 때 앞에서 한 말을 상기시키기 위해서 흔히 사용한다.

감정의 반영은 내담자가 경험하는 감정을 상담자가 거울에 비추어 주듯이 다시 표현하여 들려 주는 기법이다. 피상적으로 표현되는 감정과 심층 감정을 구분할 수 있는데 상담자는 마음속에 있는 핵심감정이 무엇인지를 파악하여 내담자에게 다시 비추어 주는 것이 효과적이다. 의미의 반영은 내담자가 한 말 중에서 내담자에게 사적으로 중요한 의미나 가치가 있는 구절이나 내용을 다시 진술해 주는 기법이다.

직면은 내담자의 감정, 생각, 행동 중에서 어떤 측면이 앞뒤가 서로 안 맞거나 상치되면 상담자가 그 점을 지적하여 내담자가 자각하지 못한 불일치성을 통찰하도록 돕는 기법이다.

수퍼바이지들은 녹음 혹은 녹화된 면담 기록을 재생하여 관찰하면서 내담자와의 상호작용에서 자신이 얼마나 효율적으로 반응했는지를 스스로 평가할 수 있다. 칼 로저스는 1948년에 미스 문(Miss Mun)과 상담한 후에 "어떤 의미에서 상담치료의 진행 과정은 내담자에게 충분한 배려를 해 줌으로써 내담자로 하여금 자신의 느낌을 소유하도록 하고, 스스로의 인생을 이끌어 가도록 하는 것이다. 그리고 상담자가 내담자에게 최대한으로 줄 수 있는 혜택은 독립된 인간으로서의 상대방의 개인적 느낌을 기꺼이 같이 따라가는 것이다."(연문희 외, 2007)라고 자평하였다.

　　1985년에 칼 로저스는 애리조나에서 거행된 내담자중심상담 워크숍에서 청중들 앞에서 공개 상담시범을 보여 주었다. '피터 앤(Peter Ann)과의 상담 사례'가 그것이다. 워크숍에 참석한 지원자 가운데 한 명이 선발되어 30분간 진행된 이 상담 사례의 축어록을 바바라 브러들리(Barbara Brodley)가 연구목적으로 대학원생들과 함께 분석한 결과를 보면 인간중심상담의 특징을 여실히 보여 준다. 축어록은 지면 관계로 이곳에 소개하지 못하지만 『인간중심상담: 이론과 사례 실제』(연문희 외, 2007: 125-142)에 소개되어 있다. 상담자 로저스의 반응은 총 67개였으나 의미 있는 상담자 반응은 57개로 집계되었다. 잘 못 알아듣고 "예? 잘 못 알아들었는데요."와 같이 되묻는 반응이나 "음, 으흠"처럼 단순히 격려하는 짧은 반응과 인사말을 포함하여 10개의 반응은 큰 의미가 없어서 분석에서 제외되었다. 브러들리의 분석 내용은 다음과 같이 요약된다.

- 57개의 뚜렷한 치료자 반응 중에서 53개가 '공감적 추수반응'으로 범주화되었다. '공감적 추수반응'은 내담자가 방금 표현한 감정이나 내용을 완벽하게 다시 묘사하거나 일부분을 잘 묘사한 단편일 수도 있다.
- 치료자 로저스가 반응한 말의 92%가 내담자가 한 말에 대한 공감적 반응이었다. 4번의 명료화 질문은 공감적 추수 반응의 하위종류로 분류하였다.
- 로저스의 46개 반응에 대해서는 공감적 이해가 정확했음을 보여 주는 내담자 피터 앤의 분명한 동의가 있었다.
- 로저스의 네 개의 반응(상담자 18, 46, 49, 61)에 대해서는 내담자가 완전히 부정하지는 않았지만, 그의 정확성에 대해 약간 유보적인 표현을 하였다.
- 두 번의 해설반응(상담자 18, 61)이나, 두 번의 상담자 동의 반응(상담자 33, 34)은 상담자 자신의 준거체제에서 나온 표현으로서 로저스가 강조하는 '공감적 추수반응'에 위배되는 것으로 분석하였다.

　　브러들리의 분석내용을 살펴보면 로저스의 반응 중 92%가 공감적 반응이었음을 볼 때 그가 얼마나 일관성 있게 효율적으로 내담자를 수용하고 공감해 주었는지를 알 수 있다. 브러들리의 분석과 같이 인간중심 수퍼비전의 평가는 축어록이나 녹화된 자료를 수퍼바이저가 분석 · 평가할 수도 있지만, 그것은 외적 평가에 의존하는 방법이다. 그러나 수퍼바이지가 중심이 되어 수퍼바이저나 동료들의 협조를 얻어서 비교적 객관적인 방법으로 자기 스스로 평가하고 주도적으로 성장하는 기회로 삼을 수도 있다. 이것은 인간중심 수퍼비전의 큰 장점이고 특징이라고 할 수 있다.

4. 인간중심 수퍼비전의 실제

1) 수퍼비전의 준비

상담교육 프로그램을 전문적으로 운영하는 상담센터가 많지 않아서 상담 수퍼비전을 받으려는 상담자들이 어려움을 겪는 것이 우리의 실정이다. 상담교육 프로그램에서 상담 이론의 수강, 수퍼비전 프로그램의 선택, 그리고 수퍼바이저 배당 과정에서 수퍼바이지에게 선택의 자유가 있어야 바람직한 일인데 우리의 현실은 아직 여의치 못하다.

인간중심 수퍼비전 모델을 꾸준히 실천하고 연구해 온 패터슨의 수퍼비전 준비절차를 소개하여 하나의 모델로 제시하고자 한다. 패터슨은 미국에서 실행되는 심리치료사 교육 프로그램의 일부인 수퍼비전에도 변화가 와야 된다고 주장한다. 미국의 경우 각 상담센터의 프로그램마다 수퍼바이저의 숫자와 그들의 능력과 전문성에 따라서 두세 가지 이론적 접근을 포함할 수 있을 것이다. 학생들은 주요 상담 및 심리치료 이론 과목을 수강하고 나서, 자기가 선호하는 이론을 선택한 후에 그 이론의 전문가가 담당하는 고급반 강의를 수강하는 것이 바람직하다. 그리고 그 학생은 계속해서 그 교수의 수퍼비전을 받는 것이 효과적이다. 만약에 학생이 그 교수의 전문 영역이 아닌 다른 이론의 훈련을 받기를 원한다면 다른 기관의 해당 전문가를 찾아서 의뢰하는 것이 바람직하다. 이런 접근 방법은 200개 이상의 상담 이론과 400개 이상의 상담 기술이 경쟁적으로 이용되는 현실에서(Garfield & Bergin, 1994) 상담 이론이 하나의 체제로 통합되는 날이 올 때까지 잠정적인 실습 방법이 되어야 한다(Patterson, 1995; Patterson & Hidore, 1996, Watkins, 1997)는 것이 정론으로 보인다.

패터슨은 대학원생들이 주요 상담 및 심리치료 이론을 수강하도록 하고, 주당 4시간의 세미나를 실시했다. 학생들은 물론 내담자중심상담 이론을 수강하였다. 그린즈버러에 있는 노스캐롤라이나 주립대학교(1984~1994)에서 그는 내담자중심 심리치료를 수강한 학생만을 수퍼비전 코스에 받아 주었다. 그리고 The Therapeutic Relationship(Patterson, 1985) 등을 읽을 것을 요구하였다.

수퍼바이지들은 개별적인 수퍼비전 이외에도 집단을 통해 수퍼바이저와 정기적으로 만난다. 그 집단에서 저마다 상담회기 중에 발생한 문제나 궁금한 것에 대하여 토론한다. 수퍼바이저의 허락이 있으면 녹음 테이프의 일부분을 재생해 보고 수퍼바이저나 동료 수퍼바이지들의 피드백을 구할 수도 있다. 집단 수퍼비전에서 전문가로서의 윤리적 문제, 즉 상담기록, 비밀유지, 보고할 의무, 심리적·신경학적인 문제가 있거나 약물투여가 바람직한 경우 다른 정신건강 전문가에게 의뢰하는 문제 등이 검토될 수 있다.

대부분의 심리치료 프로그램에서 통합적인 모델을 따르다 보니 학생이나 수퍼바이저의 이론적 접근에 관계없이 수련생을 수퍼바이저에게 배당하는 것이 미국의 현실이다. 그 결과 잘못된 결합이 자주 발생할 수 있다. 초기 수퍼비전 단계에서는 ① 수퍼바이지는 수퍼바이저의 이론적 배경이 어떤 것인가를 알아내는 데 시간이 걸린다. ② 수퍼바이저는 자기의 이론적 접근을 수퍼바이지에게 가르치고 알려 주는 데 시간이 걸린다. 그래서 수퍼비전 진행 과정이 상당히 늦어질 수 있다.

대체로 수퍼바이저와 수퍼바이지가 같은 심리치료 이론을 신봉할 때의 장점과 바람직한 점에 대해서는 충분한 인식이 부족한 편이다. 마타라조와 패터슨(Matarazzo & Patterson, 1986)은 "수퍼바이저와 수퍼바이지가 유사한 이론적 접근 방법을 공유하는 것은 중요하다."라고 하면서 이 문제를 강조하였다. 패터슨도 같은 입장이다.

> 수퍼바이저가 어느 한 이론을 추종하면 그 수퍼바이지도 그 이론에 최소한 잠
> 정적인 추종을 해야만 한다. 만약에 학습이 일어나려면 수퍼바이저와 수퍼바이
> 지가 똑같은 이론에 심취해야만 한다(Patterson, 1983).

성공적인 수퍼비전을 위해서는 수퍼바이저와 수퍼바이지가 같은 이론을 추
종하는 것이 바람직하고 중요할 뿐만 아니라 필요한 일이므로 쌍방이 모두 준비
과정에서 참고하여야 한다.

2) 수퍼비전 관계

수퍼비전 관계에서 수퍼바이지들은 자주 불안과 의존성을 경험하게 된다. 정
서적 경험은 학습의 효과에 영향을 미치기 때문에 인지적 경험 못지않게 중요하
다. 따라서 수퍼바이저와 수퍼바이지는 불필요한 불안이나 걱정을 최소화하는
일에 관심을 가지고 수퍼비전 관계를 형성해야 한다.

수퍼바이지들은 강의실에서 배운 상담의 이론과 기술을 내담자와의 관계에
서 실제로 적용해야 하는 과정에서 잘할 수 있을까 하는 의문을 갖게 되고, 자신
이 없어서 불안을 경험하기 쉽다. 수퍼바이저의 인정과 평가를 의식하기 때문
에 수퍼바이지들은 불안해지기도 한다. 그리고 수퍼바이지는 수퍼바이저가 상
담 기술, 상담 관련 지식과 경험을 가지고 있기 때문에 상담을 수행할 때 수퍼바
이저에게 의존하게 된다. 그뿐 아니라 수퍼바이저가 행정적인 영향력을 행사하
여 승진이나 채용에 관여할 수 있다는 점 또한 수퍼바이지가 그들에게 더욱 의
존하게 만드는 원인이 된다. 수퍼바이지가 석사나 박사학위 과정 중에 있는 경
우 그의 수퍼바이저가 그 대학의 교수라면 수퍼바이저의 평가는 학점과 졸업 후
의 추천서 등에 반영될 것이므로 수퍼바이지의 의존 성향을 더욱 부추기게 된다
(방기연, 2003).

수퍼비전 관계에서 수퍼바이저들도 어려움을 호소할 때가 있다. 종종 초보 상담자들은 자신감이 부족하여 느끼는 수행불안 때문에 수퍼바이저를 기쁘게 하기를 원한다. 이러한 상담자들은 두려움과 불안 때문에 수퍼비전에서 개선점을 포함한 피드백을 받았을 때 방어적인 태도를 취하는 경우가 있어서 수퍼비전을 어렵게 만들기도 한다. 그러나 시간이 흐르고 지지적인 수퍼바이저를 만나면서 초보 상담자들은 점차 마음을 열기 시작한다.

코리(Corey, 2003)는 자기방어적이고, 자기 자신을 배워 나가는 데 있어서 폐쇄적인 학생이나 수퍼바이지를 수퍼비전하는 것이 가장 어렵다고 고백하면서 그들이 집단 수퍼비전 맥락 안에서 자신의 개인적인 불안을 기꺼이 탐색하려고 한다면 의미 있는 학습기회가 많이 열릴 것이라고 술회한다. 그러나 자기주장이 강하고 폐쇄적이고, '모든 것을 알고 있는 듯한' 느낌을 풍기는 수련생들은 수퍼바이저에게 도전이 된다고 고백한다.

헤인스 등(Haynes, Corey, & Moulton, 2003)은 수퍼비전을 받기 전에 제한된 상담 경험만으로 모든 면에서 유능해야 된다고 믿으며 수퍼비전 관계에 참여하는 수퍼바이지와 작업하는 것은 매우 힘든 과정이라고 말한다. 헤인스 등은 수퍼바이지들이 자기방어의 일환으로 내담자와 수퍼바이저를 위기에 빠뜨릴 수 있는 중요한 사항을 수퍼비전에서 감출지 모른다는 생각 때문에 내담자 복지에 책임이 있는 수퍼바이저로서 두려움을 느끼게 된다고 피력하기도 한다.

이와 같이 수퍼비전 관계는 수퍼바이저와 수퍼바이지 모두에게 도전이 되는 성장 경험인데, 이러한 어려움은 ① 수퍼바이지의 자기수용과 자신감이 부족해서, ② 수퍼바이지가 수퍼바이저의 평가를 받아야 한다는 생각 때문에, ③ 자기주도적인 학습 경험이 아닌 경우에는 늘 방어기제가 작용하기 때문에 나타나는 결과라고 할 수 있다.

이런 측면에서 볼 때 인간중심 수퍼비전의 필요성과 중요성은 다시 부각된다. 수퍼바이저는 먼저 인간중심상담의 조력 관계 혹은 수퍼바이지 중심의 조력 관계를 형성한다. 즉, 수퍼바이저는 수퍼바이지를 ① 진실하고 일치성 있게 대한다. ② 수퍼바이지를 있는 그대로 존중한다. ③ 수퍼바이저는 수퍼바이지의 입장에서 수퍼바이지와 내담자의 관계에 대해 공감해 준다. 수퍼바이지는 수퍼비전 과정에 대하여 책임을 지고 주도권을 가진다. 즉, 수퍼비전을 받고자 하는 녹음된 테이프 자료를 자기가 선택하고, 문제를 제기하고 질문하는 등 수퍼비전 과정을 자기주도적으로 진행한다(Patterson, 1983). 이와 같은 수퍼비전 관계를 형성하면 서로 신뢰하고 개방적인 관계로 발전하게 될 것이고, 수퍼바이지의 불안이나 걱정은 최소화되어 자기방어의 필요성도 없어지므로 성공적인 수퍼비전을 예견할 수 있게 된다.

3) 수퍼비전의 실제

일리노이 주립대학교(1956~1977)와 노스캐롤라이나 주립대학교(1984~1994)에서의 경험을 포함하여 35년 동안 인간중심 수퍼비전의 경험을 쌓은 패터슨이 실제로 운영해 온 인간중심 수퍼비전 과정을 요약하면 다음과 같다(Patterson, 1983).

(1) 수퍼바이지에 대한 오리엔테이션
수퍼바이지들은 실제 내담자를 만나기 전에 수퍼비전 과정에 대한 오리엔테이션을 받는다. 오리엔테이션은 다음과 같은 내용을 포함한다.

- 최초의 개인적인 수퍼비전을 받기 전에 수퍼바이지들은 집단으로 만나는데 이때 인간중심 수퍼비전에 대한 면담 녹음/화상 테이프를 보여 준다. 이 테이프는 수퍼비전 과정에 대한 안내 자료가 되며, 그것에 관하여 바로 수퍼바이지들에 의한 토론회를 갖는다. 수퍼비전에 관하여 궁금해하던 문제와 염려하는 마음 등이 집단 안에서 다루어지고 해결될 수 있는 기회다.
- 수퍼바이지들은 인간중심상담 이론 강의를 수강하여 공감적 이해, 무조건적 존중, 진솔성과 일치성, 그리고 구체성과 같은 인간중심 심리치료의 핵심조건에 익숙할 것으로 기대된다.

　　그러나 수퍼바이지들에게 인간중심상담 이론에 전념할 것을 요구하지는 않는다. 다만 그들이 내담자와의 관계에서 공감적인 이해, 무조건적인 존중, 그리고 일치성을 기본 조건으로 수용하기를 기대한다. 세 가지 태도적 자질이 성격 변화를 위한 필요조건일 뿐 아니라 충분조건으로 받아들여져야 한다고 기대하지는 않는다. 수퍼바이지들은 그 조건이 충분조건이라는 가정을 시험해 보기를 기대한다. 이 조건들이 충분한 것인지 가설로서 받아들이고 내담자에게 실험해 보기를 기대한다는 말이다. 강조할 것은 심리치료는 단지 기술의 문제가 아니라 인간에 대한 근본적인 태도의 문제라는 점이다. 상담자는 내담자와 더불어 이와 같은 인간관에서 나온 촉진적 태도를 실행할 수 있어야 한다는 점이 핵심이다. 패터슨은 "이상의 세 가지 조건에 추가로 구체성이 첨가된다면 다양한 내담자에게 다양한 심리치료적 변화를 가져오는 데 충분한 조건이라는 실험연구 결과와 경험을 확신하고 있다. 흥미로운 것은 많은 수련생들이 실습 초기에는 회의적이다가 실습 마지막 단계에 와서는 그들의 경험을 되돌아보며 그 가설을 포기하지 않고 계속 유지했더니 대부분의 내담자들에게 도움이 되었다는 것을 깨닫게 된다는 것이다."(Patterson, 1983: 23)라고 주장했다.

　　수퍼바이지들은 수퍼비전 초기에 평가기준에 대하여 설명을 듣는다. 수퍼비전에서 평가받게 될 기준을 분명하게 제시한다는 말이다. 이 기준은 심리치료적 조건을 내담자에게 얼마나 효과적으로 제공하느냐로 구성되어 있다. 이 조건을 강의를 통해서 혹은 집단 수퍼비전을 통해서 이미 알고 있으므로 수퍼바이지들은 스스로 자신들을 평가할 수도 있다.

　　수퍼바이저가 절충적인 접근을 추구하거나 '효과가 있는 것은 무엇이든 채택하는 경우'에 실제 평가기준이 무엇일까를 추측하게 만들어서는 안 된다. 수퍼바이저는 본인이 시인을 하든 안 하든 간에 기준을 가지고 있고, 수퍼바이지들은 그것을 알 권리가 있다. 그 기준은 공감적 이해, 무조건적인 존중, 일치성, 그리고 구체성 차원에서 카커프 척도(Carkhuff scales)를 이용하여 최소한 3.0 이상의 수준에 도달해야 한다. 국내에서 출간된『조력기술훈련의 실제』(Gazda et al., 2000),『상담연습 교본』(이장호, 금명자, 2008) 등은 공감적 이해, 일치성, 무조건적 존중, 구체성과 즉시성 등 심리치료의 핵심적 조건에 따라 상담자의 태도적 자질을 스스로 평가해 볼 수 있는 자료를 포함하고 있다.

상담 전공 대학원생 선발 과정과 수퍼비전 수퍼바이지 선발 과정에서 이 핵심 조건을 구비했는지를 확인하기 위해 면접을 중요시하는 까닭에 내담자들에게 해를 끼칠 사람은 이미 배제되었다고 가정할 수 있다. 수퍼바이저는 상담 전문직에 대한 책임과 수퍼바이지의 장래 내담자들의 복지에 대한 책임감으로 수퍼바이지 평가의 책임을 수용한다. 그러나 수퍼바이지들이 평가기준을 미리 배우고 나면 평가에 대한 수퍼바이지들의 불안은 최소화될 수 있다.

수퍼바이지들은 단순하면서도 객관적인 세 가지 목표 혹은 기준을 제시받는다.

첫째, 수퍼바이지인 상담자는 상담회기 중에 가능한 한 입을 다물어야 한다. 수퍼바이지인 상담자가 말하는 동안에는 내담자의 말에 경청할 수가 없다. 내담자에게 경청하지 않으면 상담자는 내담자를 이해할 수 없다. 따라서 수련생은 입을 다물도록 교육받는다. 중요한 정보, 감정, 태도 등은 내담자에게 적절하다고 지각될 때 자연스럽게 표현될 것이기 때문에 내담자가 스스로 자신의 문제를 자기 방식대로 탐색하도록 허용한다. 내담자를 충분히 이해하고 나면 상담자가 말할 기회가 올 것이다. 따라서 초보 상담자들은 말을 많이 하는 것보다는 거의 안 하고 경청하는 것이 더 바람직한 일이다.

포터(Porter, 1941)의 연구에 의하면 상담자와 내담자가 말한 단어의 비율과 지시적인 상담의 정도 사이에는 괄목할 만한 상관관계가 있다. 10개의 지시적인 면담에서, 평균 비율은 2.77로 상담자는 내담자보다 거의 3배에 가깝게 말을 더 했다. 9개의 비지시적 면담에서, 평균 비율은 .47로 상담자는 내담자가 말한 것의 절반 정도만 말하였다. 이 두 비율을 보면 평균적으로 지시적 상담자들이 비지시적 상담자들보다 거의 6배나 더 많은 단어를 사용하고 있다는 것을 알 수 있다. 이것이 지시적 상담과 비지시적 상담의 가장 눈에 띄는 차이점이다. 이것은 비지시적 상담에서는 분명히 내담자들에게 '내담자 자신의 문제에 대해서 말할 수 있도록' 존중해 준다는 것을 확연히 보여 준다. 그러나 지시적 상담에서는 상담자가 내담자에게 말을 많이 하기 때문에 내담자의 내적 참조체제를 제대로 이해하지 못한 상태에서 상담자의 의도대로 이끌어 갈 가능성이 높아진다는 것이 문제다.

물론 상담실에 처음 들어온 내담자가 자발적으로 말을 하지 않으면 말을 하도록 유도할 수 있다. "어떻게 상담실에 오게 되었는지 들려 주겠어요?" "지금 어떤 느낌인지 알고 싶군요." "어떤 일로 왔는지 내가 알고 싶은데요." "오늘 아침에 어떤 심정으로 상담실에 오게 되었는지 알고 싶군요." 등으로 첫 회기를 이끌어 갈 수 있다.

둘째, 상담자는 질문하지 말아야 한다. 물론 예외가 있을 수 있다. 내담자가 하는 말이 무슨 뜻인지 이해하지 못했을 때 확인하기 위해서 질문할 수 있다. 이 경우에도 좀 더 경청하면 이해가 될 수 있는지 상담자가 기다리는 것도 내담자의 주도권을 존중하는 현명한 태도다. 질문이 꼭 필요한 경우에는 폐쇄적인 질문보다는 개방적인 질문을 하여 객관적인 사실 추구보다 내담자의 주관적인 경험에 경청하고 이해할 계기로 삼아야 한다. 한 가지 예로 로저스가 시범을 보인 상담 사례 피터 앤의 축어록(연문희 외, 2007)에서 모두 67회의 상담자 반응 중에서 질문으로 분류되는 반응은 단지 3번(4.4%)뿐이었다. 그것도 내담자의 말을 잘 알아듣지 못해서 나온 질문이었다.

셋째, 심리치료는 내담자가 상담자에게 반응할 때보다는 상담자가 내담자에게 반응할 때 효과적이다. 무슨 내용을 언제 이야기할 것인지에 대한 책임은 내담자에게 있다. 내담자가 자기 자신에 대하여 책임을 지는 사람으로 성장하는 것이 심리치료의 바람직한 결과 중의 하나이므로 처음부터 그 책임을 내담자가 느끼게 해야 한다. 실현경향성을 타고난 내담자가 스스로 자신의 문제를 해결하고 자기주도적으로 성장할 수 있도록 조력하는 데 초점을 둔다는 말이다.

수퍼바이지는 내담자가 동의하면 모든 상담회기를 녹음 혹은 녹화하는 것이 바람직하다. 내담자에게 수퍼바이지와 수퍼바이저가 그것을 들을 것임을 미리 알려 주어야 한다. 녹음된 자료나 축어록은 수퍼비전 과정에서 매우 중요한 학습 자료다.

수퍼바이지는 수퍼비전을 받기 위해 다음과 같은 준비를 해야 한다. 첫째, 녹음이나 녹화된 면담 테이프를 경청한다. 둘째, 수퍼비전 시간에 재생할 녹음 테이프의 부분을 확인하고 메모한다. 셋째, 수퍼비전 시간에 제기할 질문이나 문제를 메모한다.

수퍼비전을 준비할 때 수퍼바이지들은 그들의 테이프를 재생하여 검토하고, 필요할 때마다 메모를 하며 수퍼비전 시간에 질문할 것을 기록한다. 수퍼바이저가 녹음된 상담 테이프를 다 듣는다는 것은 불가능하므로 수퍼바이지들은 어느 한 회기의 상담 테이프나 어느 회기의 일부분을 선택하여 수피비전에 제출한다. 수퍼바이지들은 그들의 상담 중 가장 잘 된 회기의 테이프를 제출할 것 같지만 반드시 그렇지만은 않다. 수퍼바이지들은 잘 못했다고 느껴지는 회기나 아니면 난처한 상담 상황의 테이프를 제출해서 수퍼비전에서 도움을 받으려고 한다. 인간중심 수퍼비전에서처럼 수퍼바이지들의 불안이나 공포를 줄여 주는 분위기를 조성하면 이런 바람직한 현상이 나타나게 마련이다.

수퍼바이저와 수퍼바이지가 같은 상담 이론에 헌신하고 추종하는 경우에는 그 이론의 중요한 요소를 이미 알고 있고, 평가받을 기준도 명백해서 수퍼바이저에 의한 평가적인 논평은 거의 없게 된다. 마찬가지로 수퍼바이저로부터 피드백을 들을 필요성이나 피드백의 양이 최소화된다. 수퍼바이지 자신들이 스스로에게 피드백을 줄 수 있기 때문이다. 수퍼바이저와 수퍼바이지 사이에 생산적인 관계가 바로 형성된다. 따라서 수퍼비전 과정의 단계가 따로 없어 보인다. 아주 원만하게 수퍼비전이 진행되고, 수퍼바이지들은 순조롭게 전진한다.

그리고 수퍼바이지들이 소집단으로 구성된 모임에서 서로의 녹화 테이프를 시청하도록 권장한다. 수퍼바이저 없이도 수퍼바이지들이 자유롭게 피드백을 주고받으면 서로에게 유익한 경험이 될 수 있음을 강조한다.

(2) 수퍼비전 회기

수퍼비전 회기는 상담회기와 유사하다. 수퍼바이저는 수퍼바이지에게 경청하고 반응하되 질문은 최소화한다. 수퍼바이지는 수퍼비전 시간에 검토할 테이프를 가져오고, 함께 경청할 부분을 지정해 오고, 질문을 제기하는 등 수퍼비전을 통제할 책임을 진다. 인간중심 수퍼비전의 평가의 소재는 수퍼바이저에게 있다기보다는 수퍼바이지 자신에게 있다. 그러나 수퍼바이저는 수퍼바이지의 내담자에 대한 책임이 있으므로 만약에 내담자가 상처를 입거나 상담에 진척이 없이 정체상태에 있다고 판단되면 개입해야만 한다. 내담자의 진술에 대한 수퍼바이지의 어떤 반응이 이해가 되지 않는다면 수퍼바이지가 왜 그렇게 반응했는지 질문할 수 있다. 수퍼바이저와 수퍼바이지가 함께 녹음 테이프를 듣다가 테이프를 정지시키고 '내담자가 … 라고 말하는 것으로 들리는데 …' 혹은 '내담자가 … 을 느끼고 있는 것 같은데, 나라면 … 라고 말할 것 같다.' 등으로 반응할 수 있다.

상담자의 옳은 반응이 단 한 가지만 있는 것이 아니고, 재진술의 방법도 가장 좋은 방법이 하나만 있는 것은 결코 아니다. 공감적 이해, 무조건적인 존중, 일치성, 그리고 구체성의 조건을 실천하는 맥락 안에서도 여러 가지 적절한 반응이 가능하다. 특별한 기술을 강조하지는 않지만 수퍼바이지가 내담자의 말의 내용보다는 감정에 초점을 맞추도록 하기 위해서 '당신은 … 라고 느끼는군요.'를 활용하도록 제안할 수 있다.

말하는 내용에 관심을 갖지 않는 것은 내담자가 말해야 할 것이나, 상담회기에서 털어놓아야 할 것에 대하여 토론하는 데 시간을 허비하지 않기를 바라기 때문이다. 내담자가 다음 회기에 말할 것이나 상담 전체 회기 중에 대화할 것을 상담자가 제시하지 않아야 한다. 인간중심상담에서는 내담자들의 목표가 모두 동일하다고 볼 수 있다. 내담자들마다 그들에게 적절한 방식으로 자기를 실현하는 인간이 되는 것이 목표이기 때문이다.

라이스(Rice, 1980)가 주장하는 대로 "만약에 의미 있는 변화가 오게 하려면 수퍼바이지와 수퍼바이저는 다루어야 마땅한 내용을 미리 정해 놓지 않아야 한다." 조력 관계 속에서 서로 있는 그대로 수용한다는 것이 바로 그런 것을 의미하고, 그 조건은 인간중심 심리치료의 핵심조건 중의 하나이기 때문이다.

만약 상담자가 촉진적인 분위기를 성공적으로 조성한다면 내담자가 중요하고 적절한 내용을 적절한 시기에 표현하게 되어 있다. 마찬가지로 수퍼바이지가 치료계획을 미리 세우도록 요구하지도 않는다. 인간중심상담에서 치료계획은 치료적 관계를 형성하는 것뿐이고, 그 관계 안에서 내담자의 내적 경험에 대하여 자기주도적인 탐색을 촉진할 뿐이다. 이와 같은 탐색은 수퍼바이지가 가능한 한 최고 수준의 촉진적 조건을 제공함으로써 성취될 수 있다. 이것이 매 시간, 매 회기마다 수퍼바이지가 세우는 내담자에 대한 치료계획이라고 할 수 있다.

따라서 수퍼비전의 과정은 수퍼바이지와 내담자와의 관계에 관심을 갖게 된다. 수퍼바이지와 내담자 사이의 관계가 해로운 경우를 제외하면 수퍼바이지의 성격이나 심리적 부적응은 관심의 대상이 아니다. 상담자의 사각지대와 심리적 장애가 상담에 영향을 미치는 것은 분명하지만 그러나 정도의 문제만 다를 뿐 모든 상담자마다 그런 문제를 가지고 있다. 수퍼비전 과정은 수퍼바이지의 성격적 결함, 문제의 진단, 혹은 진단명 붙이기 등과는 상관이 없다. 그런 관심은 내담자를 치료해야 할 대상으로 보게 만들고, 내적 참조체제에서 접근하기보다는 외재적 판단에 의존하게 만들기 때문에 경계한다.

수련 중인 수퍼바이지들이 정신병적인 문제나 신경학적인 문제의 조짐을 잘 알아차리도록 기대하기는 어려운 일이다. 많은 경험이 누적되어야 그런 민감성을 습득하게 되기 때문에 수퍼바이저들은 그런 문제에 유의하여야 한다. 수퍼바이지의 개인적인 적응이 심리치료사로서 기능할 능력을 방해한다는 것이 명백하면 심리치료를 받도록 권장해야 한다. 극단적인 경우에 내담자가 상처를 받을 수 있을 때는 수퍼바이지는 실습이나 인턴십을 중단하도록 해야 한다.

수퍼비전의 주목적은 수퍼바이지로 하여금 유능한 상담자 혹은 심리치료사가 되도록 돕는 일이다. 수퍼바이저가 내담자에게 관심이 없다는 말이 아니다. 그러나 수퍼비전은 내담자와 간접적으로 상담을 하는 과정도 아니다. 수퍼비전은 수퍼바이지로 하여금 내담자와의 상담회기에서 무엇을 어떻게 말할 것인지를 지시하는 과정도 아니다. 장래 상담회기에서 관심을 가져야 할 것이나 탐색할 것을 제안할 수는 있다. 그러나 수퍼바이저가 내담자를 돕는 가장 좋은 방법은 수퍼바이지가 더 우수한 치료사가 되도록 돕는 일이다.

수퍼비전에서 상담자 반응의 구체성이나 특수성의 중요성을 다루어 주는 것이 바람직하다. 초보 상담자들의 반응은 대체로 일반적인 경향이 있다. 내담자가 말할 때마다 긴 진술문으로 반응하거나 반영하는 경향이 있다. 많은 경우 상담자의 반응은 내담자의 말의 요약일 수 있다. 그와 같은 일반적인 반응이나 요약은 '예' '맞아요'와 같은 내담자의 동의를 이끌어낼 수 있지만 더 깊고 광범위한 탐색을 촉진하지는 못한다. 내담자의 자기탐색의 구체성이나 특수성은 내담자의 변화를 촉진하는 중요한 요인이 될 수 있기 때문에 상담자가 무시하거나 과소평가해서는 안 된다. 상담자 반응의 성격에 따라서 그런 탐색은 촉진될 수도 위축될 수도 있음을 명심해야 한다.

인간중심상담의 수퍼비전은 훈육하듯 가르치는 시간은 아니다. 직접적인 가르침은 수퍼바이지들의 집단 수퍼비전 시간으로 제한하는 것이 바람직하다. 물론 개인별 수퍼비전에서도 가르침이 전혀 없는 것은 아니지만 가르치는 일은 주로 집단 수퍼비전에서 다루는 것이 가장 바람직하다. 특별히 어느 한 수퍼바이지에 해당되는 것이 아니라 대부분의 수퍼바이지들에게도 적절한 가르침은 주로 집단 수퍼비전에서 이루어진다. 개별 수퍼비전 중에 수퍼바이저가 집단 수퍼비전에서 토론할 만한 것을 발견하면 그것을 메모하면서 수퍼바이지에게 귀띔을 해 주는 것이 좋다. 그렇지 않으면 수퍼바이지는 수퍼바이저의 메모 행위를 자신의 문제점을 기록하고 평가하는 것으로 오해하고 불필요한 불안을 느낄 수 있기 때문이다.

(3) 수퍼바이지의 지각

인간중심상담 이론에 근거한 수퍼비전을 마치고 나면 수퍼바이지는 흔히 다음과 같이 고백한다고 패터슨(1997)은 기술한다. 수퍼비전을 앞둔 수퍼바이지의 궁금증과 불안을 해소하는 데 도움이 될 경험담을 질문과 함께 소개하면 다음과 같다.

- 수퍼비전에 참여하기 전에 수퍼바이지로서 당신의 기대나 생각은 어떤 것

이었는지 이야기해 줄 수 있나? (수퍼바이저와 고급 상담 이론 강의시간을 통해서 개인적인 관계를 맺어 왔고, 나와 같은 상담 이론과 철학을 공유한 수퍼바이저의 수퍼비전을 받을 것이었으므로 기대하며 흥분도 되었다. 약간 불안을 경험했는데 그것은 수퍼바이저가 내가 감당할 수 없는 높은 기대를 가지고 있을까 봐 염려하는 내 마음에서 나온 것이라고 생각한다. 그러나 수퍼비전은 좋은 기회였으므로 놓치고 싶지 않았다.)

- 수퍼바이지와 수퍼바이저의 역할과 책임에 대하여 수퍼바이저가 명백하게 알려 주었는가? (예를 들어, 맨 처음에 수퍼바이저가 한 일이 그것이었다. 관계를 구조화하면서 그가 언급했다. 학기 초에 매우 분명하게 설명하였다. 그가 가르치는 역할을 한 것은 수퍼바이지에게 기대하는 것이 무엇인지를 알려 준 일이다. 수퍼바이지의 주된 역할은 수퍼비전에 가져올 상담 사례를 선택하고 수퍼비전 시간을 어떻게 구성할 것인가를 결정하는 일이었다.)

- 수퍼바이지가 수퍼비전 시간에 책임을 진다는 것이 어떻게 진행되었나? (수퍼바이지가 자기 상담회기의 녹음 테이프를 듣고, 그 테이프나 혹은 테이프의 일부분을 수퍼비전 시간에 가져온다. 수퍼비전 시간마다 내담자에 대한 이해가 깊어질 수 있도록 수퍼바이저에게 들려주고 싶은 부분을 결정한다. 그리고 내담자와 상담상황에서 생긴 질문이나 상담 과정에 대한 질문을 수퍼바이지가 준비해 와서 토론의 초점이 되게 하였다.)

- 만약 수퍼바이지가 수퍼비전에서 평가를 받게 되고, 수퍼바이지가 수퍼비전 시간에 무엇을 다룰 것인지 준비하는 책임을 진다면 수퍼바이지는 자기가 가장 잘했다고 생각되는 사례나 그 부분을 제출하지 않았겠는가? 당신은 그런 문제를 어떻게 처리하게 되었는가? 선택의 자유를 어떻게 경험했는가? (물론 잘 보이고 싶은 유혹이 있었다. 그러나 그렇게 한다면 내가 수퍼비전에서 별로 얻는 것이 없을 것이라는 생각이 곧 들었다. 내담자를 위해서 최선을 다하고 싶은 나의 동기가 나의 약점이나 어려운 문제를 야기하는 것들을 드러내 놓게 했다. 수퍼비전 시간에 경험이 많은 전문가로부터 배우고 싶었기 때문에 잘 보이려고 하거나 그럴싸하게 꾸미고 싶은 충동을 꽤 빨리 극복할 수 있었다.)

- 상담 중에 내담자와 갈등을 느끼던 시점을 기억할 수 있는가? 그런 어려움을 수퍼비전 시간에 어떻게 다루었는가? 수퍼바이저는 수퍼바이지가 어떻게 대응했어야 한다고 말해 주었는가? 수퍼바이저는 어떤 질문을 했는가? 수퍼바이지가 제기한 문제를 어떤 식으로 해결하도록 도움을 주었는가? (한 내담자와 종결할 때가 다가오고 있을 때 발생한 예가 생각난다. 수퍼바이지가 실제로 했던 것보다 좀 더 적극적이었어야 했나 하는 생각이 들어서 그 면에서 수퍼바이저의 도움을 받고 싶었다. 수퍼바이저는 수퍼바이지의 질문을 이해하기 위해서 녹음 테이프를 들어 보더니 수퍼바이지가 질문하는 것을 주로 반영해 주었고, 상담회기 중에 내담자에게 수퍼바이지가 했던 반응이 적절한 반응이었는지 아닌지에 대하여 분명하게 이해할 수 있도록 인도해 주었다.)

- 수퍼바이지는 수퍼비전 관계에서 인간중심 심리치료의 핵심조건이 존재한다는 것을 자각할 수 있었나? 공감적 이해, 존중, 진실성, 구체성 등 심리치료의 핵심조건 말이다. (확실하게 느낄 수 있었다. 학기말에 수퍼비전 과정과 수퍼바이저에게서 발견한 가장 인상적인 것은 인간중심상담 이론 강의에서 배운 것과 수퍼비전 실제 사이의 높은 차원의 일치성이다. 그리고 관계 중심의 심리치료라는 것이 수퍼바이저와 수퍼바이지 사이의 인간관계에서 여실하게 나타나도록 수퍼바이저가 분위기를 조성해 준 사실을 발견한 것은 참으로 인상적이었다.)

- 수퍼바이저는 교수의 역할을 하는 시간과 촉진자의 역할을 하는 시간을 나눈다고 했는데 그것이 어떤 식으로 실현되었나? (수퍼바이저는 두 가지 역할을 분명하게 구별했던 것 같다. 수퍼비전 시간 외에 우리 대학원생들은 집단상담을 했는데 그 시간은 주로 교수하는 과정이었다. 수퍼바이저는 특별한 주제를 가져와서 토론하게 하거나 질문하거나 혹은 수퍼바이지가 경험하는 어려움에 대하여 반응하기도 했다. 그러나 개인별 수퍼비전 시간에는 수퍼바이지들이 알아야 할 것이라고 그가 느끼는 문제를 제기하기보다는 수퍼바이지가 가져온 문제를 주로 다루었다.)

- 개인 수퍼비전 시간에는 수퍼바이지를 위한 심리치료가 진행되었다고 생각하는가? 아니면 수퍼비전 시간이 어떤 면에서 치료적이었다고 말할 수

있는가? (수퍼바이지에게 치료적이었다고 말할 수 있다. 초보 상담자로서 나에게 문제가 되었던 것들을 해결하는 기회였다. 수퍼비전 과정이 심리치료라고 생각하지는 않았다. 나에 대한 심리치료는 나의 목표도 아니었고, 수퍼바이저의 목표도 아니었다. 수퍼비전의 초점은 조력 관계에 있는 나와 내담자에게 두었을 뿐이다.)

- 한 학기 동안 수퍼비전을 받으면서 카운슬러로서의 당신에게 변화가 왔는가? (분명히 변화가 왔다. 수퍼비전을 받으면서 처음에는 나는 매력과 기대라는 두 가지 심정을 느꼈다. 심리치료의 핵심조건으로 대표되는 인간중심 심리치료이론에 몰두하면서 내담자를 상담할 때 그 핵심조건이 필요하고도 충분한 조건인지를 확인해 볼 기회로 삼았다. 쉽게 따를 수 있는 이론은 아니었지만 그런 기회가 생긴 것을 감사하게 생각한다. 그 경험의 진정한 가치를 나는 확실히 알게 되었다.)

- 수퍼비전 경험에 대하여 그 밖에 이야기할 것이 있는가? (그것은 매우 생산적인 경험이었다. 이번 경험은 과거에 받은 수퍼비전과는 질적으로 차이가 있는 경험이었다. 개인 수퍼비전 시간의 성격과 내용에 대한 나의 책임에서 차이를 느낄 수 있었다. 편안하고 쉽게 넘기는 방법도 있었을 텐데 인간중심 수퍼비전으로 소문난 수퍼바이저를 택한 것이 처음에는 걱정이 되기도 했다. 그러나 프로그램을 마치는 시점에서 생각해 보면 책임을 느끼고 무엇을 할 것인지 결정해 보는 것은 나에게 소중한 경험이었다.)

5. 맺는말

상담교육 프로그램에서 절충적 혹은 통합적인 수퍼비전이 많이 사용되고 있으나 여기에 소개한 인간중심 수퍼비전의 장점은 결론적으로 다음과 같이 요약할 수 있다(Patterson, 1997).

첫째, 인간중심상담 이론에 근거한 수퍼비전은 수퍼바이저와 수퍼바이지가 심리치료의 공통된 철학과 이론을 공유하기 때문에 불필요한 불안이나 의존성

없이 순조롭게 진행된다. 둘째, 수퍼바이저는 수퍼비전 과정에서 인간중심상담의 원리를 준수한다. 상담 과정과 수퍼비전 과정은 유사하다. 셋째, 따라서 불안이나 공포를 최소화하는 분위기를 조성하게 되고, 그와 같은 수퍼비전 분위기는 최적의 학습 분위기를 제공하게 된다. 넷째, 수퍼바이지를 존중하는 수퍼바이저는 수퍼바이지로 하여금 수퍼비전에서 검토할 자료를 선택하고 제시하도록 허락한다. 다섯째, 수퍼바이지는 자기가 평가받게 될 기준을 미리 알고 있으므로 그 기준에 따라서 자기 스스로 자신을 평가할 수 있게 된다. 수퍼바이저의 피드백이나 평가는 불안을 야기할 요인이 아니고, 다른 이론적 수퍼비전에 비해서 최소화될 수 있다. 여섯째, 수퍼바이지가 수퍼바이저의 이론과 평가기준을 이해하고 적응하느라고 노력하는 과정이 배제되기 때문에 처음부터 준비된 높은 수준의 수퍼비전을 하게 된다. 일곱째, 이 접근 방법은 인간중심 수퍼비전이라고 명하지만 그것은 가장 기본적이고 일반적인 수퍼비전이다. 인간중심상담에서 흔히 인정하는 치료적 조건에 초점을 두지만 사실은 그 조건은 모든 주요 이론에서 수용되는 공통적인 조건이 되었다. 인간중심상담 이론이 이 조건을 독점하는 것도 아니다. 수퍼바이지들은 그들이 최종적으로 인간중심적 관점을 가진 상담자 혹은 심리치료사가 되기로 결심을 하든 안하든 간에 관계없이 이 조건은 그들이 선택할 어떤 이론에서도 필요하다는 것을 알게 된다. 그들이 선호하는 이론에서 다른 요소들을 더 첨가하면 될 것이다. 그러나 무엇을 첨가하더라도 그것은 인간중심 철학과는 불일치할 수 있다. 결과적으로 인간중심심리치료와 다른 길을 갈 수 있도록 수퍼비전은 수퍼바이지의 포용적인 준비태세를 조장하기도 한다.

○ 요약

인간중심 수퍼비전 모델은 여러 심리치료 이론 중 칼 로저스의 비지시적이고 내담자 및 인간 중심적인 상담 이론에 근거한 수퍼비전 모델이다. 로저스는 수퍼비전의 목적이 수퍼바이지의 자신감과 자기이해를 고취하며, 그들이 치료적 과정을 이해하도록 조력하는 것이라고 생각하였다. 그 목적을 달성하기 위하여 수퍼바이지가 내담자와 상담하는 과정에서 느끼는 어려움을 탐색하는 것이 매우 유익하다는 것을 경험한 로저스는 일찍이 수퍼비전의 중요성을 강조하였다.

로저스는 인간중심 수퍼비전이 치료적인 면담의 변형된 형태라고 기술하였다. 인간중심적인 관점을 가진 상담자와 수퍼바이저는 인간의 천부적인 자기실현 경향성을 믿고, 적절한 조건하에서는 건설적인 방향으로 전진하는 능력을 가진 사회적 존재로서 인간이 타고난 능력을 전적으로 신뢰한다. 수퍼바이지가 치료적 조건, 즉 일치성, 무조건적인 존중, 공감적 이해를 제공하며 내담자와 관계하듯이 수퍼바이지와의 관계를 형성한다면, 수퍼바이지의 개인적 발달과 상담 전문가로서의 학습을 촉진할 수 있다고 보았다.

제7장
수퍼비전 고유의 이론적 모델

| 최한나 |

심리치료에 기초한 이론들은 수퍼비전 과정을 심리치료 과정과 유사하게 이해하고 심리치료 이론의 가정과 방식, 기법에 의존한다. 이에 비해 심리치료 과정과는 차별성을 갖는 수퍼비전 과정을 고려한 모델들은 수퍼비전이 무엇이며, 어떻게 수퍼바이지의 학습과 전문적 발달이 일어나는가, 수퍼비전의 목적과 수퍼바이저의 역할은 무엇인가, 혹은 수퍼비전 과정에서 무엇이 이루어져야 하는지에 관한 구체적인 개입과 전략을 제시한다. 이 장에서는 심리치료에 근거한 이론들과는 별개로 수퍼비전 고유의 과정을 설명하기 위해 고안된 모델들 중 대표적인 모델인 발달 모델, 변별 모델, 체계적 수퍼비전 모델을 살펴보고 이러한 모델들이 수퍼비전 실제에 어떻게 적용될 수 있는지에 대해 살펴볼 것이다.

초기 수퍼비전 이론들은 대부분 심리치료의 이론적 접근에 의존해 왔다. 앞의 장들에서 소개한 정신분석에 기초한 수퍼비전, 인지행동적 치료에 기초한 수퍼비전, 그리고 인간중심 이론에 기초한 수퍼비전 등은 대표적 심리치료 이론에 기초한 수퍼비전 모델로 이해될 수 있다. 그렇다면 '특정 심리치료의 이론적 접근에 숙련된 임상가는 수퍼비전에서도 전문성을 발휘할 수 있는가?'라는 질문

을 하게 된다. 하지만 최근 수퍼비전에 대한 관심이 높아지고 이와 관련된 지식
이 축적되면서, 수퍼비전 과정은 심리치료 과정과는 구별되며 심리치료 과정에
비해 더 많은 부분이 교육적 과정으로 이루어진다는 점이 강조되어 왔다(Carroll,
1996; Holloway, 1984; Holloway & Wampold, 1983). 이렇게 수퍼비전 과정을 심리
치료 과정과는 구분되는 차별적 과정으로 이해하기 시작하면서 수퍼비전 고유
의 목적과 구체적인 개입 전략들을 제안하기 위해 특별히 고안된 모델들이 개
발되었다. 이 장에서 다루게 될 수퍼비전 고유의 이론적 모델들은 아직까지 이
론으로서의 갖추어야 할 조건(예를 들어, 성확성, 간결성, 조직성, 실용성)을 충족하
지 못하고 있기 때문에 발달 단계에 있는 모델 수준으로 이해하는 것이 더 적합
할 것이다. 하지만 그럼에도 불구하고 이들 이론적 모델에 대한 이해는 수퍼바
이저로서의 역할 및 수퍼비전의 구체적인 개입 전략 및 기법에 대한 중요한 지
식을 제공하며, 더 나아가 심리치료 이론에 근거한 모델과 통합되어 수퍼바이저
자신만의 고유한 수퍼비전 접근을 개발하는 데 중요한 지침을 제공할 것이다.

1. 발달 모델

발달 모델(developmental model)은 수퍼비전 고유의 이론적 모델들 중에서 가
장 먼저 제안되었으며, 최근까지 관련된 경험적 연구도 가장 많이 이루어진 수
퍼비전 모델이다(Bernard & Goodyear, 2004). 발달 모델에서는 수퍼비전 과정
이 시간에 따라서 변화하는 수퍼바이지의 필요를 고려하여 이루어져야 함을 강
조한다. 즉, 발달 모델의 가정은 첫째, 수퍼바이지가 전문가로 성장하는 과정
에서 일련의 질적으로 다른 단계를 거친다는 것과, 둘째, 이러한 수퍼바이지의
전문가 발달 단계에 따라 질적으로 다른 수퍼비전 환경이 요구된다는 점이다
(Chagnon & Russell, 1995).

발달 모델은 1950년대 플레밍(Fleming, 1953)에 의해 처음 제시된 이후, 호건
(Hogan, 1964), 리트렐과 그의 동료들(Littrell, Lee-Bordin, & Lorenz, 1979)에 의

해 발표되었으며, 1980년대에 들어서면서 좀 더 본격적인 관심을 받게 되면서 스톨텐베르그(Stoltenberg)와 델워스(Delworth)가 통합발달 모델(integrated developmetal model: IDM)을 발표하였다. 통합발달 모델은 현재 가장 많이 알려지고 널리 활용되는 발달 모델로 알려져 왔다. 그러나 이후 대체로 대학원생과 인턴 기간에 주로 초점을 맞추었던 발달 모델의 한계가 대두되면서 로네스타드와 스코브홀트(Rønnestad & Skovholt, 1993)는 상담자가 일생 동안 발달하는 과정에 관심을 두고 상담자의 전생애적 발달 모델을 제안하였다. 본 절에서는 발달 모델 중 통합발달 모델과 로네스타드와 스코브홀트가 제안한 상담자 전생애 발달 모델을 대표적으로 살펴보자.

1) 통합발달 모델

통합발달 모델(integrated developmental model: IDM)은 가장 많이 알려지고 널리 활용되는 상담자 발달 모델로, 수퍼바이지가 전문가로 발달해 가는 단계를 세 가지 수준으로 나누고 단계별로 전문가로서의 성장을 평가하는 세 가지 측면에서의 특징을 제시하였다(Stoltenberg et al., 1998). 이 세 가지 측면은 동기, 자율성, 자신-타인 인식으로 이루어진다. 먼저 '동기'는 수퍼바이지가 임상적 훈련과 실제에 쏟는 관심, 투자, 노력을 반영하고 '자율성'은 수퍼바이지가 수퍼바이저로부터 독립한 정도를 반영하며, 마지막으로 '자신과 타인에 대한 인식'은 자신과 내담자에 대한 자기인식의 정도를 반영한다. 이 세 가지 특징은 독립적일 수 있으며, 수퍼바이지에 따라 세 가지 특징에서 서로 다른 수준을 보일 수도 있다.

통합발달 모델에서 제시한 수퍼바이지의 발달 단계와 그에 따른 수퍼바이지의 특징을 정리해 보면 〈표 7-1〉과 같다.

통합발달 모델은 각 단계에서 수퍼바이지의 전문가로서의 발달을 평가하는 이정표로서 여덟 가지 구체적인 영역을 제시하였는데, 이들 영역은 개입 기술(상담 개입을 수행하는 능력), 평가 기술(심리적 평가를 수행할 수 있는 능력), 상호작

ㅇㅇㅇ **표 7-1** 통합발달 모델에서 제시한 단계별 수퍼바이지의 특징

수준	동기	자율성	자기-타인 인식
수준 1	• 높은 동기 수준 • 높은 불안 수준 • 기술 획득에 초점	• 수퍼바이저에게 의존 • 구조화된 수퍼비전, 피드백 필요 • 최소한의 직접적인 도전	• 자기인식 제한 • 자신에 초점: 불안 수행 • 객관적 자기인식 • 외부자원으로부터 학습 • 장점과 약점의 파악 부족
과도기 이슈	• 새로운 접근과 기술에 대한 학습 감소	• 점차 자율성에 대한 기대 증가	• 자신에 대한 생각에서 내담자에 대한 생각으로 초점 전환
수준 2	• 대체로 자신감을 가짐 • 복잡한 사안에 대해서는 자신감이 동요 • 혼란, 절망, 우유부단	• 의존-자율 갈등 • 점차 자신의 의견을 가짐 • 독립적으로 기능하는 데 있어 구체적인 도움을 원함	• 내담자에게 집중: 공감, 내담자의 세계 이해 • 가끔 과도한 밀착으로 비효과적임
과도기 이슈	• 개인화된 접근에 대한 기대 증가	• 조건적 자율성 획득	• 자신의 반응에서 내담자에 대한 초점으로 이동
수준 3	• 안정됨 • 전문가로서의 정체감과 상담자로서의 역할에 대한 염려	• 쉽게 동요되지 않는 자율성에 대한 강한 신념 • 자문을 구할 시기를 앎	• 자신의 장점과 약점 수용 • 높은 공감과 이해 • 자신의 반응, 내담자, 상담 과정에 집중 • 상담에서 자기 자신을 활용
수준 3i	• 세 가지 특성에서 모두 수준 3에 도달할 때 발생		

용적 평가(상담자 자신과 내담자 간의 관계를 통한 내담자 평가 능력), 내담자 개념화(내담자에 대한 사례개념화), 개인차(개인에게 미치는 민족적·인종적·문화적 영향에 대한 이해), 이론적 성향(이론을 이해하는 복잡성과 정교함), 치료계획과 목표(상담개입의 전략과 목표), 전문가적 윤리(전문가 윤리와 개인적 윤리의 통합) 등이다. 각 수준별 구체적 영역의 특징은 〈표 7-2〉와 같다.

ooo **표 7-2** 수퍼바이지의 발달 단계에 따른 여덟 가지 영역

	수준 1	수준 2	수준 3
개입 기술	• 기본적 상담 기술 • 학습과 훈련에 대한 욕구 • 내담자에게 기술 적용	• 좀 더 발달된 기법 사용 • 통합되지 않았음 • 내담자에 초점을 둠	• 잘 발달된 기술 • 창의적이고 통합된 기술
평가 기술	• 진단 범주에 내담자를 맞춤 • 책에 있는 것에 구조화됨 • 결과의 일관성에 초점	• 일반적 심리평가에 대한 관심 감소 • 내담자에 대한 진단의 의미에 대한 이해 부족	• 평가의 역할에 대한 분명한 정리 • 개별 내담자의 요구에 기초한 평가 변화 감지
상호작용적 평가	• 정상적 반응에 대한 병리적 이해 혹은 무시 • 예상 밖의 반응에 어려워함 • 대안적 개념화를 위해 수퍼바이저에게 의존	• 내담자의 관점에 대해 더 인식 • 정확한 역전이 분리 어려움	• 고정관념적 사고 탈피 • 내담자와 자신의 반응에 집중 • 때로 수퍼바이저보다 더 높은 수준의 이해
내담자 개념화	• 세세한 정보에 초점을 둠 • 이론적 배경과 일치하는 정보 모음	• 내담자 인식에 대한 좀 더 정확한 이해 • 지나친 일반화 위험	• 내담자를 전체적 인간으로 이해
개인차	• 선입견 발달 • 한 가지 경험에 지나친 의존	• 자각이 증가 • 여전히 고정관념 존재 • 인간의 다양성에 개방적	• 내담자를 개인적인 존재로, 상황과 연관해서 바라봄
이론적 성향	• 한 접근에 치중하는 경향 • 유연성 부족	• 더 개별적 · 선택적 접근 • 판단에 어려움	• 유연성, 전문적 • 이론의 강점과 약점을 알고 있음
치료계획과 목표	• 치료 과정에 대한 목표 설정이 어려움 • 목표와 전략 연결이 어려움	• 구체화의 어려움 • 정확한 계획 개발 혼란	• 현실적이고 종합적인 목표
전문가적 윤리	• 윤리적 딜레마 해결에 있어 수퍼바이저에게 의존	• 윤리적 결정의 결과 이해	• 복잡한 문제 조정 가능

2) 스코브홀트와 로네스타드의 전생애 발달 모델

앞서 살펴본 통합발달 모델은 다음과 같은 한계가 지적되어 왔다. 첫째, 개인 상담과 개인 수퍼비전의 맥락에서 나타나는 상담자 특징과 변화에만 초점을 두고 있다는 점, 둘째, 상담자의 개인적 특성(성격, 정서적·지적 능력, 미해결된 개인의 문제, 연령, 개인적 삶의 경험, 현재 삶의 여건 등)이 전문성 발달에 고려되지 않았다는 점, 셋째, 개인차가 전혀 고려되지 않았다는 점, 그리고 넷째, 상담자의 발달을 대학원 과정의 공식적인 훈련 과정에만 국한해 설명한다는 점 등이다.

스코브홀트와 로네스타드(1992)는 상담자의 전문성 수준이 높아짐에 따라

○○○ 표 7-3 스코브홀트와 로네스타드가 제시한 발달 단계별 특징

단계 1	도우미 상태	• 다른 사람을 도와준 경험 존재 • 강한 정서적 지지와 충고 • 경계를 넘어서는 경향, 공감보다 동정 표현
단계 2	초기 대학원생 상태	• 의존적이고, 상처 입기 쉬우며, 불안이 높음 • 수퍼바이저의 격려와 지지에 가치를 둠 • 비판이 자신감과 사기에 영향을 줌
단계 3	대학원 후기 상태	• 올바르게 행해야 한다는 압력을 느낌 • 보수적, 조심성, 철저한 양식 • 수퍼비전에서의 확신과 지지가 중요, 학습 강화
단계 4	초보 전문가 상태	• 졸업 후 몇 해는 무모한 시기 • 심리치료에 자신의 성격을 통합 • 작업 역할과 환경의 조화 추구
단계 5	숙련된 전문가 상태	• 내담자와의 관계를 중요시함 • 융통성 있고, 개인화된 기법 사용 • 내담자와 후배 멘토링 등은 학습의 원천이 됨
단계 6	원로 전문가 상태	• 20년 이상의 경력 • 개인화되고 진정성 있는 접근법 발달 • 높은 자신감에도 겸손함 • 현재의 상실에 대한 과제

① 전문적 개별화가 이루어지며, ② 상담 양식과 개념화 방식이 내부 지향적으로 변화하여 융통성과 창의성을 지니게 되며, ③ 전문적인 자기성찰이 수준 향상의 핵심적 역할을 하게 되며, 따라서 이를 위한 지지적 · 개방적인 환경을 필요로 하게 되고, ④ 인수된 지식보다는 자기구성적인 지식을 더 많이 사용하며, ⑤ 자신의 전문성과 능력을 확신하고 불안감이 줄어든다는 점을 강조하면서 상담자의 전생애 발달 모델을 제안하였다. 전생애적인 발달 과정에 관심을 둔 스코브홀트와 로네스타드 모델은 상담자가 고차원적인 지식을 습득하는 것 이상의 전인적인 발달을 통해 전문성을 발달시킨다는 입장을 취한다. 이 모델은 대학원 1년차 수련생부터 경력 40년차까지의 상담 전문가 100명의 면접을 사용한 질적 연구에 기반하였다. 이 질적 연구에 기반하여 스코브홀트와 로네스타드는 상담자의 발달 단계를 여섯 가지 발달 단계로 구분하여 설명하고, 14가지 상담자의 발달 주제를 제안하였다. 여섯 가지 발달 단계에서 나타나는 특징들은 〈표 7-3〉에 제시하였다. 스코브홀트와 로네스타드가 제안한 상담자의 발달의 14가지 주제는 다음과 같다.

- 전문가로서의 발달은 전문가로서의 자신과 한 개인으로서의 자신이 통합되는 과정이다.
- 전문가로서 기능하는 동안 초점은 내부에서 외부로, 그리고 다시 내부로 이동한다. 즉, 공식적 수련 과정 동안 수퍼바이지는 전문적 지식과 실제의 지침을 제공하는 상담 지식과 기술에 의존하지만 경력이 쌓여 가면서 전문가들은 점차 자기 자신에게로 내적 집중을 회복하여 상담자로서 보다 유연하고 자신감 있는 자신의 상담 양식을 발전시킨다.
- 상담자 발달에서 지속적인 자기성찰은 모든 경험 수준에서 전문가로 발달하기 위한 필요조건이다. 상담자는 점차 자기성찰과 셀프 수퍼비전을 배우게 된다.
- 전문가로서의 성장을 위한 열정과 헌신은 발달 과정을 촉진시킨다.
- 전문가로서 발달함에 따라 상담자의 인지 도식은 변화한다. 초보 상담자들

은 전문지식에 의존하는 반면, 숙련된 상담자일수록 자신의 경험과 성찰에 기초하여 스스로 전문적 지식을 구성한다.

- 전문가 발달은 길고, 느리고, 계속적인 과정이며, 그 과정은 결코 순탄하지 않다.
- 전문가로서의 발달은 전생애를 통해 이루어진다.
- 초보 상담자들은 높은 수준의 불안을 경험하지만 시간이 가면서 불안이 줄 어든다.
- 전문가로의 발달에서 내담자는 큰 영향을 미치며, 중요한 교사이기도 하다.
- 전생애에 걸친 개인적 삶은 전문가로서의 기능과 발달에 중요한 영향을 미 친다.
- 대인관계에서의 경험과 자원은 전문가 발달을 촉진시킨다.
- 전문가 집단에 처음으로 진입한 구성원은 선배 전문가와 대학원 과정에서 강한 정서적인 반응을 보인다.
- 고난을 포함한 인생에서의 광범위한 경험은 인간 변화 가능성에 대한 이해 와 수용을 고양시킨다. 상담자는 이 과정을 통해 지혜와 전인성(integrity)을 발달시킨다.
- 시간이 흐름에 따라 내담자는 상담 과정에 더욱 중요한 기여자로 평가되며 상담자는 실제 변화 과정을 더욱 현실적으로 인식하게 된다.

적용

이 모델은 수퍼바이저가 수퍼바이지들이 경험하게 되는 발달 과정을 이해하는 데 도움을 준다. 즉, 모델이 제시한 발달 과정을 이해하여 수퍼바이저는 자신의 수퍼비전 방식을 수퍼바이지의 발달적 특성에 맞추어 수퍼바이지의 요구에 적합하도록 수정할 수 있다. 앞서 제시한 여섯 가지 단계를 수퍼비전의 실제에 구체적으로 적용해 볼 때, 대학원 저학년생과의 효과적인 수퍼비전을 할 때

이 특징을 보이는 수퍼바이지들에게 효과적인 수퍼바이저는 교사의 역할을 하는 것이 도움이 된다. 학생들은 구체적인 기술을 배우고자 하며, 높은 수준의 구조와 지시를 갖춘 훈련을 원하기 때문에 수퍼비전은 지시적이고 교육적이며, 기술에 초점을 두는 것이 좋다. 또한 여러 연구들에서 대학원생들이 강한 불안을 특징적으로 나타내는 것으로 보고하고 있음을 감안할 때, 수퍼바이저는 수퍼바이지가 수퍼비전 자료를 선택하고 왜곡하는 것을 어느 정도 허용하면서 수퍼바이지가 자신의 부족한 면을 노출하도록 격려해야 한다. 특히 수퍼바이저로서의 전문적 경험이 제한된 수퍼바이저는 수행불안이 높고 수퍼바이지가 자신을 어떻게 느낄지에 대한 걱정을 경험하기 때문에, 수퍼바이지가 표현하는 복잡성을 이해하고 풀어 가는 데 유의하면서, 보다 어려운 과제에 관여하기보다는 어떻게 더욱 쉽고 빠르게 행동할지를 제안하게 된다. 따라서 불안이 높은 수퍼바이지와 초심 수퍼바이저가 만나면 기법에 대한 유능한 수행에 초점을 맞추게 되고 광범위한 과정 탐색은 조기폐쇄하게 된다. 이 시기의 수퍼바이지들에게는 그들이 경험하는 불안과 취약성으로 인해 지지받고 이해받는 관계를 제공하는 것이 중요해진다. 비록 주된 초점은 기술 습득에 있지만 수퍼바이지가 개방성과 탐색적인 태도를 유지할 수 있도록 관계를 구조화하는 것이 필요할 수 있다. 뿐만 아니라 수퍼바이저는 수퍼비전에서 활용하는 모델링 개입과 관련하여 저학년 학생 수준에서 모델링이 학습을 촉진시킨다고 믿을 수 있지만 수퍼바이저가 자신에 대한 동일시와 모델링을 우선적인 학습 방식으로 강조할 때 자신의 자기도취적이고 허영적인 역전이 욕구를 충족시키는 것일 수 있어 위험할 수 있음을 기억할 필요가 있다.

이에 비해 대학원 고학년생 단계의 특성을 갖는 수퍼바이지들은 자신감과 더불어 전문가로서 취약하고 불안정하다는 느낌을 갖는 이중성이 있기 때문에 수퍼비전에서 긴장을 느끼게 되며, 이러한 긴장은 어떤 발달 단계보다 강하다. 수퍼바이저는 수퍼비전 과정에서 긴장에 기여하는 요소들을 자각할 필요가 있다. 특히 이 시기에 수퍼바이지들은 이전의 단계에서 확인적 피드백을 추구했던 것에 비해 보다 교정적인 피드백을 추구하게 된다. 따라서 상급생 수준에서 제공

되는 피드백은 개념적·방법론적 문제에 대한 자신의 입장이나 관점을 명료화
하도록 돕는 데 목적이 있다.

2. 변별 모델

버나드(Bernard, 1979)에 의해 개발된 변별 모델(discrimination model)은 수퍼
비전에서 수퍼바이저가 어떠한 역할을 해야 하는가에 바탕을 두고 이에 기초하
여 수퍼비전 기법을 제시하였다. 이 모델의 기본 전제는 첫째, 수퍼바이저의 개
인적인 경험에 의해 습득된 역할은 수퍼비전 관계와 역할에 영향을 준다는 점과
둘째, 수퍼바이저는 이미 배운 역할 외에 전문가적 역할이 필요하다는 점이다.
변별 모델은 수퍼비전에서 초점이 되는 세 가지 영역을 수퍼바이지의 개념화 기
술, 개입 기술, 개인화 기술로 설명하며 수퍼비전 과정에서 이 세 가지 영역에서
의 수퍼바이지 수준을 평가한 후, 이에 따라 수퍼바이지의 학습과 성장을 촉진
시키기 위한 수퍼바이저의 역할을 제시하였다. 먼저 수퍼비전에서 초점이 되는
세 가지 영역을 살펴보자.

- 개입 기술(intervention skill): 회기 내에서 관찰 가능한 수퍼바이지의 행동을
  말한다. 즉, 수퍼바이지의 공감, 직면, 해석, 침묵의 사용 등 상담 과정에서
  수퍼바이지가 사용하는 치료적 개입을 적절하게 사용하고 있는지에 초점
  을 둔다.
- 개념화 기술(conceptualization skill): 내담자가 직면한 문제에 대한 개념화 능
  력과 문제에 대한 통합적인 이해 능력을 말한다. 이는 수퍼바이지가 상담
  과정에서 무엇이 중요하고 무엇이 중요하지 않은 정보인지 분간해 내고 내
  담자를 위한 적절한 반응을 선별하여 개입을 선택하는 능력을 포함한다.
- 개인화 기술(personalization skill): 수퍼바이지가 자신의 개인적 특성에 대한
  이해를 바탕으로 역전이 반응에 영향을 받지 않을 뿐 아니라 자신의 개인

적인 특성을 상담 과정에서 효과적으로 활용할 수 있는 능력을 말한다. 개인화 기술은 문화적 배경, 타인에 대한 민감성, 유머 등의 개인적 특성 등에 따라 독특한 상담 양식으로 발전될 수 있다.

이와 같은 세 가지 영역에서의 수퍼바이지 수준이 평가되면 수퍼바이저는 각 영역에서 효과적인 수퍼비전 개입을 위해 교사, 상담자, 자문가로서의 역할을 선택한다. 특히 이 모델은 수퍼바이저의 세 가지 역할과 수퍼비전에서 초점이 되는 세 가지 영역을 구체적으로 제시하여 간결하면서도 융통성 있게 수퍼비전의 개입에 적용될 수 있다. 즉, 개별 수퍼바이지의 특정 요구에 맞추어 수퍼바이저의 역할과 초점이 결정되기 때문에 변별 모델이라고 부른다.

수퍼바이저의 세 가지 역할 중에서 교사의 역할은 수퍼바이지의 역량을 증가시키기 위해 학습에 필요한 것을 파악하고 평가하는 역할을 포함한다. 이에 비해 상담자로서의 역할은 수퍼바이지의 대인관계적·심리내적 특성에 관심을 가지며 수퍼비전에서 발생하는 사건의 의미를 반영하고 수퍼바이지의 개인적 발달에 초점을 둔다. 자문가로서의 역할을 하는 수퍼바이저는 수퍼바이지와 학습에 대한 책임을 공유하고 수퍼바이지의 생각, 통찰, 느낌을 지지하고 대안을 제시하거나 스스로 문제를 해결할 수 있도록 격려하는 데 초점을 둔다. 스테낵과 다이(Stenack & Dye, 1982)는 세 가지 역할에 대한 다섯 가지 수퍼바이저 행동 지침을 구체적으로 제시하였다.

교사

1. 회기 내 상호작용을 관찰하고 평가한다.
2. 적절한 개입을 확인한다.
3. 개입 기술을 가르치고 시범으로 보여 준다.
4. 특정 전략과 개입의 이유를 설명한다.
5. 회기 내에서 주요사건을 해석해 준다.

상담자

1. 상담회기나 수퍼비전 회기에서 수퍼바이지의 느낌을 탐색하도록 한다.
2. 특정 기법과 개입에 대한 수퍼바이지의 느낌을 탐색하도록 한다.
3. 상담회기에서 느끼는 자신감과 걱정을 스스로 탐색하도록 촉진한다.
4. 수퍼바이지가 개인적 역량과 성장 영역을 이해하도록 돕는다.
5. 수퍼바이지가 자신의 정서와 방어기제를 탐색하도록 기회를 제공한다.

자문가

1. 수퍼바이지가 활용할 대안적 개입과 개념화를 제공한다.
2. 수퍼바이지가 상담 전략과 개입에 대해 브레인스토밍하도록 격려한다.
3. 수퍼바이지가 내담자 문제와 동기 등에 대해 논의하도록 격려한다.
4. 수퍼비전 회기에서 수퍼바이지의 요구를 충족시키도록 노력한다.
5. 수퍼바이지가 수퍼비전 회기를 구조화하도록 한다.

적용

변별 모델에 기초한 수퍼비전에서 수퍼바이저는 세 가지 초점(개입, 개념화, 개인화)과 세 가지 역할(교사, 상담자, 자문가)에 따라 아홉 가지의 개입 방향을 선택하게 된다(세 가지 초점×세 가지 역할). 이러한 수퍼바이저의 개입 기술은 회기 간뿐만 아니라 회기 내에서도 수퍼바이지의 요구에 따라 바뀔 수 있다. 대체로 개입 기술에 초점을 두는 경우에는 교사의 역할을 사용하고, 개념화 기술에 초점을 두는 경우 자문가 역할을 하며, 개인화 기술에 초점을 두는 경우에 상담자 역할을 하는 경우가 많지만, 수퍼바이저의 특성과 수퍼바이지의 특성은 수퍼비전에서의 초점과 수퍼바이저 역할의 조합에 영향을 미칠 수 있다. 버나드(Bernard, 1979, 1997)는 효율적인 수퍼바이저는 모든 역할을 채용하고, 어떤 수준의 수퍼바이지에게든지 모든 초점을 다룰 준비가 되어야 한다는 점을 강조하였다.

변별 모델을 수퍼비전의 실제에 적용할 때, 수퍼바이저는 먼저 수퍼바이지가 어떤 영역에서 부족한지에 대해 확인하고, 이에 적절한 수퍼바이저의 역할을 선택하여 개입 기술을 사용하게 된다. 예를 들어, 수퍼바이지가 상담회기에서 요

○○○ 표 7-4 변별 모델에서 수퍼비전의 초점과 수퍼바이저의 역할

수퍼비전의 초점	수퍼바이저의 역할		
	교사	상담자	자문가
개입	수퍼바이지는 내담자와 함께 체계적 둔감화 기법을 사용하고 싶어 하지만 이 기법을 배운 적이 없다.	수퍼바이지는 다양한 개입 기술을 사용할 수 있는 능력이 있음에도 특정 내담자에게는 주로 질문을 사용한다.	수퍼바이지는 은유 사용에 대한 내담자 반응을 확인하여 상담에서 은유를 사용하는 방법을 더 알고 싶어 한다.
	수퍼바이저는 수퍼바이지에게 긴장이완훈련, 위계표 구성, 역조건 형성 과정을 가르친다.	수퍼바이저는 내담자가 수퍼바이지에게 미치는 영향을 확인하도록 돕는다. 내담자의 영향은 상담회기에서 수퍼바이지의 특정 기술 사용을 제한한다.	수퍼바이저는 상담에서 서로 다른 은유 사용을 확인하고 이것들을 연습하기 위해 수퍼바이지와 함께 작업한다.
개념화	수퍼바이지는 회기 동안이나 회기 후에 내담자 사고의 주제와 유형을 인식하지 못한다.	수퍼바이지는 주장 훈련을 요청하는 내담자를 위해 현실적인 목표를 설정할 수 없다.	수퍼바이지는 사례개념화를 위해 다른 모델을 사용하고 싶어한다.
	수퍼바이저는 수퍼바이지가 내담자의 진술에서 상담주제를 확인하도록 가르치기 위해 회기 요약을 사용한다(예: 비난하기, 의존성).	수퍼바이저는 수퍼바이지가 현실적인 목표를 설정하지 못하게 하는 인지적 걸림돌을 수퍼바이지가 인간관계에서 자기주장을 하지 못하는 특성과 관련지었다.	수퍼바이저는 수퍼바이지가 고려할 수 있는 몇 가지 모델을 논의한다.
개인화	수퍼바이지는 자신이 내담자와 가깝게 다가앉는 것이 자신의 문화적 배경을 반영하며 내담자를 위협한다는 사실을 알지 못한다.	수퍼바이지는 여성 내담자가 상담자에게 성적으로 매료되었다는 사실을 알지 못한다.	수퍼바이지는 보다 나이가 많은 내담자들과 작업하면서 좀더 편안함을 느끼길 원한다.
	수퍼바이저는 수퍼바이지가 자리 배치와 관련된 문헌을 읽도록 한다.	수퍼바이저는 수퍼바이지가 자신의 성적 관심과 여성으로부터의 성적인 단서를 인지하는 것에 대한 수퍼바이지의 저항에 직면하도록 시도한다.	수퍼바이저는 수퍼바이지와 함께 나이가 많은 사람들의 발달적인 주제들을 논의한다.

출처: Bernard(1979)에서 발췌, Bernard(2008) 재인용.

구되는 특정 개입을 하지 못한 경우, 수퍼바이저는 수퍼바이지가 내담자에 대한 이해가 부족해서 필요한 개입을 하지 못한 것인지(개념화 기술), 아니면 특정 개입을 해야 할 필요성은 인식하였으나 개입 기술이 부족하며 어떻게 해야 할지에 대한 지식이나 경험이 부족한지(개입 기술), 혹은 개인적 역전이 등으로 인해 필요한 개입을 하지 못하는 것인지(개인화 기술)를 확인할 필요가 있을 것이다. 〈표 7-4〉는 아홉 가지 수퍼비전 개입의 기술을 구체적으로 보여 준다.

변별 모델은 수퍼비전 과정에서 수퍼바이저의 구체적인 개입 기술을 제시하고 있어 수퍼바이저 훈련에 유용하며 수퍼바이지가 수퍼비전 회기에서 수퍼바이지에게 유연하게 반응하는 데 도움을 줄 수 있다. 하지만 구체적으로 수퍼바이지의 필요 영역을 관찰하고 평가하기 위한 구체적인 지침을 제시하지 못하고 있다는 한계를 지닌다.

3. 체계적 수퍼비전 모델

체계적 수퍼비전 모델(systems approach to supervision, 이하 SAS 모델)은 수퍼바이저의 교육과 실제에 대한 보다 구체적인 지침으로 홀로웨이(Holloway, 1995)에 의해 개발되었다. 특히 이 모델은 그동안 수퍼비전이 무엇인가와 어떻게 이루어져야 하는가에 대한 지속적인 관심에서 더 나아가 수퍼비전을 가르치고 실제를 안내할 수 있도록 고안되었다. SAS 모델에서 홀로웨이는 수퍼바이지의 학습 요구와 수퍼바이저의 교수 중재를 체계적으로 평가하는 데 도움이 되는 역동적 모델을 제시하였다. 특히 SAS 모델은 수퍼바이저가 수퍼비전 훈련이나 사례 자문에서 딜레마를 겪게 될 때 성찰을 위한 틀로 사용될 수 있으며, 서로 다른 이론적 관점을 갖고 있는 수퍼바이저와 교육자들에게도 통용되는 언어를 활용하여 수퍼비전을 이해할 수 있도록 하는 데 도움을 준다.

SAS 모델에서 가정하는 수퍼비전의 목표는 수퍼바이지가 전문가의 태도, 지식, 기술을 광범위하게 학습할 수 있는 기회를 효과적이고 지지적으로 제공하는 것이다. 수퍼비전은 지속적이고 복잡한 상호적 관계의 맥락 안에서 이루어지며, 수퍼비전 관계는 학습자가 수퍼비전의 목적을 달성하도록 참여를 촉진시키는 일차적인 맥락으로서 강조된다. 수퍼비전 관계 안에서 수퍼비전의 내용과 과정 모두가 수퍼비전의 교수적 접근 설계의 필수 부분이 된다.

SAS 모델은 수퍼비전의 경험적·개념적·실제적 지식에 근거하여 일곱 가지 차원을 제시하였다. 홀로웨이는 이러한 일곱 가지 차원을 수퍼비전 관계라는 몸에 연결된 날개로 표현하였다. 먼저 수퍼바이저, 수퍼바이지, 내담자, 기관 차원은 수퍼비전에 영향을 미치는 맥락적 요인으로 간주되며, 이러한 맥락적 요인들은 수퍼비전의 과제와 기능에 직접적인 영향을 미친다. [그림 7-1]은 SAS 모델의 주요 차원에 대한 시각적 설명을 제공한다. [그림 7-1]에서 볼 수 있듯이

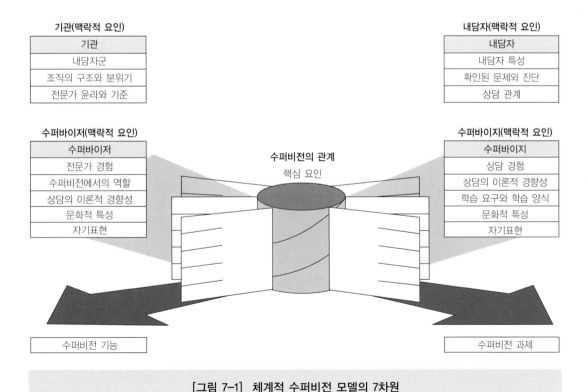

[그림 7-1] 체계적 수퍼비전 모델의 7차원

출처: Holloway(1995).

수퍼비전 관계는 수퍼비전의 핵심 요인이며 수퍼비전에서 발생하는 상호작용의 과정을 포함하며 SAS 모델의 주요 근간을 이룬다. 따라서 SAS 모델에 기초할 때 수퍼바이저는 수퍼비전 관계, 특정 시기에 요구되는 수퍼비전 과제, 수퍼바이저로서 수행해야 할 수퍼비전 기능, 그리고 수퍼비전 과정에 영향을 미치는 네 가지 맥락적 요인들을 점검해야 한다.

1) 수퍼비전 관계

SAS 모델에서 수퍼비전 관계는 수퍼바이저와 수퍼바이지가 수퍼바이지의 전문가로서의 성장을 조율하는 힘과 참여의 구조를 실행하는 역동적 과정을 담는 그릇으로 이해된다. 특히 SAS 모델은 수퍼바이지의 특별한 요구를 충분히 조정할 수 있을 만큼 유연한 관계 구조를 만드는 데 있어서 수퍼바이저와 수퍼바이지 양쪽 모두의 책임을 강조하였다. 따라서 관계의 구조인 힘과 관여의 구조 속에서 수퍼비전 관계가 발달하게 되는데 홀로웨이(1995)는 수퍼비전 관계를 발달, 성숙, 종결의 단계로 설명하고 있으며, 이는 우정 관계에 대한 연구에서 상정한 관계에 대한 이해와 유사하다(Haynes, Corey, & Moulton, 2006). 먼저 초기 발달 단계에서는 수퍼비전 관계의 특성을 명료화하고 수퍼비전 계약을 수립하게 된다. 이 단계에서 수퍼바이저는 교육적 개입을 사용하여 수퍼바이지를 지지한다. 특히 홀로웨이(1995)는 초기 단계에서 수퍼비전 계약의 중요성을 강조하였다. 수퍼바이저는 초기 단계에서 수퍼비전에 대한 참여자 간의 기대를 확인하고 수퍼비전 관계의 성격에 대해 논의하고 수퍼비전에서 다루고 싶어 하는 요구를 확인하여 수퍼비전의 목적과 관계에 대한 기대를 재정립하는 것이 중요하다. 성숙 단계에서는 수퍼비전 관계에서 개인적 성향이 증가하고 역할 중심의 관계 성향은 감소하게 된다. 이 단계의 수퍼비전 관계에서 수퍼바이지는 사회적 유대감이 증가하며 안정된 관계 속에서 상담에 대한 자신감과 효능감을 증가시키고 자신의 임상 실제와 관련된 개인적 이슈들도 다룰 수 있게 된다. 마지막으로 종결 단계에 이르면 수퍼바이지는 수퍼바이저에게 의존하는 성향이 줄

어들고 점차 독립적인 수행을 하게 되어 수퍼비전 관계에서 힘의 구조가 변화된다. 홀로웨이는 수퍼비전 관계의 속성이 힘과 관여의 구조로 설명되는 독특한 특성을 포함하고 있지만 수퍼비전 과정에 참여하게 되는 수퍼바이저와 수퍼바이지는 그동안 자신의 개인적 경험에서 축적되어 온 대인관계 양식을 가지고 수퍼비전 과정에 참여하게 되므로 참여자에 따라 수퍼비전 관계 양상은 달라질 수 있다고 설명한다.

2) 수퍼비전 과제

SAS 모델에서 교수 과제와 수퍼비전 기능은 수퍼비전 과정에서 일어나는 행동을 설명하는 개념이다. 즉, 수퍼비전의 과제란 상담자로서 역할을 수행하는 데 필수적으로 요구되는 전문적 지식이라고 정의될 수 있다. 홀로웨이(1995)는 이러한 전문적 지식으로 상담 기술, 사례개념화, 전문적 역할, 정서적 자각, 자기평가의 다섯 가지 과제를 구체적으로 제시하였다. 수퍼비전에서 수퍼바이저와 수퍼바이지는 이러한 다섯 가지 과제들 중에서 수퍼바이지의 요구에 맞추어 수퍼비전의 과제를 선택하게 된다. 다섯 가지 수퍼비전 과제는 다음과 같다.

- 상담 기술: 상담자가 상담 과정에서 나타내는 행동, 상담 기법을 말하며, 구체적으로 의사소통 패턴, 공감, 개인화 등의 상담 기술과 둔감화, 강화 등의 특정 상담기법을 사용하는 것을 포함한다.
- 사례개념화: 내담자의 심리사회적 역사, 현재의 호소 문제에 대한 이해, 그리고 상담자 자신이 갖는 인간 발달과 변화에 대한 신념에 기초하여 다양한 내담자 유형에 적용 가능한 개념적 틀을 갖는 것을 말한다.
- 전문적 역할: 수퍼바이지가 내담자를 돕기 위해 적절하게 외부 자원을 활용할 수 있는 전문가로서의 역할을 하는지, 전문적이고 윤리적 원리를 적용하는지, 적절한 기록 관리나 상담절차를 따르는지, 전문가들 간의 관계를 적절하게 맺고 수퍼비전 관계에 적절하게 참여하는지 등을 포함한다.

- 정서적 자각: 내담자와의 관계, 그리고 수퍼비전 관계에 영향을 미치는 자신의 느낌, 사고, 행동에 대해 수퍼바이지 스스로 알아차리는 것을 말한다. 수퍼바이지의 심리내적 자각과 대인관계적 자각 모두가 포함된다.
- 자기평가: 내담자와의 상담과 수퍼비전에서 기꺼이 자신의 능력의 한계를 인식하고 스스로 평가하고자 하는 노력을 말한다.

3) 수퍼비전 기능

홀로웨이(1995)는 다섯 가지 주요 수퍼비전의 기능을 제시하였는데, 여기서 수퍼비전 기능이란 수퍼비전에서 수퍼바이저가 취하게 되는 역할로 이해될 수 있다. 다섯 가지 수퍼비전의 기능을 살펴보면 다음과 같다.

- 점검하기/평가하기: 수퍼바이저가 수퍼바이지의 전문적 역할과 관련된 행동을 판단하고 평가하는 것을 말한다. 이러한 기능을 수행하는 데는 위계적 관계가 강조되고 의사소통은 거의 수퍼바이저에 의해 조절된다.
- 가르치기/조언하기: 수퍼바이저가 전문적 지식과 기술에 기반한 정보, 견해, 제안을 제공하는 것을 말한다. 이러한 기능은 마치 교사와 학생 사이의 의사소통과 유사하게 이해될 수 있다. 이러한 기능을 수행할 때 수퍼바이저는 보다 통제적이고, 수퍼비전 관계에서의 위계를 중요시하게 되며 대인관계적 거리는 다소 멀다.
- 모델링: 수퍼바이저가 전문적 행동과 실제에서 롤모델이 된다. 이때 의사소통은 양방향적이고 수퍼비전은 협력적 과정이므로 대인관계적 거리가 좁아진다.
- 자문하기: 수퍼바이지의 정보와 견해를 바탕으로 임상적이고 전문적인 상황에서의 문제를 해결하도록 촉진하는 기능이다. 이때 의사소통은 양방향적이고 상호작용적이며, 사실을 찾고 문제를 해결함에 있어서 협력적 관계를 유지하게 된다.

- 지지하기/공유하기: 수퍼바이저는 공감적 관심, 격려를 통해 수퍼바이지를 지지한다. 이러한 기능을 수행할 때 수퍼바이저는 깊은 대인관계적 수준에서 수퍼바이지를 지지한다. 이때 의사소통은 양방향적이고 상호적이며, 대인관계적 거리는 매우 가까워진다.

수퍼비전의 과제와 기능은 특정 문제를 해결하기 위해 수퍼바이저와 수퍼바이지가 작업하는 과정을 결정하게 된다. 수퍼비전의 과제에 따라 수퍼비전의 목표가 설정되고, 이에 적합한 전략으로 어떻게 가르치고 어떻게 배울 것인가에 따라 수퍼비전의 기능이 정해진다고 이해될 수 있다. 즉, 수퍼비전의 과정은 수퍼바이저와 수퍼바이지 사이에서 지속적으로 변화하는 과제와 기능에 따라 결정된다. 따라서 다섯 가지 수퍼비전의 과제와 다섯 가지 기능에 따라 25개의 수퍼비전 과정적 특징이 결정된다고 볼 수 있다. 가설적으로 수퍼비전 과정은 과제와 기능에 따라 어떤 조합도 가능해진다. 하지만 현실적으로 수퍼비전에서 어떤 특정 과제는 특정 기능과 매칭될 가능성이 더 많을 수 있다. 예를 들어, 수퍼바이지의 대인관계 측면에서의 정서적 자각을 다룰 때 수퍼바이저는 지지하기 기능을 사용하는 반면, 상담 기술에 초점을 둘 때는 조언하기 기능을 더 많이 사용할 수도 있다. [그림 7-2]에 기초할 때, SAS 모델은 과제와 기능을 연결하는 과정 매트릭스를 제시함으로써 수퍼바이저가 이전 회기의 효과성을 분석하고 다음 회기의 수퍼비전 초점과 전략들을 계획하는 데 도움이 된다. 뿐만 아니라 수퍼바이저가 자신이 특정한 기능이나 과업을 사용하거나 특정한 결합을 사용하는 것에 대한 경향을 파악하면 자신의 수퍼비전 양식을 파악하는 것이 가능해진다. 이러한 수퍼바이저의 행동에 대한 지식은 수퍼바이저로서 자신의 개입에 대한 성찰을 가능하게 한다. 예를 들어, '주로 선택하는 과제와 기능은 무엇인가?' '특정 수퍼바이지 혹은 특정 수퍼비전 단계에서 주로 사용하는 과제와 기능은 무엇인가?' '수퍼바이저가 선택한 과제와 기능이 수퍼바이지의 역량을 강화하는가?'와 같은 질문을 통해 수퍼바이저는 수퍼바이저로서의 수행을 평가할 수 있다.

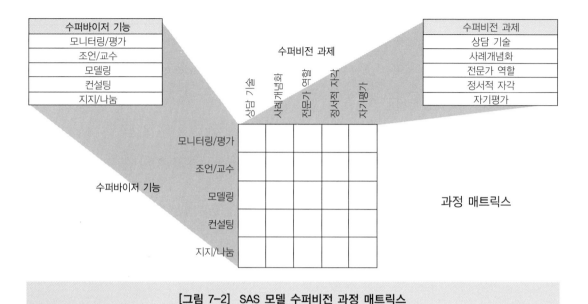

[그림 7-2] SAS 모델 수퍼비전 과정 매트릭스

출처: Holloway(1995). Clinical Supervision: A Systems Approach. p. 38

4) 맥락적 요인

수퍼비전의 맥락적 요인이란 수퍼바이저와 수퍼바이지가 수퍼비전에서의 과제와 수퍼바이저의 기능을 선택하는 데 영향을 미치는 조건들을 말한다. 앞에서 제시된 [그림 7-1]에서 볼 때, 이러한 맥락적 요인들은 수퍼비전의 과제와 기능, 그리고 수퍼비전 관계의 특성에 영향을 미치므로 SAS 모델은 이들 맥락적 요인들에 대한 이해를 통해서야 비로소 완성된다고 볼 수 있다. 홀로웨이(1995)는 이러한 맥락적 요인들을 크게 수퍼바이저, 수퍼바이지, 내담자, 기관으로 구분하였다.

(1) 수퍼바이저 요인

이상적인 수퍼바이저는 높은 수준의 공감, 이해, 무조건적이고 긍정적인 존중 등의 특성을 지니는 것으로 이해되어 왔다(Carifio & Hess, 1987). 하지만 이러한 수퍼바이저의 개인적 특성이 관계에서 중요하기는 하지만 이러한 특성들은 단지 한 개인의 심리내적이고 대인관계적 특성에 국한되어 이해되어 왔다. 뿐만 아니라 이러한 이상적인 수퍼바이저의 특성들에 초점을 맞출 경우 마치 좋은 수퍼바이저는 타고나는 것이라고 잘못 이해될 소지도 있다. SAS 모델에서는 수퍼바이저가 그들의 전문적 역할에서 대인관계 기술과 임상적 지식을 신중하고 체계적으로 다룸으로써 그들 자신의 대인관계 양식을 향상시킬 수 있는 것으로 설명된다. SAS 모델은 경험적 연구와 임상적 실제를 바탕으로 수퍼바이저의 수행과 관련되는 다섯 가지 수퍼바이저 요인을 제시하였다.

- 전문가로서의 경험: 상담과 수퍼비전에서의 경험의 양은 수퍼바이저의 자기 개발, 수퍼바이지 수행과 수퍼비전 접근에 대한 수퍼바이저의 판단 방식에 영향을 미친다.
- 역할: 수퍼바이저로서 자주 수행하는 역할은 교사, 상담자, 자문가이지만, 수퍼바이저가 이전에 평가자, 강사, 상담자 등의 역할을 수행한 경험은 수퍼비전 실제에서 수퍼바이저의 행동과 태도에 영향을 미친다.
- 이론적 경향성: 수퍼바이저는 수퍼바이지에게 수퍼바이지가 직면한 사례에 상담의 이론적 원리를 어떻게 적용해야 할지를 가르치게 된다. 따라서 수퍼바이저는 무엇을 어떻게 가르칠지 결정할 때 자신의 지식 기반에 의존하고 수퍼바이지의 기대를 고려하지 않을 수도 있다. 혹은 특정한 이론적 선호를 가진 수퍼바이저가 그들의 접근을 원하는 사람들만을 수퍼바이지로 선택하기도 한다. 수퍼바이저의 이론적 경향성은 수퍼비전 관계 구조와 깊은 관련을 갖는다.
- 문화적 요소: 수퍼바이저가 속한 문화의 가치는 수퍼바이저의 태도와 행동에 드러난다. 뿐만 아니라 수퍼바이저의 성별, 민족성, 인종, 성적 선호, 종교적 신념, 개인의 사회적 도덕적 판단에 강력하게 영향을 주는 개인적 가치도 이에 포함된다.
- 자기표현 양식: 자기표현 양식(self-presentation)이란 각 개인의 대인관계에

서 드러나는 자기를 설명하는 데 사용하는 개념이다. 자기표현 양식은 생애 초기에 학습되고 성인기에까지 유지되는 행동의 습관적 방식이며, '관계에서의 개인적 양식'으로 설명될 수 있다. SAS 모델에서 자기표현 양식은 내담자가 다른 사람에 대한 특정한 감정을 전달하는 데 관여하는 정서적·언어적·비언어적 행동을 설명하는 데 사용된다. 이러한 행동들은 습관적이고 의식적인 점검을 요구하지 않거나 의도적으로 조절된다.

(2) 수퍼바이지 요인

- 상담 경험: 수퍼바이지가 전문적 역할과 상담 과업에 대해 익숙한 정도는 수퍼바이저가 수퍼바이지의 역량에 대해 기대하는 정도와 수퍼비전에서 수퍼바이지의 요구와 관련된다.
- 이론적 경향성: 수퍼바이저는 수퍼바이지의 인간 행동과 변화에 대한 관점이 수퍼비전의 일부라고 인식하여 지금까지는 이 부분에 관심을 별로 두지 않았다. 그러나 수퍼바이지의 이론적 경향성은 수퍼비전에서 고려될 필요가 있다.
- 학습 양식/요구: 수퍼바이지의 학습 양식과 수퍼비전의 기능과 과제를 결정하는 데 있어 중요한 역할을 한다. 특히 수퍼바이지의 학습 양식과 도구에 대한 개인차를 고려하는 것은 수퍼비전의 만족도에 영향을 미치게 된다.
- 문화적 특성: 성별, 민족성, 인종, 성적 선호, 종교적 신념, 개인의 집단 정체성의 중심이 되는 개인적 가치 등이 포함된다. 특히 수퍼비전 관계에서 힘과 참여의 구조는 문화 간 맥락에서 더 복잡하게 나타나는데, 이는 소수자와 비소수자 사이의 일반적 사회에서의 힘의 복잡성이 추가되기 때문이다.
- 자기표현 양식: 다른 사람들에게 특별한 인상을 심어 주기 위해 개인의 행동을 조절하는 것을 의미한다. 수퍼바이지의 대인관계 특성과 정서적 특성은 수퍼바이지의 자기표현 양식으로 설명될 수 있다.

(3) 내담자 요인

- **내담자 특성**: 심리치료에 영향을 주는 내담자 변인에는 사회적 지위, 성격적 특성, 연령, 성별, 지능, 인종, 민족성 등이 포함된다. 수퍼바이저는 내담자의 나이, 민족, 성별, 인종 등이 상담자와 잘 매치되었는지를 판단하고 상담 관계에서 나타나는 다양한 어려움을 해결함에 있어서 내담자의 특성을 고려하게 된다.

- **호소 문제와 진단**: 내담자 문제를 파악하는 것은 수퍼비전의 첫 번째 주제다. 수퍼바이저와 기관은 내담자의 문제를 파악하여 적합한 상담자에게 배정하고 이때 수퍼바이지의 전문 영역이 고려된다. 수퍼바이지가 해결하지 못한 삶의 문제를 내담자가 겪고 있을 때 수퍼바이저는 수퍼바이지의 역전이를 다루거나 적절한 다른 상담자에게 의뢰해야 할 수도 있다. 내담자의 특성은 수퍼바이저와 수퍼바이지가 수퍼비전에서 다룰 주제와 많은 관련이 있다. 뿐만 아니라 수퍼바이저는 내담자가 적절한 수퍼바이지에게 상담을 받는 것에 대해 책임이 있다. 수퍼바이지의 역량 영역과 수준과 내담자의 요구 사이의 매칭은 내담자 문제의 심각성에 따라 달라질 수 있다.

- **상담 관계**: 상담 관계 역동이 수퍼비전 상황에서 재실행되는 것을 병렬 과정이라고 하는데, 병렬 과정은 상담 관계의 중심 역동 과정이 수퍼비전 관계에서 수퍼바이지에 의해 무의식적으로 일어날 때 생긴다. 수퍼바이지가 상담에서 어려웠거나 무기력을 경험하면 수퍼바이지도 내담자의 저항과 유사한 대인관계 전략을 사용하여 수퍼비전에 임할 수 있다. 만약 수퍼바이저가 이러한 역동과 수퍼바이지의 무기력을 수퍼비전 관계에서 인식하지 못하면 수퍼바이지가 상담 관계에서와 유사한 역할을 하여 이 재실행에 공모하게 될 수 있다. 수퍼바이저가 이를 인식하고 즉각적으로 개입하면 수퍼바이지는 개념적이고 경험적으로 내담자의 행동의 의미를 이해하고 문제에 대한 치료적 접근을 회복할 수 있게 된다.

(4) 기관 요인

- 기관의 내담자군: 기관의 서비스를 받는 내담자들이 어떤 집단인가에 따라 수퍼비전에서 다루어져야 할 과제와 이를 위해 수퍼바이저가 수행해야 할 기능이 달라질 수 있다. 예를 들어, 주요 서비스 대상이 특정 연령이나 발달 단계의 내담자들이라면 기관은 수련 과정에 특정한 내용을 포함하거나 특별하게 고안된 수퍼비전 기법을 특화시킬 수도 있다.
- 조직의 구조와 분위기: 기관에 속해 있는 수련 프로그램은 다양한 역할을 필요로 한다. 즉, 기관의 관리자, 임상 수퍼바이저, 수퍼바이지, 내담자 간에 발생하는 상호작용에 따라 수퍼비전의 목표와 동기가 달라질 수 있다.
- 전문가로서의 윤리와 기준: 전문가 집단에서 수퍼바이저는 수퍼바이지에 의한 내담자 치료에 책임을 지고, 수퍼바이지를 교육시키고, 무능력과 전문성의 손상으로부터 이들을 보호할 책임이 있으며, 또한 기관의 특정 기준, 규칙을 따라야 한다. 따라서 수퍼바이저는 전문성의 기준과 기관에서 즉각적으로 요구하는 서비스 사이의 균형을 찾아야 하며, 수퍼바이저로서의 책임과 관련된 기준과 윤리조항 등을 고려할 필요가 있다.

적용

SAS 모델은 다른 수퍼비전 모델들에 비해 수퍼바이저가 수퍼비전에서 무엇을 해야 하는지, 어떻게 해야 하는지, 그리고 어떠한 환경에서 개입해야 하는지에 대한 지식을 구체적으로 제공해 준다. 특히 이 모델은 다른 모델들과 달리 체계적으로 수퍼바이저를 교육시키고 수퍼바이저들을 자문하는 데 활용하기 위해 고안되었다.

SAS 모델은 수퍼비전에 대한 수퍼비전 혹은 자문을 수행하는 데 유용한 도구가 될 수 있다. 수퍼비전 사례별로 SAS 모델이 제시한 일곱 가지 요소들을 분석하고 이에 기초하여 수퍼비전의 과제와 기능이 적절하게 선택되었는지, 수퍼비전 과정의 핵심이 되는 수퍼비전 관계의 특성은 어떠한지, 이러한 수퍼비전 관계의 특성이 수퍼비전 과제와 기능을 선택하는 데 어떠한 영향을 미치는지, 그리고 이들 각각의 요소들에 양방향적 영향을 미치는 맥락적 요인들은 어떠한지에 대한 분석은 향후 수퍼비전 수행의 수준을 향상시키는 데 도움이 될 수 있다.

○ 요약

수퍼비전이 심리치료와는 차별화된 특성을 갖는다는 인식은 기존의 심리치료 이론에 기초하여 수퍼비전을 이해하려는 노력에서 더 나아가 범이론적으로 수퍼비전에 대한 이론을 재정립하고자 하는 노력으로 이어져 왔다. 이러한 시도에서 출발한 수퍼비전 모델들은 수퍼비전이 수퍼바이지가 상담자로서 발달할 수 있도록 조력하는 활동이라는 점에서 수퍼비전의 목표를 명료화하고, 수퍼비전 과정, 수퍼비전에서 수퍼바이저의 역할, 그리고 효과적인 개입의 방향을 모색하고자 하였다. 상담자 발달 모델은 상담자의 발달단계에 대한 이해를 바탕으로 수퍼바이지의 발달 수준에 따라 나타날 수 있는 특성들을 이해함으로써 발달 특성에 기초한 효과적인 수퍼비전 개입을 위한 시사점을 제시하고 있다. 또한 상담자 발달 모델은 초기에 수련기간 동안의 발달적 특성에만 초점을 두었지만 최근에는 상담자로서 전생애적인 발달의 단계와 특성들이 제시되면서 수련 이후에도 상담자 스스로 전문가로서의 성장과 발달을 되돌아볼 수 있는 자기성찰의 토대를 마련해 주었다. 변별 모델은 수퍼비전에서 수퍼바이저의 구체적인 역할을 강조하고 있는데, 수퍼바이저는 수퍼비전의 초점에 따라 교육자, 상담자, 자문가의 역할을 유연성 있게 수행할 필요가 있다. 마지막으로 체계적 수퍼비전 모델은 그간의 수퍼비전 모델들에서 제시한 핵심적인 내용들을 통합하여 수퍼비전에서 이루어져야 할 과제와 수퍼바이저가 이를 달성하기 위해 활용할 수 있는 수퍼바이저의 기능을 제시하였다. 체계적 수퍼비전 모델은 다양한 수퍼비전 상황에서 수퍼바이저의 효율적인 개입을 돕는 구체적인 지침을 제시할 뿐 아니라 수퍼바이저를 위한 구체적인 교육에 활용될 수 있다.

제3부

상담 수퍼비전의 실제

제8장 개인 수퍼비전
제9장 집단 수퍼비전

제8장
개인 수퍼비전

| 심흥섭 |

1. 수퍼비전 준비 단계

수퍼바이지들은 수퍼바이저에 대한 정보(수퍼바이저의 이론적 배경, 수퍼비전 양식, 전문성, 인간적 매력 등)를 수집하여 평가한 후 자신과 맞는 수퍼바이저를 찾아 수퍼비전을 신청한다. 처음 수퍼비전을 하는 수퍼바이저라면 수퍼비전을 시작하기 전에 상담자로서 또 수퍼바이저로서 자신을 점검하는 시간을 갖고, 자신이 도와줄 수 있는 수퍼바이지들의 범위에 대해 생각해 볼 것을 권한다.

1) 수퍼바이저로서의 자기점검

수퍼바이지들이 수퍼바이저에게 어떠한 상담 훈련을 받았는지 묻는 경우는 드물지만 실제 그런 질문을 받았을 때 이를 설명해 주는 것이 수퍼바이저의 윤리다. 수퍼바이저로서 수퍼바이지에게 당신의 훈련받은 상담 접근법, 수퍼비전 양식을 설명할 수 있도록 준비한다.

먼저 자신이 상담자로서 걸어온 과정을 훑어보며 수퍼바이저로서 자신을 점검해 본다. 자신의 상담 경험, 훈련받은 상담 접근법들, 수퍼바이지 경험, 수퍼비전과 관련된 기술과 지식, 수퍼비전에 대한 경험 등을 검토하며 수퍼비전에서 선택하게 될 접근법을 명확히 한다. 또한 자신의 장점과 더 개발되어야 할 영역에 대해서도 파악해 둔다.

수퍼비전을 준비하는 자기점검 과정에서 구체적으로 다음 사항을 자문해 본다.

- 나는 상담자로서 어떤 교육과 훈련을 받아 왔는가?
- 어떤 유형의 내담자에게 가장 효과적이었나? 버겁거나 효과적이지 않았던 내담자들은 어떠한 특성을 가진 사람들이었나?
- 나는 교사(teacher), 상담자(counselor), 자문가(consultant) 중 어떤 역할에 대한 경험이 많은가? 경험이 적었던 역할은 무엇인가?
- 어떤 상담 접근법에서 효과적이며 편안하게 수퍼비전을 받았는가? 그것은 어떤 요인 때문이었는지?
- 내가 선호하는 수퍼비전 양식은? 그 이유는? 그런 방법으로 수퍼비전하는 수퍼바이저는 누구였나? 다른 수퍼비전 양식을 가진 수퍼바이저는 어떤 사람이었나? 이들 사이에는 어떤 차이가 있는가?
- 수퍼바이지로서의 경험에서 효율적이었던 개입법으로 생각되는 것은? 또 효율적이지 않았던 개입법은? 당시 나의 정서적 · 인지적 · 행동적 반응은 어떠했나? 수퍼비전에서 나는 이 개입법을 언제 사용할 수 있겠는가?
- 나는 수퍼비전과 수퍼바이저에 대해 어떤 기대를 가졌었는가? 시간이 지나며 그 기대는 어떻게 변했나? 나와 같은 기대를 가진 수퍼바이지는 누가 있었고 다른 기대를 가졌던 수퍼바이지를 기억해 본다면 그들은 어떠한 기대를 가졌었나? 이들의 차이는 무엇이었나?

2) 어떤 상담자들을 수퍼바이지로 받아들일 것인가

수퍼바이저는 상담의 전문직을 지키는 문지기(gatekeeper) 역할을 해야 한다. '나에게 수퍼비전 받고자 하는 사람들을 모두 받아들일 것인가?'와 관련된 질문은 수퍼바이저 역할과 관련하여 의미 있는 주제다.

인턴 제도를 운영하는 상담기관은 수퍼바이지 특성을 고려하여 수퍼바이저를 배정한다. 이런 경우 보통은 기관 안에 있는 수퍼바이저가 주 수퍼바이저 역할을 하게 되며 주 수퍼바이저는 수퍼비전 회기 밖의 다양한 장면에서 수퍼바이지의 모습을 모니터링할 수 있는 시간이 있어 수퍼바이지의 전체적인 모습을 볼 수 있는 기회가 많다. 따라서 상담 기술뿐만 아니라 상담자로서 필요한 인성적 · 윤리적인 판단을 하고 의사 결정할 수 있는 능력, 상담과 관련된 행정적인 일을 하는 능력 등 전체적인 모습을 지켜보고 수퍼비전 종결 시 이런 자료들을 종합하여 평가한다.

하지만 상담자가 일하는 기관에 수퍼바이저가 없으면 상담자는 외부에 있는 수퍼바이저를 찾아가게 된다. 이런 상황에서 수퍼비전 받고자 찾아오는 상담자들을 모두 받아들일 것인가는 수퍼바이저로서 생각해 볼 문제다.

미흡한 상담 기술은 수퍼비전과 훈련을 통해 학습되지만 건강하지 못한 성격으로 내담자에게 해를 줄 수 있는 성격특성들은 쉽사리 변하지 않는다. 개인 수퍼비전에서 수퍼바이저는 타인을 돌보는 상담자로 기능할 수 있을 만큼 충분히 건강하지 못하고 인간적 자질이 미흡한 수퍼바이지를 스크리닝해야 한다. 상담자의 건강한 성격특성이 내담자에게 끼치는 영향의 중요성을 아는 상담자들은 교육과정에 포함되어 있지 않아도 자기성장을 위하여 꾸준히 노력한다. 그러나 아쉽게도 소수의 상담자들은 이 점을 간과하고, 상담자로 훈련받는 동안 상담 기술에만 초점을 두는데 건강하지 않은 상담자들에게서 그런 경우를 종종 볼 수 있다.

더욱이 한국의 상담자 교육과정에는 이들을 스크리닝할 수 있는 제도적 장치가 없어 이들도 어떤 시점이 되면 수퍼비전을 받는다. 이들에겐 내담자를 상담하고 수퍼비전을 받는 것보다 자신이 상담을 받는 것이 우선적인데 아쉽게도 이를 알아차리지 못한다.

필자는 가능하면 개인 수퍼비전을 시작하기 전에 건강하지 못한 상담자를 선별해서 개인 수퍼비전에서 배제하고 대신 상담을 받도록 권한다. 때문에 수퍼비전을 시작하기 전에 필자와 일련의 접촉이 있었던 상담자들 중에서 상담자로서 적합한 특성들이 갖추어져 있는지를 고려하여 수퍼비전 관계로 들어갈 것인지를 결정한다. 이때 고려하는 특성들로는 긍정성, 사고의 유연성, 협동성, 책임감, 윤리성, 피드백을 수용하고 기꺼이 사용하는가, 자신의 상태와 자신이 타인에게 미치는 영향을 알아차리는 능력, 갈등을 다루는 능력, 감정을 적합하고 효율적으로 표현하는 능력 등이 포함된다.

필자와의 과거 접촉 경험을 통해 상담자로서 적합하지 않다고 판단하면 개인 수퍼비전을 사양하고, 미비한 것을 보완할 수 있는 과정들을 안내해 준다. 접촉이 전혀 없었던 사람들이 수퍼비전을 받고자 한다면 일정 기간 동안 서로를 파악할 수 있는 시간을 가진 후 결정하자고 제안한다.

즉, 수퍼바이저는 상담자로서 부적합한 사람들을 선별하고, 전문상담자로서 내담자를 도울 수 있는 역량을 갖추도록 예비상담자들을 훈련시키며, 이를 통해 내담자와 상담자 모두를 보호하고, 나아가 상담계의 전문성을 지키는 문지기 역할을 해야 한다.

2. 수퍼비전 초기 단계

상담 초기에 내담자와 라포를 형성하고 사례를 개념화하여 상담목표를 설정하는 것처럼, 수퍼비전에서도 초기에 수퍼비전에 대한 계약을 맺고, 수퍼바이지와 신뢰성 있는 관계를 형성하며 수퍼바이지의 상담 기술과 발달 수준을 평가하고 학습목표를 설정한다.

1) 첫 회기: 수퍼비전 계약

수퍼비전 관계의 핵심 중 하나는 서로 동의(agreement)한 기간에 역시 서로 동의한 것을 배우기로 한, 일종의 계약(contract)에 의해 성립된 관계라는 점이다. 그러므로 첫 시간에 수퍼바이저와 수퍼바이지가 자신들에 대한 정보를 교환하는 것은 이후의 수퍼비전 관계가 발전하는 데 초석이 된다(Carifio & Hess, 1987).

첫 회기의 주요 과제는 수퍼비전 계약을 명확히 하고 수퍼바이지의 상담 기술과 발달 수준을 평가하여 적합한 수퍼비전 목표를 합의하는 일이다. 수퍼바이지에게 상담하고 있는 곳, 그 기관의 문화적 특성이나 규칙, 현재 만나고 있는 내담자의 공통특성과 인원수, 이전의 상담 훈련 경험, 특히 수퍼비전 경험, 선호하는 상담 양식과 수퍼비전 양식을 묻고 첫 회기가 끝나기 전에 다음 사항을 명확히 한다.

- 주 수퍼바이저는 결정되어 있는가? 수퍼바이지는 나와의 관계에서 어떤 역할을 어느 정도 기대하는가? 이때 주 수퍼바이저의 역할까지 기대한다면 이에 대한 입장 및 한계를 분명히 한다.
- 얼마나 자주, 어디서, 어느 정도 기간 동안 몇 회 정도의 수퍼비전을 할 것인가? 수련 과정에 있는 상담자라면 한 학기를 단위로 수퍼비전을 하는데 매주 만나기 어려운 경우엔 한 학기에 15회기 내외의 만남을 제안한다. 이는 1명의 수퍼바이저에게 15회기 내외의 지도를 받았을 때 높은 학습효과를 느낄 수 있었다는 경험적 연구 결과(방기연, 2006)와 필자의 체험을 바탕으로 정한 것이다. 또한 상담자로 성장하는 데 있어 다양한 수퍼바이저를 경험하며 모델링하는 것도 상담 훈련생들에게 유익하리라 생각하기 때문이다.
- '수퍼비전 자료는 무엇을 사용할 것인가?' '기록, 녹음(audio, video)을 사용할 것인가?' '수퍼바이지는 어떻게 테이프를 준비할 것인가?' 등을 논의한

다. 필자는 초보 상담자에겐 기본적인 상담 기술을 익히도록 하기 위하여 축어록과 녹음 테이프, 비디오를 사용하고, 기본적인 상담 기술에 숙달된 상담자라면 요약한 상담기록을 사용한다.

• '어떤 방식으로 수퍼비전을 진행할 것인가?' '수퍼바이저의 질문으로?' '내담자에 대한 요약이나 수퍼바이지의 질문으로?' '테이프를 들으며?' 등을 논의한다.

• '자살시도와 같은 위기 시 어떻게 대처할 것인가?' '나와 접촉할 수 있는 방법은?' '특히 주 수퍼바이저가 없거나 정하지 못한 경우, 나와 연결되지 않을 때에는 어떻게 할 것인가?' 등을 논의한다.

• 수퍼비전에 대한 내담자 동의는 어떤 형식으로 받을 것인가? 내담자 수가 충분하지 않으면 어떻게 할 것인가? 등에 대해서도 나눈다.

미국의 경우 수퍼비전을 시작하며 수퍼바이저와 수퍼바이지가 서로 계약서를 주고받지만, 우리나라는 아직 이런 계약 문화에 익숙하지 않아 약정서까지 주고받지는 않는 실정이다. 그러나 수퍼비전 관계의 명확한 경계선을 설정하는 것은 후일, 서로 다른 기대로 인해 발생할 수 있는 곤란한 상황을 사전에 예방하는 데 도움이 된다. 한국 사회도 조만간 약정서를 사용하게 될 시기가 올 것이라고 생각하지만 현시점에서는 구두로라도 이러한 점을 명확히 할 것을 권한다. 오스본과 데이비스(Osborn & Davis)의 수퍼비전 계약서를 기본으로 하고 개인적으로 수정해서 사용할 수 있는 계약서를 〈표 8-1〉에 제시하였다(Bernard & Goodyear, 2009 재인용).

ㅇㅇㅇ **표 8-1 수퍼비전 계약서**

수퍼바이저_____와 수퍼바이지_____는 다음과 같이 상담 수퍼비전을 할 것을 약정한
다. 현재(20___년___월) 수퍼바이저는 한국상담심리학회 상담심리사 1급 자격증 및 수련
감독자 자격증을 보유하고 있으며, 수퍼바이지는(상담 실습생, 인턴 상담원)으로서_____
에서 근무하고 있다.

1. 수퍼비전 목표와 목적
ㄱ. 수퍼바이지의 상담을 모니터하고, 내담자의 복지를 보장한다.
ㄴ. 수퍼바이지의 전문상담자로서의 정체성 확립과 지속적인 전문성 발달을 촉진한다.
ㄷ. 수퍼바이지의 기관/실습에서 요구하는 학습 요건들을 충족시킨다.
ㄹ. 수퍼바이지의 상담자 자격증 취득을 위한 자격 요건들을 충족시킨다.

2. 수퍼비전
ㄱ. 개인 수퍼비전은 _____에서 이루어지며, 매주_____요일날__ : __부터__ : __까지
   50분간 진행된다.
ㄴ. 개인 수퍼비전에서는 축어록, 녹음/녹화 테이프, 사례기록지, 대인관계 과정 회상 기법
   이 사용된다. 이를 위해 수퍼바이지는 매주 관련 수퍼비전 자료를 준비한다.

3. 수퍼비전 평가
ㄱ. 매 회기 수퍼바이저는 수퍼바이지에게 피드백을 제공할 것이다. 피드백은 수퍼바이저
   의 상담 기술, 사례개념화, 임상적 진단, 개인적 문제 등 상담을 진행하는 데 있어 영향
   을 미치는 모든 부분을 다룬다.
ㄴ. 수퍼비전 기간 중에 그리고 수퍼비전 종결 시에 서술적 평가를 제공할 것이다.
ㄷ. 수퍼바이지의 기관/실습에서 표준화된 평가를 요청하는 경우 이에 응한다.
ㄹ. 수퍼바이저의 판단과 수퍼바이지의 요구가 있을 경우, 수퍼비전 노트는 서로 공유될
   수 있다.
ㅁ. 수퍼바이저의 최종 종합평가는 수퍼바이지의 교육적 · 행정적 요구에 사용될 수 있다.

4. 수퍼바이저의 의무와 책임
ㄱ. 수퍼바이저는 수퍼바이지의 상담목표와 계획을 검토한다.
ㄴ. 수퍼바이저는 내담자가 제시하는 불만 사항을 검토해야 한다.
ㄷ. 수퍼바이저는 수퍼바이지가 모든 상담기록을 문서화 · 승인화할 수 있도록 관리한다.
ㄹ. 수퍼바이저는 수퍼바이지가 사용한 상담 접근법과 기술에 대한 정확한 지식을 가지고
   지도해야 한다.
ㅁ. 수퍼바이저는 수퍼바이지의 상담의 기초기술을 감독한다.
ㅂ. 수퍼바이저는 수퍼바이지의 전문가로서의 발달을 지지한다.
ㅅ. 수퍼바이저는 상담윤리를 준수하고, 수퍼바이지가 상담윤리를 준수하는지 감독한다.

ㅇ. 수퍼바이저는 수퍼바이지에게 모범을 보여야 한다.

ㅈ. 수퍼바이저는 내담자가 위험에 처해 있을 때 개입할 수 있다.

ㅊ. 수퍼바이저는 수퍼바이지와의 수퍼비전을 매주 기록하고 보관해야 한다.

5. 수퍼바이지의 의무와 책임

ㄱ. 수퍼바이지는 상담윤리를 준수해야 한다.

ㄴ. 수퍼바이지는 매주 축어록 및 상담회기 녹음/녹화 테이프를 준비해야 한다.

ㄷ. 수퍼바이지는 현재 진행되고 있는 모든 상담사례와 관련한 상담사례기록지, 녹음/녹화 테이프를 준비해야 한다.

ㄹ. 수퍼바이지는 자신의 가설과 사례개념화를 타당화해야 한다.

ㅁ. 수퍼바이지는 자신이 사용한 접근법과 기술을 정당화해야 한다.

ㅂ. 수퍼바이지는 매 회기 사례기록을 완성하고, 모든 기록문서는 안전이 보장되는 정해진 장소에 보관해야 한다.

ㅅ. 위급상황 시 수퍼바이지는 본 수퍼바이저와 주 수퍼바이저, 소속기관의 책임자에게 연락을 해야 한다.

ㅇ. 이후의 수퍼비전 회기에서 논의되는 수퍼바이저의 지시를 따른다.

6. 절차상의 고려사항

ㄱ. 수퍼바이지의 상담회기 기록과, 상담계획, 축어록, 녹음/녹화 테이프는 매주 검토하고 평가된다.

ㄴ. 수퍼바이지의 상담전문가 발달과 관련된 문제들은 수퍼비전에서 논의된다.

ㄷ. 이 계약서에 제시된 지시사항을 따르는 데 있어서 발생하는 수퍼바이저와 수퍼바이지 갈등과 실패는 수퍼비전 중에 논의된다. 만약, 수퍼비전 중에 해결되지 않는 문제가 있을 경우, _____(주 수퍼바이저, 수퍼바이지의 지도교수, 소속기관의 책임자, 수퍼바이저의 동료상담자)와 상의하게 될 것이다.

ㄹ. 비상사태 시, 수퍼바이지는 수퍼바이저에게 연락한다.

　　e-mail: _____

　　상담실 번호: (　) _____ - _____

　　휴대폰 번호: _____ - _____ - _____

7. 수퍼바이저의 전문성

_____는 _____에서 상담 교육으로 박사학위를 취득했으며, 한국상담심리학회 상담심리사 1급 자격증, 수련감독자 자격증, … (기타 등등) … 의 자격증을 보유하고 있다. 수퍼바이저는 _____년의 상담 경력과 _____년의 수퍼바이저 경력이 있다. 수퍼바이저의 주 관심 대상자는 _____이고, 이와 관련하여 _____(논문, 발표 등의) 경험이 있다. 현재 수퍼바이저는 _____에서 _____으로 소속되어 있다.

8. 계약 기간

이 계약서는 수퍼바이저나 수퍼바이지의 요청이 있을 시 상호동의하에 언제든지 수정가능하다. 계약에 대한 공식적인 검토는 20___년 ___월에 이루어질 것이다.

우리는 최선을 다하여 이 수퍼비전 계약서에 명시된 지시사항을 따르기로 합의하였으며, 우리가 소속해 있는 전문가협회의 윤리 규정을 준수하며 전문가로서 행동할 것에 동의한다.

이 계약서는 _____(시작일)부터 _____(만료일)까지 유효하다

수퍼바이저: _____ 날짜: _____

수퍼바이지: _____ 날짜: _____

(수퍼비전이 이루어지는 장소, 로고 및 서명)
(예) 세은심리상담연구소

(계약서 수정일)
20___년 ___월 ___일

특히 주 수퍼바이저를 결정하는 데 있어 발생하는 갈등은 첫 회기 수퍼비전을 약정할 때 이를 분명히 표현함으로써 줄일 수 있다. 많은 수퍼바이지는 일정 기간 수퍼비전을 해 준 수퍼바이저가 당연히 주 수퍼바이저로 응낙할 것을 기대한다. 더러는 이를 합의하지 않은 채 지내다 자격증 취득서류를 구비하는 시점에 사인을 받으러 오기도 한다. 그러나 상담자로서 성장해 가는 상담 훈련생을 여러 장면에서 관찰하고 지켜보며 그때그때 피드백을 줄 수 있는 주 수퍼바이저와 수퍼비전 관계에서만 만났던 수퍼바이저의 역할은 다르다. 수퍼바이지는 이 차이에 대한 인식이 없기 때문에 이런 경계를 명확히 하는 점에선 수퍼바이저가 주도적이어야 한다. 필자는 수퍼비전 첫 회기 시, 주 수퍼바이저가 누구인지 묻고, 아직 미결정 상태라면 필자가 주 수퍼바이저를 응낙할 것인지 아닌지를 명확히 말해 준다. 이때 수퍼바이지가 주 수퍼바이저 역할까지 기대했다 거절당하면 주 수퍼바이저를 해결해야 하는 과제 때문에 걱정도 하지만 대체로 납득하

고 받아들이며 수퍼바이저를 더 신뢰하기도 한다.

수퍼비전 첫 회기에 분명히 해야 할 사항들을 정리하면 〈표 8-2〉와 같다.

ㅇㅇㅇ **표 8-2 수퍼비전 첫 회기 체크리스트**

수퍼비전 구조화(기간, 날짜, 시간 등)
수퍼비전 계약서 작성
수퍼바이저와 수퍼바이지의 차이점/유사점이 수퍼비전 관계에 미칠 수 있는 영향 논의
수퍼비전 윤리 리뷰 - 개인정보 보호
수퍼바이저의 전문가 훈련배경 설명
수퍼비전 양식일 및 과정 설명 - 축어록 준비 - 녹음 · 녹화 테이프 준비
수퍼비전 관련 문서 확인(상담 녹음 동의서, 수퍼비전 녹음 동의서, 기록지 등)
수퍼비전 기대 및 목표 확인
수퍼바이지의 현재 발달 단계 평가 - 상담 훈련 경험 - 수퍼비전 경험(이전 수퍼비전 관계 평가) - 자기평가(장단점, 이론적 배경, 선호 접근법) - 현재 상담하고 있는 기관에 대한 정보
수퍼비전 목표 설정
위기개입 전략 수립

2) 수퍼비전 동맹

상담 초기 단계에서 치료동맹의 질이 상담결과를 예측하는 중요한 변수이듯 수퍼비전 관계에서도 수퍼바이지와의 동맹은 중요하다. 보딘(Bordin, 1983)은 수퍼비전 작업동맹을 서로의 관계에 대해 수퍼바이저와 수퍼바이지가 어떻게 지각하고 있는가를 나타내는 것으로 보았다. 그리고 수퍼비전 작업동맹이 목표, 과제, 유대의 세 가지 요인으로 구성되어 있다고 하였다. 여기서 목표 요인은 수퍼비전 목표에 대한 생각과 감정에 대해 서로 이해하고 동의하는가를 말하고, 과제 요인은 목표성취를 위해서 서로에게 기대하는 역할과 구체적인 과업에 대한 동의 여부를 의미한다. 유대 요인은 서로에게 갖고 있는 호감, 돌봄 등과 같은 긍정적인 감정을 포함한다.

첫 회기에 수퍼비전에서 무엇을 기대하는지 서로 대화를 나누며 목표를 명확히 하고 합의하는 것은 수퍼비전 동맹을 구축하는 데 필요하다.

수퍼비전 약정에서 기술했던 것 중, 서로에 대한 기대를 분명히 하고 어떻게 수퍼비전을 준비할 것인가를 논의하는 것은 수퍼비전 동맹의 과제 요인을 다룬 것이다.

수퍼바이저가 수퍼바이지의 자원을 찾아 확인하고 지지해 주며 이들의 불안과 수치심 그리고 두려움을 잘 포용하는 것은 수퍼비전 동맹의 유대 요인과 관련된다. 예를 들어, 상담 경험이 적은 수퍼바이지는 자신이 한 상담에 대해서도 자신이 없고 수퍼바이저에게 어떻게 보일까도 두려워한다. 위축되어 있는 상담자에게 수퍼바이저로서 솔직하게 자신의 경험을 개방하고 수퍼바이지를 포용해 주는 것은 수퍼비전 동맹을 확고히 하는 데 도움이 된다. 또한 수퍼바이저가 포용성이 없고 상호작용이 일방적일 때 수퍼바이지들은 자신의 실수나 정말 중요한 내용을 개방하기 어려워한다. 수퍼바이지가 많은 내용을 보고하지 않을 경우 수퍼바이저는 수퍼바이지에게 일어나는 중요한 부분을 놓칠 수 있다. 이 외에도 수퍼바이저의 친절, 열성과 성의, 공감적이며 비평가적인 태도, 새로운 시도를 격려하는 것도 수퍼바이지가 수퍼비전을 긍정적으로 체험하게 하는 요인이 된다.

수퍼비전 동맹이 잘 형성되어 있으면 수퍼바이저는 수퍼비전에서 내용과 관계를 다루는 역할을 유연하게 넘나든다. 예를 들면, 수퍼비전 중 무엇인가 잘 안되는 느낌이 들고 석연치 않다고 생각되면 언제라도 내용에 대한 논의를 중단하고 수퍼비전 과정을 탐색할 수 있다. 수퍼바이지도 좋은 관계에서 자신감을 잃지 않고 유연하게 가설을 재검토하며, 상담의 성과나 내담자 변화를 거시적인 안목으로 볼 수 있다. 나아가 자신이 잘 모르는 것, 실수까지도 안전하게 드러내고 다시 도전할 수 있는 용기를 얻는다. 홀로웨이(Holloway, 1995)는 상담자 발달 초기 단계로부터 독립의 단계에 도달하기까지 수퍼비전 관계의 질이 상담자의 변화와 수퍼비전의 효율성에 기여하는 변인이라고 보았다.

우리나라 수퍼바이지들은 수퍼바이저가 지도교수나 소속기관의 상사가 아닌 경우에도 수퍼비전 관계를 상하관계로 인식히는 경향이 있다. 따라서 수퍼바이저의 가르침을 절대적으로 수용하고 다른 의견이나 부정적 감정에 대해서는 침묵하는 상호작용을 보인다(방기연, 2006). 이는 수퍼바이지의 자기개방 시 예상되는 갈등에 대한 우려 때문인데 수퍼바이지뿐만 아니라 수퍼바이저의 발전에도 저해 요인이 된다. 경험적 연구들(손승희, 2004; 손은정 외, 2006)에 의하면 상담자 경력 수준이 증가함에 따라 수퍼비전에 대한 불안은 감소하고 개방하는 정도는 커지며, 개방의 정도가 커질수록 수퍼비전 만족도도 높아진다.

필자의 경험으로 보면 수퍼바이지와 협력관계를 구축하는 일은 내담자와 라포를 형성하는 일보다 쉬운 듯하다. 이는 필자가 수퍼비전을 시작하기 전에 집단 수퍼비전이나 집단상담을 통해 상담자로서의 준비도, 필요한 인성적 자질측면을 고려하여 선별한 것과도 연관이 있을 것이라 짐작한다.

3) 수퍼바이지의 상담 기술 및 발달 수준 평가

수퍼바이저는 수퍼바이지의 상담 기술을 평가하여 수퍼비전 목표를 설정하는 데 참고하고, 수퍼바이지의 발달 수준을 평가하여 수퍼바이지를 이해하고 수퍼비전 양식을 결정하는 데 반영한다.

(1) 수퍼바이지 상담 기술 평가

수퍼비전 초기 단계에서 수퍼바이저는 수퍼바이지의 상담 기술 평가를 기초로 수퍼비전 목표를 구체화한다. 평가가 구체적일수록 목표 설정과 수퍼바이지 변화를 확인하는 데 도움이 된다. 상담 기술 평가는 수퍼바이지에 대한 존중의 표시로 수퍼바이지의 자기평가로 시작할 수 있다. 구체적으로, 수퍼바이지에게 자신이 잘하는 상담 기술과 자신 있는 이론적 접근법, 상담자로서 자신의 장점과 자원, 앞으로 더 개발되어야 할 부분, 이전의 수퍼비전에서 자주 들었던 피드백에 대하여 말하게 한다. 수퍼바이지의 설명을 들으며 수퍼바이저는 수퍼바이지의 상담 기술(counseling performance skill)과 사례를 개념화하여 전략을 세우는 인지적 기술(cognitive counseling skill)을 주로 본다.

상담 기술은 상담을 촉진시키는 언어반응(반영, 공감, 해석, 개방적 질문, 인정, 지지, 직면, 성실성, 자기공개 등)뿐만 아니라 개입기술(둔감화, 빈 의자 기법, 역할연습 등)을 실행하는 능력을 포함한다. 상담 기술을 평가하기 위해서는 수퍼바이지의 초기면담 축어록을 살펴보며, 녹음/녹화 테이프를 리뷰하거나, 상담 장면 관찰, 역할연습 등 다양한 방식으로 평가할 수 있고, 평가도구를 사용할 수도 있다.

인지적 기술은 상담자가 내담자에 관한 자료를 선별하고 통합하여 내담자를 이해하고 임상적인 가설을 설정하여 사례를 개념화하고 상담목표를 설정하는 능력, 상담목표에 적합한 개입법을 선택하는 기술을 말한다.

수퍼바이저는 테이프를 함께 들으면서 수퍼바이지에게 다음과 같이 질문할 수 있다

- 내담자의 말에서 무엇을 듣고, 내담자의 행동에서 무엇을 보았는가?
- 자신이 관찰한 것을 근거로 어떤 가설을 세울 수 있는가?
- 이 시점에서 내가 말하거나 들은 것 이외에 다른 대안적 가능성을 생각해 본다면 어떤 것들이 있는가?
- 여러 대안들 중 이것을 선택한 의도는 무엇인가?
- 선택한 반응으로 어떻게 진행할 것인가?

이러한 질문에 응답하면서 수퍼바이지는 자신의 사례개념화 과정과 의사결정 과정을 검토할 수 있고 적절한 상담 개입법을 선택할 수 있게 된다.

상담 기술과 인지적 기술에 대한 평가 이외에 수퍼바이지를 이해하는 데 필요한 정보로 다음과 같은 것이 있다.

- 수퍼바이지 개인에 대한 인구학적 자료들: 나이, 성, 결혼 여부 등
- 수퍼바이지가 제시하는 문제 또는 수퍼비전 목표와 요구(need)
- 상담 관련 학습 이력: 상담 이론 교육 및 훈련 경험, 상담 및 수퍼비전 경험, 선호하는 상담 접근법
- 대인관계 양식: 내담자나 수퍼바이저를 대하는 일반적인 태도, 상담자/내담자 관계에 대한 관점, 관계 맺는 방식
- 환경적 요인: 수퍼바이지 인생에서의 지지 체계, 상담 세팅(setting), 스트레스 유발 요인
- 성격적 측면: 상담자로서 자아개념이나 정체성이 긍정적인가 부정적인가, 자신과 내담자 역동에 대한 통찰 수준
- 위의 것들을 통합하는 수퍼바이지 능력

(2) 수퍼바이지의 발달 수준 평가

상담자 발달 이론에서는 모든 상담자를 발달 과정 중에 있는 존재로 본다. 수퍼바이지는 상담자로서 개인적·전문적 정체감을 형성하며 성장하고, 그 과정은 전문인으로서 전 생애에 걸쳐 진행된다. 상담자 발달 이론에 대한 선행 연구들은 상담자 발달 수준을 고려하여 수퍼비전할 때 효율적이라고 보고한다. 그러므로 수퍼바이저가 수퍼비전 초기에 수퍼바이지의 발달 수준을 평가하는 일은 매우 중요하다.

수퍼바이지의 발달 수준을 평가하기 위하여 상담 기술에 대한 자신감뿐만 아니라 정서적 자각, 수퍼바이저에게 의존하는 정도, 인지적 유연성, 상담자로서의 정체감(Hardy & Roganbill, 1987, Skovholt & R?nestad, 1992 재인용) 등을 유의

하여 살펴본다. 아울러 윤리적 이슈를 다루는 태도, 상담의 한계를 자각하는 능력, 상담자가 내담자에게 주는 영향에 대한 통찰(Wiley & Ray, 1986) 측면도 살펴본다.

주 수퍼바이저는 이 외에도 상담자로서의 자질에 해당하는 수퍼바이지의 인성적 특성들, 대인관계, 상호협력하는 기술 등 다양한 측면도 주의 깊게 살펴볼 필요가 있다.

4) 목표 설정

촉진적인 수퍼비전이 되도록 수퍼바이지와 함께 수퍼비전 목표를 합의하고 설정한다. 수퍼바이지의 적극적인 참여로 합의된 목표는 수퍼바이지에게 동기를 부여하고 협동적인 관계를 형성하는 데 도움이 된다. 목표가 구체적이며 목표달성을 위한 행동적 단계가 제시되고 목표를 달성하였다는 근거를 알 수 있는 준거와 방법이 제시되었을 때 성공 가능성이 높다.

수퍼비전 첫 회기에서 필자는 수퍼비전에서 배우고 싶은 것, 다루고 싶은 것을 묻고, 그 반응을 기초로 수퍼비전 목표를 설정한다. 이때 수퍼비전 경험이 있는 수퍼바이지들은 대부분 자신의 발달 수준에 맞는 구체적이고 현실적인 목표를 명확하게 제시한다. 반면에 수퍼비전 경험이 적은 초보 수퍼바이지는 배우고 싶은 욕구가 크고 앞서서 자신의 수준에서 소화하기 어려운 것까지 많은 것을 원하거나 무엇을 배우고 싶은지 설명하기도 어려워하며 막연히 수퍼바이저에게 의존한다. 이런 경우는 수퍼바이저가 수퍼바이지의 상담 기술과 발달 수준을 고려하여 수퍼비전의 목표를 제안하고 합의한다.

목표를 설정할 때 수퍼바이저는 상담 기술이나 사례개념화 같이 상담의 내용에 지나치게 치우치지 않았는지 생각해 본다. 왜냐하면 수퍼비전에서는 내담자에 대한 관심과 함께 수퍼바이지가 한 사람의 전문인으로서 성장하는 것도 중요한 목표가 되기 때문이다. 따라서 수퍼바이저가 상담자로서 성장하는 데 중요한 요인인 자신과 타인을 알아차리는 능력 또는 자신을 성찰하는 모습, 모호함을 견디는 힘 등 상담자의 주요 덕목들도 목표에 반영하도록 고려한다. 또한 내담자와 상담에 영향을 미치는 수퍼바이지 문제들도 다루는데, 이 부분이 수퍼바이지의 개인적인 역동과 관련되어 있을 때에는 개인상담을 통해 도움을 받도록 권하기도 하지만, 상담자로서 폭넓은 발달을 위해 수퍼비전의 공간을 열어 놓는다. 수퍼비전 공간이 적당히 열려 있을 때 수퍼바이지들은 자유롭고 솔직하게 자신을 개방하며 어떠한 질문도 할 수 있다.

수퍼비전 목표는 위계적이어서 장기 목표와 단기 목표 모두 중요하다. 장기 목표와 연결되는 단기 목표, 단기 목표로 이끄는 일련의 행동들을 확인하고 이를 수퍼바이지가 인식하는 것이 중요하다. 예를 들어, 여러 가지 게슈탈트 기법을 익히는 것이 장기 목표라면, 적합한 내담자에게 빈 의자 기법을 활용하는 것을 단기 목표로 설정하고 단기 목표에 도달할 수 있는 일련의 행동들을 계획한다. 즉, 빈 의자 기법에 대한 책읽기, 이 기법을 사용한 테이프 보기, 수퍼바이저와 함께 이 기법을 사용할 내담자를 선택하여 어떤 근거로 그 내담자에게 적용하려는지 논의한다. 다음 내담자에게 실행할 대화를 구상하고, 동료나 수퍼바이저와 함께 역할연습을 하여 피드백을 듣고, 좀 더 개선한 후 실제 내담자에게 적용하도록 준비시킨다. 실행 후 평가를 하고 다음 단계의 목표에 반영한다.

수퍼비전의 장·단기 목표 이외에 회기별 목표를 설정하는 것도 좋다. 수퍼바이저와 수퍼바이지는 이번 회기의 목적이 무엇인지, 이번 회기에서 다루고자 하는 주제는 무엇인지를 논의함으로써 수퍼바이지가 각 회기에 대한 목표를 구체화하고, 이를 장·단기 목표와 연관시켜 볼 수 있도록 한다.

수퍼바이저의 목표와 수퍼바이지의 목표가 서로 다를 경우, 이를 합의하는 것은 수퍼비전에 대한 만족감이나 효율성 평가를 고려할 때 중요한 과제가 된다. 지나친 욕심을 피하고 현실적으로 가능한 목표를 세워 수퍼바이지가 자신감을 가지고 도전할 수 있도록 한다. 수퍼바이지는 자신이 목표를 향해 진보하고 있음을 평가할 기회를 갖고, 이전에 기술한 목표 달성 기준에 이르렀을 때, 새로운 다음 목표를 설정한다.

3. 수퍼비전 개입

축어록을 풀고 수퍼비전 자료를 준비하는 과정에서 수퍼바이지는 많은 것을 배운다. 예컨대 축어록을 준비하면서 자신의 언어반응을 관찰할 수 있고, 이미 알고 있던 이론적 지식과 통합하여 자신의 상담 기술을 평가할 수 있다.

수퍼바이지가 설정한 목표를 효과적으로 달성할 수 있도록 도와주기 위해서는 효과적인 개입이 필요하다. 수퍼비전 동맹에 필요했던 수용, 존중, 이해만으론 미흡하다. 어떠한 개입법을 선택할 것인가는 수퍼바이지의 학습목표, 경험 수준, 발달적 문제, 학습 양식, 수퍼바이지를 위한 수퍼비전의 목표 등을 고려하여 이루어진다.

수퍼비전에서 많이 사용되는 기법으로는 교육, 질문, 대안적 반응 연습해 보기, 역할 연습, 상호작용 회상하기, 수퍼비전 요약하기 등이 있다.

1) 교육 및 설명

필자의 경험에 비추어볼 때 교육 및 설명은 상담보다 수퍼비전 장면에서 더 많이 사용된다. 상담심리사 1급 자격증 소지자를 대상으로 한 방기연(2006)의 경험적 연구에서도 구체적인 기법교육의 부족함을 수퍼비전의 아쉬움으로 꼽았다. 특히 초보 수련생들은 자신이 전문적인 지식과 경험이 부족하다는 인식 때문에 수퍼비전을 교육의 순간으로 인식하는 경향이 있다. 따라서 이들은 직접적으로 가르쳐 주고 설명해 주는 구조적이며 교육적인 수퍼비전을 선호한다.

어떻게 첫 상담을 진행하고 목표를 구조화하는지도 설명하고 수퍼바이저가 이해한 내담자 상황이나 감정, 그리고 내담자 문제를 설명하기도 한다. 이런 수퍼바이저의 설명은 내담자에 대한 시각을 달리하며 좀 더 깊고 정확하게 그리고 전체적으로 사례를 이해하는 데 도움이 된다.

특히 인턴 상담원들은 수퍼바이저와 함께 축어록을 보며 인식하지 못한 부분이나 반응 하나하나를 검토하고 조언하는 구체적인 교육에서 많은 도움을 얻고 있다. 또한 교육이나 설명은 상담 기법뿐만 아니라 사례관리 및 기록, 상담기록과 검사결과 관리, 상담자로서의 자세나 태도, 윤리적인 문제를 다룰 수 있도록 구체적인 지침을 줄 때와 같은 상황에서도 사용된다.

2) 질문

수퍼비전에서 빈번하고도 다양한 의도로 사용되는 질문 기법은 명확하지 않은 부분을 드러나게 할 때뿐만 아니라 상담 과정에서 내린 수퍼바이지의 임상적 판단이나 가설이 무엇을 근거로 한 것인지 탐색할 때, 개입 목적이나 의도를 알아차리게 할 때, 개입의 효과를 스스로 평가해 보게 할 때, 대안적 사고를 생각해 보게 할 때, 수퍼바이지가 경험한 것을 재해석해 보게 할 때 등 다양한 장면에서 사용된다. 수퍼바이지가 무엇인가 탐색하고 알아차리게 하려는 의도를 가지고 질문했을 때는 즉각적인 답을 기대하지 않고 기다려 준다.

상담이나 수퍼비전에선 명료히 할 수 없는 부분들이 있고, 이를 견디는 능력도 수퍼바이지의 자원이다. 성찰적 수퍼비전 접근에서는 수퍼바이지가 성찰할 수 있는 환경을 제공하도록 수퍼바이저가 초심자들에게 즉각적인 해답을 주려는 충동을 자제하라(김진숙, 2006)고 한다. 수퍼바이지의 내면에서 언어로 표현하기 어렵지만 무언가 생각이 진전되고 역동이 흐르고 있는 것도 수퍼비전 효과라 볼 수 있다. 그러나 초보 상담자는 역할상의 모호함을 견디기 힘들어하기 때문에 구체적으로 안내해 주는 것이 때로는 더 효율적일 수 있다(손은정, 유성경, 강지연, 임영선, 2006 재인용). 이때 질문의 의도가 수퍼바이지에게 분명히 전달되게 하는 것이 중요하다.

'상담 중의 내담자-상담자 관계를 얘기해 보라.' '이번 회기에서 어떻게 느끼고 무엇을 생각했는가?' '이번 회기에서 무엇을 시도했는가?' '어떤 작업이 이루어졌나?'와 같은 상담 과정에 대한 질문을 받으면 수퍼바이지는 자기 지각에 근거해 보고한다. 초보 상담자들은 객관적으로 자기를 관찰하는 데 한계가 있기 때문에 수퍼바이지의 자기보고와 실제 상담을 비교해 보면 드러나지 않은 영역이 있게 마련이다. 이런 차이를 명료히 하기 위해서는 수퍼비전에서 녹음/녹화 테이프를 사용하고, 상담 장면을 직접 관찰할 수 있다면 더욱 좋다.

녹음/녹화 테이프를 활용할 때 수퍼바이지에게 수퍼비전 목표와 관련된 부분, 상담자로서 혼돈스러웠던 부분, 내담자가 저항했던 부분, 효율적으로 개입했던 부분 등을 사전에 선정해 오도록 요청할 수 있다. 또는 상담의 전체 과정을 개관해 보기 위하여 회기 중 초반부, 중반부, 종결 부분을 선정해 들을 수도 있다. 상담자의 상담 기술, 상담자와 내담자의 언어적·비언어적 행동, 이들의 관계와 상호작용 등에 초점을 두고 녹음 테이프를 활용한다.

3) 대안적 반응/사고 연습해 보기

수퍼비전에서 수퍼바이지가 실제로 했던 반응보다 더 좋은 반응을 생각해 보게 함은 수퍼바이지의 기술 발달을 촉진시키는 데 효과적이다. 테이프를 리뷰하는 중, 상담 과정 중에 아쉬웠던 특정 순간에 머물러 자신이 행한 반응을 음미해 보고, 그 장면에서 다시 한다면 어떻게 반응할 것인지 생각해 보고, 그와 유사한 장면에서 새롭게 시도할 수 있도록 연습한다.

어떻게 개입할지 모르는 초보 수퍼바이지들에게 부족한 부분을 지적만 하고 대안을 주지 않는 수퍼비전은 효과적이라 할 수 없다. 수퍼바이지를 지지하고 '～ 반응보다는 … 해 보는 게 어떨까?'라고 대안반응을 직접 제시하는 것이 좋다. 초보 상담자는 어떤 부분이 아쉬운지 알아차리기도 어렵다. 그러나 이런 경험을 하며 수퍼바이지는 대안반응을 생각하기 어려워하던 단계를 지나 점차 자신의 반응을 객관적으로 평가하고 스스로 적합한 대안반응을 구상하는 수준으로 진전한다.

수퍼바이저가 보기에 상담 맥락에 적절하지 않을 때, 목표와 전략이 일치하지 않을 때를 짚어 다시 생각해 보게 한다. 따라서 상담의 기초기술에 숙달되어 있는 수퍼바이지라면 먼저 수퍼바이지에게 불만스러웠던 부분을 스스로 짚게 하고 대안반응을 해 보도록 권한다.

수퍼바이지들은 대안반응을 구상하는 데 제법 많은 시간을 소요한다. 대안적 사고연습은 수퍼비전 회기 중에 할 수도 있지만 과제로 내주기도 한다. 수퍼바이지는 이런 과정을 겪으면서 대안적 사고의 폭이 넓어지고 자신을 돌아보는 시간을 갖고, 자신의 개입 의도를 알아차리고 나아가 자신과 내담자의 상호작용 과정을 보는 눈이 트이게 된다.

대안적 사고연습은 가설형성, 사례개념화, 위계적 상담목표를 설정할 때도 사용한다. 수퍼바이저는 '내담자의 ∼ 행동을 어떠한 의미로 보았는가? 그것을 다르게 해석해 본다면 어떻게 볼 수 있을까?'를 생각하도록 자극을 준다. 내담자의 여러 가지 문제들이 어떻게 관련되어 있는지 추론해 보고 가설을 설정하는 연습을 하면서 수퍼바이지는 상담목표를 어떻게 위계적으로 수립해야 할지, 어떤 상담목표부터 달성해야 할지, 그리고 어떻게 내담자에게 개입해야 할지에 대해 알게 된다.

4) 역할연습 및 관찰

상담은 실천적인 학문이라 '무엇을' 해야 하는지에 대해 배우는 것 못지않게 '어떻게' 하는지를 배우는 것 또한 중요하다. 초보 훈련생은 숙련된 상담자가 어떻게 개입하는지 수퍼바이저의 시연을 보며 배운다. 따라서 수퍼바이저가 솔선해서 특정 장면을 선택해 수퍼바이지에게 내담자 역할을 하고 수퍼바이저는 상담자 역할을 하며 시연해 보이기도 한다. 수퍼비전 시 보이는 수퍼바이저 행동은 수퍼바이지에게 그대로 모델이 될 것이다.

좀 더 진전된 수퍼바이지라면 특정한 내담자의 공동 치료자로 참여하며 수퍼바이저를 관찰하는 것도 유용하다. 또는 다른 접근을 하는 여러 명의 수퍼바이저, 다양한 수퍼비전 양식을 경험함으로써 이들의 피드백을 자신의 상담에 통합할 수 있는 기회를 갖는 것도 좋다.

뿐만 아니라 수퍼바이지가 알면서도 실행하지 못하는 부분은 그 이유를 탐색함과 동시에 실제 역할연습을 해 보게 함으로써 익숙하지 않은 개입들을 익히도록 한다. 빈 의자 기법, 내담자에게 역할연습을 시키는 장면과 같은 특수한 개입을 시도하기 전에는 수퍼비전 시 역할연습을 하여 수퍼바이지가 실제 상담 장면에서 모험을 감수하고 새로운 시도를 하도록 격려한다.

지승희, 박정민과 임영선(2005)의 연구에 의하면 인턴 수준의 상담자들은 수퍼바이저의 실제 시연이나 역할연습을 볼 수 없었다는 점을 아쉬워하는 경우가 많다. 필자의 경험에 비추어 보더라도 인턴 수준의 상담자뿐만 아니라 여러 발달 단계의 수퍼바이지들이 상담 개입과 관련된 부분에서는 수퍼바이저의 지적보다 수퍼바이저의 역할연습을 관찰하며 개입에 대한 자신감을 얻는 듯하다. 그러므로 초보 수퍼바이지들도 자유롭게 역할연습 기술을 사용할 수 있도록 숙달돼 있어야 한다.

5) 대인관계 과정회상

대인관계 과정회상(interpersonal process recall: IPR)은 상담 회기 동안 일어난 내적 과정, 즉 생각과 느낌을 회상하기 위해 상담 녹음 테이프를 활용하는 기술이다. 상담 녹음 테이프를 함께 들으며 원하는 부분에서 멈추고 수퍼바이저는 다음과 같은 탐색적인 질문을 한다.

- 이 시점에서 당신은 어떤 느낌이었는가?
- 당신 마음에 어떤 그림들, 기억들, 단어들이 떠올랐는가?
- 이때 스쳐간 장면이나 생각이 있었다면 무엇이었나?
- 내담자에 대한 당신의 감정은 어떠했는가?
- 당신 자신에 대한 감정은 어떠했는가?
- 이 개입의 의도는 무엇이었나?
- 그때 하고 싶었지만 생각이 안 나서 못했던 말을 다시 표현한다면 무엇이었는가?

이 질문에 반응하며 수퍼바이지는 상담 장면을 회상하고 희미하게 인식하고 있었던 자료를 발견하고, 표현하지 못한 생각이나 느낌 등을 자각하게 된다. IPR은 회기 중 자신이 부정했거나 무시한 메시지를 명료하게 인식하는 데 도움을 줌으로써 수퍼바이지의 자각 수준(awareness)을 높여 준다. 내담자와의 상호작용에서 표현하지 못했던 두려움과 자기약점으로 짐작했던 부분을 알아차리는 데도 효과적이다.

회상하기(recall session)는 수퍼바이저와 함께 할 수도 있고 수퍼바이지 혼자서도 가능하다. 따라서 수퍼바이저는 수퍼비전 전에 수퍼바이지에게 혼자 상담 회기를 회상하고 오도록 요청할 수도 있다.

초보 수퍼바이지에게는 수퍼비전 관계를 촉진하기 위해 지지하고 반영하는 기법을 많이 사용하지만, 숙련된 상담자에게는 수퍼바이지 감정과 행동의 불일치한 것, 수퍼바이지가 실제로 상담한 것과 효율적인 상담과의 차이를 직면시키는 기법을 지지와 함께 사용하는 것이 효과적이다. 초보 수퍼바이지의 경우에는 상담에 필요한 기본적인 대화기술과 사례에 대한 이해를 많이 다룬다면, 좀 더 숙련된 수퍼바이지인 경우에는 내담자에게 초점을 두면서도 수퍼바이지 자신에 대한 성찰을 강조한다.

6) 수퍼비전 기록하기

수퍼비전을 처음 하는 수퍼바이저들은 자료도 꼼꼼히 읽고 많은 것을 피드백하는 경향이 있다. 그러나 그 회기에서 무엇을 배우고 느꼈는지 수퍼바이지에게 들어 보면 수퍼바이저가 이야기한 것 중 일부분임을 알게 된다.

수퍼바이지들은 수퍼비전을 받으러 오면서 자신의 부족한 부분이 드러나는 상황에 대해 불안을 느끼고 긴장하는 경우가 많다. 심지어는 수치심을 느껴 잘못하거나 부족한 부분을 감추다가도 라포가 형성되어 가면서 자유롭게 개방하기도 한다. 지나친 긴장과 불안은 수퍼바이저가 한 말의 의미가 제대로 전달되는 데도 영향을 줄 수 있다.

수퍼바이지는 수퍼비전 회기를 기록하며 자신만의 편안한 공간에서 좀 더 깊은 통찰을 얻을 수 있다. 즉, 수퍼비전 회기 중 통찰한 것을 기반으로 생각을 더 발전시키고, 수퍼바이저의 말을 참고하며 자신이 세운 가정과 임상적 판단에 대해 다시 한 번 점검한다.

수퍼바이저 또한 수퍼비전 회기를 기록하면서 자신의 수퍼비전 양식을 확인할 수 있다. 또한 기록을 근거로 어떤 내용을 어떤 방식으로 다루었는지 지난 수퍼비전 회기에 다룬 내용들이 다음 상담에 반영되고 있는지를 살펴보며 수퍼바이지를 평가하고 다음 수퍼비전에 대한 전략을 세운다.

아울러 수퍼바이지에 대한 종합적 평가가 교육적·행정적 결정에 중요한 영향을 미치는 상황에서는 세심한 수퍼바이저의 기록이 후일 수퍼바이저와 수퍼바이지의 갈등을 줄이는 중요한 자료가 될 것이다. 따라서 수퍼비전에 대한 기록은 수퍼바이지뿐만 아니라 수퍼바이저에게도 중요하다.

4. 수퍼비전 평가 및 종결

수퍼비전 평가는 형성평가와 종합평가가 있다(Bernard & Goodyear, 2004). 형성평가는 수퍼비전 매 회기에 수퍼바이저의 피드백을 통하여 이루어지고, 종합평가는 보통 약정한 수퍼비전이 끝나는 시점에, 또는 한 학기를 마무리하는 시점에 이루어진다.

평가는 수퍼바이지에 대한 평가, 수퍼바이저에 대한 평가, 그리고 수퍼비전 자체에 대한 평가로 구분된다. 많은 수퍼바이저들은 수퍼비전 평가의 중요성을 인식하면서도, 수퍼바이지를 평가하는 데 있어, 특히 종합평가를 할 때 불편하게 느낀다. 마찬가지로, 수퍼바이지도 자신이 평가받는 것에 대한 두려움을 가진다. 그러나 많은 수퍼비전 연구들에서 수퍼바이지는 직접적이고 명확한 피드백을 주는 수퍼바이저를 선호한다고 밝히고 있다.

1) 형성평가: 수퍼비전 회기 내 피드백을 통하여

먼저 수퍼바이지는 자기평가, 수퍼바이저의 피드백, 사례연구, 상담기록, 내담자의 평가, 개인적인 수퍼비전 과정 기록 등 여러 경로를 통하여 자신의 변화 과정을 파악할 수 있다. 수퍼바이저의 즉시적인 피드백은 수퍼바이저 변화에 필수적이기 때문에 효과적으로 피드백할 수 있는 지침을 익힌다.

효과적인 피드백이 되기 위해서는 수퍼비전 관계를 잘 형성하고, 수퍼비전의 첫 시간에 평가에 대한 준거와 과정을 분명히 하는 것이 바람직하다. 수퍼비전 관계가 신뢰성 있고 협력적이며 진실될 때 수퍼바이지들은 평가에 대한 위협을 덜 느끼고, 저항 없이 수퍼바이저의 평가를 수용한다. 수퍼바이저가 수퍼바이지를 긍정적으로 존중하며 대화할 때 피드백을 잘 받아들이며 다시 도전할 수 있는 용기를 갖는다. 개인 수퍼비전에서 수퍼바이저의 주요 과제는 수퍼바이지가 성장할 수 있는 학습 환경을 제공하는 것이다.

장·단기 목표와 연관된 평가나 행동계획에 대한 피드백은 상대적으로 쉽게 수용된다. 내담자 이해나 사례 중심의 피드백, 수퍼바이지의 상담 기술에 대한 피드백 또한 자연스럽게 이루어진다.

수퍼바이지는 상담자로서 자신에 대한 피드백도 원한다. 많은 수퍼바이지는 이런 상담자 중심의 피드백을 주는 것에 대하여 심리적 부담감을 느끼는 나머지 사례 중심의 피드백에 치우치는 실수를 범한다. 그러나 이 상담자 중심의 피드백이 이후 상담자 발달에 지속적인 도움이 될 것이므로 수퍼바이지의 형성평가는 두 가지를 모두 포함하는 것이 바람직하다.

앞으로 개선되어야 할 부분에 초점을 둔 직면적 피드백도 때로는 긍정적으로 활용될 수 있다. 직면적 피드백은 수퍼바이지의 장점과 같이 언급하는 것이 효과적이다. 즉, 상담에서와 마찬가지로, 수퍼바이지를 존중하며 "당신은 참 열심히 듣는데 내담자 심정을 좀 더 헤아려 보면 어떨까?" 혹은 "당신이 세운 가설도 일리 있는데 … 생각해 보면 어떨까?"라고 제안하는 것이 좋고, 수퍼바이지 변화의 자원이 될 수 있는 긍정적 행동과 태도 등을 명료히 언급하며 제시해야 한다. 또한, 상담의 특정한 장면을 짚어가며 구체적으로 증거들을 제시하는 것도 도움이 된다.

수퍼바이지 개인의 성장이나 수퍼비전 관계에 긍정적으로 기여할 수 있는 평가나 피드백에 대한 지침을 요약하면 다음과 같다.

- 피드백은 체계적이고 객관적이며 정확해야 한다. 일반적인 진술은 도움이 안 된다. 되도록 관찰 가능하고 확인될 수 있는 구체적인 장면에서 실제적인 예를 제시한다. 특히 대화 기술과 관련된 피드백이라면 상담자로서 할 만한 반응을 실례로 든다.
- 피드백은 수퍼바이지가 명확히 이해할 수 있도록 제시한다. 수퍼바이지의 감정을 건드리지 않기 위해서 모호한 표현으로 피드백하면 수퍼바이지는 다르게 해석할 수 있다.
- 적절한 시기에 피드백한다. 사건이 일어난 직후가 가장 좋고, 상담자가 그 감을 잊어버리기 전에, 때로는 녹음/녹화 테이프를 사용하여 그 순간을 회상하며 피드백하는 것도 좋다.
- 피드백은 상호적이며 지속적이어야 한다. 수퍼바이저가 사례나 수퍼바이지를 보고 느낀 점을 피드백하듯, 수퍼바이지도 수퍼바이저에게 수퍼비전에서 원하는 것을 자유롭게 얘기할 수 있다면 서로 유익한 시간이 될 가능성이 높다.
- 피드백은 다양한 대안 중 하나일 수 있다. 특히 상담을 진행하는 방법, 전략, 즉시적인 반응 등은 다양할 수 있기 때문에 수퍼바이저가 주는 피드백만이 유일한 길인 것처럼 제시되지 않도록 한다.

2) 종합평가

수퍼비전 회기 중에 지속적으로 이루어지는 형성평가 이외에, 수퍼비전이 종결되는 시점에 하는 종합평가가 있다.

종합평가는 수퍼비전 종결 회기에 이루어지는데, 종결 회기는 지금까지 수퍼비전에서 무엇을 얻었는지, 수퍼비전 시작 시 설정한 목표를 얼마나 달성하였는지 묻는 것으로 시작한다. 상담 기술에서 진전한 부분을 요약할 뿐만 아니라 수퍼비전 관계 및 상호작용에 대해 반추할 기회를 갖고, 발달적 이슈를 인지하도록 격려하며 이후 지속적으로 노력해야 할 영역을 제안한다. 수퍼바이저의 지지적인 최종평가는 수퍼바이지의 지속적인 발달에 도움이 될 것이다.

종합평가는 수퍼바이지의 상담 기술 발달 보고서, 상담사례 기록지, 상담/수퍼비전 최종 보고서 등의 문서와 수퍼바이지의 전문적 · 윤리적 행동, 동료 상담자들과의 관계 등 수퍼바이저의 기록과 관찰에 근거를 둔다.

종합평가서는 처음 설정한 목표를 기술하고, 목표달성 여부와 수퍼바이지 행동, 특성을 기술하거나 표준화된 평가질문지를 사용하기도 한다. 상담 대화 기술을 평가할 수 있는 질문지로는 보더스와 레딕(Borders & Leddick, 1987)에 수록된 배러크와 라크로스(Barak & LaCrosse)의 Counselor Rating Form(CRF), 앳킨슨과 웜폴드(Atkinson & Wampold)의 Counselor Effectiveness Rating Scale 등을 이용할 수 있다. 수퍼바이지 발달 수준을 평가할 수 있는 도구로는 같은 책에 소개된 맥닐(McNeilll) 등의 Supervisee Levels Questionnaire, 와일리와 레이(Wiley & Ray)의 Supervision level Scale, 로건빌(Loganbill)의 도표, 그리고 심흥섭(1998)의 수퍼바이지 발달 수준 척도가 있다.

때로 종합평가가 수퍼바이저와 수퍼바이지 사이에 갈등을 야기하기도 한다. 이 갈등을 줄이기 위해서는 평가가 시작되기 전에 수퍼바이저와 수퍼바이지가 같은 평가기준을 가질 수 있도록 그 근거 및 기준을 상호 간에 명료히 하고, 형성평가 기간에 의사소통을 분명히 해서 그 과정을 미리 설명하고 기록으로 남긴다. 수퍼비전 관계가 잘 형성돼 있고, 수퍼바이저의 의사소통 능력이 좋을수록 종합평가에 대한 갈등은 줄어든다.

3) 수퍼바이저에 대한 평가

수퍼비전 종결 시, 수퍼바이지에 대한 평가뿐만 아니라 수퍼바이저 자신에 대한 평가도 해 본다. 이는 초보 상담자가 훈련을 받으면서 숙련된 상담자로 성장하는 것과 같은 과정으로 설명할 수 있다. 처음 수퍼비전을 진행하는 수퍼바이저는 자신에게 요구되는 새로운 책임감, 역할, 업무, 이와 관련된 스트레스를 받고 불안감과 부담감을 갖는다.

초보 수퍼바이저는 자신이 제안한 피드백을 수퍼바이지가 어떻게 얼마나 수용하고 있는지 가늠하기 어렵고, 수퍼바이지가 새로운 대안을 시도하고 숙달하는 과정을 여유롭게 지켜보지 못한다. 그러므로 초보 수퍼바이저는 다음의 질문들을 자문하고 자신의 수퍼비전 활동을 검토하는 시간을 가지면서 불안을 관리하는 것이 바람직하다.

- 나의 수퍼비전 이론적 접근법과 양식은 어떠했는가?
- 수퍼비전 관계는 어떠하였나?
- 수퍼비전 목표를 위한 나의 개입은 적절했었나?
- 수퍼바이지에게 지지와 도전의 균형은 적절하게 주었는가?
- 수퍼바이저로서 다양한 역할을 수행하였는가? 주로 나의 말로 채워지는 교사 역할에 치우치지 않았는가?
- 결정적인 순간에 지지적인 역할을 할 수 있었던 것이 나의 의도라기보다 수퍼바이지가 잘 듣고 있었기 때문은 아닌가?
- 수퍼바이저로서의 나의 장점, 잘하고 있는 것은 무엇인가?
- 더 개선되어야 할 부분은 무엇인가?

이와 같은 자기평가를 통하여 초보 수퍼바이저는 자신에 대한 이해가 깊어지고, 좀 더 성숙한 상담교육가로서, 수퍼바이저로서의 길을 가게 될 것이다.

수퍼바이저의 자기평가뿐만 아니라 어떤 피드백이 효과적이었고, 어떤 것이 그렇지 않았는지 수퍼바이지로부터 피드백을 들어 보는 것도 의미가 있다. 수퍼바이지의 피드백 및 평가를 수용하며 지속적인 발달을 위해 노력하는 수퍼바이저의 용기 있는 모습은 수퍼바이지에게 좋은 롤모델이 될 것이다. 수퍼비전 동맹이 잘 구축되어 있다면 수퍼바이지로부터 수퍼비전이나 수퍼바이저에 대한 아쉬운 점을 솔직히 들을 수 있을 것이다.

　그러나 많은 수퍼바이지가 수퍼비전 관계를 상하관계로 인식하고 있으며 불이익을 당할 수 있다는 두려움을 갖고 있다. 그 밖에도 이 관계에서 발생하는 부정적인 감정에 대해 침묵하는 상호작용이 있음을 고려할 때, 면대면 피드백보다는 수퍼바이지에게 수퍼비전 평가 도구를 통한 수퍼바이저 평가를 요청할 수도 있다.

○ 요약

　개인 수퍼비전의 장점(Gilbert & Evans, 2005)은 상담 훈련생에게 집단 환경에서는 밝히기 어려운 취약한 부분과 예민한 부분을 탐색하는 데 있어 보호받는 공간을 제공한다는 점이다. 더불어 수퍼바이지 특성과 발달 단계를 고려하여 수퍼바이지 개개인에게 적절한 페이스로 진행할 수 있기 때문에 수퍼바이지의 두려움을 다루기도 수월하다.

　이 장에서는 여러 가지 상담심리치료 접근법들 사이의 공통점, 수퍼바이지의 기대나 욕구, 상담자의 발달 수준을 고려하는 개인 수퍼비전 과정을 소개하였다.

　구체적으로 보더스와 레딕(Borders & Leddicks, 1987), 최해림(1995), 스코브홀트(Skovholt, 1999), 홀로웨이(Holloway, 1995)를 참조하고 필자의 경험을 기초로 하여 수퍼비전을 시작하기 전에 고려할 사항, 수퍼비전 초기 단계의 첫 회기 진행, 수퍼바이지 평가와 수퍼비전 목표 설정, 수퍼비전 개입과 종결에 대해 기술하였다.

제9장
집단 수퍼비전

| 김미경 |

집단 수퍼비전은 실제적으로 상담기관이나 상담센터, 대학원 등의 수련 현장에서 교육과정의 일부로서 널리 사용되고 있으며, 개인 수퍼비전을 보충할 수 있다는 장점을 지니고 있는 동시에(Samara, 2006), 피드백의 다양성과 객관성, 지지 경험, 간접 경험을 통한 대리 학습 등의 고유한 특성이 있으므로 단순히 개인 수퍼비전의 보조적 수단으로 보기는 어렵다. 정규 교육과정을 마치고 상담을 하는 경우 수퍼비전을 받으려면 개별적으로 전문상담자를 만나야 하는 현실적인 여건에서 집단 수퍼비전은 훨씬 더 실제적이다. 시간이나 경비의 제약으로 수퍼바이저들은 집단 형식의 수퍼비전을 많이 제공한다. 집단 수퍼비전은 1인의 수퍼바이저가 그다지 많지 않은 다수의 수련생들을 동시에 지도하는 것으로 전문적인 수퍼바이저가 부족한 우리나라에서는 그 활용도가 높다. 리바와 코니시(Riva & Cornish, 1995)는 박사과정 인턴 중에서 65%가 집단 수퍼비전을 사용하고 있음을 보여 주고 있다. 수퍼비전 집단의 크기는 6~10명이 이상적이고, 집단 구성원 간에 동일한 특성이 많을수록 촉진적인 관계가 이루어질 수 있다.

대개 수퍼바이지들은 학위과정과 상담업무를 동시에 하게 된다. 학업과 상담에 쫓기는 수퍼바이지는 수퍼비전 시간에 가까스로 맞추어 수퍼비전 장소에 도착한다. 수퍼비전 전에 미리 들여다볼 시간이 없었을 것이 분명한 동료 상담자의 사례를 읽어 내려간다. 실제로는 집단 수퍼비전이지만 축어록을 미리 읽어 온 수련생 몇몇만 참여하는 경우도 종종 있다. 이런 측면에서 스캔론(Scanlon, 2000)은 집단 수퍼비전에서 수퍼바이지들이 지속적으로 그리고 집단적으로 성찰할 수 있도록 준비시키는 것이 기본 훈련의 중추적인 부분으로 도입되어야 함을 강조한다. 한편 요게브(Yogev, 1982)는 집단 수퍼비전의 유용성은 수련생들이 그들의 불안과 투쟁에 있어서 혼자가 아니라는 것을 깨닫는 기회를 주는 것이라고 제안한다.

1. 집단 수퍼비전의 정의

스튜어트(Stewart, 1973)는 수퍼비전이란 전문적인 자아(professional self)의 변화에 집중하여 이루어지는 학습이라고 본다. 그는 수퍼비전 경험에서 중심적인 것은 전문적인 정체성과 스타일의 형성이며 수퍼바이지는 자신의 핵심문제, 즉 대인관계를 맺는 독특한 방식을 드러낸다고 분석하였다.

패터슨(Patterson, 1964)은 집단 수퍼비전이란 개인 수퍼비전을 보완하기 위한 깊은 이해와 지지적인 환경이 발달될 수 있는 학습시간이라고 설명했다. 이는 집단 수퍼비전이 개인 수퍼비전과는 다른 독특한 형태라는 입장이다. 홀로웨이와 존스턴(Holloway & Johnston, 1985)은 집단 수퍼비전을 수퍼바이저가 동료 집단 안에서 상담 수련생의 전문적인 발달을 지도·감독하는 과정으로 정의하였으며, 버나드와 굿이어(2004)는 집단 수퍼비전에 대해 상담 실습생들이 집단의 상호작용을 통해 서로 돕고, 상담자 자신과 내담자 그리고 일반적인 상담 서비스 장면을 더 잘 이해하기 위한 목적으로 한 명의 지정된 수퍼바이저와 함께 여러 명의 실습생이 가지는 정기적인 모임이라고 말했다.

한편, 유영권(2007)은 집단 과정과 상담자의 전문적 성장에 대한 균형점을 강조하며 '상담 훈련생 한 개인의 전문적인 성장을 목표로, 구조화된 과정에서 상담 사례를 통해 상담 훈련생의 상담기술을 향상시키고 심리내적 및 인간관계로 인한 상담 관계의 장애물을 통찰하도록 하여 투명한 상담자로 성장하도록 돕는 과정'이라고 정의하였다.

이처럼 집단 수퍼비전은 상담자의 성장과 전문성을 보장하기 위한 활동이므로 수퍼바이지의 발달에 영향을 미친다. 우리나라는 개인 수퍼비전보다는 집단 수퍼비전이 실제적으로 더 많이 활용되고 있는데, 많은 연구에서는 집단 수퍼비전이 상담자를 훈련함에 있어서 보다 더 성공적이며 경제적인 방법이라고 보고하고 있다(Bernard & Goodyear, 1998; Holloway & Johnston, 1985; Patterson, 1983; Sansbury, 1982).

2. 집단 수퍼바이저의 역할

집단 수퍼바이저는 집단에서 일어나는 여러 현상들을 파악할 수 있는 역량을 갖추고 있어야 한다. 집단 수퍼바이저는 상담 이론에 대한 전문적인 지식과 다양하고 풍부한 임상 경험을 갖추어야 하며, 수퍼바이지의 전문성 발달을 촉진할 수 있어야 한다. 홀로웨이와 존스턴(Holloway & Johnston, 1985)은 집단 수퍼바이저는 집단 수퍼비전의 목적과 그 목적을 실현하기 위해 어떤 역할을 해야 하는지, 사례개념화와 대인관계 작업 사이에 수퍼비전의 교육 목적이 균형감 있게 안배되었는지, 평가는 어떻게 해야 하는지 등을 점검할 필요가 있다고 제안한다.

수퍼바이지의 효능감과 수퍼비전 경험의 만족도를 높이려면 집단 수퍼바이저 자신이 집단에서 수퍼비전을 받은 경험이 풍부해야 한다. 수퍼바이저가 자신감이 있으면 상담 훈련생은 수퍼비전의 대처 모델(coping model)을 습득하여 자신감 있게 상담 기술을 습득할 수 있지만(Dryden, Horton, & Mearns, 1995), 수퍼바이저에게 열등감이나 통제 욕구가 있으면 상담 훈련생은 정복 모델(master model)을 습득하게 되어 자신의 상담이 불만족스러울 때 무기력과 좌절감에 빠지게 된다.

집단 수퍼바이저는 수퍼비전 상황에서 수퍼바이지의 취약점과 부족함에 대하여 수용할 수 있는 능력을 갖추어서 수퍼바이지의 심리적 소진과 역할상의 어려움이 감소될 수 있도록 조력해야 한다. 간혹 수퍼바이지가 수퍼비전 발표 자료를 준비하지 못하고 미룰 경우, 수퍼바이저는 우선적으로 상담자로서의 임상적 책임을 다할 수 있도록 성실성에 대하여 다룰 필요가 있다. 또한 집단 수퍼바이저는 사례를 발표하는 상담 훈련생이 동료들의 피드백에 대해서 어떻게 반응하는가를 살피되, 만약 주어진 피드백에 대해 저항하고 수용하지 않는 경우 이러한 패턴이 상담 상황에서도 그대로 발생할 수 있음을 가정하고 발표하는 상담 훈련생이 저항하고 있는 자신을 스스로 볼 수 있도록 도와준다. 집단 수퍼바이저는 수퍼비전이 끝날 즈음에 발표한 상담 훈련생의 기대나 목표가 수퍼비전에서 얼마나 달성되었는가도 확인해 본다(유영권, 2007).

집단 수퍼바이저는 수퍼바이지의 정서적 · 경험적 욕구를 깨닫고 내담자와 상담자 이슈를 과정화(process)할 수 있어야 한다. 수퍼바이지가 과업을 수행하기 위해서는 자신의 정서적 이슈를 기꺼이 보고, 개방하는 것이 필요하다.

3. 집단 수퍼비전의 장단점

집단 수퍼비전은 개인 수퍼비전보다 더 효율적인 측면들이 있다. 집단 수퍼비전의 진정한 유익은 수퍼비전을 받는 수퍼바이지들이 개인적이고 전문적인 발달을 하도록 그 집단이 독특하게 기여하는 것이다. 개인 수퍼비전과 다른 집단 수퍼비전의 유익은 다음과 같다(Dagley, Gazda, & Pistone, 1986).

1) 집단 수퍼비전의 장점

- 수퍼바이저에게는 시간적으로, 수퍼바이지에게는 경제적으로 도움이 된다.
- 집단 수퍼비전은 수퍼바이지에게 자기인식을 현실검증하게 해 준다.
- 집단 상호작용을 통해, 자기와 타인에 대한 왜곡된 인식과 잘못된 가정을 더 분명하게 해 주어서 그런 인식과 잘못된 인식을 무력화한다.
- 집단 수퍼비전은 심리적 안전성을 제공해 주므로 자기패배적 행동을 제거하도록 돕는다.
- 집단 수퍼비전은 현실 상황에서 상호작용할 기회를 주므로 수련생들이 안전한 환경에서 새로운 행동을 시도할 기회를 갖게 된다.
- 다른 사람들, 특히 동료들의 반응으로 어떤 개인적 관심의 보편성을 평가할 수 있게 해 준다.
- 집단 수퍼비전으로 인해 수퍼바이지들은 적절한 자기노출과 피드백을 주고받는 능력이 증가된다. 그래서 돕기도 하고 도움을 받는 기회도 늘어난다.
- 집단 안에서 다른 사람과의 상호작용은 공감과 사회적 관심을 증진시킨다.
- 어떤 기간 동안 집단은 수퍼바이지들에게 체계적으로 개인적 변화를 향상시키고 그 변화들에 대한 강화를 받게 한다.
- 집단 수퍼비전은 수퍼바이지들이 다른 상담 양식에 대한 더 깊은 이해와 수용을 하도록 돕는 또 다른 방법을 볼 수 있게 해 준다.
- 집단 수퍼비전에서 다른 사람으로부터 지속적인 피드백을 받음으로써 수퍼바이지는 인식과 의사소통에 있어서 정확성을 향상시킬 수 있다.
- 대리 학습의 기회를 제공한다. 동료가 사례를 개념화하고 중재함에 있어서의 성공과 실패를 관찰하는 것은 중요한 대리 학습의 경험이 된다.
- 수퍼바이지는 다양한 범위의 내담자와 접촉할 수 있다. 다른 동료가 작업한 내담자에 대해 배울 수 있기 때문이다.

- 상호적인 지지와 안전한 환경이 제공된다.
- 수퍼바이지의 자율성을 증가시킬 수 있고 의존성을 감소시킬 수 있다. 집단 수퍼비전은 동료들에게 노출됨으로써 수퍼바이저에게 덜 의존하게 되며 학습 과정에서 고유한 발달 단계를 통과하도록 도와준다. 수퍼바이지들이 함께 작업함으로써 지지와 타당화 과정을 서로에게 제공할 뿐만 아니라 건설적인 피드백과 서로를 평가하는 기회가 주어진다. 그래서 수퍼바이지들은 자신감을 얻게 되고 그들이 수퍼바이저에게 주었던 권위도 줄일 수 있다.
- 수퍼바이지의 책임감을 발달시킬 수 있으며 정보를 공유할 수 있는 분위기가 형성되어 '학습 실험실'이 될 수 있다. 동료들의 실수로부터 배울 수 있으며 훈련받고 있는 다른 수퍼바이지 사이에서 수퍼바이저를 돕기도 하는 장이 마련된다.
- 수퍼바이지들을 위한 많은 양의 다양한 피드백이 제공된다. 집단 구성원들이 제공하는 피드백은 한 명의 수퍼바이저가 제공해 줄 수 있는 것보다 더욱 방대하고 다양하다.
- 상담의 여러 접근을 경험할 수 있는 기회가 된다.
- 다른 수퍼비전 개입들이 실험적으로 허용될 수 있다.
- 상담의 실패 경험을 다른 수련생들과 나눌 수 있다.
- 유사한 학습 상황에 있는 동료로부터 정서적 지지를 받을 수 있다.
- 수퍼바이지들 간에 이루어지는 대화를 통해 대화적 성찰(dialogical reflection)이 이루어진다.

2) 집단 수퍼비전의 단점

집단 수퍼비전은 개인 수퍼비전에 비해 비밀이 노출될 개연성이 높다는 단점이 있으므로, 이를 예방하기 위해서는 집단 규칙을 통해 비밀유지에 대해 거듭 강조해야 한다.

- 많은 사례를 다루기 때문에 수퍼바이지는 그들이 필요한 수퍼비전 시간을 얻기 힘들다.
- 집단 구성원들의 기술 수준이 상이한 집단에서 좀 더 숙련된 구성원들은 필요한 것을 얻지 못하고 끝나기도 한다. 더 숙련된 수퍼바이지들이 집단 수퍼비전에서 오히려 낙오될 수 있다.
- 심각한 문제를 안고 있는 수퍼바이지에게 충분한 시간이 주어지지 못한다.
- 집단이므로 덜 안정적이어서 비밀보장에 대한 염려가 있다.
- 어떤 집단은 학습을 방해할 수 있다. 구성원들 사이의 경쟁과 희생양이 이런 현상들인데, 만약 점검되지 않는다면 학습을 방해하고 종종 수련생의 성장을 저해할 수 있다.
- 수퍼바이지 개인에게 필요한 충분한 학습 제공이 어렵다. 집단은 각각의 집단 구성원들의 관심과 흥미와는 다른 주제에 많은 시간을 허비할 수 있다.

4. 집단 수퍼비전의 목표

수퍼비전에 대한 기대와 목표에 관한 자유로운 논의는 초기 과정에서 아주 중요하다. 수퍼바이지가 자신의 상담 수행에서 어떤 지식과 신뢰성이 확보된 이후에는 수퍼비전의 목표는 변하게 되므로 이 목표에 대해 수퍼바이저는 주기적으로 목표를 재평가하는 것이 필요하다(Hart, 1982). 집단 수퍼비전의 목표는 이론적 개념의 숙달, 기술 발전, 개인적 발달의 향상, 그리고 효과적인 상담도구를 통한 수퍼바이지의 기술·지식·태도의 통합을 포함한다.

1) 이론적 개념의 숙달

수퍼바이지 훈련은 학문적 요소를 통해 이루어지는데 그것이 수퍼비전의 주요 목표는 아니다. 그럼에도 불구하고 수퍼바이저는 수퍼바이지에게 일반 이슈에 대한 책을 읽도록 하거나 특별한 학생들의 관심과 관련된 서적들을 제시할 수 있다.

2) 기술 발전

상담 기술은 효과적인 상담을 위해 필수적인 상담 역량이며 상담자와 내담자 사이의 상호작용을 증진하기 위한 기초를 제공한다. 상담 기술은 수퍼비전의 목표로 가장 자주 등장하는 것으로, 집단 촉진 기술을 활용하여 집단의 모든 구성원이 수퍼비전 회기 내에서 상호작용을 통하여 수퍼바이지의 발달을 향상시키는 것이 중요하다. 집단 수퍼비전은 집단 과정과 역동을 활용하여 수퍼바이지로 하여금 최소한의 저항으로 스스로에 대해 살펴볼 수 있게 해 줌으로써 자신의 문제와 이슈 등의 드러난 패턴을 수정할 수 있도록 해 준다. 기술 발전은 개인의 기술과는 달리 집단 발달과 많이 관련된 문제에 초점을 두어야 한다.

3) 개인적 발달의 향상

개인적 발달을 촉진하는 더 인간적이고 경험적인 훈련 실습이 요구될 때, 1960년대의 상담교육자들은 그들의 훈련 프로그램에 상호 대인관계 과정 집단(interpersonal process groups)을 포함시키기 시작했다. 수퍼바이지의 기능을 향상시킴에 있어서 그러한 효과적인 방법을 제시하는 방법론적 어려움에도 불구하고, "수퍼비전에서 촉진자(facilitator)의 역할에 대한 초기의 강조는 여전히 집단 수퍼비전에서도 어느 정도 계속 유지되고 있다"(Holloway & Johnston, 1985). 집단 수퍼비전이 치료적일 수 있고 또 치료적이어야 함에도 불구하고, 개인의 치료적인 변화가 훈련의 주 목표는 아니다. 주 목표는 '집중적인 집단 경험, 정서(affect)의 표현과 통합, 그리고 지금-여기 과정의 인식'이다.

4) 기술 통합

기술 통합은 수퍼비전의 가장 중요한 목표다. 집단 수퍼비전은 그러한 통합에 대한 상황을 마련해 줌으로써 독특한 훈련 기회를 제공해 준다. 집단 역동성 문제뿐 아니라 집단의 실제적인 심리역동적 상황에서 경험한 것은 수퍼바이지가 그들의 학문적인 지식과 임상적인 경험 사이의 중요한 연결을 하도록 돕는다. 수퍼바이지는 "언제 직감을 믿어야 할지, 어떻게 그 안에서 정보를 사용해야 할지, 언제 자기를 노출하고, 어느 정도 노출할지, 언제 이끌고 언제 뒤로 물러나야 할지"를 배운다.

5) 평가

이론 숙달, 기술 발전, 개인적 발달, 그리고 통합이라는 네 가지 목표에 평가가 추가된다. 이전의 활동(previous performance)에 의해 그 집단에 속하게 되었지만, 수퍼비전은 지속적인 평가를 목적으로 한다. 수퍼바이저-평가자라는 이중 역할로 발생하는 윤리적 문제를 넘어서서, 아주 실제적인 문제는 수퍼바이지가 개인적·전문적으로 관련된 것들을 평가자들 앞에서 노출해야 한다는 것이다. 수퍼바이저가 개방하여 자기를 노출하고, 완벽한 비밀을 유지하는 전문적인 제한에 대해 모델이 되어 주는 노력을 해도, 특히 동료들이기도 하고 수퍼바이저이기도 한 사람들 앞에서 수퍼바이지들은 여전히 자기를 드러내는 것을 꺼려한다. 수퍼비전은 자기노출과 부정적 평가가 예상될 수 있는 상황이다. 이에 상담 훈련생들은 부족한 상담 수행에 대해 부정적인 자기책망을 하여 자기평가적 정서인 수치심 성향을 보일 수도 있다. 또한 상담 훈련생들은 자신의 상담 수행에 대한 불확실함과 자기의 부족함에 대한 내성이 낮다. 그러므로 수퍼바이저는 현실적인 수퍼비전 교육 목표를 설정하여 균형 잡힌 평가와 피드백을 제공해야 한다.

5. 집단 수퍼비전의 단계

하트(Hart, 1982)는 수퍼비전의 단계 및 과정에 대한 주요 가정(assumption)에 대해 다음과 같이 정리하고 있다.

- 수퍼바이저와 수퍼바이지 모두는 수퍼비전 단계에서 상호 간에 책임이 있으며, 더 향상된 단계에 도달하기 위해 하나가 되어 나가게 된다.
- 수퍼비전은 수퍼바이저와 수퍼바이지 간의 영향을 주고받는 과정이다. 이 상호작용적인 과정의 결과로서 양자 모두는 변화하게 된다.
- 수퍼비전에 대한 기대와 목표에 관한 자유로운 논의는 초기 과정에서 아주 중요하다.
- 수퍼바이지가 자신의 상담 수행에서 어떤 지식과 신뢰성이 확보된 연후에는 수퍼비전의 목표는 변하게 되므로 이 목표에 대해 수퍼바이저는 주기적으로 목표를 재평가하도록 촉진한다.
- 대부분의 수퍼바이저는 수퍼바이지가 의존적인 입장에서 수퍼비전을 받기 때문에 가끔씩 어려움을 겪게 되지만 지지적인 수퍼바이저의 도움으로 성공적인 임상 경험을 통해 향상될 수 있음을 믿는다.
- 수퍼바이지는 향상됨에 따라 덜 방어적이게 되지만, 종종 초보 수퍼바이지는 자신의 수행에 대한 피드백이 본인이 내린 평가와 맞지 않을 때 저항하기도 한다.
- 수퍼비전의 각 단계에서 발달 과제는 특정하며, 수퍼바이저는 다음 발달 단계로 나가는 것을 촉진하도록 분명한 목적을 명시해야 하는데 분위기 조성과 목표 확인, 수퍼바이지의 발달을 평가하는 것이 포함된다.

관계의 중요성에 대해 델라니(Delaney, 1972)는 수퍼비전의 시작 단계에서 수퍼바이저와 수퍼바이지의 관계를 강조하며 긍정적인 관계를 촉진할 수 있는 일반적인 지침을 다음과 같이 제안한다.

- 수퍼바이지의 불안에 민감해야 한다. 수퍼비전 시작 단계에서 수퍼바이지가 어느 정도 어려움을 느끼는 것은 당연하다. 그것은 새로운 요구와 기대를 수반하는 낯선 장면에 노출된 불안감과 의존성과 관련된다. 그러나 이들의 불안, 의존성을 수퍼바이지가 지향하는 범위 내에서 변화시키기 위해 격려한다.
- 수퍼비전이 신뢰감과 자신감을 형성하도록 기본 지침(parameter)을 분명히 표현한다. 수퍼바이저는 주의 깊게, 상당량의 정보와 지침으로 인해 수퍼바이지가 압도되지 않도록 임상에서 기대하는 바를 분명히 논의한다.
- 수퍼바이지 자신이 수퍼바이저로부터 합당하게 기대할 수 있다는 것을 알게 해 주며, 수퍼비전을 할 시기와 횟수를 논한다. 이를테면, 수퍼바이저가 개인 혹은 집단 수퍼비전 기법을 이용하려면 시작 단계에서 수퍼바이지와 함께 이들 접근의 차이점을 논하는 것이 필요하다.
- 수퍼바이지가 질문할 기회를 제공하고 불분명한 것에 대해서는 명료화하도록 한다.
- 다음 수퍼비전 장소와 시간을 합의하여 정하도록 한다.

이렇게 운영되는 수퍼비전은 종종 딜레마에 마주칠 수 있으므로 얄롬은 "그 집단이, 수퍼바이지를 평가하는 데 어떤 역할도 하지 않는 연구소 바깥의 리더에 의해 이끌어지기만 하면, 개인적 발달과 훈련에 훨씬 더 효과적인 도구가 된다."고 믿었다. 수퍼비전에서 딜레마가 발생하는 것을 막아야 할 수퍼바이저들은 자기노출이 평가의 일부가 어느 정도 되는지, 그리고 참가하지 않는 경우 어떤 벌이 있게 될지를 분명히 해야 한다.

수퍼바이저는 다음의 단계를 숙지하고 각 단계에 필요한 과제를 수행해야 한다.

1) 형성 단계

형성 단계는 구성원들이 누구인지, 서로 어떻게 관계를 가질지 알아보고자 만나고 테스트 하는 단계다. 개인적인 필요에 관심이 있고 안전성이 중요한 요소다. 수퍼바이지가 안전하게 느낄 수 있도록 수퍼비전이 운영되는 것이 중요하다. 이는 학습이 가능한 분위기를 조성하는 것으로, 수퍼바이지는 자신에 대해 비판적이지 않으면서 학습에의 장애물을 확인하고 극복할 수 있도록 수퍼바이저가 도와줄 것이라고 느껴야 한다. 수퍼바이저는 수퍼바이지의 불안을 포용하며 경청하는 것이 중요하며 다음의 사항들을 분명히 함으로써 그것을 수퍼바이지들에게 명확히 전달해야 한다.

- 수퍼비전에서 얼마나 자주 모이는지는 집단 과정에 있어서 중요하다. 대개 일주일에 한 번씩 모이는 경우 수퍼바이지들의 자발성 면에서 가장 많은 성장을 보였다. 아울러 수퍼바이지들은 신뢰감이 증대되며 불안감은 현저하게 감소했다(Marks & Hixon, 1986).
- 집단 수퍼비전의 정기적인 참가는 중요하다. 결석은 수퍼바이지들의 응집력과 회기 중의 경험 등에 다양하게 영향을 끼친다. 특히 지난주에 한 수퍼바이지가 자신의 사례를 발표한 후 불참하게 되면 다른 수퍼바이지들은 자신들의 피드백이 너무 직설적이었는지에 대해 염려한다.
- 수퍼바이저는 수퍼바이지들이 수퍼비전을 위한 개인적인 목표를 세우고 집단과 관련된 행동을 모델링하도록 구조와 방향을 더 많이 제공해 주는 것이 좋다. 드왈드(Dewald, 1978)는 수퍼비전의 초기 단계에서 수퍼바이저는 '적극적인 모델'로서 제안도 하고 자신의 사고 과정을 드러내기도 하며, 때로는 지시적인 면을 보이기도 한다고 하였다. 수퍼비전이 진행되고 수퍼바이지가 이론적·기술적인 측면에서 점점 숙달되면, 수퍼바이지 자신의 사고와 개입을 위해 수퍼바이저는 덜 적극적이고 덜 지시적인 공명판이나 촉진자로서의 역할을 수행하는 것이 바람직하다.

• 수퍼비전 초기 단계에서는 수퍼비전 계약을 체결하고 수퍼바이지들의 기대를 나누며 서면동의를 받는 것이 필요하다.

2) 규범 단계

집단이 효과적인 규칙을 확립하는 데 도움을 주는 것은 수퍼바이지들이 비생산적인 규칙을 세우게 될 위험을 최소화시킬 수 있다. 그러나 구조가 너무 단단하면 즉흥성을 억누르고 어떤 구성원들을 다른 구성원들보다 월등하게 여기면서 긴장 상태가 발생할 수 있기 때문에, 중요한 것은 적절한 정도를 유지하는 것이다. 그러므로 수퍼바이저는 첫 구조를 만들어야 할 뿐만 아니라 집단에 끼치는 영향에 대해서도 관리해 주어야 하며, 집단 피드백을 바탕으로 하는 집단의 구조를 수정하거나 버릴 준비가 되어 있어야 한다. 규범 단계는 비록 집단의 특정한 시기에만 발생하는 발달 과정이지만, 수퍼바이저가 형성 단계에서 구조와 기본 원칙을 확립하는 것이 집단의 규범 단계를 위한 본질적인 토대가 된다(Bernard & Goodyear, 2008).

집단 수퍼비전에서는 집단의 규칙을 잘 설정하고 규칙을 일관성 있게 실현하는 것이 중요하다. 이를 위해 알려 주어야 할 규칙은 다음과 같다.

첫째, 비밀보장(confidentiality)에 관한 것이다. 집단 안에서 일어난 일들은 집단 안에만 머물러야 하고 상담 훈련생이 사례 발표한 내담자에 대해서도 비밀이 유지되도록 해야 한다. 이러한 비밀보장의 원칙은 집단 수퍼비전 첫 회기에 언급하고 집단 구성원 모두에게 다짐을 받거나 문서화된 비밀보장의 원칙에 서명하도록 할 수도 있다. 첫 회기에만 비밀보장의 의무를 고지하지 말고 그 이후에도 다시 한 번 강조한다.

둘째, 집단에서 서로에게 피드백을 해 줄 때 위협적인 표현이나 상처를 줄 수 있는 표현은 자제하도록 당부한다.

셋째, 집단의 시간을 한 사람이 독점(점령자)하여 사용하지 않도록 한다. 예를 들어, 집단에서 한 사람이 너무 많은 시간을 할애하여 상담 사례 발표자를 설득하려 하거나 자신의 상담 방식을 강요하는 경우에는 집단 수퍼바이저가 적절히 개입해야 한다. 만일 가능하다면 다른 집단 구성원에게 이렇게 장시간 동안 자신의 이야기를 하는 구성원이 나의 상담자라면 내담자로서 어떤 느낌이 들지를 나눔으로써 통제하려는 욕구 등이 드러나게 할 수 있다. 이 점령자는 자신의 점령하고자 하는 속성이 상담자로서의 역할을 수행하는 데 어떤 영향을 끼치는지에 관한 통찰을 얻을 수 있다.

넷째, 지각하거나 결석하는 것에 대한 규칙을 설정한다. 지각이나 결석은 집단의 응집력을 깨뜨릴 우려가 있다. 가능한 한 지각과 결석은 하지 않도록 한다. 만일 결석을 하는 경우에는 집단에 미리 알려 줄 수 있도록 한다. 그리고 집단에 적극적으로 참여할수록 더 많은 것을 얻을 수 있음을 언급함으로써 참여동기를 심어 주어야 한다(유영권, 2007).

이처럼 규범 단계에서는 구성원들이 집단의 규범을 확인하고, 집단 내에서 수용할 만한 역할을 확립하며, 집단과 개인의 목표를 재정의하는 데 참여한다. 또한 이미 운영되고 있는 규범을 확실하게 하고 개인적인 목표와 집단의 목표를 성취하기 위해 효과적인 분석을 하도록 격려해 주는 것이 좋다.

3) 혼란 단계

집단 수퍼비전에서는 수퍼바이지들 간의 어느 정도의 경쟁은 불가피하다. 수퍼바이저는 이를 잘 조절하여 수퍼바이지들이 최선을 다할 수 있도록 이끌어야 한다. 수퍼바이지의 숨겨진 질문들, 이미 제기된 질문들, 수퍼바이지가 거의 알고 있지만 명확하게 인식하고 있지 못하는 질문들에 대해 서서히 확인하는 작업이 이루어져야 한다.

이 단계에서는 집단원들 간에 서열을 정하고자 하는 권력의 투쟁 양상이 나타나며 지금까지 내재해 있던 잠재된 갈등이 드러나는 경우가 있으므로 이러한 갈등을 회피하기보다는 집단 전체에 안전하게 드러냄으로써 학습의 기회로 삼는 것이 좋다. 수퍼바이저들은 수퍼바이지들이 집단에 있는 이유를 검토하고 그들의 행동에 더 많은 책임을 가지도록 도전을 줄 필요가 있다.

4) 수행 단계

수행 단계에서 구성원들은 집단의 현실성, 집단 작업, 성취해야 할 과제와 관련된 구성원의 역할 등과 관련을 갖게 된다.

수행 단계에서야 비로소 수퍼바이지들이 집단의 실제적인 작업으로 진행되도록 격려를 받는다. 상담 수련생들은 증가된 응집력으로 수행 단계로 접어들면서 집단의 초기 단계보다 더 많이 반응을 하게 될 것이며 상대적으로 수퍼바이저의 반응은 감소할 것이다. 그러나 민감한 수퍼바이저라면 이미 발생하고 있는 '수행불능(nonwork)'의 증상을 주시하고 있어야 한다. 이런 일이 발생하면 방향을 바꾸고, 집단에게 피드백을 요구하고 혹은 집단에게 과정에 대한 피드백을 해 준다. 수퍼바이저는 융통성을 발휘하여 초보 수련생들에게는 더 많은 방향 지시와 구조를 제공하며, 숙련된 수퍼바이지들에게는 더 많은 책임을 지울 수 있어야 한다.

5) 종결 단계

분리, 평가의 단계로, 이때 구성원들은 집단 경험의 종결과 개인적 유익을 통합하며, 집단 이후의 삶으로 돌아가는 것을 다룬다.

집단이 정말 효과적이면, 구성원들은 끝내고 싶어 하지 않을 것이고 어떤 성공일지라도 집단의 독특함이나 구성원들의 독특함에 돌리려고 할 것이다. 이 기간 동안 수퍼바이저는 구성원들이 부정적 과정을 직접적으로 직면하도록 해 주고, 집단 경험의 'letting go'의 중요 작업을 촉진시키며, 종료함으로써 얻어지는 상실과 기회를 모두 인식하게 된다.

수퍼바이저는 수퍼바이지들이 자신의 학습을 실천할 수 있도록 돕는 것이 필요하다. 이는 수퍼비전 경험이 끝났음에도 불구하고 충분히 유능한 전문가로 발달하지 못했다는 것을 인지했을 때 경험되는 불안을 덜기 위해서다. 수퍼비전 종결 시점에 수퍼바이저가 염두에 두어야 할 것은 수퍼바이지가 집단에서 빠져 나가려고 하는 보편적인 경향이다. 내담자와의 종결이 동시에 가까워지는 자신의 수퍼바이지들은 내담자가 '노력'을 안 한다고 불평할 것이다. 주로 이 수퍼바이지들은 자신들이 수퍼비전 집단 내에서도 서로 노력하는 정도가 줄어들었다는 것에 대해 인식하지 못할 것이다(Bernard & Goodyear, 2008).

종결 단계는 수퍼바이지가 자신의 개인적·전문적 발달에 대하여 평가하는 시간이다. 수퍼바이서에게는 집단 구성원들이 공유한 책임의 양, 실행되었던 과정을 평가하는 시간이기도 하다.

구조화된 집단 수퍼비전(structured group supervision: SGS) 모델의 단계는 다음과 같다.

◆ 1단계: 사례 제시를 통한 도움 요청

수퍼바이지는 수퍼비전에서 어떤 도움을 받고자 하는지를 명시한다. 사례를 요약하여 알리며 정보는 서면, 음성 혹은 비디오 테이프 자료의 형식을 갖춘다.

◆ 2단계: 질문

수퍼비전 집단의 구성원들은 1단계에서 제시된 정보에 관하여 궁금한 점이나 이해가 되지 않는 부분 등에 관해 수퍼바이지에게 질문을 한다.

◆ 3단계: 피드백

집단 수퍼비전의 구성원들은 수퍼바이지의 논점, 문제, 내담자 등을 자신이라면 어떻게 다룰 것인지를 말하면서 1, 2단계에서 제공된 정보에 대한 반응을 한다. 대개 이 과정에서 수퍼바이지는 침묵을 지키면서 의견이나 제안 등을 메모해 둔다.

◆ 4단계: 반응

집단 구성원들은 침묵을 지키고 수퍼바이지가 메모해 둔 각 구성원들의 피드백에 대한 응답을 한다. 수퍼바이지는 구성원의 피드백 중에 유용한 것과 그렇지 않은 것, 그리고 그 이유에 대해서 설명한다.

◆ 5단계: 토론

수퍼바이저가 4단계 과정에 대한 논의를 지도할 수 있고 요약하거나 제공된 피드백을 재연하거나 집단 역동 등을 진행시킬 수 있다(Bernard & Goodyear, 2008).

6. 수퍼바이지의 발달에 따른 집단 수퍼비전

수퍼바이저는 상이한 발달 단계에 있는 수퍼바이지들에게 알맞은 수퍼비전 기법들을 주의 깊게 고려해서 적용하며 상담 과정이나 기관에서 요구되는 특정한 과제를 충족시키기 위한 새로운 기술들을 배우도록 조력한다. 그러나 새로운 기술을 배우는 것은 수퍼바이지의 동기적 수준에 좌우된다. 모든 사람이 똑같은 학습조건에 의해 동기화되지는 않으므로 수퍼바이저는 각 수퍼바이지를 '가장' 효과적으로 동기화시킬 수 있는 특정한 상담지도 기법들을 평가하여 수퍼바이지의 전문적인 자신감과 자율성을 증대시키는 새로운 기술을 배우게 한다(Bradley, & Boyd, 1989).

힐, 찰스와 리드(Hill, Charles, & Reed, 1981)의 4단계 상담 학생 모델(counseling student model)에서는 상담 전공 박사과정 학생들에 대한 발달 과정을 기술하고 있다. 1단계는 동정심(sympathy)이 주요 특징으로, 내담자에게 동정적인 관여를 하여 지속적으로 긍정적인 지지를 하는 것이 이 단계에 해당하는 상담자들이 보여 주는 주요 특징이다. 이 단계의 상담자는 내담자의 상태가 좋아지면 성공적이라고 여긴다. 2단계는 상담자 입장(counselor stance)에서 내담자를 이해하고 개입하기 위한 방법들을 모색하는 단계이나, 이때 채택된 조력 방법들은 그저 기계적으로 숙달한 것에 불과하다. 3단계는 전환(transition) 단계로 상담 이론, 내담자, 그리고 수퍼바이저에게서 새로운 것을 얻게 되어 한 가지 방법이 지닌 한계(breakdown)를 깨닫게 된다. 마지막 4단계는 개인적인 상담 양식이 통합되는(integrated personal style) 단계로 상담 기법과 이론을 상담자 개인의 양식과 결합하게 되며 내담자의 피드백도 이전 단계보다 좀 더 객관적인 방식으로 받아들이게 된다. 이처럼 힐 등의 상담 학생 모델은 상담자가 수련을 통해 개인 고유의 상담 양식을 발달시켜 나가는 단계를 보여 주고 있다.

한편 로건빌, 하디와 델워스(Loganbill, Hardy, & Delworth, 1982)는 수퍼비전 학습에 따른 연속적 발달 모델을 강조한다. 각 단계의 특징을 세계에 대한 태도, 자신(self)에 대한 태도, 수퍼바이저에 대한 태도, 그리고 그 단계에 대한 가치 등 네 가지 영역을 중심으로 상담자의 발달 수준을 정체기, 혼란기, 통합기로 구분하고 있다(Steere, 1989).

정체기는 상담자의 세계에 대한 태도 면에서는 제한되고 편협된 세계관과 단순한 흑백논리의 사고 경향성이 강한 특징이 있다. 낮은 자존감과 강한 의존심으로 인해 새로운 학습이 외부에서 주어지리라는 생각을 갖고 있는 정체기의 상담자는 자신의 내적 능력을 평가절하고 수퍼바이저에게 전적으로 의존하는 양상을 띤다. 수퍼바이저에 대한 태도는 두 가지 형태로 나타날 수 있다. 첫째, 수퍼바이저를 전능한 사람으로 이상화하여 지나친 의존성을 보일 수 있다. 둘째, 수퍼바이저를 전능하게는 여기지만 현재 다루고 있는 주제와 관련해서 수퍼바이저가 부적절하거나 필요 없다고 생각하기도 한다. 정체기는 상담자가 별다른 정서적 갈등을 경험하지 않기에 이러한 상대적인 안정성은 다음 혼란 단계를 위한 잠재기 혹은 휴지기의 가치를 지닐 수 있다.

혼란기에서는 점차적인 혹은 급격한 전환이 일어나게 되어 상담자는 불안정, 혼란, 변덕스러운 동요, 분열, 갈등 등을 경험하게 된다. 세계에 대한 상담자의 태도는 정체 단계와 유사하지만 더 이상 그러한 태도는 현재 환경에 적절하지 않다는 것을 인식함으로써 어떤 것이 옳지 않다는 것을 분명히 알게 된다. 이 시기에는 혼란과 양가감정, 변덕스러운 동요를 경험함으로써 실패감과 무능에서 성취감과 유능감으로의 정서적 변동이 자주 일어나 자신감이 없고 혼란스러워한다. 수퍼바이저에 대한 태도는 더 이상 정답이 수퍼바이저로부터 오지 않는다는 것이 분명해짐에 따라 실망과 분노를 경험한다. 수퍼바이저에 대한 시각도 양가적으로 마술적·전지적 존재로 보다가 때로는 부적절하고 무능한 인물로 간주하기도 한다. 이 단계가 수퍼바이저와 상담자 모두에게 두려운 단계이므로, 수퍼바이저는 이 단계에 있는 상담자의 특성을 발달적 특성으로 이해함으로써, 이를 성장의 표시로 기대하는 것이 중요하다. 혼란기는 상담자의 기존 행동 패턴과 사고방식이 와해되고 무너졌기에 새로운 학습이 일어날 수 있는 긍정적인 단계이므로 실패가 아닌 성숙의 징후로 이해하는 것이 중요하다.

통합기는 지속적인 수퍼비전 과정을 통해 상담자가 재조직, 새로운 인지적 이해, 유연성, 개인적 안정감을 형성해 나가는 지속적인 성장의 단계다. 점차 상담자의 새로운 세계관이 분명해짐으로써 세계에 대한 인지적 이해를 많이 갖게 된다. 상담자는 현실적 견해와 능력에 대한 확신과 더불어 더 이상 자신의 취약한 부분에 대해 두려워하거나 죄의식을 느끼지 않는다. 상담자는 수퍼바이저를 더 이상 전능한 인물로 보거나 무능한 인물로 보지 않고 실제적으로 강점과 약점을 지닌 온전한 인간으로 보게 된다. 통합기는 안정되어 있기에 계속적인 성장을 가능케 하는 진행적 과정이다. 성장과 발달이 있다면 단계들은 나선형 식으로 일생에 걸쳐 계속된다.

실습생의 발달 수준에 따라서 수퍼비전 만족도에 영향을 미치는 요소들이 다르게 나타났다. 발달 수준이 낮은 실습생의 경우에는 과업 지향도가 만족도에 주된 영향을 미치는 요소였고, 발달 수준이 높은 경우에는 대인 간 민감도가 주요 영향을 미쳤다(왕은자, 2001). 수련생들은 자신의 발달 수준과 눈높이를 고려한 수퍼비전을 원하는 것을 알 수 있다.

1) 초급 상담자 수퍼비전

(1) 초급 상담자의 특징

초급 상담자는 석사과정에서 상담 관련 과목을 이수하여 상담에 관한 기초적인 이론적 지식을 습득하였지만 대개 이들의 지식은 내담자에게 아직 적용되지 못한다. 또한 이들의 실제 상담 경험은 제한적이다. 초급 상담자는 심리적으로 답답해하고 긴장을 느끼며 다소 고민스러워하기도 하지만, 배움에 대한 기대가 어느 단계보다 높다. 이들은 수퍼비전을 통해 주어지는 평가에 대한 불안함과 지지, 격려에 대한 기대를 동시에 가지고 있다. 이런 측면에서 초급 상담자들에게 집단 수퍼비전이 개인 수퍼비전보다 좀 더 안전한 구조가 될 수 있다.

(2) 효과적인 수퍼비전

초급 상담자는 우선 상담 상황에서 편안하게 느끼는 것을 익혀야 하므로 이 수준의 수퍼바이지와 작업하는 수퍼바이저들은 평가적인 피드백과 수퍼바이지의 성장을 촉진하기 위한 모델링과 교육을 제공해야 한다. 또한 지지와 강화를 제공하는 것이 중요하다. 수퍼바이저는 초급 상담자들의 특성을 감안하여 구체적인 상담 기술들을 습득할 수 있도록 중점을 둔다. 대개 상담자의 성급한 충고는 도움이 되지 못하는데, 초급 상담자는 내담자에게 긍정적인 사고에 대해 언급하는 것을 다소 자제할 필요가 있으며 내담자 스스로 자신만의 삶의 의미와 성장 방식을 상담자와 함께 찾아낼 수 있도록 공감적 태도를 취하는 수퍼비전의 지도가 필요하다. 초급 상담자는 상담 기술이 향상됨에 따라 덜 방어적이게 되지만, 종종 이들은 자신의 수행에 대한 피드백이 본인이 내린 평가와 맞지 않을 때 저항하기도 한다(Hart, 1982). 그러므로 초급 상담자를 대상으로 하는 수퍼비전은 무엇보다도 관계 형성에 주력해야 한다(Veach, 2001).

일부 수퍼바이지들은 자신과 자신의 경험을 탐구 대상으로 삼는 성찰 자체를 매우 불편해하고 낯설게 여기며 때로는 강한 거부감을 보일 수도 있다. 그러므로 수퍼바이저는 성찰에 대한 수퍼바이지의 반응과 준비도를 감안하여 성찰을 수퍼비전에 도입하는 방법과 시점을 주의 깊게 결정해야 한다. 이 수준의 수퍼바이지와 작업하는 수퍼바이저는 평가적인 피드백을 제공해야 하고 수퍼바이지의 성장을 촉진하기 위해 모델링과 교육을 제공해야 한다. 또한 지지와 강화를 제공하는 것이 필요하다.

2) 중급 상담자 수퍼비전

(1) 중급 상담자의 특징

수퍼바이지의 발달 수준이 높을수록 구체적이고 구조화된 과업 지향적인 수퍼비전 양식보다는 수퍼비전과 상담에서의 과정적 이슈에 주목하고 자신의 상담 양식을 개발하도록 돕는 자발적인 분위기의 대인 간 민감도 양식을 선호한다(Prieto, 1998).

(2) 효과적인 수퍼비전

수퍼바이저는 이들의 상담 실무 능력을 효과적으로 향상시켜 임상 실제에 필요한 자율성을 얻을 수 있도록 바람직한 훈련을 제공해야 한다. 사례개념화 기술을 확장시키기 위해 수퍼바이저는 좀 더 많은 직면을 사용하는 것이 필요하다.

수퍼비전이 진행되고 수퍼바이지가 이론적·기술적인 측면에서 점점 숙달되면, 수퍼바이지 자신의 사고와 개입을 촉진하기 위해 수퍼바이저가 한 걸음 물러나 공명판이나 촉진자로서의 역할을 수행하는 것이 바람직하다. 중급 상담자가 할 수 있는 한, 그들에게 주도권을 주고 실수도 허용하며 자기 방식의 진행 과정을 통해 어려움도 경험하도록 한 이후에 그러한 어려움들로부터 무언가를 배우도록 도울 때, 수퍼바이지는 수퍼바이저에게서 전수받은 기술과 이론을 단순히 활용하는 것이 아니라 학습을 경험적인 것으로 만들어 가게 된다.

수퍼바이저는 모든 문제에 대한 답을 알고 있는 전문가 역할에서 탈피하여, 수퍼바이지를 의미 있는 해석과 유용한 지식을 함께 구성해 나가는 탐구의 동반자 혹은 공동의 파트너로 인식하고 존중하는 자세를 갖추어야 한다. 수퍼바이 저와 수퍼바이지가 서로로부터 배우는 데 열려 있는 자세로 참여함으로써 수퍼 비전이 공동의 창조물이 되도록 하는 것이 중요하다. 이 단계에서는 상호적인 수퍼비전 관계를 위해 수퍼바이저 자신이 성찰하는 모습을 보여 주는 것이 필요 하다. 수련생 자신의 역전이 이슈와 작업할 뿐만 아니라 개념화 기술을 확장시 켜야 한다. 수퍼바이저는 증가된 위험감수를 지지하고 좀 더 많은 직면을 사용 하도록 한다.

이와 같이 수퍼바이지들의 발달 단계를 고려하여 수퍼비전 개입이 이루어져 야 한다. 한편, 수퍼바이지들의 요구는 수퍼비전 기간 동안 고정되어 있기보다 는 변화한다는 점을 수퍼바이저는 인식해야 한다. 수퍼바이지의 요구는 사례 특성과 진행 상황에 따라 달라질 수 있다. 이에 수퍼비전이 전개됨에 따라 드러 나게 되는 수퍼바이지의 요구를 민감하게 알아차리고 이에 따라 수퍼비전 양식 을 조율할 필요가 있다(Neswald-McDalip et al., 2003). 따라서 동일한 수퍼바이 지에 대해서도 한 가지 특정한 수퍼비전 양식에 의존하기보다는 필요에 따라 적 절하며 융통성 있게 다양한 양식을 적용하는 것이 더 유익할 수 있다.

7. 수퍼바이지들의 집단 수퍼비전 경험

수퍼바이지들은 상담 내용과 관련하여 직접적인 도움을 받은 경우를 긍정적 으로 평가했으며, 단정적이고 일방적인 수퍼비전 양식을 경험했을 경우에 부정 적으로 지각하는 경우가 많았다(김미경, 2005; 이승은, 2003). 특히 수퍼비전 양식 은 초급 상담자의 수퍼비전에서는 중요한 역할을 한다(이승은, 2003). 수퍼비전 에 대한 수퍼바이지의 긍정, 부정적인 지각은 내담자와의 상담 과정 및 상담 성 과에도 직접적인 영향을 끼치게 된다. 수퍼바이지가 수퍼비전의 경험을 부정적 으로 지각하게 되는 경우 상담에 영향을 끼치지 못하거나, 부정적인 영향을 끼 쳐서 내담자와의 관계를 악화시키는 경우도 있으며, 반대로 수퍼바이저의 태도나 상담, 내담자에 대한 태도를 수퍼바이지가 수용함으로써 긍정적인 수퍼비전 경험이 상담에 적용되어 긍정적인 상담 성과로 나타나기도 했다. 집단 수퍼비전의 경우 수퍼비전에 함께 참여하는 구성원들 간의 유대감이나 친밀성 정도는 부정적인 수퍼비전의 영향력을 다소 완화시켜 줄 수 있는 요소로 작용하므로 집단 구성원들 간의 관계 형성은 수퍼비전 경험에 중요한 요인이 될 수 있다(김미경, 2005).

긍정적인 수퍼비전 경험으로는 수퍼바이지들이 상담에서 겪은 어려움을 수퍼비전을 통해서 해소하는 것을 들 수 있다. 반면 부정적인 수퍼비전 경험으로는 수퍼바이지들이 수퍼바이저에게 기대한 지지와 격려보다는 오히려 평가와 비난을 경험함으로써 때로는 비개방을 하는 경우도 있다. 이런 경험들은 이후 상담과 수퍼비전, 수퍼바이저에 대한 수퍼바이지들의 지각에 변화를 가져옴으로써 다양한 영향을 끼치게 된다.

1) 집단 수퍼비전의 도움 경험

집단 수퍼비전을 긍정적으로 지각하는 예로는 대리 학습의 경험을 하게 된 경우, 집단 과정의 이슈를 토론할 수 있었던 경우, 다른 수퍼바이지들의 의견과 가설들을 경청할 수 있는 계기가 된 경우 등이 있다(Riva & Cornish, 1995). 상담 활동은 모호하면서도 복잡한 업무이기에 수퍼바이지들은 집단 수퍼비전을 통해 수퍼바이저의 격려와 지지가 주어졌을 때 수퍼비전을 통해 도움을 받은 것으로 보고하고 있다. 이는 수퍼바이지들에게 상담에 대해 안심하고 성찰할 수 있는 계기가 된다. 수퍼바이지들은 수퍼비전을 통해 자신의 모습을 보게 된 것을 긍정적인 경험으로 지각하였다. 구체적으로 살펴보면, '수퍼바이저의 자각 촉진적 질문' '지지적 수퍼비전으로 자신을 탐색하게 되었을 때' '새로운 전문적 가능성을 발견하게 되었을 때' '정확한 내 모습을 비춰 주었을 때' '상담에 방해가 되는 자신의 모습이 발견되었을 때' '그룹 관계에서 미해결 문제가 드러났을 때' 등에서 집단 수퍼비전의 경험을 긍정적으로 평가하였다(김미경, 2005).

2) 집단 수퍼비전의 아쉬움 경험

수퍼바이지들은 성장 동기가 강하기에 성장의 자극 통로인 수퍼비전에 대한 기대가 큰 것으로 나타났다. 그러나 때로는 집단 수퍼비전 경험이 참여자의 성장 욕구에 미치지 못하거나 수퍼바이저의 돌봄이 결여된 경우를 부정적인 수퍼비전 경험으로 보고하였다(김미경, 2005). 이들은 수퍼비전에 대한 기대와 상담자로서의 성장과 성숙을 희망하기에 수퍼바이저의 솔직하고 진실한 태도를 요구하고 있나. 또한 수퍼바이지의 성실한 준비도가 수퍼비전에서 갖추어야 할 기본 자세라고 보고 있었으며 수퍼바이지에게 지지와 격려를 해 주면서 수용 가능한 직면을 해 주는 것이 효과적이라고 보고 있었다.

- 자기중심적 수퍼바이저: 수퍼바이저가 자신의 양식을 고집하며 수퍼비전을 하는 것은 수퍼바이지들에게 불만족을 갖게 한다. 특히 한 명의 수퍼바이저가 한 학기를 지도할 때 더욱 그렇다. 결과적으로 상담자의 발달에 있어서 수퍼바이저 위주로 이루어지는 수퍼비전은 효과적이지 못한 것이다.
- 관심 이슈에서 벗어난 수퍼비전: 수퍼비전이 수퍼바이지의 성장을 위한 최선의 조건과 방법을 갖추지 못하고 진행될 때 수련생들은 불확실함 속에서 혼란에 빠져 어려움을 호소한다. (내가 의도하지 않는 부분들로 방향이 막 빗나갈 때 있죠? 나는 그쪽 부분 이야기 듣고 싶지 않는데 … 엉뚱한 부분들만 이야기가 되고. 빗나갈 때가 되게 화가 나요. 나 그런 거 느껴 봤어요. 내가 알고 싶은 거는 그게 아닌데 … 엉뚱한 쪽으로 피어그룹들이 몰고 갈 때가 있더라고. 그런 수퍼비전은 막 짜증이 나더라구요.)
- 기대에 미흡한 수퍼비전: 집단 수퍼비전은 한 개인이 1학기에 1~2번 정도 수퍼비전을 받게 되므로 수퍼바이지들은 본인의 순서가 되면 가장 지도가 필요한 사례를 준비한다. 이때 수퍼바이저의 개인사정으로 인한 준비성 부족으로 수퍼비전이 기대에 충족되지 못하면 수퍼바이지들은 실망하게 되고 그 사례에 대한 부담감이 그대로 남아 있게 된다.

- 지지가 결여된 수퍼비전: 상담자들의 발달을 촉진시키는 요인 중 하나가 지지적인 수퍼비전 경험이다. 부족하지만 상담자의 가능성과 자질을 찾아 주는 수퍼비전에서 상담자는 힘을 얻게 되는 것이다. (내가 수퍼비전도 받아 보고 수퍼바이저도 하고 있지만 어 … 너무 임파워링시키는 것은 안 하고 너무 문제만 드러내는 게 너무 문제가 아닌가 … 나는 그런 생각도 해요. 임파워링이 되어야 하는데, 그런 부분에서는 안 하고 내담자도 괜히 어디 도마질 하는 듯이 수퍼바이지 말고 내담자도 올려놓고 그냥 이리 뜯어보고 저리 뜯어보려고만 하지 분석 쪽으로 너무 가지 않았나 … 느껴 보거나 그런 것은 적은 거 같아서 안타깝고 또 거기에 수퍼바이지를 격려하는 거 어 … 그런 것도 좀 부족하지 않나 그런 생각도 좀 들어요. 그래서 끝나고 나면 허탈하고 물론 많은 것은 얻었지만 좀 좌절감을 느낀다고 그럴까?).
- 빠른 직면: 수퍼바이지는 전문 영역에서 드러나는 자신의 부정적인 측면에 대하여 품어 주는 환경(holding environment)을 필요로 한다. 아직 시기적으로 감당하기 어려운 자신의 모습에 대해서는 직면보다는 안심할 수 있는 환경이 오히려 자신의 길을 찾아나가는 과정에 도움이 된다고 한다.
- 무미건조한 기법 위주의 수퍼비전: 상담자로서 경험이 누적됨에 따라 상담진행에 대한 자신감이 어느 정도 형성되었을 때는 구체적인 기법, 방법, 절차가 이들의 발달에 큰 도움이 되지 못한다. ("내가 이미 알고 있는 것을 이야기한다든가 기술적인 용어를 따진다거나 이런 거에 대해서는 조금 그냥 … 그냥 그렇고 그런 수퍼비전을 했다고 ….")

이외에 구성원들이 별다른 반응 없이 수퍼바이저에게 딸려 가거나 각자의 경험을 토로하는 것도 무미건조한 수퍼비전으로 지각하였다.

8. 집단 수퍼비전 사례 발표 양식과 지침

상담 수련생들이 내담자와의 작업을 수퍼비전에서 제시하고 발표하는 데에는 몇몇 방법들이 있다. 수퍼비전에서 효과적인 발표 방법은 수퍼바이지의 교육적 요구에 맞는 제시 방법과 연결시키는 것이 중요하다. 수퍼바이저와 수퍼바이지 모두에게 민감한 평가 질문은 '수퍼비전에서 내담자에 대한 제시 방법으로 왜 이 방법을 선택했는가?'다. 필연적으로 어떤 방법은 선택되고 어떤 방법은 채택되지 않았는가에 대한 질문이 야기될 수 있다. 사례 제시 방법을 교육적 목표와 어떻게 연결시킬 것인가에 대한 지침은 다음과 같다.

- 수퍼바이지를 위한 학습 영역을 선택하고 협의할 것과
- 최대한의 학습 욕구에 맞추어 어떤 제시 방법이 내담자와의 작업에 필요한 지를 결정하며
- 내담자에 대한 자료들을 가장 잘 제시하는 기록과 제시 방법을 선택하는 것이 중요하다.

1) 축어록

축어록은 수퍼바이지로 하여금 상담 내용에 대한 내적 성찰(Scanlon, 2002)을 할 수 있는 능력을 키워 주는 주요 방법 중의 하나다. 축어록은 다음의 네 부분으로 구성된다. 첫째, 내담자에 대한 인적 사항과 주요 호소 문제에 대한 기술이다. 이 부분에서 수퍼바이지는 가능한 내담자와 관련된 모든 사항을 기입하도록 하며 혹시 기록에서 누락된 것에 대해 상담자가 왜 미처 탐색하지 못했나에 대해 집단으로 하여금 더 탐색하도록 한다. 만일 내담자에 대해서 보지 못한 부분이 있다면 그 이유는 무엇인지, 혹 수퍼바이지의 무의식적 억압이나 회피로 인한 것은 아닌지 파악할 필요가 있다. 그리고 내담자의 문제에 대해서 수퍼

바이지가 체계적인 이해를 하고 있는지 탐색한다. 내담자의 문제를 가족체계와 사회체계와 관련지어 탐색해 본다. 이러한 체계적인 시각으로 상담목표에서 수정되어야 할 부분이 있는지에 대해서 점검하는 과정이 필요하다. 이상의 사례 개념화를 통해 주어진 내담자의 정보를 상담적으로 어떻게 다루어야 하는지 학습할 기회를 얻을 수 있다.

둘째, 축어록의 중요한 부분은 내담자와의 상담 내용을 기록한 부분이다. 집단 수퍼비전에서 발표하는 상담자는 내담자 역할을 하며, 집단 구성원 중에 지목된 구성원을 상담자의 위치에 서도록 하여 발표자가 자신의 상담 내용을 관찰할 수 있도록 한다. 상담 내용을 현장감 있게 읽게 한 후 내담자의 역할을 대신하는 동안 상담적으로 어떤 도움을 받았는지 질문한다. 이 질문으로 인해 수퍼바이지는 참여적 관찰자(participant observer)로서의 능력을 가질 수 있다. 상담 내용을 다루면서 주어진 피드백에 대해 수퍼바이지가 잘 수용하지 못하면 역할극을 통해 발표자가 하는 상담 형태를 재연하도록 하여 관찰하도록 하는 것도 유용할 수 있다.

셋째, 내담자에 대한 이해의 폭을 넓히는 것이다. 내담자에 대한 올바른 진단을 위해 심리검사를 잘 활용함으로써 상담적으로 어떤 도움을 줄지에 대한 이해를 돕는다.

넷째, 상담자 자신에 대한 통찰 부분이다. 상담하면서 자신에게 있는 변화는 무엇이고 내담자와의 관계 속에서 보는 상담자 자신의 문제는 무엇이 있는지 통찰하도록 돕는다. 그리고 상담의 목표와 전략을 어떻게 계획하고 있는지 점검하게 한다.

축어록을 사용한 수퍼비전은 사후 축어록을 다룸에 있어서 비밀보장과 축어록 자료가 무단 유출되는 것을 방지하도록 주의를 기울이는 것이 중요하다. 수퍼비전에서 사례 발표 자료를 소중히 다루는 것을 모범으로 보여 수퍼바이지들이 사례의 기록에 대한 보관과 비밀보장에 대한 수퍼바이저의 책임감을 학습할 수 있다(유영권, 2007).

2) 오디오 테이프

상담회기를 녹음하는 방법은 1950년대 이후 상담 훈련에 사용되어 왔다 (Bradley & Boyd, 1989). 이 방법에서는 상담회기에 직접적으로 접근할 수 있으므로 수퍼바이지들은 세부 사항들을 기억해야 할 수고를 덜게 된다. 테이프로 간직할 수 있으므로 시간이 경과해도 그 상담 과정을 다시 검토할 수 있다. 수퍼바이저는 실제로 상담 장면에서 일어난 일과 수퍼바이지가 보고한 것을 비교할 수 있다. 수퍼바이지는 자신의 대인 역동에 관해 배울 수 있다(예: 매너리즘, 대화 방식, 언어 사용 등). 학습 목적에 따라 상담회기별로 테이프 내용들을 비교할 수 있다. 수퍼바이지와 내담자 모두의 진행 정도를 모니터링할 수 있으며 셀프 수퍼비전(self-supervision)을 촉진시킬 수 있다. 그러나 녹음을 의식하여 때로는 상담 내용에 비개방이 작용할 수 있으며 수련생들에게는 녹음되는 것 자체가 다소 부담으로 작용할 수 있다. 이외에 녹음된 자료가 더 이상 수퍼비전 목적으로 사용되지 않을 때 사후 어떻게 처리할 것인가에 대한 명확한 논의도 필요하다.

3) 비디오 테이프

이 방법의 장점은 상담 과정에서 어떤 일이 일어났는지를 직접 듣고 볼 수 있다는 것이다. 비언어적인 표현들과 개입 책략에 대한 시각적인 것들이 고스란히 기록되어 있기 때문이다. 내담자와 상담자의 행동과 언어의 연결을 관찰할 수 있어서 축어록으로 항상 접근할 수 없었던 기본적인 역동을 밝힐 수 있다. 그러나 내담자와 상담자가 카메라에 노출되기 때문에 다소 인위적일 수 있으며 양자에게 긴장과 불안을 야기할 수 있다.

수퍼바이저와 수퍼바이지들은 학습에 가장 적합하고 자신에게 맞는 방법을 발견하는 것이 중요하다. 이런 측면에서 페이지와 우스켓(Page & Wosket, 1994)은 수퍼비전에서 내담자의 제시 방법으로 '조각하기'와 '그림으로 표현하기'를 제안하기도 하며, 호킨스와 쇼헷(Hawkins & Shohet, 1989)은 집단 수퍼비전에서 내담자 제시의 한 방법으로 '브란덴부르크 콘체르토(Brandenburg Concerto)'를 사용한다. 이 방법은 수퍼비전에서 내담자가 제시되면 그 집단의 다른 구성원들이 그 내담자의 생애 내에서의 역할이나 관계를 수행하는 것이다. 이러한 역할 및 관계를 수행하고 관찰하면서 집단 구성원들은 서로 이야기를 나눈다. 이 자료로부터 수퍼바이지는 그 내담자 생애의 의미 있는 관계성에 대한 가능한 반응들을 검토할 수도 있다.

수퍼비전에서 수퍼바이지에게는 다음의 질문들을 중심으로 수퍼바이지로서의 역할 수행을 탐색할 필요가 있다. 회기 중에 내담자에 대해 어떠한 감정을 느끼고 있었는지, 내담자에게 하고 싶은 말을 할 수 있었는지, 회기 중에 내담자가 상담자에 대하여 어떠한 감정과 생각을 가지고 있었다고 생각하는지, 그 상황에서 어떤 행동을 하고 싶었는지, 더 많은 시간이 주어진다면 어느 방향으로 하고 싶은지, 수퍼비전을 통해 특별히 원하는 구체적인 피드백은 무엇인지, 장비가 영향을 끼친 것은 무엇인지(녹음되기를 바라거나 혹은 바라지 않았던 것은 무엇인지) 등이다.

한편 집단 구성원들에게는 다음의 질문들을 중심으로 한 탐색과 도전이 필요하다. '상담자의 접근에 있어서 잘 된 부분은?' '당신이 상담자라면 회기 중에 어떻게 했을 것인가?' '상담자가 접근한 방식 중에 다른 방식으로 할 수 있었던 것은 무엇인가?' '이 내담자의 핵심감정은?' '어떤 주제들이 두드러졌는가?' '내담자의 반응들이 문제 상황 이해에 도움이 되었는가?' '만약 당신이 상담자라면 다음 회기를 위한 생산적인 상담목표는 무엇이며 그 목표를 어떻게 달성할 것인가?'

9. 집단 수퍼비전의 유형

집단 수퍼비전의 형태를 띤 유형으로는 팀 수퍼비전과 동료 수퍼비전이 있다(Campbell, 2000). 팀 수퍼비전은 동료 수퍼비전과 유사하나 서로 다른 수련을 받은 정신건강 전문가 집단이 함께 일하는 기관에서 사례와 임상적 문제들을 논의하기 위해 사용되는 방식이다. 때로는 내담자 작업을 도와줄 외부 수퍼바이 저를 고용하기도 한다. 팀 수퍼비전은 내담자를 조력할 뿐만 아니라 조직적인 책임감을 형성할 수 있으며 내담자를 위한 치료 팀으로 발전될 수 있다.

동료 집단 수퍼비전은 같은 상담기관에 근무하는 사람들 사이에서 많이 이루 어진다. 비슷한 수련 배경을 지닌 수퍼바이지들의 비공식적인 모임으로, 평가 가 없으며 사례와 윤리적 사안에 대해 논의하고 피드백을 주고받기 위해 정기적 으로 만나는 집단이다. 또한 동료 수퍼비전은 자격 취득을 위한 수퍼비전 요건 이 끝난 후에도 계속해서 전문가로서의 발달을 도모할 수 있는 효과적인 수퍼비 전이다. 이처럼 동료 수퍼비전은 계급적이지 않으며, 공식적인 평가가 포함되 지 않아 자문의 성격이 강하다. 그러나 이 집단은 지속적이며 집단 구성원들이 자문 관계일 때보다 서로에 대한 책임감이 더 커져 수퍼비전 현장에서 계속 확 산되는 추세다. 동료 집단 수퍼비전을 선호하는 이유로는 문제 사례에 대한 제 안, 윤리적·전문적 문제 논의, 고립에서 벗어나기, 정보공유, 내담자를 향한 문 제 감정과 태도의 탐구, 치료적 기술의 학습과 숙달, 개인상담소 운영에서 오는 정신적 압박감에 대한 지지, 소진에 대항, 다른 이론적 접근에 대한 노출 등이 있다. 상담자들은 개인의 임상적 기술을 향상시키기 위해 동료 수퍼비전을 많 이 선호한다.

또한 버나드와 굿이어(1998)도 동료 수퍼비전 집단의 이점을 다음과 같이 제 시하고 있다.

- 상담자가 자신의 일에 대하여 성찰적일 수 있도록 동료들이 도움을 주며, 개인적인 이론 구조를 뛰어넘는 선택의 자유를 제공해 준다.
- 특별히 성인 학습자들에게 흥미를 돋우는 환경을 제공해 준다.
- 상담 장면에서 종종 경험할 수 있는 조기 종결이나 역전이에 대해 자유롭 고 편안하게 토론할 수 있는 장을 제공해 준다.
- 상담을 위한 높은 기준을 유지하게 하는 동료의 평가 과정이 제공됨으로써 윤리적 실수를 감소시켜 준다.

- 새로운 정보를 전달해 주는 토론의 장을 제공해 줌으로써 동료들에게 계속 적인 교육을 제공해 준다.
- 진지한 자문을 위한 연속성을 제공해 준다.
- 집단 과정에 종종 귀착되는 치료적 요소들, 안심, 타당성 인정, 소속감 등을 제공해 줄 수 있다. 결과적으로 그들이 소진될 가능성을 줄일 수 있다.
- 역전이의 문제와 병행 과정에 대한 상담자의 인식을 확장시켜 준다.
- 전문가들이 아닌 동료들이 피드백을 주기 때문에, 권력자들과의 갈등에 시간과 노력이 투입되는 것을 줄일 수 있다.

동료 수퍼비전 집단의 단점은 다음과 같다(Carroll, 1996).

- 내담자 복지를 위한 최종 책임이 부재하며 동료들 이외에 집단 과정을 모니터링해 줄 사람이 없다.
- 한 개인의 사적인 문제를 도와주는 과정으로 왜곡될 수 있으며, 수퍼비전 집단이라기보다 우정을 나누는 곳으로 변질될 수 있다.
- 직면이 부족하고 도전을 꺼리게 되며, 정식적인 평가가 없어 너무 비형식화될 수 있다.

○ 요약

수퍼비전은 상담자의 전문성과 상담 서비스의 책무성을 보장하기 위한 전문적 활동이다. 특히 집단 수퍼비전은 수퍼바이저의 적절한 개입에 따라 개인 수퍼비전에서 부족할 수 있는 다양한 피드백을 받을 수 있으며, 간접 경험을 통한 대리학습과 지지적 경험, 상호작용 능력의 발달 등을 경험할 수 있는 교육방법이다(Bernard & Goodyear, 2004). 집단 수퍼비전은 실습과 수련 과정에 관한 미국심리학회(APA) 기준에 포함되어 있으며(Brown & Lent, 1992), 여전히 수련 현장에서 널리 이용되고 있다. 특히 우리나라는 외국에 비해 상담의 역사가 짧고 실제 수퍼비전 활동을 하고 있는 전문 상담자의 비율이 적기 때문에, 상담 관련 기관 및 학교의 교육과정에서 개인 수퍼비전보다 집단 수퍼비전의 활용도가 높다(이승은, 2003).

수퍼바이저와 수퍼바이지 모두 집단 수퍼비전에 대한 중요성 인식이 높아지고 있으므로(Gren & Sudin, 2009), 상담자 교육 및 훈련 프로그램으로 빈번하게 사용되고 있다(Limton & Hedstrom, 2006).

수퍼바이지는 자신의 발달 수준과 눈높이를 고려한 수퍼비전을 원하므로 수퍼바이저는 상이한 발달 단계에 있는 상담 수련생들에게 알맞은 수퍼비전 기법들을 주의 깊게 고려해서 적용하며 상담과정이나 기관에서 요구되는 특정한 과제를 충족시키기 위한 새로운 기술들을 배우도록 조력한다. 수퍼비전에서 효과적인 발표 방법은 수퍼바이지의 교육적 요구에 맞는 제시 방법과 연결시키는 것이 중요하다.

제4부

상담 수퍼비전 사례

제10장
수행 능력 중심의 수퍼비전 사례연구

| 손은정 |

이 장에서는 수행 능력 중심(competency-based) 접근을 바탕으로 총 8회기 동안 진행된 개인 수퍼비전에 대해 기술하고 있다. 이 장의 첫 번째 절인 '1. 이론적 배경'에서는 통합적인 관점인 수행 능력 중심의 수퍼비전의 일반적인 특성을 설명하고, 그것을 본 수퍼비전에 어떻게 적용하고자 했는지 제시하였다. 수행 능력 중심의 수퍼비전은, 첫째, 수퍼바이저와 수퍼바이지 간의 협력적인 관계를 강조하며, 둘째, 수퍼바이저와 수퍼바이지의 발달적 단계를 고려한다. 셋째, 수퍼바이저와 수퍼바이지의 개인적인 다양한 특성들을 존중한다. 수행 능력 중심 접근은 수퍼바이저와 수퍼바이지 간의 상호협력적인 관계와 자기성찰을 강조하는 수퍼비전 과정을 통해 수퍼바이지가 상담 과정에서 경험하는 어려움에 대해 편안하게 자기개방을 할 수 있다는 이점이 있으며, 수퍼바이지들에게 전문상담자로 성장해 나가고자 하는 동기를 부여한다. 이 장의 두 번째 절인 '2. 수퍼비전의 실제'에서는 실제로 진행되었던 수퍼비전 과정을 요약하였으며, 수퍼비전에 대한 종합적인 평가와 논의를 제시하였다.

1. 이론적 배경

1) 수행 능력 중심의 수퍼비전의 특성

수행 능력 중심의 수퍼비전에서는 효과적인(competent) 수퍼비전을 제공함으로써 수퍼바이지가 상담에 대한 특정한 지식과 기술, 가치를 학습하고 적용하여 충분한 수행 능력(competency)을 가진 상담자가 될 수 있도록 촉진시킨다. 여기에서 충분한 수행 능력이란 상대적인 관점에서 단지 몇 가지 요구 사항에 도달한 상태가 아니라, 일련의 개인적이고 전문적인 능력을 충분히 갖추고 있음을 의미한다(Falender & Shafranske, 2004).

수행 능력 중심의 수퍼비전은 통합적인 관점이다. 따라서 특정 이론이나 기법을 지향하기보다는 특정 내담자에게 가장 적절한 상담 이론 및 기법이 무엇인가에 대해 수퍼비전을 제공하며, 수퍼비전 과정 역시 특정 수퍼바이지에게 가장 적합한 기법을 적용한다(Falender & Shafranske, 2008).

(1) 수퍼비전 과정

수행 능력 중심의 수퍼비전은 수퍼비전 과정에서 다음의 세 가지를 강조한다. 첫째, 효과적인 수퍼비전 작업동맹을 형성하여 최적의 학습 환경을 조성한다. 둘째, 수퍼바이저와 수퍼바이지의 발달적 요인을 고려한다. 셋째, 다양성에 대해 주의를 기울인다(Falender & Shafranske, 2008).

① 효과적인 수퍼비전 작업동맹을 형성하여 최적의 학습 환경을 조성한다

수퍼바이저는 개인적인 자질(personal quality)과 전문적인 자질(professional quality)을 갖추고 수퍼비전 과정에서 이를 활용함으로써 수퍼비전에서 좋은 관계를 형성하고 수퍼바이지가 학습할 수 있는 최상의 환경을 조성할 수 있도록 노력한다. 수퍼바이저의 개인적인 자질이란 수용적 · 상호협력적 · 공감적 · 지지적이고 권위적이지 않으며 개방적이고 자기인식을 잘 하며 융통성이 있는 것 등을 의미한다. 전문적인 자질은 작업동맹을 잘 형성하는 데 필요한 자질을 포함한다. 즉, 지지 · 신뢰 · 존경 · 돌봄을 바탕으로 수퍼바이저와 수퍼바이지의 역할의 명료화를 통해 정서적 유대를 형성할 수 있는 능력이 있으며, 수퍼비전 관계의 역동을 잘 인식할 수 있는 것을 의미한다. 또한 수퍼바이지와 목표와 과제에 대한 합의를 이룰 수 있도록 하며, 실수와 잘못을 인정하고 나눌 수 있고, 수퍼바이저와 수퍼바이지 간의 갈등을 잘 해결해 나갈 수 있는 능력을 갖추고 있음을 의미한다.

또한, 효과적인 작업동맹을 형성하며 최적의 학습 환경을 조성하기 위해, 수퍼바이저는 수퍼바이지가 갖고 있는 '한 개인으로서의 치료자'의 측면에 관심을 가진다. 수퍼바이지의 개인적 편향(bias)이 내담자에 대한 지각과 반응에 어떻게 영향을 미치는지와 치료자의 개인적 역동이 치료 관계와 수퍼비전 관계의 역동에 어떤 영향을 미치는지에 대해 주목한다. 또한 수퍼비전 관계의 경험이 상담 관계에 영향을 미치는 관계의 평행적 과정(parallel process)에 대해서도 관심을 가진다.

② 발달적 요인들을 고려한다

수퍼바이저와 수퍼바이지의 발달 단계에 따라 수퍼비전에 대한 기대, 행동, 그리고 학습이 달라진다. 따라서 수퍼바이저는 자신의 수퍼바이저로서의 발달 단계와 수퍼바이지의 발달 단계를 고려하여 수퍼비전 내용 및 과정을 계획하고 진행한다.

③ 다양성에 대해 주의를 기울인다

수퍼비전이나 상담은 사회적 · 정치적 · 경제적인 맥락 안에서 이루어지는 것이기에 상담자와 내담자, 그리고 수퍼바이저와 수퍼바이지 간의 관계에서 성 · 지역 · 인종 등이 다르다는 것은 상담이나 수퍼비전 과정에 영향을 주게 된다. 따라서 수퍼바이저는 이러한 다양한 특성들이 어떻게 상담과 수퍼비전에 영향을 미치는가에 대해 인식할 필요가 있으며, 수퍼바이지가 다양한 배경을 지닌 사람들과 상담을 할 수 있는 지식, 기술, 태도를 교육하고 훈련할 필요가 있다. 또한, 수퍼바이지의 인종차별주의나 성차별주의 등과 같은 편견과 행동에 대해 도전할 필요가 있다.

(2) 장점과 제한점
① 장점
먼저 수퍼바이저와 수퍼바이지 간의 수퍼비전 작업동맹 형성을 통해 협력적인 관계를 강조하기 때문에, 수퍼바이지는 권위적이지 않은 관계를 통해 자율성을 경험하며, 전문가로 성장하는 과정에서 일어나는 여러 가지 어려움들에 대해 안전한 환경에서 자기개방을 할 수 있게 된다. 또한 수퍼바이저의 일방적인 교육보다는 수퍼바이지의 자기성찰과 자기평가를 격려하고 지지하기 때문에, 상호협력적으로 수퍼비전을 진행해 나감으로써 수퍼바이지에게 수퍼비전이 더 의미 있게 느껴지도록 한다. 그리고 수퍼바이지가 자신의 대인관계 특성이나 편향이 상담 관계에서의 역전이나 수퍼비전 관계 및 동료들과의 관계에 어떤 영향을 미치는지 스스로 생각하고 평가하게 됨으로써 상담의 기술적인 수행 능력뿐만 아니라 개인적이고 대인관계적인 요소들도 함께 확립해 나갈 수 있도록 도울 수 있다.

그 외에도 수행 능력 중심의 수퍼비전에서는 통합적인 접근과 다양성을 강조하기 때문에 내담자의 독특한 특성에 적합하게 사례개념화와 상담개입 방법을 적용할 수 있도록 도울 수 있다. 또한 발달 단계를 고려함으로써, 수퍼바이지의 수준에 적합한 상담지식, 기술, 태도를 훈련할 수 있도록 도울 수 있다.

② 제한점
수행 능력 중심의 접근은 이론적으로 통합적인 관점이기 때문에 수퍼바이저와 수퍼바이지 중 한쪽이 분명한 이론적인 틀을 고수하고자 할 경우 수퍼비전 관계에 긴장이 발생할 수 있다. 또한 작업동맹과 발달 단계를 고려하는 상호협력적 접근이며 개인의 독특성에 근거한 접근이기 때문에 수퍼비전을 진행하는 데 많은 헌신과 자원, 시간이 요구된다.

2) 수행 능력 중심의 수퍼비전의 적용

두 번째 절인 수퍼비전 실제에서 제시되는 사례에서는 다음 사항들을 통해 수행 능력 중심의 수퍼비전이 나타내는 특성들을 실제 수퍼비전 과정에 다음과 같이 적용하고자 하였다.

(1) 통합적인 관점

먼저 수퍼바이지는 인지행동적 접근을 지향하고 있으나 오리엔테이션에서 수퍼바이저가 통합적인 접근을 지향하고 있음을 설명하고 이에 대해 합의 과정을 거쳤다. 수퍼바이지는 개인 수퍼비전이 시작되기 이전에 공개 사례 발표에서 수퍼바이저에게 1회 수퍼비전을 받았던 경험이 있어서 통합적인 수퍼비전 접근 방식을 이해하고 있었으며, 앞으로의 수퍼비전에서 통합적인 접근을 지향하는 수퍼바이저의 접근 방식에 대해 동의하였다. 따라서 특정 이론에 근거한 개입보다는 내담자의 독특한 특성에 가장 적합한 사례개념화와 상담기법이 무엇인지에 초점을 두고 수퍼비전을 진행하였다.

(2) 수퍼비전 작업동맹 형성

수퍼바이지와 수퍼비전 작업동맹을 형성하기 위해, 수퍼비전이 공식적으로 시작되기 전 먼저 사전면담을 실시하였다. 사전면담에서는 수퍼바이지의 상담 경험 및 이전 수퍼비전 경험과 앞으로의 수퍼비전에 대한 기대에 대해 탐색하였으며, 수퍼바이저의 수퍼비전 접근 방식에 대해 설명하였다. 이를 통해 앞으로 수퍼비전을 구체적으로 어떤 과정을 통해 진행해 나갈지 합의하는 과정을 거쳤고, 수퍼비전이 실시되기 이전 수퍼바이저와 수퍼바이지 간에 좋은 관계를 형성할 수 있는 지지적인 분위기 형성을 위해 노력하였으며, 수퍼비전에서 수퍼바이저와 수퍼바이지가 수행하는 역할과 과제에 대해 구체화하였다.

수퍼비전 진행 과정에서 수퍼바이지가 수퍼비전을 받고 싶은 내용을 적어 오도록 하였으며 이를 수퍼비전 과정에 활용하였다. 즉, 수퍼비전을 진행해 나갈 때 수퍼바이저 입장에서의 사례에 대한 피드백뿐만 아니라 수퍼바이지가 받고 싶어 하는 수퍼비전 내용을 중요하게 생각하고 이를 수퍼비전에서 비중 있게 다루고자 하였다. 이는 수퍼비전이 일방적인 가르침의 입장이 아니라 상호협력적 관계라는 입장을 가지고 있기 때문이며, 받고 싶은 수퍼비전 내용에는 현재 수퍼바이지가 상담을 하면서 경험하는 가장 큰 어려움들이 포함되어 있기 때문이다.

매 회기 수퍼비전이 종결될 때 수퍼바이지가 상담 사례에 대해서, 그리고 수퍼비전 내용에 대해서 자기평가를 하도록 하였으며 이러한 과정을 통해 자율적으로 생각하고 평가함으로써 수퍼바이지가 성장해 나갈 수 있도록 도왔다.

(3) 발달 단계 고려

수퍼바이지는 박사를 수료한 후 전문가 과정을 준비하는 상담자로서 이미 충분한 상담 경험과 수퍼비전 경험이 있었기 때문에, 초보 상담자에게 필요한 경청, 공감, 질문과 같은 구체적인 반응 기술보다는 내담자에 대해 이해하고 내담자에게 가장 적절한 상담 기법과 개입을 계획할 수 있는 사례개념화와 사례운영 방식에 대해 주로 다루었다. 또한 수퍼비전 관계 형성 방식에 있어서도 상호협력적인 관계를 강조하였으며, 상담자의 자율성을 도모할 수 있도록 노력하였다.

2. 수퍼비전의 실제

수퍼비전 실제에서는 수퍼바이저와 수퍼바이지 간에 실제로 진행되었던 수퍼비전 과정을 요약하고 수퍼비전의 효과와 한계점을 중심으로 논의를 제시하였다. 오리엔테이션 1회, 개인상담 수퍼비전 6회, 심리검사 수퍼비전 1회, 그리고 집단상담 수퍼비전 1회의 총 8회기의 수퍼비전이 이루어졌다. 각 회기마다 수퍼바이지가 수퍼비전을 받고 싶은 내용이 무엇인지에 대해 먼저 파악한 후, 수퍼바이지와 수퍼바이저 간의 대화와 수퍼바이저의 설명을 통해 수퍼비전이 이루어졌다. 수퍼비전이 끝난 이후에는 수퍼바이지에게 수퍼비전에 대한 피드백을 받았고 수퍼바이저도 각 회기별로 수퍼바이지와 수퍼비전 과정에 대해 평가를 실시하였다.

1) 수퍼바이저와 수퍼바이지의 인적 사항

(1) 수퍼바이저의 이론적 경향 및 수퍼비전 경력

통합적인 관점인 수행 능력 중심의 수퍼비전(competency-based supervision)을 지향하고, 상담심리사 1급과 청소년상담사 1급 자격증을 소지하고 있으며 박사학위를 취득한 여성 수퍼바이저다. 주로 대학학생상담센터에서 상담 활동을 해 왔으며, 수퍼비전 경험은 7년 정도다.

(2) 수퍼바이지의 상담 경험 및 수퍼비전 경험

인지행동적 접근을 지향하고 있으며, 청소년상담사 2급 자격증을 소지하고 있고, 박사 과정을 수료한 여성 상담자다. 상담 경험은 8년 9개월 정도이며, 수퍼비전은 최근 2년간 지속적으로 받아 왔다. 정신보건센터, 사설아동 상담실, 그리고 대학학생상담센터 등에서 상담 활동을 해 왔다.

2) 수퍼비전 과정

2010년 3월부터 2010년 6월까지 한 학기 동안 총 8회의 수퍼비전을 진행하였다. 구체적으로는 오리엔테이션, 개인상담 수퍼비전 6회, 심리검사 수퍼비전 1회, 그리고 집단상담 수퍼비전 1회를 실시하였다.

날짜	회기	수퍼비전 내용	상담 사례
2010년 3월 12일	사전면담	오리엔테이션	이전 수퍼비전 경험 및 앞으로의 수퍼비전에 대한 기대 탐색
2010년 3월 26일	1회기	개인상담 수퍼비전	26세 남자, 1회기
2010년 4월 9일	2회기	개인상담 수퍼비전	25세 남자, 3회기
2010년 4월 23일	3회기	개인상담 수퍼비전	24세 남자, 4회기
2010년 5월 7일	4회기	심리검사 수퍼비전	20세 여자, MMPI, SCT, HTP, KFD, BDI
2010년 5월 28일	5회기	개인상담 수퍼비전	26세 남자, 9회기
2010년 6월 8일	6회기	개인상담 수퍼비전	25세 남자, 10회기
2010년 6월 15일	7회기	개인상담 수퍼비전	20세 여자, 6회기
2010년 6월 30일	8회기	집단상담 수퍼비전	집단상담 8회기

3) 회기별 수퍼비전 내용

(1) 오리엔테이션(2010년 3월 12일)

① 수퍼바이지의 이전 상담 경험 및 수퍼비전 경험 탐색

사례 경험과 수퍼비전 경험이 많고 실무에서 상담하는 것을 즐기고 있으며, 사례에 대해 많이 고민하며 발전하고 성장하려는 동기가 매우 큰 훈련생이었다.

② 수퍼비전에 대한 기대 탐색 및 수퍼바이지의 역할에 대한 설명

이전에 수퍼비전을 많이 받아 보았기 때문에 사례준비 방법 및 수퍼비전 과정에 대해 숙지하고 있었으며, 수퍼바이저에 대한 기대가 높은 편이었다.

③ 앞으로의 수퍼비전 진행 과정에 대해 의논함

개인상담 수퍼비전뿐만 아니라 심리검사 수퍼비전, 집단상담 수퍼비전을 함께 실시하기로 하였으며, 수퍼비전 시간은 50분 정도, 남은 10분 정도는 수퍼비

전한 내용에 대해 정리하는 시간을 갖기로 하였다. 수퍼비전 과정에서는 축어록뿐만 아니라 녹음 테이프를 직접 가져와서 함께 듣기로 하였으며, 처음 시작하는 사례인 경우에는 1회기의 축어록을 풀어서 수퍼비전을 받으면서 앞으로의 진행 방향에 대해 의논하기로 하였다. 이전에 계속 진행해 오던 사례에 대해서는 가장 중심이 된다고 생각되는 회기를 풀어서 수퍼비전을 받기로 하였고, 한 사례만을 하는 것이 아니라 여러 사례를 돌아가면서 수퍼비전을 실시하기로 하였다.

(2) 1회기(2010년 3월 26일)

① 상담 사례: 26세, 남 / 1회기 개인상담

② 수퍼바이지가 수퍼비전을 받고 싶은 내용

- 상담목표를 구체적으로 합의하지 못하였다. 내담자가 궁극적으로 변화를 추구하는 가족관계는 구조적으로 문제가 많고 병리적이라서 상담 관계에 얼마나 도움을 줄 수 있을지 고민이 된다.
- 오랫동안 억압된 감정이 많고 자신에 대한 부정적인 이미지와 열등감이 심해 어떠한 접근으로 상담을 진행해야 할지 모르겠다. 내담자의 복잡한 감정이 터지면 적절하게 감당하고 다루어 줄 수 있을지 자신이 없다.

③ 수퍼비전 내용

- 먼저 수퍼비전 시작하기 전 수퍼비전 과정에서 수퍼바이지가 느낄 수 있는 불안한 마음에 대해 탐색하였다.
- 상담에서 개입하고 다루어야 할 내담자의 문제들에 대해 언급하고 설명하였다.
  - 4학년이기 때문에 진로에 대한 부담감이 매우 클 것으로 예측되며 그 부분에 대한 접근이 필요함을 제안하였다. 특히 무책임한 아버지에 대한 비난을 어머니로부터 계속해서 들어 왔기 때문에, 자신 역시 책임감 있

는 사람이 되지 못할 것에 대한 두려움이 크고 이것이 진로 문제와 밀접
하게 연결되어 있음을 설명하였다.
- 그동안 항상 감정을 억압해 왔기 때문에 표현하는 것이 어려우므로 자
신의 감정을 인식할 수 있도록 도와주는 것이 필요하며, 그 이후 표현 방
법에 대해 점차적으로 다루어 주어야 함을 설명하였다.
• 상담자와의 관계에 대해 언급하였다. 표면적으로는 상담자에게 순종하지
만 이전에 버림받은 경험이 있기 때문에 상담자를 쉽게 신뢰하지 않을 수
있음을 상담자가 미리 인식하고 있어야 함을 언급하였다.

④ 수퍼비전 이후 평가
• 수퍼바이지에 대한 평가
- 수퍼비전 내용에 대해 아버지에 대한 감정이 내담자 자신에 대한 감정
과 연관되어 있으며, 그것이 현재 문제와도 밀접한 관련이 있음을 새롭
게 이해하게 되었다고 반응하였다.
- 전반적으로 상담을 매끄럽게 잘 이끌어 나가며, 상담에 대한 전체적인
틀이 잡혀 있었다.
- 어린 시절 부모님과의 관계로부터 비롯된 내적 역동뿐만 아니라 그것이
현재의 내담자의 문제촉발 요인(상담을 찾아오게 된 계기)과 상황적인 요
인(졸업 전 취업 준비로 마음이 불안한 내담자)과 어떻게 연관되어 있는지
포괄적으로 이해하는 능력의 개발이 필요한 것으로 보인다.
• 수퍼비전 과정에 대한 평가
- 수퍼바이지가 수퍼비전에 대해 높은 기대와 의욕을 가지고 있어서 그것
을 채워 줘야 한다는 부담감을 느끼게 했다.

(3) 2회기(2010년 4월 9일)
① 상담 사례: 25세, 남 / 3회기 개인상담

② 수퍼바이지의 수퍼비전을 받고 싶은 내용

• 내담자가 많이 혼란스러워하고 횡설수설하는 모습을 보여 안타까우면서도 답답함을 느꼈다. 3회기가 지나도록 어떤 가족력이 더 남아있을지 부담스럽고 걱정이 된다.

• 오랫동안 억압된 감정과 사고들에 억눌려 있고 상처가 너무 많은 내담자 같다. 이런 내담자를 인내하고 기다려 주면서 천천히 상담을 진행해야 할 것 같은데 내담자의 조급함에 자꾸 이끌려 가게 된다. 무엇인가를 해 주고 빨리 도와주어야 할 것 같은 부담감을 느끼게 되는 내담자이다.

③ 수퍼비전 내용

• 상담목표 설정에 대해 설명하였다. 즉, 모든 문제를 다 다룰 수 없으므로, 이 상담에서 다루어야 할 내담자의 문제가 무엇인지 생각해 보고 구체적으로 설정하는 것이 중요함을 제시하였다.

• 수퍼바이지의 긍정적인 측면에 대해 언급하였다. 내담자의 복잡한 감정(거부에 대한 두려움, 분노, 그리고 자신에 대한 죄책감 등)에 대해 잘 이해하고 있음을 칭찬하였다.

• 상담에서 다루어야 할 내담자의 문제들에 대해 언급하고 설명하였다.
  - 내담자가 경험한 일들에 대해 상담자가 압도되어 공감이나 지지를 제대로 해 주지 못하였으며, 내담자의 감정을 공감해 주고 정리할 수 있도록 도와주는 것이 필요함을 설명하였다.
  - 모든 가족 문제를 다 다루기는 어려우며 현실 문제와 연관된 문제 위주로 그때그때 다루어 주는 것이 필요함을 설명하였다.

• 수퍼바이지의 개인적인 특성이 상담 과정과 수퍼비전 과정에 어떤 영향을 미치는지 다루었다. 수퍼바이지는 내담자의 문제가 매우 심각하고 적극적인 개입이 필요하다고 생각하여 짧은 기간 동안 많은 회기를 가지면서 다양한 심리검사들을 실시하고 내담자에게 모든 정성을 쏟고 있지만(1주일 동안 3회를 만나서 상담 및 각종 심리검사를 실시함), 내담자의 반응이 호의적

이지 않아서 기운이 많이 빠지고 힘이 든다고 표현하였다. 평소 관계에서
도 이렇게 최선을 다했는데 그만큼의 보상이 오지 않을 때 심적으로 어려
워지는 수퍼바이지의 개인적 특성에 대해서 함께 이야기하였다.

④ 수퍼비전 이후 평가
• 수퍼바이지에 대한 평가
 - 상호 간의 대화를 통해 수퍼바이지는 내담자에 대해서도 최선을 다해
  주면서 그만큼 내담자에게 중요한 존재가 되고 싶었으나 실제로 내담자
  가 그런 반응을 보이지 않을 때 많이 실망스러워하고 마음이 닫히는 모
  습이 있다는 사실을 발견하였다.
 - 수퍼바이지는 수퍼비전을 받으면서 내담자에게서 자기 자신으로 관심
  의 초점이 옮겨졌으며 자신을 많이 이해하게 되었다고 이야기했다. 수
  퍼바이저도 수퍼비전에 대해 높은 기대를 가지고 있다고 느껴지는 것이
  나 수퍼바이저로서 부담스러웠던 이유를 이해하게 되었다. 중간 정도
  이상의 발달단계에 있는 수퍼바이지와의 관계에서는 수퍼바이저의 상
  담자로서의 역할(교육자, 자문가, 상담자의 역할들 중에서)이 중요함을 생
  각하게 되었다.
• 수퍼비전 과정에 대한 평가
 - 수퍼바이지의 특성에 대한 논의 이후 수퍼비전 초기 수퍼바이저가 수퍼
  바이지에게 느꼈던 부담감이 무엇인지 이해하게 되었으며, 수퍼비전 관
  계는 훨씬 편안해졌다.

(4) 3회기(2010년 4월 23일)
① 상담 사례: 24세, 남 / 4회기 개인상담

② 수퍼바이지의 수퍼비전을 받고 싶은 내용
• 상담에 항상 성실하게 최선을 다하는 내담자의 모습이 정말 도움이 필요하

고 방법을 찾고 싶어서이긴 하지만 평소에 인간관계에서(특히 가족) 나타나는 내담자의 모습으로 느껴져서 안타깝기도 하다. 이러한 모습을 상담자가 어떻게 변화를 추구할 수 있는 기회로 활용할 수 있을지 궁금하기도 하다.

• 무능력하고 불성실한 조부에 이어 조부보다 더 심한 아버지로 인해 많은 상처를 받은 내담자이다. 이로 인해 아버지의 역할에 대한 모델링이 없었고 부정적인 자아개념을 형성하게 된 것 같다. 역기능적인 가족관계에서 내담자가 심리적으로 독립할 수 있도록 도와줄 수 있는 방법들에 대해 고민이 된다.

③ 수퍼비전 내용

• 수퍼바이지의 행동 관찰 이후 피드백을 제공하였다. 수퍼바이지가 많이 지쳐 보여서 그것에 대해 피드백을 하였으며, 수퍼바이지는 맡고 있는 상담 사례가 너무 많고 다들 심각한 문제들이 많아서 심리적으로 버겁다고 하였다. 상담자의 소진을 예방하기 위해 일을 줄이는 것이 필요함을 제안하였다.

• 축어록의 구체적인 반응에 대해 피드백을 제공하였다. 수퍼바이지가 여러 가지 업무로 인해 지친 상태에서 축어록에서 내담자의 말에 잘 경청하지 못하고 놓친 부분들이 많이 보였다. (→ 경청을 하지 못하는 여러 가지 이유를 보게 되었다. 즉, 상담자의 피곤, 내담자의 표면적인 말에 집착, 내담자의 문제에 대한 이전 가설에 매달림 등이 경청을 가로막았다.)

• 가설 형성에 대한 피드백을 제공하였다. 한 번 가설을 형성한 이후 계속 그 고정관념으로 내담자를 이해하는 것이 아니라 내담자의 말을 들으면서 가설을 보다 정교화하고 수정해 가는 작업의 훈련이 필요함에 대해 설명하였다.

④ 수퍼비전 이후 평가

• 수퍼바이지에 대한 평가

- 수퍼바이지의 장점과 개발할 점을 생각해 봄으로써 앞으로 어떠한 부분에 대해서 수퍼비전이 필요한지 생각해 보게 되었다.
- 수퍼바이지의 장점으로는 상담 사례의 여러 가지 정보들을 통합하여 개념화를 잘 하며, 상담자로서 자신감 있게 상담을 진행해 나가는 점을 들 수 있다. 수퍼바이지가 개발해 나가야 할 점은 내담자의 상태나 감정을 객관적으로 보지 못하고 자신의 감정 상태에 따라 타인에 대해 느끼는 방식이 달라진다는 것이므로 먼저 자신의 감정에 대한 인식이 필요하다.
• 수퍼비전 과정에 대한 평가
- 수퍼바이지가 현재 너무 많은 상담 사례를 맡고 있어서 피곤하고 힘들다고 하였으나 한편으로는 지난 회기에 수퍼바이지의 개인 특성에 대한 피드백에 대해서 고민한 것이 수퍼바이지를 힘들게 한 것은 아닌지 걱정이 되었다.

(5) 4회기(2010년 5월 7일)
① 상담 사례: 20세, 여 / 심리검사(MMPI, SCT, HTP, KFD, BDI)

② 수퍼비전 내용
• 심리검사 보고서를 쓰는 방식에 대해서 설명하였다. 각각의 검사 결과에 대해 간단하게 요약 및 해석을 한 후, 종합적으로 이 내담자의 인지, 행동, 정서, 대인관계상 특성이 어떻게 검사 결과에 나타났는지 통합하여 기술하도록 하였다.
• 심리검사 결과를 활용해서 내담자의 특성에 대해 추론해 보는 시간을 가졌다. 어머니의 지속적인 비난 및 편애로 인해 소외감을 느끼며, 아버지에게 수용되지 못함으로 인해 자기가치감이 낮고 자기 자신에 대해서 혼란스러운 상태에 있는 것으로 보인다. 이러한 원인들에 의해 사회적인 대인관계 기술과 능력이 원활하지 못하다.
• 문장완성검사에서 내담자가 성과 관련한 문제가 있으나 이것에 대해서 상

담자가 결과 해석 시 탐색하지 못했다. 성 문제와 관련한 내담자 문제를 다루기 어렵다고 이야기하였다. 성에 대해 개방적으로 다루어야 할 필요성에 대해 언급하였다.

③ 수퍼비전 이후 평가
• 수퍼바이지에 대한 평가
 - 여러 가지 검사를 실시하였으나 각각의 검사에 대해서 면밀하게 살펴보고 탐색하는 태도가 부족해 보였다.
 - 요즘에는 많이 바쁘지는 않은지 질문을 하자 급히 괜찮다고 대답하며 일어섰으며, 아무래도 그 이상의 직면은 회피하는 듯한 느낌을 받았다.
• 수퍼비전 과정에 대한 평가
 - 이번 주에도 수퍼바이지가 개인적인 특성에 대해 고민하고 있는지 질문하지 못하였고 이 문제를 다시 언급하는 것이 수퍼바이지에게 도움이 될지 망설여졌다.

(6) 5회기(2010년 5월 28일)
① 상담 사례: 26세, 남 / 9회기 개인상담

② 수퍼바이지의 수퍼비전을 받고 싶은 내용
• 솔직하고 적극적인 내담자로 느꼈는데 9회기가 되어서야 아직 내담자를 많이 이해하지 못하고 있었다는 생각이 들었다. 아버지의 외도에 관한 이야기를 어렵게 꺼냈고 상담에 오게 된 결정적인 사건이나 동기에 대해서도 알게 되었다. 첫 회기 때 내담자가 말했던 것처럼 겉과 속이 많이 다르다는 것이 상담 장면에서 이렇게 나타나는구나 하고 생각하였다. 지금까지 가족에 대해 이야기했던 부분들이나 심리적 어려움들은 상담 장면 밖에서도 공개할 수 있었던 이야기들이었고 이제야 핵심 주제들이 나오는 것 같았다. 다음 학기에도 계속 상담을 진행하기로 내담자와 합의하였는데, 2~3회기 후면 방학을 하게 되는데 어떻게

중간 마무리를 해야 할지 고민이 된다.

③ 수퍼비전 내용

- 수퍼바이지의 좋은 반응을 칭찬하였다. 내담자가 경험한 이전 사건과 현재 상황을 통합해서 제시한 반응이 좋았음을 칭찬하였다. 이러한 반응이 내담자로 하여금 더 깊은 탐색을 할 수 있도록 도왔다고 보여진다.
- 내담자의 특성에 대해 함께 추론해 보았다. 내담자는 버림받을 것에 대한 두려움 때문에 관계에서 다른 사람에게 맞춰 주는 경향이 있었고, 자기 자신을 수치스럽게 느끼며 결함이 있고 치명적으로 부족하고 결핍된 사람이라고 지각하고 있었다.
- 이후 필요한 개입에 대해 설명하였다. 아버지로부터 구타당한 경험에 대해 자세하게 탐색할 필요가 있고, 아버지에 대한 분노는 곧 자기에 대한 분노이기에 아버지의 비슷한 면과 다른 면을 분리시키는 작업이 필요하며, 가족에 대해 떠나고 싶은 마음과 가족으로부터 버림받을 것 같은 마음 두 가지 모두를 인식하도록 돕고 공감해 줄 필요가 있음을 설명하였다.

④ 수퍼비전 이후 평가

- 수퍼바이지에 대한 평가
  - 내담자의 말에 대해 적절하게 잘 반응해 주고 있다.
  - 내담자의 문제에 대해 계속 밑그림을 그리며 종합적으로 접근해 가는 점이 좋아 보이며, 내담자에 대한 이해가 점점 깊어지는 발전을 보이고 있다.
  - 내담자가 이야기한 충격적인 사건이나 새로운 정보들에 대해 당황하지 않고 대처하는 것이 필요해 보인다.
- 수퍼비전 과정에 대한 평가
  - 수퍼비전 관계가 많이 자연스러워지고 편안해졌다. 수퍼바이지의 개인적인 특성에 대한 이해뿐만 아니라 수퍼바이저로서 가졌던 지나친 부담

감을 내려놓으니 관계가 오히려 훨씬 더 자연스러워짐을 느꼈다.

(7) 6회기(2010년 6월 8일)
① 상담 사례: 25세, 남 / 10회기 개인상담

② 수퍼바이지의 수퍼비전을 받고 싶은 내용
- 내담자가 변화와 성장을 끊임없이 보여 주고 있다고 이야기하면서도 상담자가 느끼기에는 변화가 더딘 것 같다. 상담자와의 관계 변인이 내담자의 변화와 성장에 방해가 되지 않도록 조심하고 싶은 마음이 때로는 상담에 방해가 되기도 한다.
- 내담자가 여자 친구 사건으로 많이 힘들게 되었고 상담을 진행하면서 예상치 못했던 돌발 상황이 되긴 했지만 이것이 오히려 상담 중에 발생해서 다행이라는 생각도 든다. 이 상황을 치료적으로 잘 활용할 수 있는 방법들이 궁금하다.

③ 수퍼비전 내용
- 상담자와 내담자의 관계의 특성에 대해 언급하였다. 상담 과정에서 내담자가 상담자에게 의존하고 인정받고 싶어 하는 과정은 자연스러운 것이므로 너무 부담을 가지고 거리를 둘 필요는 없음을 이야기하였다.
- 상담 과정에서 변화해 가고 있는 내담자의 상태에 대해 조명해 주었다. 여자 친구에 대한 내담자의 마음이 상담 과정에서 어떻게 변화해 가고 있었는지 정리해 주는 것이 필요함을 언급하였다. 내담자는 처음에 여자 친구에게 버림받을까 봐 너무 두려워했지만, 일방적으로 여자 친구에게 모든 것을 맞추어 주는 자신의 행동에 대한 새로운 인식이 생겼고 냉정한 여자 친구로 인해 분노와 서운함도 느끼고 있다는 것을 점차 인식하기 시작하였다. 여자 친구가 심각한 병이 있다는 걸 알았기 때문에 헤어지려는 마음이 생긴 것이 아니라 이미 그 전부터 여자 친구에 대한 마음이 변화하고 있

었다는 것을 알려 주면 내담자가 죄책감에서 벗어나서 새로운 시각으로 이 상황을 볼 수 있게 될 것이라는 점을 상기시켰다.

- 앞으로 다루어야 할 점을 제안하였다. 내담자가 머리로는 자신에 대해 알 고 있지만 감정적으로는 해결이 안 된 상태이기에 내담자의 감정을 충분히 공감해 주면서 머물러 주는 과정이 필요함을 제안하였다.

④ 수퍼비전 이후 평가
- 수퍼바이지에 대한 평가
  - 수퍼바이지는 수퍼비전을 받으면서 내담자의 여자 친구에 대한 마음이 변화하고 있었음을 새롭게 인식하게 되었다고 하였다.
  - 상담자는 내담자의 문제에 대해 기준을 가지고 잘 끌고 나가고 있으나 아직 어떤 충격적인 사건이나 말을 들으면 그것에 당황하여 힘들어하는 경향이 있음을 볼 수 있었다.

(8) 7회기(2010년 6월 15일)
① 상담 사례: 20세, 여 / 6회기 개인상담

② 수퍼바이지의 수퍼비전을 받고 싶은 내용
- 많이 답답한 내담자이면서 스스로도 많이 힘들어하는 것이 느껴져서 안타 깝기도 하다. 10회기라는 단기 상담에서 벌써 6회기가 진행되었는데 지금 까지 주로 내담자의 문제와 모습을 탐색하면서 회기를 진행한 것 같다. 그 러다보니 실제 대인관계에서 도움이 되는 기술이나 방법들에 대해서는 시 작도 못한 것 같다는 생각이 들어서 마음이 급해졌다. 남은 회기에서 내담 자를 도울 수 있는 좀 더 효과적이고 실질적인 방법들을 찾고 싶다.

③ 수퍼비전 내용
- 사례에 나타난 내담자의 특성에 대해 이해할 수 있도록 도왔다.

- 내담자의 양가적인 마음에 대한 인식이 필요함을 언급하였다. 내담자가 변화하고 싶지만 동시에 변화하기 싫은 마음은 어떤 마음인지를 탐색하도록 도와줄 필요가 있음을 이야기하였다.
- 내담자에게는 있는 그대로 수용 받고 싶은 마음이 있으며, 어머니에게 수용 받지 못해 저항하고 싶은 마음이 있고, 그것이 고집이나 느린 행동으로 나타나는 듯하다고 추론하였다.

• 앞으로의 개입방향에 대해 제안하였다.
- 자신이 원하는 좋은 대인관계를 얻기 위해 어떤 행동을 해야 할지 스스로 생각해 보도록 도와주는 것이 필요함을 언급하였다.
- 내담자의 행동에 대한 피드백을 제공할 때에는 구체적인 몸짓, 표정, 행동에 대해 자세하게 설명하고 그것이 어떤 느낌을 주는지 피드백을 줄 필요가 있음을 이야기하였다.

④ 수퍼비전 이후 평가
• 수퍼바이지에 대한 평가
- 수퍼바이지는 상담 관계에서 먼저 원활한 의사소통이 이루어지지 않는 내담자에 대해 많이 답답함을 느끼고 있는 상태였다.
- 상담자의 말에 대해 호응을 해 주지 않는 내담자를 힘들어하는 경향이 있음을 알 수 있었다.
• 수퍼비전 과정에 대한 평가
- 수퍼바이지가 내담자에 대해 충분한 정보를 제공하지 않는 경우나 수퍼바이지가 답답하고 힘들어하는 내담자에 대해 수퍼바이저도 적절한 대안을 제안하기가 쉽지 않음을 느꼈다.

(9) 8회기(2010년 6월 30일)
① 상담 사례: 8회기 집단상담

② 수퍼바이지의 수퍼비전을 받고 싶은 내용

- 집단이 끝나면 항상 마음에 걸리는 집단원이 있다. 이번에도 항상 지각하고 결국 중도 탈락한 'ㅇ'과, 끝까지 남았지만 프로그램 평가에서 지도자의 진행 방식과 능력에 대해 부족하다고 응답한 'ㄱ'에 대해 신경이 많이 쓰였다. 그들에게 좀 더 신경 써 주지 못했던 것 같고 적극적으로 동참시키지 못한 것 같아서 미안한 마음이 들었다. 변화하고 도움을 받은 집단원들도 있는데, 항상 그렇지 못한 집단원들에게 더 집중이 되었다. 집단상담을 실시하면서 항상 신경이 쓰이는 부분이라서 어떨 때는 진행에 방해가 되기도 한다.

③ 수퍼비전 내용

- 수퍼바이지의 좋은 반응을 칭찬하였다. 초기의 적극적이고 주도적인 반응을 통해 내담자의 반응을 잘 이끌어 내었다. 특히 항상 모자를 쓰고 다니던 집단원이 종결 회기에서 모자를 벗고 나타난 사건은 정말 인상적이었다.
- 집단상담 진행 과정에서 보완할 점을 제안하였다. 신경이 쓰이는 집단원들에 대해 그 집단원에 대한 상담자의 느낌은 무엇인지, 자신이 어떻게 반응하고 있는지 잘 관찰할 필요가 있다. 아마도 'ㅇ'과 'ㄱ'은 집단에서 소외감을 느꼈을 가능성이 크다.

④ 수퍼비전 이후 평가

- 수퍼바이지에 대한 평가
  - 자신의 감정에 쏠려 집단원 전체를 보지 못하고 편애하는 경향이 약간 나타나는 것 같다. 자신의 감정에 따라 상대방에 대한 감정과 생각이 달라지는 경향이 있으며, 이러한 경향이 집단상담 과정에서도 나타났다.
  - 개인상담에서 나타나는 수퍼바이지의 특성 중 하나가 집단상담에서도 반복되어 나타남을 볼 수 있다.
- 수퍼비전 과정에 대한 평가

- 마지막 시간이기에 지금까지의 수퍼비전에 대한 느낌을 질문하였다. 보완할 점에 대해 이야기할 때 부드럽게 지지적으로 지적하여 수용 가능하게 하는 점이 좋았으며, 내담자의 문제에 대해 이해할 수 있도록 통합하여 개념화해 주는 것이 도움이 되었다고 하였다.
- 수퍼바이지의 피드백을 들은 후 수퍼바이지의 장점에 대한 칭찬을 더 개발해야겠다는 생각을 하게 되었다.

4) 수퍼비전에 대한 종합적인 평가 및 논의

본 수퍼비전에서는 통합적인 접근인 수행 능력 중심의 관점을 바탕으로 상호협력적인 관계 속에서 수퍼바이지의 전문적인 기술과 기법이 성장할 수 있도록 촉진하며, 이와 더불어 수퍼바이지의 개인적 특성을 이해함으로써 수퍼바이지의 대인관계적인 요소들을 확립해 나갈 수 있도록 돕고자 하였다.

이 수퍼비전 과정은 다음의 몇 가지 측면에서 수퍼바이지의 전문가로서의 성장을 촉진시키는 데 효과적이었다고 판단된다. 첫째, 지지적이고 공감적인 분위기 형성을 통해 수퍼바이지가 안전한 환경 속에서 자기개방을 할 수 있도록 함으로써 상담에서 경험하는 문제들을 수퍼바이저와 함께 공유하고 고민할 수 있도록 도왔다. 사전면담을 통해서 수퍼바이저와 수퍼바이지 간의 관계 형성을 촉진시켰으며, 수퍼바이지의 입장에서 내담자의 행동이나 문제들이 어떻게 느껴지는지 인식하고 이해함으로써 수퍼바이지가 상담 과정에서 경험하는 어려움에 대해 경청하고 공감하려고 노력하였다. 또한 수퍼바이지가 받고 싶어 하는 수퍼비전 내용을 중시하고 그러한 문제들에 대해 함께 논의함으로써 상호협력적인 관계를 형성해 나갔다. 이를 통해 수퍼바이지는 상담 과정에서 경험하는 어려움들을 수퍼바이저에게 개방함으로써 상담 과정에서 일어나는 문제들을 함께 해결해 나가는 경험을 할 수 있도록 도왔다.

둘째, 수퍼바이지의 발달 수준을 고려하여 수퍼비전을 제공함으로써 현재 수퍼바이지의 요구에 적절한 수퍼비전 내용을 제공하였다. 보다 구체적으로는 내담자의 문제에 대해서 이해하고 내담자의 문제에 대한 개입 방향을 계획하는 사례개념화 능력이 성장해 나갈 수 있도록 도왔다. 이 수퍼바이지는 이미 어느 정도의 상담 경험과 수퍼비전 경험이 있었기 때문에 상담에 대한 분명한 구조화 작업과 더불어 상담자로서 필요한 언어적 반응들을 적절하게 사용하면서 안정적으로 상담을 진행해 나가고 있었다. 그러나 현재의 상황적인 요인이 어떻게 내담자의 문제에 영향을 미치고 있는지, 그리고 부모와의 관계에서 비롯된 문제들이 현재 문제와 어떻게 연관되어 있는지 등과 같은 보다 종합적이고 깊이 있는 관점에서 내담자의 문제를 탐색하고 이해하며 상담 개입의 방향을 계획하는 기법 및 기술을 발전시켜 나갈 필요가 있었다. 또한 상담 과정에서 내담자의 사고나 행동은 지속적으로 변화를 보여 주고 있음에도 불구하고 수퍼바이지가 한번 형성한 가설이나 내담자에 대한 이해는 상담이 진행되는 과정에서 변화되지 않고 그대로 남아 있는 경향이 있었다. 수퍼바이저와의 작업을 통해 수퍼바이지는 각 사례의 내담자들에 대해 심도 있는 논의를 해 나갔고, 이를 통해 수퍼바이지가 내담자의 문제를 탐색하고 이해하는 능력 및 개입 방향을 계획하는 기술이 향상될 수 있도록 도왔다.

셋째, 한 개인으로서의 상담자에 대해 관심을 가지고 수퍼바이지의 개인적인 특성을 다룸으로써, 수퍼바이지의 개인적 특성이 상담 관계 및 수퍼비전 관계, 그리고 다른 사람과의 관계에서 어떤 영향을 미치는지 이해할 수 있게 되었다. 수퍼바이지는 내담자에 대해 많은 관심을 가지고 내담자에게 헌신하지만 그만큼의 반응이 되돌아오지 않을 때 실망하는 경향이 있었으며, 이러한 수퍼바이지의 개인적인 특성은 수퍼비전 관계에서도 수퍼비전에 대한 높은 기대와 많은 간식을 준비하는 등의 행동을 통해 나타났다. 수퍼비전에서 이러한 수퍼바이지의 특성을 논의한 이후 수퍼바이지는 내담자에 대한 기대 수준을 낮춤으로써 보다 자연스럽고 편안한 상담 관계를 경험하였으며, 수퍼비전을 포함한 다른 대인관계에서도 자신의 특성에 대한 새로운 통찰을 얻게 되었다.

본 수퍼비전 과정이 수퍼바이저와 수퍼바이지 모두에게 좋은 학습의 경험이 되었음에도 불구하고 다음의 몇 가지 한계점을 가지고 있으며, 이러한 점들은 추후 수퍼비전 과정에서 수정되고 개발되어야 할 필요가 있다.

첫째, 수퍼바이지의 자율성을 촉진시키기 위해 수퍼비전 과정에서 적절한 질문(inquiry)을 개발하고 적용하는 과정이 부족했다. 수행 능력 중심의 수퍼비전에서는 효과적인 수퍼비전의 중요한 축으로서 수퍼비전 관계나 교육 못지않게 질문을 중시하고 있다. 질문은 수퍼바이지가 상담 과정에 대해서, 그리고 그것에 자신이 기여하고 있는 바가 무엇인지에 대해서 비판적인 시각으로 더 깊이 있게 인식할 수 있도록 하기 때문이다. 본 수퍼비전 과정에서 수퍼바이저는 상담 과정에서 경험하는 어려움이나 내담자의 문제에 대해 어떻게 생각하는지에 대해 수퍼바이지에게 질문을 함으로써 수퍼바이지의 생각을 이야기할 수 있는 기회를 가지도록 하였다. 그러나 새로운 관점에서 내담자를 이해하고 적절한 개입을 계획하는 과정에서는 주로 수퍼바이저의 일방적인 설명 형식으로 수퍼비전이 진행되었다. 새로운 관점을 가질 수 있도록 돕는 과정에서 수퍼바이저가 일방적으로 설명하기보다는 수퍼바이지에게 적절한 질문을 던짐으로써 스스로 생각하고 평가할 수 있도록 돕는 것이 추후 수퍼비전에서 개발해 가야 할 영역이라 생각된다.

둘째, 수퍼바이지의 개인적 특성에 대해 2회기에서 함께 논의를 한 이후에는 이 문제에 대해서 다시 다루지 못하였다. 이것을 다시 언급하는 것이 수퍼바이지에게 도움이 될 지 확신이 서지 않았기 때문이었지만, 3, 4회기에서 상담과 수퍼비전 과정이 다소 침체되었던 원인을 살펴보면서 이 문제에 대해서 개방적으로 서로의 생각을 공유하는 것이 필요했다고 생각된다. 수퍼바이저로서의 여러 가지 역할 중 상담자의 역할은 수퍼바이저가 가장 접근하기 까다롭고 어려운 측면이 있으면서도 수퍼비전 관계에 직접적인 영향을 미치는 매우 중요한 요소임을 알 수 있었다. 이후 수퍼비전 과정에서는 상담자의 개인적 특성에 대해 어느 정도까지 다룰 것인가에 대한 수퍼바이저의 분명한 기준과 확신이 필요하다고 볼 수 있다.

그 외에도 환경적이며 상황적인 여건들에 한계가 있었다. 수퍼비전 기간이나 회기가 짧았기 때문에 수퍼바이저와 수퍼바이지 간의 보다 깊이 있는 유대 관계나 작업동맹을 형성하는 데 어려움이 있었다. 더욱이 여러 상담 사례를 수퍼비전에서 다루어야 하는 상황 때문에 하나의 사례를 집중적으로 다루지 못한 점도 더 깊이 있는 수퍼비전을 실시하는 데 방해 요소가 되었다. 추후 수퍼비전에서는 수퍼바이저와 수퍼바이지 간에 보다 장기적인 관계를 유지하면서 하나의 사례를 지속적으로 수퍼비전하는 과정을 통해 수퍼비전의 관계의 변화와 내담자의 변화를 살펴보는 것도 흥미로운 과정이 될 것이라고 생각된다.

또한 주로 축어록을 통한 수퍼비전을 실시하였기 때문에, 내담자나 수퍼바이지의 비인어적 특성들에 대한 피드백을 제공하지 못하였다. 추후 수퍼비진에서는 일방경을 사용하거나 비디오 등의 다양한 매체를 활용함으로써 더 다양한 측면에서 내담자와 수퍼바이지를 관찰하고 이해하는 것이 필요하며, 다각적인 측면에서 얻어진 정보들을 통해 보다 통합적인 수퍼비전을 제공할 필요가 있다.

제11장
상담 수퍼비전 사례

| 문영주 |

 이 장에서는 실제로 수퍼비전을 실시한 사례들 중에서 각 주제별로 내용을 분류한 후에 각 주제에 필요한 내용을 중심으로 발췌하였다.

 수퍼비전의 내용을 주제별로 구별하는 기준으로는 버나드(Bernard)가 제시한 수퍼바이저의 역할에 따른 구분을 적용하였다. 버나드의 구분에 따르면, 수퍼바이저는 교사, 상담자, 자문가로서의 역할을 담당한다.

 교사로서의 역할이란 수퍼바이지에게 내담자 이해, 상담 접근법 및 수퍼비전에서 일어나는 다양한 주제에 대해서 가르치는 것이다. 상담자로서의 역할은 상담 관계를 통하여 상담자 자기인식 및 자기성장의 부분을 탐색할 수 있도록 도와주는 것이며, 자문가로서의 역할은 내담자와 관련된 문제를 해결할 수 있도록 지원하는 데 초점을 두고 함께 논의하는 것이다.

 이 장에서는 교사와 상담자로서의 역할이 자문가의 역할보다 상대적으로 많은 부분을 차지한다. 왜냐하면 자문가로서의 역할은 단기적으로 해소될 수 있는 주제를 다루거나 숙련된 상담자나 동등한 입장을 가진 전문가와 함께하는 수퍼비전에서 주로 활용되기 때문이다.

수퍼비전에 참여한 수퍼바이지는 초보 상담자로서 상담실습 혹은 인턴으로 수련 중에 있었던 2인으로 구성되었다. 수퍼바이저는 초보 수퍼바이저이며, 수퍼비전의 형태는 개인 수퍼비전으로 진행되었다. 따라서 이 장에서 보여 주는 수퍼비전 내용은 초보 수퍼바이저가 초보 상담자를 지도한 것이기 때문에 수퍼비전 주제나 영역에서 제한성을 가지고 있음을 미리 밝힌다(*내담자와 상담자의 신분 보호를 위해서 일부 내용을 수정하였음).

1. 교사의 기능

수퍼비전의 목표 중의 하나는 가르치는 것이고, 수퍼바이지는 학습자의 역할을 하게 된다(Bernard & Goodyear, 2008). 따라서 수퍼바이저는 교사의 기능을 담당하게 되며, 새로운 기술과 지식을 전수하거나 평가적인 목적을 가진다.

1) 가족 이야기를 탐색하기 위한 적절한 개입 시기 및 개입 방법 탐색

상담 초반에 내담자와 관련된 전반적인 이야기를 먼저 듣고, 그 이후 상담 과정에서 내담자의 어린 시절의 중요 경험들에 관하여 듣는 중에 부모님을 비롯한 가족에 대한 탐색을 해야겠다는 생각은 있었으나 적절한 개입 시기를 놓치고 있는 것에 대해 다루고 있다.

수퍼바이저: 내담자의 부모님은 어떤 기대를 하시나요?
수퍼바이지: 약학 전문대학원에 가면 좋겠다고 얘기를 한대요. 본인도 나쁘지 않다고 생각해서 약학 전문대학원 준비를 하는데, 내심은 사회복지를 하고 싶고 아버지도 그냥 하고 싶은 것 하라신대요.
수퍼바이저: 어머니는요?

수퍼바이지: 잘 모르겠어요. 가족에 대한 탐색을 많이 못해 가지고요.

수퍼바이저: 가족 탐색하시기 어려웠어요?

수퍼바이지: 어려운 것은 아니었는데요. 부모님과의 관계랑 연결시킬 고리가 잘 없었어요. 생뚱맞은 기분이 들어 가지고요.

수퍼바이저: 생뚱맞다는 느낌이 드셨다구요?

수퍼바이지: 예, 사실 머릿속으로는 어머니와의 관계를 비롯해서 가족관계를 탐색해야겠다는 생각을 하고 있었는데 … 어떻게 해야 할지 …. 내담자가 자기 힘들었던 어렸을 때 이야기를 하고 친구 관계를 얘기를 하고 있는데 … 어떻게 해야 할지 … 그러니까 자꾸 다른 쪽으로 질문을 하게 되더라구요.

수퍼바이저: 실제로는 가족탐색을 하고 싶었는데, 어떻게 개입을 해야 할지 몰랐다는 말씀이군요.

수퍼바이지: 예, 맞아요. 그래서 저에게는 생뚱맞다는 느낌이 들었던 것 같아요.

수퍼바이저: 그렇군요. 생뚱맞게 느껴졌다는 것이 이해되네요. 자, 그럼 어느 부분에서 어떻게 개입하면 될지 함께 살펴보지요.

수퍼바이지: 예.

수퍼바이저: 내담자가 중학교 시절에 왕따 경험을 하면서 혼자 외로웠던 경험과 힘들었던 경험에 대해서 이야기하는 부분이 있어요. 여기에서 개입해 보면 될 것 같은데요.

수퍼바이지: 어떻게 하면 될까요?

수퍼바이저: 어머니가 중학교 선생님이라고 했잖아요. (예.) 그렇다면 '내담자의 왕따 경험을 어머니가 알고 계셨는지?' '만약 알고 계셨다면 어떻게 대처해 주셨는지?' 등에 대해서 질문을 해 볼 수도 있구요, 그리고 '내담자가 부모님께 학교 가기 싫다고 전학 보내 달라고 요구해 본 적은 없는지?' '만약 있었다면, 그때 부모님은 어떤 반응을 하셨는지?' 등등의 질문을 해 볼 수 있겠지요.

수퍼바이지: 음 … 그런 방법으로 탐색해 보면 되겠네요.

2) 내담자와의 관계에서 느낀 상담자의 자각 부분을 효과적으로 표현하는 방법에 관해서 논의

다른 사람들에게는 자신의 이야기를 솔직하게 하지 못한다는 내담자가 상담 시간의 대부분을 자신의 이야기만 하는 데에 시간을 보낸 후에 보여 준 상담자의 반응에 대해서 논의한다.

수퍼바이저: 특별히 이 부분을 보면 선생님이 '가깝지 않은 느낌'이란 이야기를 하잖아요. 이것을 내담자가 어떻게 받아들였을까 궁금하네요.

수퍼바이지: 아마도 내담자는 '내가 그나마 여기서 다 이야기한 것 같은데도. 아, 저런 느낌이 드는구나.'라고 받아들이지 않았을까요?

수퍼바이저: 조금 더 구체적으로 표현해 주실래요.

수퍼바이지: 상담 선생님께 내가 이렇게 다 이야기해도 밖에서 받은 것과 비슷한 평가를 받는구나, 아니면 결국엔 그런 이야기를 듣는구나 이랬을 것 같은 느낌이 들 것 같아요.

수퍼바이저: 실망감일까요?

수퍼바이지: 이해받지 못하는 느낌일 것 같아요.

수퍼바이저: 바로 그거예요. 내담자는 상담자에게 이해받지 못한다는 느낌을 받게 된다는 거지요.

수퍼바이지: 그럼 어떻게 반응해야 할까요?

수퍼바이저: 제 생각으로는 "가깝지 않은 느낌이 들어요."라는 표현보다는 "○○ 씨의 진정성, ○○ 씨만 갖고 있는 진실함을 제가 느끼기가 힘드네요."라고 하는 것이 좀 더 적절해 보이는데 어떠세요?

수퍼바이지: 그 표현이 더 적절하겠네요. 이제 생각해 보니 가깝지 않다는 것은 '내가 이렇게 다 이야기해도 다 소용없는 거네.'라는 느낌을 줄 수 있는 거고, '나에게서 거리감을 느끼는 거네.'라고 오해할 수 있을 것 같아요.

3) 내담자에 대한 상담자의 이해와는 다른 관점에서 가설을 제공

현재 대인관계에서 어려움을 겪고 있는 내담자의 깊은 이면에 숨어 있는 감정과 신념에 관하여 살펴보고, 좀 더 넓은 관점에서 내담자의 대인관계 패턴 및 자기표현 방법을 이해해 보도록 이끌어 준다.

수퍼바이저: 이 내담자는 우울한 사람들이 가지고 있는 특성들을 보여 주긴 하네요. 미래에 대해서 긍정적이지 않은 생각들을 가지고 있네요 그리고 '내가 잊고 싶은 두려움은 언젠가는 사랑하는 사람들과 헤어진다는 것이다.' 이것은 무슨 뜻인가요?

수퍼바이지: 이것은 친구 관계가 성공적이지 못하니까 언제라도 누군가 나를 떠날 수 있다는 생각을 하고 있더라구요.

수퍼바이저: 친구 관계에서 상처를 받았다는 말씀인가요? 좀 더 구체적으로 말씀해 보세요.

수퍼바이지: 예, 상담한 내용을 정리하면서 보니까 내담자가 처음에 MMPI를 할 때는 정말 전형적인 우울함, 무기력하고 아무것도 못하겠다는 호소를 많이 했는데, 지금 저랑 이야기하면서는 그런 것들에 대해서 많이 찾아볼 수가 없었거든요. 그런데 3회기까지 하고 문장완성검사를 다시 정리하면서 보니까 이 부분이 바로 내담자가 하는 얘기를 많이 함축하고 있는 것 같더라구요. 친구 관계에서 내담자는 '항상 나를 배신할 수도 있겠다.'는 생각을 하고 있어요. 그것은 내담자가 배신당한 경험이 너무 많았기 때문에 '이 친구가 꼭 아니라도 나는 다른 친구를 사귀면 돼.' 하는 생각을 항상 갖게 된 거죠.

수퍼바이저: 예, 내용 중에 보면 '중간에 친한 친구가 있었는데도 또 다른 친구를 사귀어 가지고 오해를 받기도 하고 …'라는 보고가 있었네요.

수퍼바이지: 예, 내담자는 믿을 사람이 없다고 생각하는 것 같아요.

수퍼바이저: 믿을 사람이 없다고 생각하는 이 내담자의 기저에 있는 감정이 무엇

인 것 같아요? 내담자의 맨 밑바닥에서 내담자를 움직이는 것이 무엇일
까요?

수퍼바이지: 외로움, 인정인 것 같아요. 내가 다른 사람들한테 괜찮은 사람이고
싶은, 그래서 누군가 나를 받아들여 주고 그런 ….

수퍼바이저: 선생님이 말씀하신 대로 외로움이라고 본다면, 외로움의 근원은 무
엇일까요? 내담자의 표현을 보니까 '친구'가 많이 등장하네요. 친구가 왕
따 당하고, 그 이후로 친구들에 대해서 믿을 수 없고 배신도 당하기도 하
고 뭐 이런 내용들이 많이 있어요.

수퍼바이지: 예, 거의 대부분 친구들 이야기만 하고 있어요. 주로 에피소드들을
나열하는 느낌을 받기도 해요.

수퍼바이저: 그렇다면 외로움이란 감정은 친구에게서 나온 걸까요?

수퍼바이지: 친구 관계도 중요하겠지만 좀 더 근원적인 것을 찾는다면 가족관계
를 반드시 살펴봐야 할 것 같아요.

수퍼바이저: 예, 맞아요. 내담자는 친구에 대해서는 많은 이야기를 하고 있지만
가족 이야기는 상대적으로 매우 적게 하고 있어요. 내담자가 말한 가족
이야기를 본다면 어떤 추정을 해 볼 수 있을까요?

수퍼바이지: 예, 일단 아버지는 자녀들에게 무관심한 것으로 보여요. 내담자가
'동기 같은 느낌'이라고 보고한 것을 볼 때, 뭔가 아버지로서의 중심을 잡
아 주는 역할을 잘 못한 분이신 것 같네요. 그런 느낌이 드네요. 그리고
어머니는 성과를 잘 냈을 때만 칭찬을 하는 편이고 말을 심하게 해서 상
처를 주는 편이라고 했어요. 이 내용들을 종합적으로 본다면, 어머니도
내담자에게 정서적으로 지지적인 분은 아닐 것 같아요.

수퍼바이저: 그렇다면 내담자에게 부모님은 별로 힘이 못 되어 주신 것 같네요.
(예.) 그렇기 때문에 내담자는 자기 혼자 뭔가 고군분투하면서 이 인간관
계를 해야만 할 입장일 것 같구요. (예.) 그런 생각이 드니까 내담자에 대
해서 조금 더 그런 마음이 들어요. '아, 혼자 정말 얼마나 외로웠을까. 이
걸 혼자 대처하려고 했으니, 어린 나이에서부터 …' 이런 마음이 드는 거

죠. 이제 이 외로움이 있는데, 자기가 여러 가지 해 봤단 말이죠. 그런데 해 봐도 안 되니까 결국에 '아, 나는 내가 칭찬받는 것, 인정받는 거는 공부구나 …' 그러니까 공부를 열심히 했을 것이고, 선생님들이 생각한 대로 공부를 열심히 하다 보니까 여기서 '아, 다른 아이들한테 이길 수 있는 게 이거구나.'라고 생각을 해서 공부를 열심히 했을 것 같네요.

수퍼바이지: 예, 내담자에게 공부는 외로움을 이겨 낼 수 있는 중요한 수단이었을 것 같아요.

수퍼바이저: 자, 그럼 지금까지 이야기한 것을 토대로 내담자에 대해서 정리해 볼까요? (예.) 내담자에게는 '외로움'이 있어요. 선생님이 말씀하신 대로 이 외로움을 극복하기 위해서 어떤 사람들은 다른 사람들에게 의존하는 방법을 취하기도 하고, 혹은 매우 약한 모습을 보이면서 인정받으려고 노력하는 사람이 있지요. 또 다른 모습을 가지기도 하지요. 오히려 강한 척하는 거예요. 어떤 특정 분야에서 아주 뛰어남으로 인해 나를 무시하지 못하고 넘보지 못하도록 방어를 하는 거지요.

수퍼바이지: 내담자에게는 공부가 든든한 방어막이 된 거네요.

수퍼바이저: 그렇지요. 그런데 또 한편으로는 사람들이 나의 약한 모습을 봐 주지 않고 이해해 주지 못하는 것에 대해서 막 힘들어해요. '아우, 사실 나는 속이 안 그런데, 겉으로만 그런데 ….' 그런데 문제는 모두 자기 혼자 생각으로만 그친다는 거지요. 겉으로 표현한 것은 아무것도 없잖아요. 혼자 그렇게 오해를 하는 거지요.

수퍼바이지: 예, 맞아요. 겉으로는 당당한 척하면서 속으로는 '사실은 나는 이렇게 약한데 나를 이렇게 강한 애로 알아?' 하면서 서운해해요. 이것을 계속해서 반복하고 있어요. 다른 사람들의 입장에서 본다면 이해하기 어려울 것 같아요.

수퍼바이저: 예, 그 부분이 바로 내담자의 불일치한 면이지요. 자기 혼자 생각하고, 자기 혼자 표현 안 하고 있음으로 인해서 다른 사람으로 하여금 오해받게 하는 점들, 이런 부분들을 객관적으로 보게 해 주어야 하는 것이 이

제 선생님께서 하셔야 할 일이지요.

4) 가설설정에 따른 상담목표의 구체화 및 구체적인 개입 방법에 관해 논의

호소 문제로 대인관계를 이야기하는 내담자의 깊은 내면에 숨은 감정에 대해서 찾아보고 가설을 설정한 후에, 상담진행을 위해 상담목표를 구체화해 보고, 필요한 영역에 대한 구체적인 개입 방법에 대해서 모색해 본다.

수퍼바이저: 내담자에 대해서 어떤 가설을 세워서 진행하는가가 중요할 것 같은데 … 선생님이 이 내담자에 대해서는 어떤 가설을 가지고 계세요?

수퍼바이지: 내담자가 대인관계에서 나타내는 주요 감정은 위축과 신경 예민, 그리고 화인 것 같아요. 가족관계에서 일어났던 감정들이 대인관계에서 반복되고 있다고 생각해요. 그 부분에 대해서 내담자가 힘들 것 같은데, 사실 내담자는 그 문제를 호소하고 있지는 않거든요. 대인관계에서 어떻게 대처할지에 대해서만 호소하고 있는데, 사실은 가족에 대해서 다루어야 할 것 같아요. 그런데 그것을 어떻게 다루어야 할지 모르겠어요.

수퍼바이저: 어떻게 개입을 해야 할지 모르겠다는 말씀이군요.

수퍼바이지: 예, 내담자가 먼저 이야기하지 않는데 제가 시작하기는 어렵잖아요. 아버지와의 관계는 이런 것 같아. 이렇게 말하기도 어렵구 ….

수퍼바이저: 예, 가족역동과 관련하여 선생님이 내담자에 대해서 적으신 내용을 보면, 수치심이 크고 자존감이 낮다고 봤는데, 어떻게 수치심이라고 생각하게 되었나요?

수퍼바이지: 부모님이 원하지 않았던 아이였기 때문에 자기에 대해서 비판적으로 염려하고 있고 자기를 부적절하게 보는 것 같구 그런 점 때문에 이렇게 느낀 것 같아요.

수퍼바이저: 만약에 내담자의 기저에 수치심이 있다고 보았다면 그 수치심을 어

떻게 다루실 예정이었나요?

수퍼바이지: 느낌만 가지고 있었지, 구체적인 계획을 가지고 있진 않아요.

수퍼바이저: 가족 내에서 자신의 존재감에 대해서 '사랑받지 못할 존재'라고 느끼
는 것을 볼 때, 수치심을 느꼈을 가능성도 있네요.

수퍼바이지: 예, 그리고 가족 간에 정서적 관계 작용이 전혀 없어 보여요. 대화가
없었던 것 같아요. 특히 어머니에게서 정서적 돌봄을 받진 못했던 것 같
아요. 내담자가 인정을 받으려고 무척 애를 썼더라구요. 하지만 번번이
좌절당했던 경험이 있어요.

수퍼바이저: 선생님이 발견하신 여러 가지 근거들을 종합해서 볼 때, 수치심이라
는 감정이 그 기저에 있다고 볼 때, 내담자에게서 나타나는 화의 문제라
든가 분노라고 하는 부분들이 수치심에 대한 이차적인 감정이 될 수 있을
것 같아요. 당장 겉으로 드러나는 감정이니까. 그러면 이 친구는 화나 분
노를 조절하고 싶어 하지만, 선생님의 가설에 의하면 사실은 수치심에 대
한 부분에 집중을 해야 할 것 같네요.

수퍼바이지: 예, 저도 현재 나타나고 있는 감정들 기저에는 수치심이 있다고 보았
어요.

수퍼바이저: 예, 그렇다면 내담자의 대인관계보다는 가족관계에 좀 더 집중해야
하는데 …. 제가 보기에 내담자는 준비가 되어 있는 것 같아요. 계속 가
족 이야기를 하고 있잖아요.

수퍼바이지: 그런가요. 이 내담자는 이야기만 시작하면 우는 거예요. 그래서 저는
당황하게 되고, 어떻게 해 줘야 할지 힘든 것 같아요.

수퍼바이저: 우는 내담자가 오히려 가족 이야기하기 더 쉬울 수 있어요. 그만큼
하고 싶은 이야기가 많다는 거거든요. 좋은 신호인 것 같아요. 고등학교
때부터 자기 이야기를 하려고만 하면 울었다고 하잖아요.

수퍼바이지: 생각해 보니까 이미 내담자는 가족의 힘든 이야기를 다 한 것 같
아요.

수퍼바이저: 예, 제가 느끼기에도 상담 초반에 주로 가족 이야기를 많이 했네요.

그럼, 내담자가 가족 이야기를 하는 부분을 구체적으로 살펴볼까요? 어느 부분에서 개입해야 할지 함께 보지요.

수퍼바이지: 예.

수퍼바이저: 축어록의 이 부분을 보면, 엄마에게 인정받기 위해서 무척 애를 썼고 엄마가 칭찬을 해 주시면 눈물이 났다고 하는데, 이 부분에 어떻게 반응해 주면 좋을까요?

수퍼바이지: "그게 서러웠겠다 정말로 …." "그렇게 기억을 하니까 네가 얼마나 외롭니?" 이렇게 반응하면 어떨까요?

수퍼바이저: 외롭니? 얼마나 서러웠을까? 그것도 좋은 표현인데, 내담자가 말한 '칭찬'이란 단어를 넣어서 반응을 해 주면 어떨까요? 내담자는 지금 막 차오르는 감정이 있을 거거든요. 그 감정을 콕 집어서 꺼내 주고 표출시켜 줄 다른 표현은 없을까요?

수퍼바이지: 이렇게 표현하면 어떨까요? 엄마한테 사랑받고 싶었고, 인정받고 싶었고, 칭찬받고 싶었구나.

수퍼바이저: 예, 그 표현이 더 나은 것 같네요. 그렇게 반응하시면 내담자가 무언가 감정이 건드려질 것 같은 느낌이에요.

수퍼바이지: 내담자가 계속 울먹울먹했는데, 선생님 말씀대로 그 감정을 반응해 주면 내담자가 울 것 같아요.

5) 상담 기술

(1) 공감 반응

내담자의 경험을 일반화하려는 경향, 곧 상담자가 내담자의 고통을 빨리 위로하고자 하는 태도에서 벗어나도록 하며, 상담 초반에 중요한 라포 형성을 위해 '공감반응'을 더 하도록 권유한다.

수퍼바이저: 내담자가 "중학교 때 1, 2학년 때는 친구들과의 관계 때문에 힘들었

지만 3학년 때는 신경 쓰지 않고 그냥 공부만 했기 때문에 그게 마음이 더 편했다."라고 이야기한 것에 대해서 상담자가 어떻게 반응했는지 볼까요?

수퍼바이지: 예, 저는 그 말에 대해서 "중·고등학교 때가 그런 것 같아요. 한 번 나쁜 일이 있으면 그게 한 번으로 끝나는 것이 아니라 … 나에게만 계속 나쁜 일이 일어나는 것 같더라구요."라고 했어요.

수퍼바이저: 제 생각으로는 내담자의 상황을 일반화했다는 느낌이 드는데 어떠신가요?

수퍼바이지: 지금 보니 '그 시기에는 누구에게나 있을 수 있는 일'이라는 것으로 받아들일 수 있을 것 같아요. 아마도 제가 내담자에게 그 일은 그렇게 심각한 것이 아니라고 말하고 싶었나 봐요.

수퍼바이저: 그렇군요. 그런데 일단 상담 초반이기 때문에 내담자와의 관계 형성을 잘 하기 위해서는 상담자가 내담자의 말을 잘 듣고 있다는 확인이나 또는 공감이 더 필요할 것 같아요. 상담자가 내담자의 말을 잘 듣고 있다는 것을 확인해 주는 반응을 한다면 어떻게 하면 될까요?

수퍼바이지: "친구 관계 때문에 힘들었기 때문에 3학년 때는 공부에만 집중을 했단 말씀이군요."라고 하면 어떨까요?

수퍼바이저: 예, 좋아요. 또 다른 반응을 한다면 어떻게 할 수 있을까요?

수퍼바이지: "친구 관계 때문에 힘들었었군요." 또는 "공부에만 집중했지만 한편으로는 외로웠을 것 같아요."라고 하면 어떨까요?

수퍼바이저: 예, 이번 표현은 좀 더 내담자를 공감해 주는 것 같아서 내담자가 신뢰감을 가질 것 같아요.

(2) 감정자각 및 대안적 공감 기술에 대한 논의

내담자가 표현하지 못하고 있는 감정에 대해서 자각할 수 있도록 하고, 상담자의 느낌을 좀 더 효과적으로 전달하는 표현 방법에 대해서 논의한다.

수퍼바이저: 상담자가 "그래도 고등학교 친구들이랑 잘 지내서 지금까지 만날 수 있는 친구들이 있다는 것은 다행이네요."라고 한 부분은 좀 빨리 안심시켜 주려는 것 같아요. 이 표현이 나오기에는 너무 초반이라는 말이죠. 그 괜찮다는 관점은 조금 뒤에 가서 생겨야 될 것 같은데요.

수퍼바이지: 무슨 말씀인지 알겠어요. 지금은 일단 내담자가 힘들다는 그것만 읽어 주면 된다는 말씀인거죠.

수퍼바이저: 예, 다른 부분도 더 살펴보지요. 여기 있네요. "사실 그런 게 생각해 보면 별일이 아닌데, 나만의 잘못은 아닌데 상황이나 운 같은 것에 따라서 내가 나쁜 사람이 돼 버리는 일이 종종 있는 것 같아요."라고 말씀하신 것이 있어요. 선생님은 이 부분이 어떻게 느껴지세요?

수퍼바이지: 내담자에게 네 잘못이 아니라고 말해 주고 싶었던 것 같아요.

수퍼바이저: 제가 보기에 내담자는 자기 잘못이라고 말하기보다는 억울한 것에 대한 호소를 하고 있는 것으로 보여요. 성격적인 특성에서도 상황이나 남 탓을 하고 있는 것으로 보이는데 선생님의 반응이 내담자에게 어떻게 받아들여졌을까요?

수퍼바이지: 그렇다면 제가 내담자의 사고를 강화시킨 것 같아요.

수퍼바이저: 제 생각으로는 "오해받는 것 같아서 속상했겠네요." "억울하기도 했을 것 같아요."라고 반응하는 것이 좀 더 적합하지 않을까 하는데요, 어떠세요?

수퍼바이지: 음 … 그렇게 반응하는 것이 내담자의 감정에 좀 더 다가가는 표현이 될 수 있을 것 같아요. 혹시 "그런 일 때문에 속상하고 힘들었겠다."라는 말을 해 본다면 어떨까요?

수퍼바이저: 내담자의 감정에 반영해 주는 표현이니 좋습니다. 내담자가 표현하지 못한 감정을 알아주면 내담자가 자신의 감정을 자각할 수 있고 편안하게 느낄 것 같아요.

수퍼바이지: 제가 성급하게 내담자를 안심시키려고 했던 것 같아요. 앞으로는 내담자의 감정에 좀 더 민감해져야겠어요.

수퍼바이저: 예, 하지만 선생님이 내담자를 안타깝게 여기는 마음은 충분히 전달
되었을 거예요. 다음은 이 부분을 살펴볼까요? (예.) 내담자가 주관적인
내 판단을 믿지 못하기 때문에 객관적으로는 사람들이 어떻게 볼까 자꾸
그런 부분을 본다는 거잖아요. 그리고 사람들에 대해서도 처음에 나에게
나쁘게 대하다가 점점 잘해 주는 사람들에게도 처음에 이 사람들이 나에
게 했던 행동들을 떠올린다고 말하는데, 이 말은 곧 '내가 사람들을 못 믿
겠다.'는 거잖아요. 그러니까 '지금은 잘해 줘도 언젠가는 홱 돌아설 수
있는 거다.'라고 생각한다는 거지요. 이 친구가 내 주관, 판단, 또한 다른
사람을 못 믿으니까 대인관계가 어려운 것은 당연한 것 같아요.

수퍼바이저: 선생님, 이때 "○○ 씨는 나도 못 믿고, 남도 못 믿는구나."라고 반응
하는 것은 어떨까요?

수퍼바이저: 지금 시기에 '믿는다 혹은 안 믿는다'고 말해 주는 것은 너무 빠른 것
같은 느낌이에요. 내담자가 그런 인식을 갖고 있는지는 모르기 때문에
그 인식은 아직은 선생님의 것일 수 있거든요. 그보다는 "○○ 씨의 말을
들어 보니까, 지금은 나를 좋아해 주지만, 나를 더 알게 되면 어떤 이유에
서든지 나에게서 돌아설 수 있다는 불안감을 가지고 있네요."라는 정도
로 반응해 주면 어떨까요?

수퍼바이저: 아, 그 표현이 좀 더 적합해 보여요.

(3) 내담자에 대한 이해 및 감정의 확대, 내담자에 대한 상담자의 태도 변화를 유도

내담자의 언어적 · 비언어적 반응을 통해서 내담자가 말하고자 하는 진정한
의미를 찾아내고, 내담자에 대한 상담자의 이해의 폭을 넓힘과 동시에 상담자의
태도 변화를 이끌어 낸다.

수퍼바이저: 상담자 반응 중에서 "○○ 씨는 마치 깨끗한 청정물이 되고 싶은 마
음에 너무 몸을 규칙적으로 통제하고 있는 느낌이 들어요. 그래서 자연

스럽지 않은 느낌이 있어요.'"라고 했더니 내담자가 "다른 사람들에게서도 비슷한 말을 들어요."라고 반응하지요. 그러니까 그 말은 곧 다른 사람들도 해 줄 수 있는 말이라는 거지요. 아마도 내담자는 그 말을 자신을 비판하는 부정적인 말로 듣고 있는 느낌이네요.

수퍼바이지: 예, 저도 내담자의 말을 듣고 '아차' 하는 느낌을 받았어요. 내담자가 말하기 전에 잠시 표정이 어두워지는 것을 봤거든요. 저는 내담자를 이해하고 있다는 의도를 가지고 반응을 한 건데 …. '좀 더 조심했어야 할 것을 …' 하는 후회를 했어요.

수퍼바이저: 내담자를 이해한다고 하는 표현이 때로는 내담자에게 의도와는 다르게 받아들여질 수 있다는 것을 배우신 것만으로도 좋은 기회가 된 것이라 생각하세요. 아마 다른 사람들도 내담자의 모습을 보면서 자연스럽지 않다고 말해 준 것 같아요. 선생님께서는 자연스럽지 않은 모습 외에 내담자의 어떤 모습을 발견하셨나요?

수퍼바이지: 글쎄요. 인위적인 모습? 아니면 노력하는 모습? 이 정도인 것 같은데요.

수퍼바이저: 노력하는 모습이라고 하신 것이 좀 더 이 내담자의 모습을 잘 설명해 주는 말인 것 같네요. 선생님께서 보신 대로 이 내담자는 지금 청정물처럼 티끌 하나 없는 사람이 되고자 무척 애를 쓰고 있어요. 이 모습이 어떻게 보이시죠? 무엇이 느껴지시나요? 저는 이렇게 애쓰는 내담자의 모습을 보니까 안쓰럽다는 마음이 드네요.

수퍼바이지: 내담자가 너무 애쓴다는 생각을 하니 정말 안쓰럽네요. 저는 부자연스럽다는 생각만 했는데 또 다른 관점에서 보니 내담자가 가엽다는 마음이 들어요.

수퍼바이저: 내담자에 대해서 가엽다는 마음이 든다면 자연스럽게 선생님의 반응도 달라지실 거예요.

6) 상담회기 중 의미 있는 사건에 대해서 논의

상담자의 사정에 의한 상담 시간 변경이라는 사건으로 인해 일어난 내담자와의 상호작용을 탐색하는 중에, 내담자에 대한 상담자의 느낌을 인식하게 되고 내담자가 진정 원하는 바에 대해 추정하게 되었다.

수퍼바이저: 이번 회기에 있었던 내담자와의 일에 대해서 설명해 주세요.

수퍼바이지: 예, 약속한 상담 시간과 기관에서의 교육시간이 겹치게 되어 불가피하게 시간을 변경하려고 내담자에게 전화를 했어요. 그런데 내담자의 반응이 기분 나빠하는 거예요. 물론 "싫어요" 이렇게 표현하지는 않았지만 그 반응이란 것이 아예 대답을 안 하고 가만히 있는 거예요. 싫다는 것이 온 몸으로 느껴지는 거예요. 그러니까 제가 눈치가 보이는 거예요. 그래서 최대한 내담자가 원하는 시간으로 조정을 했어요. 아직 개념화가 잘 안 되고 있다는 버거운 마음도 있었기 때문에, 제 속에서는 '아니, 시간 좀 변경하자는데 그걸 못 해 줘?' 하는 생각을 하면서 짜증이 나는 거예요. 그런데 그다음 회기에 내담자가 15~20분 늦었어요. 물론 집에서 시간 계산하고 나와도 시간을 맞추지 못하는 경우도 있잖아요. 그렇게 머리로는 이해하면서도 제 속으로는 이건 뭐지 싶었어요.

수퍼바이저: 늦게 온 내담자의 반응은 어떠했나요?

수퍼바이지: 다른 내담자들 같으면 "정말 죄송해요."라고 할 텐데, 이 내담자는 "늦었어요."라고만 하는데 미안한 마음이 아닌 것 같았어요.

수퍼바이저: 그때 선생님은 어떠셨어요?

수퍼바이지: 기분이 좋진 않았어요. 특히 그날 따라 내담자의 인상이 사납게 느껴졌거든요. 눈 화장을 짙게 하고 왔는데 예쁘다기보다 강렬하다는 느낌. 음 … 남에게 어떻게 보이든 상관없이 자기가 좋아하는 대로 꾸미고 다닌다는 느낌이었어요.

수퍼바이저: 기분이 많이 언짢으셨나 보네요.

수퍼바이지: 예, (갑자기 무엇인가 떠오른 듯) 지금 말하면서 생각해 보니까 이 내담자가 지금-여기에 오는 것은 자기가 인정해서 온다는 느낌이 들어요. 내가 가야 될 곳이니까 오는 … 이런 느낌이 들어요.

수퍼바이저: 구체적으로 설명해 주시겠어요?

수퍼바이지: 이 내담자의 호소 문제가 엄마에게서 정신적으로 독립하는 거거든요. 그러나 지금 드는 제 생각은 이 내담자가 스스로 다 알아서 할 것 같고 상담에 오는 것은 그냥 자기가 여기 와야지 해서 오는 것 같아요.

수퍼바이저: 그 말씀은 상담자의 도움과 관계없이 결국에는 자신이 결정한 대로 할 것이라는 뜻인가요?

수퍼바이지: 그런 의미도 있지만 보다 더, '정말 엄마에게서 독립하고 싶은 걸까?'라는 의문을 가지게 한다는 거예요.

수퍼바이저: 선생님이 생각하신 대로 진행한다면 궁극적으로 이 내담자에게 물어야 할 진정한 질문은 "당신이 정말 엄마한테서 독립하고 싶나요?"가 되겠네요.

수퍼바이지: 예, 맞아요. 그런데 만약 제가 이 질문을 하면 내담자가 울 것 같아요.

수퍼바이저: 그렇다면 선생님께서 우선 의문에 대한 검증을 해 보시고, 확신이 서시면 이 내담자가 이 부분을 자각하게 해야겠지요. 실제로 이 내담자는 어머니에게서 독립할 수 있는 힘이 있는데, 그 관계 속에서 자기가 얻는 긍정적인 점 때문에 그냥 머물러 있을 수 있다는 추정이 가능한 거잖아요.

수퍼바이지: 예, 그런 관점에서 생각해 보니까 주변 사람들도 아마 그런 점을 답답해하는 것 같아요. 또한 그런 점에서 저와 뭔가 속도가 많이 안 맞았던 것 같아요.

2. 상담자의 기능

수퍼비전에는 상담이나 치료의 요소들이 있다. 즉, 수퍼바이저들은 종종 내담자에 의해 자극을 받을 수 있는, 특히 내담자와의 작업에 장애가 될 수도 있는 수퍼바이지들의 행동, 사고, 감정의 양상들을 검토하는 것을 돕는다(Bernard & Goodyear, 2008).

1) 상담자가 내담자에게 반응하는 방식에 영향을 주는 변인에 대한 탐색

(1) 상담자의 느낌이나 비언어적 반응을 상담자 개인의 성격적 성향으로 돌림으로 인해서 치료적으로 다루지 못한 부분에 대해 살펴본다

수퍼바이저: 선생님이 함께 우시는 것이 나오는데, 중요한 회기인 것 같아요. 내담자가 친구 이야기를 하면서 울었다는 말이 나오는데 이때 상담자도 같이 울었는데 …. 어떤 느낌이었나요?

수퍼바이지: 내담자가 너무 힘든 것 같아서 나중에 눈물이 나왔어요.

수퍼바이저: 정말 힘들어 보인다고 반응했더니 내담자가 약 40초간 울었어요. 그때는 그냥 지나갔는데 다음 회기에서 내담자가 이 부분에 대해서 이야기를 하잖아요. (예.) 내담자가 저번에 선생님이 같이 울어 줬을 때, 굉장히 부담됐다고 했는데 …. 선생님 반응에서 '내가 울었던 건 ○○ 씨의 아픔이 안타깝기도 했지만, 분명 내 성격적 측면의 모습도 있었을 것이다'라고 했는데 … 이렇게 반응한 까닭은 무엇이었나요?

수퍼바이지: 안타깝기도 했지만 그것은 나 개인의 성향일 수도 있는 거고, 그것이 당신한테 혹시 부담되지 않았을까 이런 식으로 저는 왠지 사과하고 싶었던 거예요.

수퍼바이저: 사과하고 싶었던 이유는 무엇이었을까요? 불편했나요?

수퍼바이지: 부담을 덜어 주기 위한 저의 사과일 수 있을 것 같아요.

수퍼바이저: 제 생각으로는 선생님 개인적 성향으로 돌리기보다 내담자의 대인관계 특성을 드러내 주어 보게 해 주는 것이 더 효과적이 아니었을까 생각해요. 다른 사람에게 피해를 주거나 신경 쓰이게 하는 것, 그리고 다른 사람과 불편한 관계에 있는 것을 힘들어하는 내담자잖아요. 그래서 궁금한 것이 다른 내담자에게도 이런 태도를 보이는 것인지 ….

수퍼바이지: 별로 내담자와 같이 울 일이 많지 않잖아요. 한두 번 정도 있었던 것 같은데, 그것을 선생님이 말씀하신 방식으로 활용하면 확실히 깊이 들어갈 것 같네요. 그러니까 공감을 잘 하다가 살짝 딴 방향으로 가는 것이 그때도 그랬던 것 같아요.

수퍼바이저: 선생님도 내담자에게 부담이나 불편감을 주는 것에 대해 미안한 마음이 있는 건가요?

수퍼바이지: 원래 그렇게까지는 아닌데 이 내담자에 대해서는 상담자의 마음이 아니라 순간적으로 반응한 것 같아요. 아 신경 쓰지 마세요. 이렇게까지 말하니까 이 말이 저에게 확 걸렸던 것 같아요. 뭔가. 뭔가 제가 내담자에게 부담을 줬다는 식으로 ….

수퍼바이저: 아, 내가 이 내담자에게 부담을 줬구나 하는 ….

수퍼바이지: 예, 저의 요인만이 아니라 분명 그 내담자의 요인이었겠지만 '어쨌든 내가 제공을 했구나.' 하는 부담감이 확 올라왔던 것 같아요.

수퍼바이저: 그래서 "내 성격적인 성향도 있을 거야."라고 한 거군요. (예.) 어쨌든 이런 상황이 흔하지 않은 것인데 상담자가 울거나 그런 것이 흔하지 않은데 그것이 잘 이용되었더라면 하는 아쉬움이 들더라구요.

(2) 내담자의 특정 반응에 대한 상담자의 부정적인 감정의 발생으로 인해 내담자를 전체적·통합적 관점에서 보지 못하는 것에 초점을 두고 진행한다

수퍼바이저: 내담자가 작성한 문장완성검사의 내용을 살펴보니까 '내가 두려워하는 것은 고통이다. 어릴 적 기억은 지워 버리고 싶다.'라고 적은 것이 있네요. 그리고 아주 어려서부터 죽음공포와 허무함을 느꼈다고 보고하는데 …. 이런 이야기들을 들으면서 어떤 느낌이었나요?

수퍼바이지: 내용이 심각하다고는 생각은 했지만 감정적으로 힘들었을 것이라는 느낌은 가져 보지 못했어요.

수퍼바이저: 다시 한 번 생각해 볼까요? 아버지가 경제적으로나 정서적으로 가장의 역할을 오랫동안 하지 못하는 가정에서 일방적으로 자신의 의견만을 주장하는 어머니를 따라야만 하는 입장에 있었던 내담자의 삶은 어떠했을까요? 어떤 생각을 하고 무엇을 느꼈을까요? 어린아이가 죽음이나 허무함을 생각한다는 것은 무엇을 의미하는 것일까요?

수퍼바이지: 아마 내담자의 겉모습만 본 것 같아요.

수퍼바이저: 선생님이 보신 내담자의 겉모습은 어떤 모습인가요?

수퍼바이지: 가만히 생각해 보니까 저는 내담자를 좀 괘씸하게 여긴 것 같아요.

수퍼바이저: 어떤 부분이 괘씸하게 느껴졌나요?

수퍼바이지: 첫 회기부터 자신의 이야기만을 계속했거든요. 그러고 나서 마지막에 "이렇게 하다 보면 상담이 일찍 끝날 수도 있다."고 말하는 거예요. 그때 어찌나 괘씸하게 느껴지던지 ….

수퍼바이저: 그런 일이 있었군요.

수퍼바이지: 사실 그것보다는 자기만 할 것이 있는 거예요. 상호작용 같은 것도 없고, 저도 반응을 보여 주고 싶었거든요. 그래서 약간 질린 것 같아요. 그냥 내담자가 좀 얄미웠던 것 같아요.

수퍼바이저: 상호작용 없이 자기 할 말만 하고 일방적으로 상담회기를 정해 버리는 내담자의 모습이 크게 보이신 거네요.

수퍼바이지: 예, 맞아요. 그런데 선생님 말씀을 들어 보니까 지금에서야 내담자에 대해서 안 됐다는 마음이 드네요.

수퍼바이저: 바로 그거예요. 내담자의 겉모습에만 치중한다면 '할 말 다하고 자기가 하고 싶은 대로만 행동'하는 것처럼 보여서 밉상으로만 여겨질 거예요. 그러나 상담자가 내담자를 전체적·통합적인 관점으로 바라본다면 겉모습 이면에 숨겨진 내담자의 모습을 발견하게 되고 안쓰러운 감정이 생기겠지요. 이렇게 내담자에 대해서 측은함이 생기게 된다면, '내담자가 이렇게 말하고 행동할 수밖에 없는 무언가가 있구나.' 하는 의문과 함께 내담자를 진정으로 이해하고자 하는 마음가짐이 되는 거지요.

수퍼바이지: 선생님 말씀을 들으면서 내담자의 모습이 전체적인 조망에서 보이네요. 그러면서 내가 왜 그랬을까 하는 후회가 되고, 내담자에게 굉장히 미안한 마음이 들어요.

(3) 내담자의 특정 영역에 대한 구체적인 탐색이나 개입이 어려운 이유 중, 내담자와 비슷한 상담자 자신의 모습이 그 원인이 될 수 있음을 알게 해 준다

수퍼바이저: 문장완성검사를 보면 아버지가 사회성이 부족하고 신경질적이라고 했는데, 이것은 내담자의 성향과도 비슷한 것으로 보이는데, 내담자는 아빠에 대해서 어떻게 보고하고 있나요?

수퍼바이지: 아빠 이야기를 거의 안 물어봤어요.

수퍼바이저: 무슨 이유가 있었나요?

수퍼바이지: 왜냐하면 저는 너무 많이 나타나 있다고 생각했어요.

수퍼바이저: 어느 곳에 나타나고 있나요?

수퍼바이지: 접수면접지와 문장완성검사에 아빠에 대해서 내담자가 많이 이야기했다고 생각했었나 봐요.

수퍼바이저: 기록된 모습이 아빠의 모습이겠구나 하고 생각을 한 거지요? (예.) 그렇다면 선생님이 이해하고 있는 내담자의 모습과는 차이가 있는 것 같

아요.

수퍼바이지: 제가 아직까지는 목표를 적어 놓고 다루지 않았던 것은 없었던 것 같은데, 아마 이 내담자에게는 진짜 어려웠던 것 같아요.

수퍼바이저: 이 내담자에게만 어려웠던 이유는 무엇이었을까요?

수퍼바이지: 이 내담자의 … 그 과도하게 뭔가 열심히 해 가지고 오는 그게 시작을 못하게 하는 데 영향을 주는 것 같다는 생각이 지금 들어요.

수퍼바이저: 과도하게 하고 있다는 것에 대해 어떤 느낌이 드나요? 그런 내담자를 볼 때 선생님의 마음은?

수퍼바이지: '들어 줘야겠구나' 하는 마음 ….

수퍼바이저: 열심히 해 왔는데 내가 들어 줘야겠구나 하는 마음이요? (예.) 저도 선생님께 느끼는 것 중에 하나가 바로 그것이에요. 선생님도 열심히 하려고 노력하잖아요. 그런데 한편으로는 과도하게 잘하려구 하는 모습이 보였어요. 그것이 내담자에게 어떻게 영향을 주었을까요?

수퍼바이지: 저도 그런 생각을 해 봤거든요. 생각을 해 보긴 했는데 더 이상은 작업을 안 했던 것 같아요.

수퍼바이저: 저는 개인적으로 선생님에 대해서 그런 느낌을 받았어요. 지금은 처음 볼 때보다는 강도가 약한 정도인데, '굉장히 애쓰는구나' 이런 느낌이었어요.

수퍼바이지: 그것이 제가 내담자에게 느끼는 이런 감정이었을까요?

수퍼바이저: 글쎄요. 저는 한편으로는 안쓰러운 마음도 있었어요. 저렇게까지 애쓰지 않아도 되는데 … 하는 … 어떻게 보면 이 선까지만 하면 되는데 선생님이 너무 과도하게 잘하려구 한다 이런 느낌이 있었거든 …. (예.) 그게 상대방을 기분 나쁘게 하는 것은 아닌데 열심히 하려는 것을 보여 주려고 한다는 안쓰러운 마음이 들었거든요.

수퍼바이지: 이 내담자에게 제가 바로 그 안쓰러운 느낌이었던 것 같아요 그리고 아주 딱하다는 느낌도 있었구요. 제가 일단 내담자에 대해서 딱하다는 마음이 있으니깐 그냥 내담자가 하는 대로 두고 개입을 안 한 것 같아요.

2) 상담자에게 필요한 성장 영역에 관한 탐색

(1) 상담자의 경험으로 인해 형성된 대인관계 방식이 내담자와의 관계에 미치는 영향에 관해 살펴본다

수퍼바이저: 이 내담자가 매우 솔직하고 변화하고자 한다고 했는데, 매우 솔직하다고 본 이유는 무엇인가요?

수퍼바이지: 뭔가 꾸미거나 기교가 없이 그대로 그 자체인 것 같아요. 아직까지 사회성이라든가 포장 없이 그대로 드러난 느낌이랄까요?

수퍼바이저: 그럼 단어를 조금 바꾸면 좋겠네요. 세련되지 않고 포장되지 않은 말을 사용하는 거잖아요. 그 부분에 있어서 사회성은 조금 떨어져 보인다는 느낌을 받는 거잖아요. 그런 느낌을 살린 표현이 더 적합할 것 같네요.

수퍼바이지: 예, 그것이 좀 더 정확한 표현이 될 것 같네요.

수퍼바이저: 그리고 선생님은 변화라는 것이 어떻게 일어난다고 생각하나요? 우리가 내담자를 만나서 변화가 일어난다고 이야기를 하곤 하는데 선생님이 생각하실 때 변화는 어떤 것인가요?

수퍼바이지: 일단 뭔가 불편했는데 안 불편해지는 것이 변화는 아닐 것 같아요. 내담자가 자신이 아프고 힘든 부분이 무엇인지 이해하게 되는 자체가 변화라고 생각해요.

수퍼바이저: 선생님도 그런 변화가 있으세요? 내가 '아, 내가 변화되었다.'라는 체험?

수퍼바이지: 음, 있는 거 같아요. 의식하지 않았던 부분을 알게 되는 것 자체가 저를 상당히 편안하게 해 주고 그런 것 같아요.

수퍼바이저: 상담에서요?

수퍼바이지: 상담에서와 밖에서도요. 저는 수련 중에 있잖아요. 그러니까 모든 제 삶이 수련 과정과 계속 맞물려서 수련 때 무언가 촉발되었던 것이 생

활 가운데서 느껴지는 것도 있는 것 같아요. 저는 주변 사람들에게 감정 표현이 안 된다는 피드백을 간혹 받았어요. 제 머리가 너무 빠르게 반응해서 리액션은 꽤 적합한데, 진실해 보이지 않는다는 피드백을 종종 들었어요. 진짜 내가 느끼고 얘기해 주는 것이 아니라 그냥 머리로 하는 것 같다. 이런 이야기였거든요.

수퍼바이저: 그것은 과거의 어떤 경험과 관련이 있을까요?

수퍼바이지: 사실 그런 말들은 주로 저희 어머니한테 많이 들었던 말이에요. 제 아버지가 고등학교 때 돌아가셨거든요. 그 후에 어머니가 재혼을 하셨어요. 경제적인 이유가 컸지요. 그런데 동생들은 사춘기였고 그래서 엄마랑 많이 싸웠어요. 그러다 보니까 저는 늘 싹싹하고 잘하는 눈치 보는 아이가 돼서 문제를 안 일으키고 동생들은 늘 싸움과 분란의 중심에 있었던 거죠. 그러니까 제가 제 감정에 대한 자각보다는 주변 환경에 늘 신경 쓰는 행동을 해 왔거든요. 그것들이 제가 살아오는 데 크게 지장을 주지는 않았는데 지금처럼 제 마음을 보거나 사람의 마음을 들여다보는 일을 할 때는 이렇게 지체가 되는 것 같아요. 내담자와 같이 울어 줄 때도 사실 제 성격 때문에 그럴 수 있다고 이야기했지만, 그건 약간 오버해서 한 이야기이고 그냥 이 내담자가 힘들어 보였어요.

수퍼바이저: 그때는 진실된 표현이었겠지요.

수퍼바이지: 제가 이런 식으로 변명을 할 정도로 주변 사람들은 나의 반응이 너무 그럴 만하지만 뭔가 진실성이 없이 느껴진다는 거예요. 그런 식의 반응을 친구들에게서도 종종 들었거든요. 엄마와 제 관계가 다른 남매들보다는 가까운데 새아빠한테 제가 살갑게 잘하고 지금도 엄마에게 잘 맞추고 하는 게 결국은 엄마의 입장을 제일 중시하기 때문에 하는 거거든요. 그러다 보니까 항상 명절이나 이럴 때 알아서 예의 있게 찾아가거나 연락하는 것을 자주 해요.

수퍼바이저: 어머니가 불편해하실까 봐인가요?

수퍼바이지: 그런 게 있었던 것 같아요. 원래는 그냥 '당연히 그래야지'라고 생각

했던 그 당연한 게 사실은 애들 중에서 제가 엄마를 제일 좋아했기 때문
인 것 같아요. 요즘은 그래서 일부러 연락을 안 해 보기도 했어요.

수퍼바이저: 연락을 드리지 않는 방법을 선택한 이유는 무엇인가요?

수퍼바이지: 제 생각에 경계가 필요하다고 생각했어요. 그런데 경계를 세우려면
인식만 한다고 되는 것이 아니기 때문에 뭔가 하여튼 어렵지만 그동안 해
오던 방식을 바꾸는 게 새롭게 경계를 세우는 데 필요하다고 생각됐거든
요. 그래서 연락을 한 달 반 정도 안 했거든요.

수퍼바이서: 부모님이 걱정하지는 않으셨어요?

수퍼바이지: 엄마는 한 번 연락을 주셨고, 아빠는 '원래 연락을 잘하는 아이인데
바쁜가 보다.' 하고 생각하셨다구 하더라구요. 그러니까 그만큼 제가 보
증을 드렸던 거지요. '얘가 우리를 싫어해서는 아닐 것이다.'라고 이해는
하고 계신 거지요. 그러나 아직도 함께 있으면 잘하려고 하고 괜찮지 않
은데 괜찮은 척하고 있는 것을 볼 때, '역시 쉽지 않구나'라고 생각해요.
엄마 아빠도 예전부터 말씀하셨거든요. 너무 좋은 척하지 마라. 그 표현
자체가 진짜로 안 느껴진다고 옛날부터 하셨던 거예요.

수퍼바이저: 동생들은 입장이 다른가 봐요?

수퍼바이지: 동생들은 아빠를 안 봐요. 그동안 여러 가지가 있었는데 저는 아빠의
다른 면들은 애써 안 보려고 했던 것 같아요. 동생들은 아빠의 그 다른 면
을 크게 본 거지요. 저는 지금까지 아예 그것 자체를 안 느끼고 안 보려고
했던 거예요. 왠지 깊이 알면 안 되고 복잡해질 것 같으니까 아예 단순하
게 생각하려고 했던 것 같아요.

수퍼바이저: 이 이상 알면 힘들어지니까 안 보려고 했던 거군요.

수퍼바이지: 예, 아예 귀를 막았던 것 같아요.

수퍼바이저: 선생님의 경험이 내담자와의 관계에 어떤 영향을 주고 있다고 생각
하나요?

수퍼바이지: 제가 만나는 이 내담자도 아예 아버지의 관계에서 귀를 막았던 것 같
아요. 저는 그 부분을 충분히 이해하고 있기 때문에 더 깊은 탐색을 하지

못했던 것 같아요.

(2) 상담자가 자신의 감정자각에 관해 민감성을 유지할 수 있는 훈련이 필요하다는 것에 대해 논의한다

수퍼바이저: 내담자가 "그 당시 너무 저를 무시하는 말을 계속해서 하니까 진짜 울 뻔했어요." 이런 말을 하죠. 그런데 선생님께서는 이 말에 반응을 하지 않고 주제를 바꾸셨네요. 어떤 이유가 있으셨나요?

수퍼바이지: 정보를 탐색하기 위해서 무의식적으로 돌린 것 같아요.

수퍼바이저: 제 생각에는 내담자가 중요한 이야기를 하고 있는데 정보탐색을 위해서 주제를 바꾸셨다는 것은 조금 이해하기 어렵네요. 혹시 다른 이유가 있던 것은 아닐까요?

수퍼바이지: 음 … 어 … 사실은 제가 내담자가 하는 이야기가 뻔하다고 생각한 것 같아요. 그러다 보니까 공감이 잘 안 되더라구요.

수퍼바이저: 내담자의 이야기를 뻔하다고 생각하셨다는 것은 구체적으로 어떤 것인지 설명해 주세요.

수퍼바이지: 내담자가 "난 울 뻔했어요."라고 하는데, 내담자의 삶 속에서는 늘 울 뻔한 일이 많은 거예요.

수퍼바이저: 별로 특별할 것이 없다는 느낌을 받았다는 의미인가요?

수퍼바이지: 예, 그런 것 같아요. 그 당시에는 몰랐는데 그랬던 것 같아요. "어머니 집에 가면 우울해져요."라는 말은 제 가슴에 와 닿았는데 그 외의 모든 얘기는 약간 현실감이 없이 느껴졌어요. 전체적으로 이 내담자의 고통이 마음으로 와 닿지 않았어요.

수퍼바이저: 혹시 이 내담자가 개성이 강하니까 겉으로의 모습과 하는 말이 모순, 불일치해 보여서 가슴에 안 와 닿은 것은 아닐까요?

수퍼바이지: 처음부터 힘들었어요. 말씀을 들어 보니 제가 내담자를 보는 어떤 기준이 있는 것은 아닐까 하는 생각이 들어요. 내담자가 쏟아내는 내용은

실제로 엄청난 것이지만 저에게는 별로 그렇게 와 닿지 않더라구요.

수퍼바이저: 선생님이 이 내담자에게 가진 생각 때문에, 내담자의 말에 반응하지 않고 주제를 바꾼 거네요. 그리고 전반적으로 내담자를 이해하고 공감해 주기보다는 오히려 분석해 주고 해석해 주려고 하셨던 것 같아요.

수퍼바이지: 선생님, 어떡하지요. 내담자를 너무 제 관점에서만 본 것 같아요. 심지어 제가 내담자들의 감정에 민감하지 못한 것 같아요. 이 내담자뿐만 아니라 전반적으로 감정을 알아차리는 데 어려움이 있나 봐요.

수퍼바이저: 혹시 선생님 자신은 어떠신가요? 선생님 스스로 느끼는 감정에 대해서 잘 알아채시는 편인가요?

수퍼바이지: 제가 사실은 감정 자각이 늦다는 말도 듣는 편이에요. 다른 사람들의 감정에 대해서는 그나마 이해하려고 노력하는 편인데, 내 자신의 감정에 대해서는 자각을 잘 못하는 편인 것 같아요. 한 박자 좀 늦는다고 할까요. 예를 들어, 객관적으로 볼 때 제가 분명히 화낼 일인데, 그 당시는 자각하지 못하고 있다가 얼마 지나서 이유 없이 화가 나는 거예요.

수퍼바이저: 선생님께서 자신의 감정에 대해 자각하고 아는 만큼 내담자의 감정에 대해서 이해할 수 있는 거잖아요. 그리고 때로는 내담자에게 감정을 자각하고 표현하는 방법에 대해서도 모델이 되어 주셔야 하니까 선생님께서 부족한 부분을 위해 여러 방면으로 훈련받고 노력하셔야 할 것 같네요.

수퍼바이지: 예, 이 내담자를 통해서 오히려 제가 무엇을 더 배워야 할지 알게 되었어요.

3) 상담자의 상담 경험이 상담 과정에 미친 영향에 대한 탐색

(1) 긍정적인 작용
상담자의 상담 경험이 내담자를 있는 그대로 이해하고 수용하는 데에 도움을 주었고, 결과적으로 라포를 형성하고 증진시키는 데에 도움을 주었다.

수퍼바이저: 선생님은 상담 경험이 있나요?

수퍼바이지: 20회기 정도 받아 봤어요.

수퍼바이저: 그때 경험이 어떠했나요?

수퍼바이지: 저는 대개 좋았던 것 같아요. 그런데 선생님이 무언가를 많이 해 주시지 않았는데요. 제가 뭔가를 막 얘기를 하고 선생님이 들어 주시고 그거에 대해서 나름대로 길을 주시면은 이야기하는 과정에서 제가 막 스스로 "아, 그래서 그래서 그랬나 봐요." 이런 것이 있었던 것 같아요. (웃음)

수퍼바이저: (웃음) 그렇군요. 길을 열어 주시면 선생님 스스로 찾아가셨군요.

수퍼바이지: 예. 제가 하고 싶은 얘기가 많아서 나름대로 이렇게 정리를 해 가지고 갔는데요. 혼자서 생각할 때와 조금 다르게 상담을 하면서 뭔가 그 속에서 저에게 깨달아지는 게 있었어요. 예를 들면, 제가 칭찬을 대개 못 받았다고 생각을 해 가지고 그게 항상 부모님께 불만이었거든요. '왜 나한테 칭찬을 안 해 줘 가지구 나를 이렇게 인정에 목마르게 만들었을까?' 하고. 그런데 상담을 하면서 부모님은 나를 칭찬해 주셨는데 내가 나를 칭찬하지 못해 가지고 칭찬을 내가 못 받아들였구나 하는 작은 깨달음들이 좀 있었거든요. 그리고 생각을 정리할 수 있어서 좋았어요.

수퍼바이저: 그럼, 선생님께서 상담에 대해서 갖고 있는 나름대로의 정의는 무엇인가요?

수퍼바이지: 제가 생각하는 상담은 … 내담자가 자기 이야기를 하면서 그것을 꺼내놓고 나서 그 얘기를 조금 객관적으로 볼 수 있는 게 아닐까라는 생각을 좀 했어요. 때로는 제가 뭔가를 막 이끌어 나갔다는 생각도 있고, 어떻게 해야겠다는, 그러니까 여기서는 이렇게 뭔가를 더 열어 주고 하는 거는 있지만, 결국에는 내담자가 알아서 스스로 자기 이야기를 보고 생각을 하면서 해야 되는 것이 아닌가라는 생각이 있는 것 같아요. 이 내담자의 경우가 바로 자기 이야기를 나름의 논리대로 정리한 후에 탁 결론을 내리거든요. 그래서 제가 상담을 하면서도 좀 편하고 그런 느낌이 있었어요.

수퍼바이저: 상담에 대한 선생님의 생각이 이해되네요. 그리고 내담자와의 상담

에서 편안하다는 느낌을 가지신다고 하셨는데 구체적으로 어떤 부분이 편안함을 느끼게 했나요?

수퍼바이지: 저는 내담자의 말에 항상 "그럴 수도 있겠네요."라고 이야기했어요. 일단 '내담자가 말하는 대로 나는 그냥 따라가 주어야겠다.' 하는 생각이 있었구요, 실제로 내담자의 이야기가 잘 이해되었구요.

수퍼바이저: 예, 저도 선생님께서 내담자의 말을 잘 따라가 주고 계신다는 느낌을 받았어요. 사실 처음 상담을 하시는 분들은 이것저것 많이 물어보시느라 흐름을 놓치기 쉬운데, 제 느낌에 선생님은 내담자를 그냥 많이 쫓아가 주려고 하시는구나 하는 거였어요. 그리고 그 점이 바로 선생님의 장점이라는 생각이 들더라구요. 아마도 선생님의 상담 경험이 내담자와의 관계에서 긍정적으로 작용하는 것이겠지요. 아무래도 내담자들의 입장에서 본다면 내가 이야기하는 대로 따라와 주고 이해해 주는 상담자에게 빨리 믿음이 가기 마련이지요. 따라서 라포 형성이 빨리 된 것 같아요.

수퍼바이지: 제 상담 경험이 상담 관계에 긍정적인 영향을 주었다고 말씀해 주시니 안심이 되네요. 감사합니다.

(2) 부정적인 영향

상담자의 상담 경험이 오히려 내담자의 호소하는 바를 제대로 인식하지 못하게 만들고, 더 깊이 탐색할 수 있는 기회를 놓치게 되었음을 알게 한다.

수퍼바이저: 지난 회기 마지막에 내담자가 이런 이야기를 하고 있네요. "상담에서 이야기한 것들에 대해서 많이 생각을 하다 보니 너무 힘들었어요. 그리고 더는 생각하기 싫다는 마음이 컸어요. 일부러 생각을 안 하려고 작정하고 안 했더니 오히려 편해진 느낌도 들었구요. 한편으로는 나는 이제 할 이야기 다 한 것 같은데 앞으로 무슨 이야기를 더 하지라는 생각도 들어요. 그리고 당장 힘든 일이 없고 그러다 보니 사는 것이 느슨해지고 상담도 같이 느슨해지는 느낌이에요."라고 말했는데, 이와 같은 내담자의

말을 듣고 선생님은 어떤 느낌이셨나요?

수퍼바이지: 저도 똑같은 것을 느꼈어요.

수퍼바이저: 어떤 느낌인데요?

수퍼바이지: 상담이 느슨해졌다는 느낌이요. 저도 최근에 이 내담자와 상담하면
서 약간 '지루해졌다? 느슨해졌다?' 하고 느끼고 있던 참이거든요.

수퍼바이저: 좀 더 구체적으로 말씀해 주시겠어요?

수퍼바이지: 예, 내담자가 상담 초기에는 왕따 경험과 같이 아주 힘든 이야기를
많이 했어요. 1, 2회기 그렇게 진행되다가 그 이후에는 친구나 연애 이야
기를 하기 시작했어요. 그런데 그 주제는 어떻게 보면 그전에 했던 왕따
경험에 비해서는 가벼운 이야기라는 생각을 했던 것 같아요. 그리고 결
정적으로 이 내담자가 처음 호소 문제로 가지고 왔던 문제 중에서 진로의
방향이 어느 정도 결정되었거든요. 그래서 저는 내심 이 내담자가 다음
에는 어떤 이야기를 할까? 궁금했어요. 사실 초등학교 시절도 힘들었었
다고 얼핏 이야기를 했는데 자세하게 이야기하지 않았거든요.

수퍼바이저: 선생님께서는 내담자가 이야기하지 않았던 초등학교 시절의 힘든 이
야기를 듣겠구나 하고 나름대로 준비를 하고 계셨는데, 오히려 상대적으
로 가볍게 생각되는 친구나 연애 이야기를 하니까 상담이 느슨해진다는
느낌을 받으신 거군요.

수퍼바이지: 예, 초등학교 때 얘기를 나랑 하고 싶은 마음이 있어서 오긴 올텐데
… 그럼 상담에서 무슨 이야기를 하지? 가족 이야기를 더 이야기해야 하
나라고 저는 생각하고 있었던 거지요. 그런데 한편으로는 '내담자가 어떻
게 보면 상담에 와서 기분 나빴을 수도 있었겠다.' 하는 생각이 순간 들더
라구요.

수퍼바이저: 내담자가 기분 나쁠 수도 있었겠다? 저는 이해가 잘 안 되는데, 설명
해 주시겠어요?

수퍼바이지: 제가 예전에 상담을 받은 경험이 있는데요, 그 당시 저도 내담자가
지금 상담에 대해서 생각했던 것과 같은 것을 느꼈거든요. 그래서 이해

가 됐던 것 같아요. 실제로 상담자가 많은 이야기를 해 주는 것은 아니잖아요. 그러니까 내담자의 입장에서는 상담자 선생님이 무엇을 해 주신다는 것보다 내가 스스로 뭔가를 해야 한다는 생각이 많았을 것 같아요. 저 또한 예전 상담 경험에서, 뭔가 내가 얘기를 해서 선생님이 무엇인가를 해 주기보다는 내가 한다는 생각이 더 들었었거든요. 그리고 저도 상담을 받았던 시기가 아주 힘든 시기는 아니었거든요. 그래서 이 얘기를 들었을 때 아무렇지도 않았어요. '그래 나도 그런 생각을 했다. 지금 괜찮다면 나중에 와도 되고 상담을 종결해도 상관이 없다.' 이런 생각까지도 했었어요.

수퍼바이저: 선생님 말씀을 들어 보니까 선생님의 상담 경험에 비추어서 내담자를 이해하려고 애쓰는 모습이 보이네요. 선생님께서 이해하신 대로 현재 내담자가 힘든 상태가 아닐 수도 있어요. 하지만 다른 한편으로 생각해 보면, 저는 이 내담자가 좀 더 깊은 탐색을 두려워하는 것은 아닌가 하는 느낌을 받는데, 선생님의 생각은 어떠신가요?

수퍼바이지: 내담자가 깊이 들어가는 것을 두려워한다는 것에 대해서는 생각해 보지 못한 것 같아요. 그런데 가만히 생각해 보니까 가족 이야기를 하고 난 이후부터는 지금은 문제가 없다고 하면 다시 그 시절 이야기 하는 것을 거부했던 것 같아요.

수퍼바이저: 제가 제안한 것이 내담자의 말을 이해해 보는 또 다른 방법이 될 수 있을 것 같아요. 한 번 생각해 보세요.

수퍼바이지: 예, 그런 관점에서 다시 한 번 내담자를 살펴봐야 할 것 같아요. 제가 너무 저의 상담 경험에 비추어서 내담자를 빨리 이해해 버린 것은 아닌가 하는 생각이 드네요.

3. 자문가의 기능

자문자로서의 기능을 수행할 경우, 수퍼바이저와 수퍼바이지는 내담자의 문제해결을 돕는 데 초점을 두고 보다 더 적절한 치료 접근법을 결정하기 위한 논의에 집중한다.

1) 내담자 이해 및 구체적인 개입 방법에 관하여 함께 논의

내담자가 대인관계의 갈등 상황에 대처하는 방법과 가족관계에서의 관계 패턴을 살펴보고, 중점적으로 다루어야 할 부분에 대해서 함께 논의해 본다.

> 수퍼바이저: 5회기 때 보면 친한 친구 이야기가 나오는데, 그 친구의 입장에서 볼 때 내담자가 너무 많이 요구한다고 표현했는데, 그 친구의 말을 싸움이라고 여기고 관계를 확 끊어 버렸는데, 이게 싸움은 아니잖아요. 싸움이라고 보는 관점도 그렇구 이 내담자는 갈등 상황이라든지 조금이라도 불편한 관계를 못 견디니까 대처 방식에서 가장 미숙한 방법으로 관계를 그냥 끊어 버리는데 이 내담자가 갈등 상황이나 불협화음을 못 참아하는 이유가 무엇이냐 이것이 바로 가족관계를 봐야 하는 이유가 되는 거지요.
>
> 수퍼바이지: 예, 엄마와 동생 사이에 항상 갈등이 있었고, 아버지는 중재하지 못하고 그냥 방임해 두고만 있고, 내담자는 중간에서 어찌할 바를 못하니까 무심한 척 있었지만 사실은 중재하지 못한 것에 대한 죄책감이 있다고 하거든요.
>
> 수퍼바이저: 그렇다면 선생님은 내담자의 어떤 점을 다루어야 한다고 생각하시나요?
>
> 수퍼바이지: 죄책감이라고 생각해요.
>
> 수퍼바이저: 누구에 대한 죄책감이지요?

수퍼바이지: 물론 동생이지요.

수퍼바이저: 예, 내담자는 동생과 엄마, 이 둘 사이에서 일어나는 갈등에 전혀 개입을 안 했잖아요. 어떻게 할지도 몰랐겠지요. 그런데 만약 개입했다 하더라도 다른 상황이 벌어졌을 수 있었겠지요. 지금까지는 부모님이 이 내담자를 예뻐했는데 골칫덩어리인 동생 편을 들었다가 부모님이 자신에 대한 사랑을 철회할지 모른다는 두려움도 있었을 것 같아요.

수퍼바이지: 예, 그리고 내가 잘못했을 때 부모님에게 어떻게 공격을 당할지 모르겠다는 두려움도 있었을 것 같아요.

수퍼바이저: 그러니까 어떻게 개입도 못하고 약한 동생을 같이 공격해 버린 셈이 되었단 말이지요 상황이. 이렇게 내담자 안에는 모순된 감정이 있었기 때문에 이 감정들을 다루지 않고서는 안 된다는 것이지요. 그럼 어떻게 접근하면 될까요?

수퍼바이지: 먼저 내담자의 입장을 충분히 받아들여 주는 것이 필요한 것 같아요. "그때 그 당시 네가 느꼈던 감정들은 그럴 수밖에 없었던 것이구 어린아이였으니까. 만약 다른 사람이라도 그 입장이라면 그렇게밖에 할 수 없었을 것이다."

수퍼바이저: 좋습니다. 더불어서 부모님의 사랑이 철회될 것 같은 두려운 감정이 들었다면 그렇게 할 수밖에 없었을 것이다. 그러니까 그 당시 어린아이였던 내담자가 생각하고 느꼈던 감정에 대해 정당성을 인정해 주고, 확인해 주어야 할 필요성이 있어요.

수퍼바이지: 그렇겠네요. 이 관계를 모르고서 그냥 겉으로 드러나고 있는 대인관계 문제에만 집중하다 보니까 상담이 어렵게 흘러간 것 같아요.

2) 내담자의 핵심 문제를 파악하고 구체적인 상담목표를 세우기 위해서 함께 논의

내담자가 호소하는 문제를 중심으로 탐색하던 중에, 문제의 근원이 된 아버지와의 관계가 더 비중 있게 다루어야 할 주제임을 파악하고, 구체적인 상담목표를 설정해 본다.

수퍼바이저: 수퍼비전에서 도움을 받고 싶은 것은 무엇인가요?

수퍼바이지: 내담자가 너무 울면서 이야기하니까 대개 힘들었던 것 같아요. 회기 처음부터 내내 울었거든요, 가족 이야기를 하면서. 상담을 끝내면서 가만히 생각해 보니까 아버지의 폭력에 대해서 탐색을 하긴 해야겠는데 어떻게 해야 할지 모르겠더라구요. 막막한 기분이 들더라구요.

수퍼바이저: 어떻게 개입해야 할지 모르겠다는 말씀인가요?

수퍼바이지: 아니, 그보다는 이 내담자가 정말 안됐는데요. 목표 자체를 어떻게 정해야 할지 모르겠더라구요. 왜냐하면 내담자를 만나기 전에 받은 정보는 '남자에 대해서 싫은 감정이 많다.'라고 되어 있었기 때문에 남성에 대한 개념을 살펴보고 도와주면 되겠다고 생각을 하고 있었는데 … 막상 상담에서는 가족 이야기가 너무 크게 나오니까 … 가족 이야기를 어느 범위까지 다뤄 줘야 할지도 모르겠구 내담자가 남자에 대해서 어려워하는 것이 아빠 때문이라는 생각이 확 드는 거예요.

수퍼바이저: 선생님이 상상하셨던 내담자의 이미지와 달라서 당황하셨던 것 같은데, 그렇다면 선생님께서 생각하는 현재 내담자의 어려움은 무엇인가요?

수퍼바이지: 아빠가 보여 준 폭력의 영향이 남자들을 대하는 데 어려움을 줄 것 같아요. 그래서인지 주변의 남자들, 특히 권위적인 남성들에 대해서 싫어하는 마음이 큰 거죠.

수퍼바이저: 선생님께서는 내담자가 호소하고 있는 현재 주변 남자들에 대한 불편한 감정보다는 아버지와의 관계를 더 중요하게 다뤄야 한다고 생각하시는 거군요.

수퍼바이지: 예, 상담에서 나온 이야기를 볼 때 아버지와의 관계에서 항상 갈등이 있었던 것 같아요. 항상 아버지에게 졌지만 말이죠. 대학에 갈 때도 원하던 전공이 있었는데, 아버지가 권유하는 전공을 할 수밖에 없었고, 취

업을 준비하면서도 자신이 원하는 것보다는 아버지가 원하는 가치에 맞는 회사를 선택했거든요. 그런데 제가 그것을 어떻게 해야 할지 모르겠어요.

수퍼바이저: 내담자가 보고하는 내용을 종합적으로 볼 때, 가족관계 중에서도 특히 아버지와의 관계를 중점적으로 탐색해야겠다는 계획이 있으신 것 같은데, 어떤 점이 선생님을 힘들게 하는 건가요?

수퍼바이지: 내담자가 20대 중반인데 마치 17세 소녀 같은 느낌이에요. 상담 도중에 울기도 했는데, 핑핑 우는 것도 아니고 조용히 울더라구요. 어떤 움직임도 없고 소리도 안 내면서 눈물을 주르르 흘리는 스타일인 거예요. 그 모습을 보니까 제가 어떻게 해야 할지 모르겠어요.

수퍼바이저: 내담자의 표현이 크지 않은 것이 선생님의 마음을 불편하게 하는 건가요? 아니면 나이답지 않게 소녀 같은 모습이 힘들게 하는 건가요?

수퍼바이지: 저도 많이 생각을 해 보았는데 … 조심스러운 느낌이 드는 것 같아요. 여자로서 예민하고 까칠한 것과는 다른 거예요.

수퍼바이저: 그렇다면 내담자의 모습이 마치 깨지기 쉬운 어린 소녀의 모습으로 보이기 때문에 섣불리 다가서기 어렵다는 말씀인가요?

수퍼바이지: 아, 예, 말씀을 듣고 보니 바로 그 느낌인 것 같아요. 너무 약해 보이고 취약해 보여서 제가 조심스러워지고 … 그러다 보니까 안타까운 마음은 있지만 가까워지는 느낌은 아니었던 것 같아요.

수퍼바이저: 그렇군요. 그럼 선생님이 느끼시는 그 느낌을 내담자 주변의 사람들도 느낄 수 있을까요?

수퍼바이지: 그럴 수도 있을 것 같아요. 얼핏 친구 이야기를 하던 중에 너에게 말을 하거나 어떤 행동을 하려고 할 때 좀 더 생각을 하게 된다는 이야기를 들었다고 했으니까요. 그리고 이 내담자가 친구가 별로 없거든요. 그래서 외롭다는 말도 했었는데 …. 만약 제가 느끼는 것과 같았다면 친구들도 관계를 유지하기가 어려웠을 것 같아요.

수퍼바이저: 그렇다면 내담자의 약하고 여린 모습, 취약한 모습으로 인해 이성뿐

만 아니라 동성친구들과의 관계도 힘들다는 추정을 할 수 있겠네요.

수퍼바이지: 예, 그런 것 같아요. 그리고 결국 그런 모습들은 가족에게서 영향을
받은 것이고, 내담자도 어느 정도 그 부분을 인정하고 있기 때문에 가족
이야기를 계속 하고 있는 것이 아닌가 생각이 드네요.

수퍼바이저: 그렇다면 이제 정리해 볼까요? 선생님께서 방금 말씀하신 내담자에
대한 이해를 중심으로 상담을 진행하려고 한다면 어떻게 하면 될까요?

수퍼바이지: 현재 내담자가 경험하는 대인관계를 중심으로 상담을 진행하되, 필
요에 따라 가족 이야기를 개입해서 내담자에게 통찰이 일어날 수 있도록
도와야 할 것 같아요. 더불어 화내거나 울지 않고 자기주장을 할 수 있는
훈련도 해야 할 것 같네요.

3) 구체적인 개입 방법 및 언어적 표현 방식에 대해 함께 모색

내담자가 자각하고 있으나 쉽사리 표출하지 못하는 감정에 대해서 충분히 머
물러 주는 방법과 감정표출을 도울 수 있는 표현 방법에 관하여 구체적으로 탐
색해 본다.

수퍼바이저: 이 내담자가 힘이 있지만, 어떻게 보면 그 힘을 건강하게 사용하지
못하고 있는 점을 볼 때 안타깝잖아요. 건강하게 사용 못하는 환경이 있
잖아요.

수퍼바이지: 그건 그래요.

수퍼바이저: 아버지가 이 내담자의 입장을 전혀 배려하지 않는 것 같네요. 아들보
고 물먹은 돼지 같다고 다른 사람들 앞에서 말씀하신 것은 너무한 것 같
아요. 다른 비유를 하셔도 되는데 … 성인인 아들에게 이 말은 너무 모욕
적일 것 같네요.

수퍼바이지: 여기 와서 이런 말들을 해요. 아버지가 그렇다구. 그런데 이렇게 힘
든 얘기를 하면서 정작 내담자는 감각이 없는 것 같아요.

수퍼바이저: 어려서부터 매일 들었다고 하면 감정이 없어 보일 수도 있는데, 에피소드를 이야기하면서 울먹이기도 하잖아요. 그런 점에서 보면 감정을 건드리는 부분이 있다는 것이니까 아주 무감각한 것은 아닌 것 같아요.

수퍼바이지: 선생님, 그래서 저는 이 내담자가 눈물을 흘리면 오히려 안심이 되는 것 같아요. 눈물이 안 나올 때는 울먹이는 거예요.

수퍼바이저: 선생님이 느끼신 대로 이 내담자는 펑펑 좀 울어야 할 것 같아요. 충분히 울려야겠네요. 그러기 위해서는 어쩔 수 없이 이 내담자가 신뢰가 안 되더라도 이 친구가 느꼈을 만한 감정에 공감을 충분히 해 주어야 할 것 같아요. 내담자에게 많이 울 수 있는 기회를 먼저 주어서 감정적인 카타르시스가 있어야 자기의 진정한 감정들을 느낄 수 있고 솔직한 자기 이야기를 할 수 있을 것 같아요.

수퍼바이지: 에, 먼저 공감을 해 주어야 했는데 제가 너무 가르치려고만 한 것 같아요.

수퍼바이저: 아버지를 변화시킨다는 것은 힘들 것 같은데 … 어떻게 하면 될까요?

수퍼바이지: 제 생각에는 이 내담자가 여기 와서 먼저 자기의 감정을 알 수 있게 되고, 자기 자신을 진실된 느낌으로 본다면 그다음에 아버지도 달라질 것 같아요. 자기가 달라진 모습을 보여야 아버지도 달라질 것 같아요. 저는 이 내담자에게서 아버지의 모습을 보는 것 같아요.

수퍼바이저: 그럴 수 있어요. 이 내담자의 태도로 인해 변화될 수 있는 계기가 생기는 거지요. 그러기 위해서는 이 내담자가 상담에서 정말 진실될 수 있도록 해야 하는 거지요. 내담자가 충분히 현재 느끼는 감정을 표출할 수 있도록 도와주는 것이 필요해요. (축어록의 내용을 보면서) 여기 내담자가 울먹이는 부분이 있잖아요. 그건 감정이 올라오고 있다는 신호인 거거든요. 그런데 더 이상 안 나오고 있어요. 그것을 선생님이 나오게끔 도와주시는 거지요. 이것을 어떻게 도와주면 좋을까요?

수퍼바이지: 감정이 충분히 나오도록 도와준다는 것이 너무 어렵게만 느껴져요.

수퍼바이저: 먼저 상담자가 '그 당시 상황이나 내담자의 입장을 떠올려 보면서 과

연 내담자는 그때 어떤 감정일까?' 상상해 보고, 내담자가 느꼈을 만한 감정을 느껴 보고, 그 감정에 대한 반응을 해 주면 되지 않을까요?

수퍼바이지: 그럼 이 방법은 어떨까요? 내담자가 "난 정말 싫었는데 자꾸 하라고 강요하니까 정말 울 뻔했다."라고 했을 때, "그 당시 무엇을 느꼈나요?"라고 내담자에게 직접 물어보면 어떨까요?

수퍼바이저: 예, 그 방법도 좋네요. 그 질문을 하게 되면 내담자의 감정으로 초점을 돌려 주는 것이 되기 때문에 내담자가 자신의 감정에 대해서 생각해 볼 것 같아요. 그러면 그때 그 감정을 자각하게 되면서 점점 확장되겠지요.

수퍼바이지: 예, 다음엔 그 방법대로 시도해 봐야겠어요.

4. 맺는말

지금까지 수퍼바이저의 역할에 따른 수퍼비전 사례를 주제별로 구체적으로 정리해 보았다. 본 저자는 개인적으로 처음 수퍼비전을 실시하면서부터 수퍼비전 내용이 축어록 형태로 표현된 모델의 필요성을 크게 느꼈었다. 따라서 이 장의 내용은 초보 수퍼바이저에게 더 많은 도움을 줄 수 있을 것이다.

제12장
집단 수퍼비전 사례

| 유영권 |

이 장은 수퍼비전의 한 형태인 집단 내에서 진행되는 수퍼비전의 실제 과정을 생생하게 현장감을 살리면서 보여 주고자 한다. 집단 수퍼비전에서는 집단원들과 같이 집단의 역동을 활용하여 발표 수퍼바이지에게 내담자와 상호작용하는 자신을 볼 수 있게 돕고, 자신의 어떤 심리적인 역동이 내담자의 핵심감정을 건드리고 내담자의 문제를 효과적으로 다루지 못하게 했는지 성찰할 수 있도록 돕는다. 이 장에서 제시하는 사례는 두 시간 동안 16명의 집단원들과 함께 상담자가 내담자의 분노 감정을 회피하는 것을 효과적으로 다룰 수 있도록 돕는 수퍼비전을 진행하는 과정을 자세하게 묘사하고 있다. 될 수 있는 대로 현장의 분위기와 수퍼비전의 진행 과정을 생생하게 보여 줄 수 있도록 원문 그대로 작성하려고 노력하였다. 하지만 내담자의 신분이나 상담자의 신분이 노출되는 부분은 약간 각색을 하였다. 이 사례를 통해 수퍼바이저의 역할이 무엇이고 집단의 역학과 과정을 어떻게 활용하여 발표 수퍼바이지에게 도움을 주는지, 그리고 집단 수퍼비전에서 수퍼바이저의 역할과 기능에 대해서 학습하는 기회가 되기를 바란다.

1. 실제 사례를 통한 단계별 과정

1) 집단 수퍼비전의 상황

○ 집단 수퍼비전 세팅

- 발표자 김지연(가명): 발표 수퍼바이지는 30대 초반의 여성이고 수퍼비전을 받을 당시 상담학 전공 석사 4학기에(2009년 3월) 재학 중이었고 가정지원센터 등에서 청소년 상담을 주로 하고 있다.
- 집단원들: 모두 상담학 전공 석사 4학기에 재학 중이며 상담 현장에서 상담을 적극적으로 실시하고 있는 상담 전공 대학원생들이다. 연령층은 20대 후반에서 30대 후반이고 성별은 남성 4명과 여성 12명으로 구성되어 있다.
- 수퍼바이저: 수퍼바이저는 집단의 역동을 활용하는 집단 수퍼비전을 실시하고 수퍼비전을 20여년 이상 실시하였고 상담 수퍼비전에 관한 논문 집필, 번역, 저술을 하고 있다. 현재 한국상담심리학회 1급 자격증을 가지고 있고 한국상담학회 감독 전문가이고 한국기독상담심리치료학회 감독회원이다.

집단 수퍼비전 장소는 집단상담실에서 이루어지며, 모든 과정은 DVD로 녹화되고, 수퍼바이지는 녹화된 DVD를 수퍼비전 후 다시 보고 성찰 노트(reflection note)를 작성하도록 요구된다.

집단이 앉은 위치 구도는 다음 [그림 12-1]과 같다.

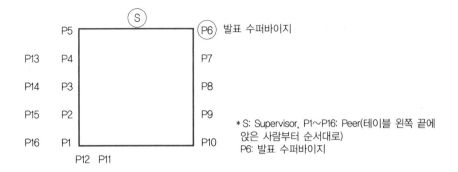

[그림 12-1] 집단 수퍼비전 시 집단원의 위치 구도

2) 단계별 과정

(1) 도입부

수퍼비전 시작 때 수퍼비전의 구조화를 실시한다. 구조화 중 가장 중요한 것은 수퍼바이저가 이 집단에서 발생하는 일에 대해서는 비밀이 보장되고 이곳에서 일어난 일들로 인해서 발표자나 참석자의 전문적 성장에 위해가 되지 않을 것이라는 것을 확신시켜 주는 것이라 할 수 있다.

집단이 모이게 되면 발표하는 수퍼바이지나 참여하는 수퍼바이지들이 서로 긴장하는 느낌을 가지고 있다. 이때 수퍼바이저는 워밍업 단계로 수퍼바이지뿐만 아니라 전체 집단에게 임상적으로 어려움이 있거나 당면한 이슈가 있다면 집단에 내놓고 이야기할 수 있도록 도와준다. 이 작업을 통해 발표자나 집단 전체가 긴장감을 풀 수 있고 서로 안정감을 가지고 발표자에게 솔직한 피드백을 줄 수 있고 그 피드백을 받는 발표자가 수용성을 가지고 들을 수 있는 분위기를 만들어 준다.

S1: 임상적으로 지금 하시고 있는 임상 중에 질문이나 서로 나눌 것들이 있습니까?

S2: 자, 다 문제없이 해 오셨고 유능한 효과적인 상담을 진행하고 계신가요?

P2-1: 제가 지난번에 만났거든요. 어머니와 만났는데, 중3짜리 남학생인데, 키

가 155예요. 아버지가 160이고 어머니가 155가 안 되신대요. 키에 대한 그게 너무 심해서, 상담 시간에는 한 번도 눈을 안 마주치고, 처음부터 키에 대한 이야기를 많이 했거든요, 어머니께 여쭤 보니까 2년 전에 병원에 갔는데 성장판이 아직 안 닫혔으니까 기다려 보라고 그러셨대요. 그런데 거기까지만 하신 것 같아요. 사실은 그 시기에 주사를 맞고 하는 방법들이 있는데, 어머니는 그 얘기를 안 하셨거든요. 제가 좀 알아봤더니 지금 적극적으로 그런 치료를 하면은 성장을 촉진할 수 있는 가능성이 좀 있다고 그러는데, 제가 그 얘기를 드렸는데 이 분이 가정형편이 어렵다든지, 뭐 그걸 할 수 없을 경우에 그게 오히려 부담이 되나 아니면 제시를 해야 되나 그런 고민을 좀 그때 했었어요.

⟨…중략…⟩

S2: 엄마랑 아이에게 같이 상담을 제공하는 건가요?

P2-2: 엄마는 나가 계시고 주로 아이랑만 했는데, 얘한테는 키 문제가 상당히 중요한 문제 같은데, 그러한, 좀 비용이 상당히 드는 거잖아요. 그걸 어머니에게 안내를 했을 때 혹시 그런데 상당히 염려가 됐어요.

S3: 키 이슈보다 더 중요한 이슈도 있는데, (네, 있어요.) 이런 것들은 다루시고 계시고, 이제 부수적으로 구체적인 제언을 해 줬는데, 그것이 부담이 될 경우는 어떻게 되느냐? 상담하면서 다 같이 일괄하면요. 구체적인 조언을 주는 것에 대한 효과성, 위험성 이런 것들이 있는데요. 자기 전문 영역이 아닌 것에 대해서는 구체적인 정보는 될 수 있는 대로 안 하는 게 좋겠구요, 키보다도 더 자존감 극복, 또 엄마와의 의사소통, 이런 것들이 더 주된 문제고, 근데 그런 구체적인 정보는 아예 안 하는 게 좀 더 나을 거라는 생각이 들어요. 예를 들어서 암 같은 거, 예전에 이렇게 극복했더라 하는 이야기들을 그냥 무심코 던지는데, 그게 그 사람한테는 맞는데 이 사람한테는 안 맞을 수 있거든요.

한 집단원이 상담자로서 할 수 있는 역량에 대해서, 자신이 제공해 줄 수 있는 한계에 대해서 알 수 있도록 돕는 작업을 하였고 상담자로서 의학적인 지식을 제공해 주는 것이 아니라 상담자의 전문성을 살려서 내담자의 키라는 문제보다는 키라는 이슈를 통해서 야기되는 열등감, 어머니와의 불화나 의사소통 문제에 더 집중하도록 돕고 있다.

(2) 목표 설정과 나눔

상담자로서 초점을 가지게 하기 위해 상담자로서 성장해야 할 목적 세 가지와 각 목적에 해당하는 실천 가능한 목표를 수퍼비전 시간에 가지고 오라고 한다. 발표 수퍼바이지 김지연은 따뜻함과 냉철함의 균형, 상담 구조화 측면에서 약속한 상담 시간에 맞추는 것, 한 시간 안에 마무리하는 것, 그리고 한 회기에 너무 많은 것을 주려고 하지 않는 것을 상담자로서 성장의 목표로 삼고 있다. 그리고 이를 위해 세부적인 목표로 공감과 직면의 균형과 내담자가 보이는 감정에 깊이 들어가는 것을 두려워하지 않고 시도하려고 한다. 또한 내담자가 힘들 것을 염려하여 주저하지 않고 적시에 직면을 실시하는 것을 목표로 하고 있다

(3) 상담자로서 첫인상 나누기

목표를 나눈 뒤 집단원들과 발표자는 초점을 가지게 되고 발표자가 추구하는 상담자로서 성장의 목표와 이번 축어록을 발표하면서 추구하는 수퍼비전의 목표가 어느 정도 일치하는지 점검할 필요가 있다. 가능할 경우 발표자가 나눈 상담자로서 목표가 수퍼비전 회기와 연결되도록 하면 더욱 더 좋을 것이다.

목표를 나눈 뒤 집단의 응집성을 가지기 위해 수퍼바이저는 집단원들에게 각자의 문제를 가진 내담자로서 역할을 하도록 하고 발표자가 상담자로서 어떤 느낌으로 다가오는지 살펴볼 수 있도록 한다. 이 작업을 통해서 서로에 대한 솔직함을 드러낼 수 있고 발표자는 자신이 내담자에게 어떻게 비쳐지는지 객관적으로 점검할 수 있는 기회를 제공 받는다.

S1: 김 선생님 한번 보십시오. 머리끝부터 발끝은 안 보이는데 보시고, 여러분, 상담실에 앉아 계세요. 내담자로서 지금 신체적인 바디 이미지에 대한 왜곡, 왜곡된 이미지라는 이슈를 가지고 왔어요. 자, 김 선생님 딱 들어오셨어요. 어떤 상담자이실 것 같아요? 어떤 느낌으로 다가오세요? (우리 하는 거예요? … 웃음)

P4-1: 따뜻하고 포근한 느낌 ….

S2: 어떤 것들이 포근하게 느껴지나요?

P4-2: 어, 인상이 강하지 않고요, 인상 자체가 편안하고 수용적인 것처럼 느껴져요. 얼굴 표정이나 이미지 자체가.

S3: 음, 같이 느끼시는 분? 얼굴 표정이나 또 언어적인 면에서도 그런 것들이 나타나지요? 언어나 톤이나 목소리 톤이나 이런 것들이 상당히 부드럽고 △△ 초콜릿…. (웃음) 광고 표현 그대로인 것 같아요. 꼭 안아 주세요, 꼭 안아 주세요, 이런 표현들이 맞는 것 같아요. 딱 적절하게 맞는 것 같구요. 또 같은 느낌 공유하시는 분 계세요? 상담자로서 여러분에게 느끼는 다가오는 느낌, 여러분이 내담자입니다.

P2-1: 선생님의 첫인상은 안경, 그다음에 약간 볼이 뾰쪽하시고, 생머리 그런 톤들을 계속 유지하시는 것 같은데, 선생님의 첫인상은 조금 차갑게 느껴졌었어요. 조금 똑부러진 냉철하고 개성이 강한 사람일 거 같다는 느낌이 있는데, 상담하신 거 읽어 보면 상당히 부드럽고 차분하고 담아 줄려고 노력하시거든요? 그래서 상담이 진행되면서는 그런 흐름에 같이 편안해지는 느낌으로 따라갈 것 같아요.

S4: 음, 좋습니다. 차갑고 냉철하지만 시간이 지나면서 좀 그런, 아까 오 선생님 말씀하신 따뜻하고 수용적인, 그렇게 느끼신 분 계세요, 같이?

P11-1: 저도 좀 그렇게 느꼈어요. 저도 처음 이미지는 되게 찬 느낌이었는데, 그 생활하면서 김 선생님이 많이 따뜻하구나 이런 것을 많이 받았었는데, 그게 안경이라던가 약간 뾰쪽 … 그거에서 그냥 봤을 때 말 안하고 있을 때 느껴졌던 것이었던 것 같고, 지내면서는 약간 푼수 같으면서 재미있구나, 푼수라

는 말은 그냥 나쁜 것이 아니라 첫 이미지랑은 참 많이 다르다 뭐 이런.

S5: 상당히 보수, 차갑고 냉철하다는 것 안에는 보수적인 느낌도 그렇게 만드는 요소도 있지 않을까요?

P5-1: 제가 봤을 때는 선생님 첫인상은 중학교 사회 선생님이나 그런 모습, 그런 느낌이었어요.

S6: 왜 사회일까요? 사회 선생님하고 별로 안 좋으셨어요? 상당히 보수적이고 틀이 정해져 있어서 절대로 벗어나지 않을 것 같은 그 느낌, 그런 것들이.

P5-2: 사회 선생님은 암기과목의 대명사잖아요. 판서하시고 그런 이미지 있잖아요. 그런 이미지.

P10-1: 저는 좀 차갑다는 느낌보다는 상담하러 들어갔을 때, 물론 진행되는 걸 보면 따뜻하고 그런 게 느껴지기는 하지만, 그냥 딱 첫인상만 봤을 때는 거리감 같은 게 쉽게 다가갈 수 없을 것 같은, 아마 그런 느낌이 아마 아까 얘기하셨던 선생님 그런 이미지들이랑 연결되는 것 같아요.

P9-1: 약간 그 정리 정돈된 듯한 그런 외모 같은 게 그렇게 많이 보이게 하는 것 같아요. 그런데 목소리를 들으면 약간 달라진 그 느낌이 달라지지요.

〈…중략…〉

P2-2: 힘들 것 같아요. 그런 이미지요. 항상 정직하고 바르고 그런 느낌을 많이 주시기 때문에, 처음부터 이제 먹히지 않을 거라는 그런 느낌을 주실 거 같아요.

S7: 저도 같은 느낌이에요.

P11-2: 타협의 여지가 없는 ….

S8: 타협의 여지가 없을 거 같아요?

P1-1: 그리고 상담을 하실 때 상담자로서 최선을 다하실 거 같아요. 의도적으로 끈질기게 계속 상담받기를 원하는 경우는 선생님이 많이 힘들어할 거 같다는 생각도 들어요.

S9: 음, 너무 진을 다 빼 줘서. 정 선생님 같은 의견이세요?

P5-3: 네, 성실한 열심이 있어서.

S10: 아 이런 내담자는 참 맞을 것 같다. 어떤 내담자가 우리 김 선생님에게 맞으실 거 같아요?

〈…중략…〉

S11: 그러니까 연령에 불문하고, 뭐 노인이든, 뭐 어린아이든 이런 다 커버할 수 있는 레인지가 클 거 같다는 느낌이 들어요, 왜 드는지 모르겠지만 하여튼 그런 느낌이 드네요. 또 어떤 연령 층에?

P11-3: 아이들한테두 ….

S12: 네 아이들한테 …. (P11: 잘 맞을 같아요.) 상당히 맞을 거 같아요. 목소리나 이런 것들이. (P11-3: 재밌구 ….) 또 우리 아이가 인터넷 강의 들어가서 하는데 보면 김 선생님 같은 이미지 선생님을 고르더라구요. 인터넷 강의 사이트에 가면 인기 강사 선생님들이 우리 김 선생님 같은 분들이 많이 … 또 있습니까? 또 어떤 내담자 층에 맞을까요? 아동?

P7-1: 노인 분들도 괜찮을 거 같아요, 착하고 예쁜 며느리 삼고 싶은.

S13: 아동, 노인, 여성. 남성은?

P4-3: 남성은 좀 안 맞을 거 같다는 생각이 들고요, 왜냐하면 공주과이신 거 같아요. 왜냐하면 어떤 느낌인가하면 혹시 불편한 거 없으신지 여쭤보고 싶은, 에, 내담자가 상담자에게,

P6-1: 거의 고마운 느낌이 들지요.

S14: 왜 고마우세요?

P6-2: 어떤지 물어봐 주고 싶다고 그러서 가지고 ….

S15: 상담자 선생님이 혹시 불편한 것은 없으신지?

P4-4: 네 불편하신 게 없으신지.

P5-4: 눈치가 봐진다는 거예요?

S16: 남성으로서 보호해 준다는 …. (p4-5: 네 좀 잘 해 주고 싶은 ….) 느낌이 드는 건가요? (좋다 …. 웃음) 어, 다른 남성분들은요?

P8-1: 저는 괜찮은데요. 오히려 상담을 받고 싶은 느낌이 들어요, 오히려. 그러니까 좀 더 친근하게 느껴지고, 제 말을 잘 들어 줄 거 같은 느낌.

S17: 음, 그런 긍정적인 관계에서는 그런데, 윤 선생님 말씀 듣고 보니까 저도 그런 느낌이 있는데, 우리 이 상담 선생님을 울리면 안 되겠다.

P11-4: 저도 나이가 같은데, 좀 뭐랄까 자연스럽지는 않을 거 같아요. 아까 그 얘기, 지 선생님하고 비슷한데, 중년 남성이나 또래 남성들은 좀 힘들지 않을까 생각이 들어요.

S18: 어떤 것들이 그렇게 만들까요?

P11-5: 그런 비슷한 이미지인 거 같아요. 뭔가 좀.

S19: 여기서 중년 남성들이 가장 편안하게 다가가서 상담받을 수 있을 거 같은 선생님, 여자 분으로는 누가 있을까요? (웃음 … 염 선생님이요.) 증명이 되었구요, 또 그다음에는요? 누가 있을까요?

P4-5: 나이가 저보다 조금 더 많고 연륜도 있고, 편안한, 오 선생님이나 좀 연륜이 있으신 분들이 ….

S20: 아직 중년이 안 돼서, (웃음) 그럼 비교를 한 번 해 보세요. 김 선생님하고, 마침 옆에 앉아 계시니까, 김 선생님하고 조 선생님하고, 중년으로서 어떤 면이 김 선생님한테 좀 부담 없이 같이 상담하지 못하게 하는 점들이, 이렇게 보시면서 대조적으로 컨트레스트 되는 게 뭐가 있나요? (P: 긴 생머리 ….)

S21: 생머리와 파마, 아아 ….

P2-2: 그것도 있고, 여성성이 강하게 느껴져요.

P7-2: 파마하고 안 파마하고, 안경 모양, 특히 여자들은 입 모양, 약간 새침하게 보이잖아요? 입 모양이. 그런 게 남성으로 하여금 약간 좀 그렇게 느낌이 들 수 있을 거 같아요.

P11-6: 앳되다? 나이에 비해 좀 어려 보이시잖아요? 이제 20대 정도 돼 보이는데, 니가 뭘 알겠느냐? 그런 얘기 많이 듣는데, 그런 이유에서 비슷하지 않을 ….

P7-3: 그러니까 말하자면 아줌마 이미지가 없잖아요. 아줌마, 편안하게 그냥 뭘 해도 될 거 같은, 푹 퍼져 가지고 이렇게 얘기할 거 같은 그런 이미지는 없으신 거 같아요.

S22: 그럼 나이가 들어 감에 따라 생기는 걸까요? 조 선생님은 나이가 들어가서 생기신 거예요 아니면 ⋯. (웃음)

P7-4: 저는 그런 거, 원래 좀 있어요. 강하긴 강한데, 얘기를 개인적으로, 예를 들면 남자든 여자든 개인적으로 할 마음이 있다는 게 항상 있었던 거 같아요.

S23: 또 컨트레스트 되게 느껴지시는 게 있으세요?

P3-1: 저는 조 선생님한테는 아주 심각하게 얘기를 해도 가슴 깊이 딱 꽂힐 거 같은 느낌이 들어요. 근데 김 선생님은 제가 볼 때 가벼운 해결을 할 수 있는 문제들, 해결을 받기 원하는 급한 문제들, 그런 것들이 잘 맞을 거 같아요. 그러니까 청소년들을 상담하면 잘 맞을 거 같아요.

S24: 맞아요. 아까 공주처럼 느껴진다고 그랬지요? 그러니까 아주 깊은 고통이나 이런 것들을 안 겪어 봤을 거 같은 느낌이 아마 그렇게까지 느껴지게 하는 거 같아요.

P4-6: 조 선생님 같은 경우는 달팽이 같거든요. 겉은 딱딱해 보이는데 속은 부드러운 그런 느낌인데요. (김 선생님을 가리키며) 이제 아마 선생님 말씀하신 것처럼, 어떤 삶의 어두움이나 고통이나 절망을 통화하지 않은 거 같은 그런 느낌.

S25: 그래요, 그럼 뭐 잘 맞을 거 같은 내담자, 그 힘들 거 같은 내담자 서로 다 같이 얘기가 됐네요. 다 들으시고 어떠세요?

P6-2: 제가 꼭 이 얘기가 나올 거라고 생각했던 얘기 두 가지가 안 나왔는데요? 하나는 저를 보고 이렇게 이지적으로 보인다는 얘기를 많이 하시거든요, (S: 아까 그거는 포함된 거 아닌가요?) 하나는 많이 듣는 얘기가 말이 **빠르다**, 말이 좀 빨라서 쫓아가기가 어렵다.

P11-7: 그거는 빠르지만 아나운서 얘기했던 거처럼 빠르지만 못 알아듣지는 않

　는다 ….

P6-3: 남자 분들이 맞지 않을 거 같다는 거는 제 편에서도 그렇게 느끼거든요.
　　　남자들이 내담자로 오면 좀 힘들어요. 그게.

P5-5: 선생님은 학교 다닐 때도 여자하고만 다녔어요?

P6-3: 맞어. (웃음) 남자들하고 가까이 지내는 일은 별로 없었어요.

S26: 그런 느낌들이 남자로 하여금 … 남녀공학도 안 다녔 ….

P6-4: 남녀공학 다녔는데도 ….

S27: 다녔는데도 …. 그래요. 알겠습니다. 이제 들어가면서 보도록 하지요. 내담
　　　자에 대해서 설명해 주십시오.

여기서 수퍼바이저는 발표 수퍼바이지 김지연의 냉철하게 보이는 면과 따뜻하게 보이는 면을 집단원들로부터 듣게 하고 딱딱한 면들이 부각되는 측면에 대해서 볼 수 있도록 도와주었다. 또한 발표 수퍼바이지에게 잘 맞을 것 같은 내담자 유형과 문제 유형을 말하게 함으로써 발표 수퍼바이지의 장점과 편안하게 대할 수 있는 내담자군을 발견하도록 돕는다. 그다음에는 발표 수퍼바이지가 상담자라면 어떤 내담자하고 상담하는 것이 그림이 잘 안 그려지는지 혹은 가장 불편해할 내담자나 문제 유형은 무엇일지를 물어보게 하여 발표자의 성장점과 어떤 내담자들에게 취약점을 가지고 있는지 볼 수 있도록 돕는 작업을 한다. 김지연은 여성성이 강하게 보여서 남성 내담자들에게 여러 가지 감정을 끌어낼 수 있는 가능성이 있다는 것을 자각하고 남자 내담자들을 대하는 데 힘들어하는 측면이 드러났기 때문에 축어록에서 어떻게 이런 면들이 드러나는가 볼 수 있도록 돕는다. 그리고 S20의 경우 남성 집단원과 집단원들을 활용하여 발표자의 여성성이 어떻게 느껴지는가에 대해 더 집중적으로 살펴볼 수 있도록 돕고 집단원 중 남성들을 적극적으로 활용하여 발표자가 남성 내담자에 대해 느끼는 불편함이 더 드러나도록 하였다.

(4) 사례개념화

발표 수퍼바이지가 가지는 내담자에 대한 시각은 단편적이고 통합되지 않은 시각일 수 있다. 종이에 인쇄되어 누워 있는 내담자를 다양한 이해와 시각을 통해 입체적으로 볼 수 있도록 돕는 작업이 사례개념화다. 수퍼바이저로서 발표 수퍼바이지가 내담자에 대해 이해하지 못하는 측면들을 볼 수 있도록 도와주고 이론적 가설을 가지도록 도와서 상담목표를 구체적으로 설정할 수 있도록 도와주는 과정이며, 2차원적으로 이해된 내담자를 입체적으로 조명하여 3차원으로 드러내도록 하는 작업이라 할 수 있다.

P6-1(발표 수퍼바이지): 내담자에 대한 설명은 보셨으니까 다 아실 텐데, 한 가지 내담자가 어떤 사람인지 확실하게 보여 주는 사건이 인제 내담자가 어릴 때 부모님에 대한 기억이 잘 없거든요. 엄마가 아이들을 버려 두고 집을 나가려고 하신 적이 있어요. (몇 살 때?) 정확하게 이분이 기억을 못하는데, 초등학교 저학년이나 7살 정도 됐을 거라고 그러더라구요. 근데 상담회기 중에 여러 번 그 얘기가 나와서 저희가 그 얘기를 다뤘는데, 동생이 둘이나 있고 맏딸이고 당연히 엄마가 집을 떠나는 것이 두렵고 굉장히 자기가 어떻게 해야 할지 몰라서 무력감을 느꼈을 거잖아요? 근데 뭐라고 얘기하냐면 엄마를 가지 말라고 잡았는데, 잡을 때 마음이 엄마를 정말 너무 사랑하고 이래서 엄마를 가지 마세요 그런 게 아니라 엄마가 없으면 내가 어떻게 사나 하는 이기적인 마음으로 엄마를 잡았다는 거예요. 제가 그 얘기를 들을 때 좀 기가 막힌 느낌이 들었어요. 그럼 엄마가, 7살 먹은 애가 엄마를 얼마나 사랑을 막 해 가지고 엄마를 가지 못하시게 이렇게 했었어야 된다는 거예요. 근데 엄마가 떠나면 내가 못살 거 같으니까 엄마를 잡았다, 그래서 자기는 이기적인 거라는 거예요, 그 어린애가. 이런 식으로 자기의 무슨 얘기를 해도 꼭 하나는 자기가 잘못한 것을 하나 찾아내고, 자기에 대해 비하감이 굉장히 크고, 이분이 아직 결혼을 안 하셨는데, 좋아하는 남자가 없었느냐고 제가 인제 물어봤었는데, 가까이 접근을 했던 분이 있었대요, 그때 어떠셨어요 그랬

더니, 그 사람이 이상한 사람이라고 생각했다는 거예요. 왜냐하면 나를 좋아 하니까, 그 사람이 이상한 사람이다 이렇게 생각했고, 그런 식으로 자존감이 굉장히 낮아요. 그 상담 중에 이렇게 상처를 많이 보여 줬어요. 할퀴고 뜯고 싸운 그 식구들끼리 이렇게 그리고 어떻게 싸웠는지를 애기해 달라고 몇 번 을 했는데, 너무 창피해서 얘기를 못하겠다는 거예요. 어떻게 싸웠는지. 자 연스럽게 이렇게 조금 유도를 해 가지고 싸움의 장면을 조금 살짝 엿본 것이 있었는데, 그중에 엄마한테 자기가 했던 것이 "이 엠병할 년아." 뭐 이런 얘 기였고, 피차간에, 근데 이 내담자 말로는 그게 제일 약한 거래요.

S1: 저와 우리 동료들에게 이 시간에 어떤 도움을 받고 싶으세요?

P6-2: 저 질문 … 첫 번째에 … 제가 이 내담자가 과한 노력을 하는 사람이에요. 다른 사람에게 잘하려고 …. 그래 그것이 무엇이 두려워서 그러냐 그 얘기를 해 봤는데, 다른 사람이 자기를 착한 사람, 좋은 사람으로 알고 있는데, 그 걸 깨뜨리는 것이 두렵다는 거예요. 사랑받을 거에 대한 신뢰가 없기 때문에 내가 좋은 사람이라는 이미지가 깨질 것이 두렵고, 그래서 제가 이 내담자 를 많이 칭찬해 줄려고 했거든요. 그래서 보면은 막 박수도 쳐 주고 그런 적 도 있어요. 잘했다고. 근데 이 내담자가 그거에 대한 결핍이 있으니까 그거 를 메꿔 주는 것인지, 아니면 이 사람 그런 칭찬을 받으려고 과하게 노력하 는 사람인데 그런 쪽으로 제가 너무 부추기거나, 과한 노력이 저는 지금 이 게 해결돼야 할 어떤 이 내담자의 증상이라고 보고, 한편으로는 원인도 되고 그러는데, 원인을 해결해 주는 것인지, 아니면 이 문제 증상을 과하게 부추 기는 것인지 이게 조금 헷갈렸구요, 그다음에 분노가 있는데, 이분 처음에는 분노가 있는 줄도 몰랐대요. 어마어마한 분노가 있어요, 정말 무시무시할 정 도의 분노가 ….

S2: 어머니에 대한?

P6-3: 네, 분노가 심한 분노가 있는, 내담자가 자기가 잘 참고 살았다는 거예요, 상담을 받으면서 더 이상 참을 수가 없어 가지고 막 터지는 거예요, 이게. 저 는 일단 그거에 대해서 자기를 잘 누르고 살았던 그 억압이 약하게 되는 거

니까 긍정적인 것으로 보기는 했지만, 죄책감이 또 한편 심해요.

〈…중략…〉

내담자가 아직도 여전히 분노가 있고 좌절감이 큰데, 그걸 자기가 어떻게 대응하는지 이렇게 좀 하는 게 괜찮은가 싶어요. 그리고 폭식의 문제도 있고, 건강 염려, 21회 때 다루긴 했어요, 21회기 어제 했는데, 잠도 잘 못 자고, 두통도 심하고, 여기저기 뭐가 만져지고 아프고 뭐, 하여튼 여러 가지 다른 증상들을 호소하는데, 그것을 직접 안 다뤘고, 초점을 엄마와의 관계랑 낮은 자존감에 초점을 맞춰서 거의 20회기를 그렇게 갔거든요, 그런데 이거는 저절로 좋아지는 건지, 아니면 감당 못하겠으면 누구한테 따로 이렇게 도움을 구해야 하는 문제인지 이거를 좀 알고 싶구, 또 내담자도 상담 공부를 하고 싶다고 그러는데, 이런 분이 상담 공부를 해서 될 수도 있겠지만, 제가 잘, 어떻게 제가 지금 말하는 게 영향력이 크거든요, 한마디 하면 크게 영향을 받는데, 어떻게 말해야 되는지.

S3: 그래요, 그럼요. 포커스를 잡아 보지요. 지금 보고 싶은 게 참 많네요.

〈…중략…〉

S4: 이 내담자에 대한 느낌이나 이런 것들은 다 전달이 되고 하는데, 상담자가 이 어머니에 대한 느낌이나 이런 거는 어떻게 있으세요?

P6-4: 어머니요? (S: 네.) 내담자만 크게 보이고 어머니는 그렇게 별다른 느낌은 ….

S5: 어머니에 대한 생각이나 이해가 ….

P6-5: 그런 얘기, 아, 내담자랑 그런 얘기 했어요. 엄마가 불쌍하다. 자기가 분화 안 된 것도 알구요, 엄마 이렇게 이해를 다 해요. 29살인가에 남편 얼굴 한 번도 못보고 시집 와서 남편 얼굴 처음 봤다는 거예요, 그것도 시골 마을

에 그리고 서로 피차간에 결혼할 준비도 아무것도 안 되어 있구, 의사소통도 전혀 못 한 사람이 만나서 시어머니 모시고 자식 낳고 살려니 우리 어머니 인생 불행했다, 외로웠다, … 이해를 머리로는 해요, 근데 가슴 속에서는 엄마에 대한 분노가 굉장히 크고 한편으로 엄마가 없으면 견딜 수가 없는 그런 게 있고.

S6: 어머니에 대한 상당히 애달픈 감정이나 그런 것들이 저는 있는데,

P6-6: 애달픈데 저는 이 엄마가요 진짜 사이코다 싶은 생각이 드는 게 이랬다 저랬다 막 하고, 내담자가 엄마가 무슨 말을 했는지 읊어 주는 걸 들으면, 정말 약간 이상하다 싶어요. 그게 좀 건강하지 못한 사람이라는 게, 변덕이 너무 심하고, 충동적이고, 이랬다저랬다 극단적으로 왔다 갔다 하고, 그리고 잘못한 거 인정 안 하고, 억지 쓰고, 뒤집어씌우고, 분노하고, 모든 걸 남편 탓으로 다 돌리고, 남편이, 부모님 연세를 제가 지금 정확하게 모르는데, 내담자가 70이 다 되셨다고 그랬거든요, 그런데 지금도 누구 만나러 가느냐, 어떤 여자 만나러 가냐 뭐 이러면서 의심하고, 내담자 말로는 엄마가 약간 치매기가 있는 거는 아닐까 싶다는 거예요. 그 쯤 … 그 내담자 집안이 혹시 그 진짜 뭐가 있나 싶을 정도로 멀쩡한 사람이 없어요. 일가친척이 다. 큰아버지도 암으로 사형선고 받아서 얼마 못 산다고 하고요, 고모도 암이고, 뭐 형제들, 사촌들 중에도 결혼 제대로 한 사람이 없어요 그리고 외가 쪽으로도 할 … 뭐 누가 치매고, 그런 … 할머니 얘기 나오는데, 할머니를 엄마가 시집살이 35년 하다가 도저히 못 하겠다 해서 다른 집을 도시거든요, 형제들 집을, 할머니도 치매고, 온 식구들이 다 병자인 거예요.

S7: 그 어머니에 대한 감정은 상담자로서는 별로 안 좋군요, 그러니까. (P6: 네.) 상당히 충동적이고 이랬다저랬다 하고. 또 다른, 어머니에 대해서 이런 감정 말고 다르게 갖고 계시는 분 계세요? 이 어머니에 대해서.

P7-1: 상담 내용이 물론 내담자가 많은 고통을 겪고 있는 것은 사실이고, … 본인은 희생자죠, 희생자이지만, 상담의 목표가 희생자에서 빠져 나와서 건강한 자아를 찾도록 하는 게 중요할 거 같은데, 너는 희생자, 희생자다, 엄마가

잘못됐다, 가족이 다 잘못됐다라는 쪽으로 상담을 한 거는 아닌가, 그리고 내담자를 그렇게 느끼는 거 같아요. 너무 희생자라고 해서 보호해 주고 이런 식으로.

P2-1: 저는 이거 읽으면서, 이분이 41세시잖아요, 근데 한 10대 후반에서 20대 초반의 … (S: 청소년?) 아직 철이 안 들고 약간 오만방자하고 … (S: 맞아요.) 앞뒤 분간 못하는 그런 여자애라는 느낌을 받아서 몇 번을 정말 41세가 맞나 도중에 확인했었거든요. 그런 느낌이 좀 들었고, 상당히 정신적으로 여러 가지 지금 불안정한 상태에 있는데, 그런 상태에서 상담자가 굉장히 힘드셨을 거라는 느낌이 많이 들었는데, 혹시 너무 좀 치어링하는 거 아닌가 그런 느낌도 군데군데 ….

S8: 그러니까 심플하게 당신 어머니가 충동적이고 나쁘고 그래서 당신은 희생당한 거다. 그걸 이제 감정적으로나, 언어적으로나 그것을 강화시켜서, 지금까지 가지고 오던 자기의 패턴을 더 강화해 가지고 그 자리에 머물도록 하는 건 아닌가 그런 말씀이신데요.

P7-2: 상담 시간이 길어진 것도 다 그거를 강화하는 측면, 그렇다는 생각이 들었어요.

P2-2: 어머니에 대한 병리적인 분리불안 같은 것도 있으신데, 상담에서 재연된 게 아닌가 ….

S9: 내담자가 어머니에 대해 이러이런 감정만 있었는데, 다른 감정도 있다는 걸 상담자가 좀 느껴 주고요, 또 아버지로부터, 남편한테 그렇게 뭐 좋은 관계는 아니라는 생각이 드는데요, 어떤 관곈가요, 남편과의 관계는?

P6-7: 부모요? 서로 아주 증오하고, 같이 있으면 싸우고 ….

S10: 한 여자로서 그 어머니에 대한 연민이나, 그게 딸이면 마흔 살 정도 되면은, 그런 어머님에 대한 연민이나 이런 것들이 있는데요, 그치요, 그전에 청소년기에 반항하다가도, 그런 것들이 없는 것 같은데, 그것을 대리로, 상담자가 좀 느껴 주는 거하고 아닌 거하고 다르거든요. 상담자가 그런 면들을 좀 느껴 줬었으면, 어머니에 대한 그런 부분들을 ….

S7, 그리고 S10의 경우 상담자가 내담자의 어머니에 대해서 가지는 감정이 좋지 않다는 것을 드러내고 그 감정을 활용하도록 도와주고 있다. 그리고 집단원들에게 내담자의 어머니에 대해 발표 수퍼바이지가 느끼지 못한 부분도 느낄 수 있도록 활성화 작업을 하고 있다.

P6-8: 네, 그런 것도 있어요. 남동생이 엄마가 이불을 빨아 주면 남동생 이불만 빨아 준대요. 자기는 자기 것도 빨고 할머니나 뭐 다른 것도 빨고, 엄마가 해 주면, 남동생 거는 해 준다는 거예요. 그 여동생을 보면, 얘길 들어 보면 이 집안에서 그래도 제일 건강한 사람인 거 같아요. 여동생이. 결혼도 괜찮게 잘했구, 그래도 엄마가 이렇게 막 하면 그래도 맞설 힘도 있고, 그리고 엄마를 케어도 하고, 이 내담자는 그게 안 되는 거죠.

S11: 그런데 그걸 본인이 해야 될 몫 아니에요, 청소도 좀 하고, 그리고 또 살랑살랑 얘기도 좀 하고, 그러고 싶은 갈망이 있는 거 같아요, 근데 하지 못하는 것에 대해서, 대립, 상당히 더 질투하고 더 분노하고 하는 건데, 자기가 해야 될 부분을 할 수 있도록 도와주는 거, 그게 참 중요한 거 같은데요, 상당히 이기적이거든요, 보면은 ….

P6-9: 글쎄 자기도 그렇게 말해요. 교수님, 자기가 이기적이라는 생각을 심하게 해요. 그렇다고 달라지는 거 없는데, 생각만 심하게 하는 거예요.

S12: 생각만 하는 거지요. 네, 그 이기적인 것에서 계속 이기적이다, 이기적이다 그러면서 계속 가는 것은 진짜 그게 더 이기적인 것 같아요. 아무것도 안 하고. 거기에서 더 나올 수 있도록 좀 더 뭔가를 구체적인 것을 할 수 있도록, 예를 들어서, 어머니와 살랑살랑 얘기할 수 있는, 아니면 또 청소할 때, 동생이 청소 할 때 분노만 하지 말고, 거기에 하나라도 거들던가, 할 수 있는 그런 ….

P6-10: 휴 그렇게 어려운 과제를 ….

P3-1: 그전에 좀 더 생각을 가져야 하는구나 했는데, 실지로 그 내담자는 분노가 여전히 해결이 안 된 거 같아요. 아버지로부터 심하게 맞거나, 서로 심하

게 할퀴고 이런, 그게 좀 충분히 상담의 자리에서 충분히 그대로 공감이 되고 해소가 되면 이런 해결을 할 수 있을 것 같은데, 바로 저는 이 내담자가 너무 이기적이거나 이런 생각보다는 되게 안타까운 생각이 많이 들었거든요, 확 뭔가 자기가 이렇게 터질 거 같은 얘기를 하는데도 상담사가 그거를 받아 주거나 이렇게 하지 못하는 부분이 되게 많이 느껴졌거든요.

S13: 그렇죠, 그 부분을 가지시되, 지금 이 부분은 냉철한 부분이에요. 지금 이 부분은 따뜻함과 감성적인 부분인데, 너무 지금 여기에만 치우쳐 있는 거예요. 이 부분 같이 나 공감되지요? 이 아이, 이 아이? 아이처럼 느껴지는데,

P6-11: 아이예요, 아이. 그 내담자한테, 자기가 내담자가 자기를 유치원생보다 못하다고 느껴요. 그 아이한테 이름을 지어 주라고 그래 가지고 이 내담자가 꼬마 영철이라고 이름을 붙여 줬어요. 그 아이한테, 자기한테, 그 아이를 키워, 키워야 된다 그건 알고 있고, 노력은 좀 하기는 하는데, 좀 힘들어요.

S14: 음, 저희 꼬마 영철이에 대한 느낌은 다 같이 있잖아요? 참 그 어렵고 또 분노, 그 안에 있는 분노, 해결되지 않은 분노, 플러스 그다음 단계에서 나가야 될 … 겸해지면서 하면 좋겠다는 생각이 들구요, 또 없습니까?

〈…중략…〉

P7-3: 분노가 큰 사람은 자책이 클 수밖에 없지 않나요? 사이클이 그렇게 돌아갈 수밖에 없잖아요. 사실은 분노를 좀 해소해 줘야 자책이 줄어들 거 같다는 느낌이 들거든요.

S15: 분노를 건전하게 할 수 있도록 ….

P7-4: 네, 분노를 건전하게 자기가 성공한 케이스, 성공한 경험이 많아야 아 내가 이렇게 분노를 조금 조절할 수 있구나, 조금씩 생겨야 자책을 덜 할 거 같거든요, 그래서 분노가 사실 우선이 되어야 되는데, 왜냐하면 분노가 현실적으로 문제가 되니까 ….

S16: 김 선생님은 분노를 풀 수 있도록 어떻게 해 주셨나요? 8회기에서는요?

P6-12: 8회기에서는 엄마한테 뭐가 화가 나는지를 얘기를 하게 ….

S17: 그 부분이 어떨까요?

P6-13: 상 67이요. (축어록 부분을 가리킨다.)

사례개념화에서 설정된 내담자의 분노를 건강하게 표출하도록 S1과 S2를 통해 상담자를 직면한다. 수퍼바이저는 S11, S12를 통해 이기적인 모습에 갇혀 있는 내담자를 보도록 도와주고 S13과 S14에서 이기적인 모습 뒤에 퇴행된 내담자의 심층심리를 탐색하도록 돕는다. 더 나아가 이렇게 퇴행되게 만든 심리적 역동으로 S14에서 내담자가 가지고 있는 어머니에 대한 표출되지 못한 분노를 볼 수 있게 하고 S15에서 건강하게 내담자의 분노를 표출하는 상담목표를 설정하도록 돕는다.

(5) 상담자 분노 다루기

내담자가 어머니에 대한 분노를 제대로 표현하지 못하는 부분이 축어록에 나오는데 수퍼바이저는 발표 수퍼바이지에게 그 부분을 느껴볼 수 있도록 상담자가 다시 되어 읽어 보도록 한다. 그리고 내담자와 비슷한 느낌을 가진 남자 집단원을 선택하여 내담자 부분을 읽어 나가도록 한다. 그리고 발표 수퍼바이지가 내담자가 가진 어머니에 대한 분노를 느껴 볼 수 있도록 돕는 작업을 한다. 이 부분에서 내담자가 어머니에 대해서 분노를 가지고 있어도 표출하지 못하는 부분을 상담자가 효과적으로 다루지 못하고 있다는 것과 상담자가 내담자의 어머니에 대한 분노가 있는데 그것을 활성화하거나 활용하지 않는 측면을 드러내도록 수퍼바이저는 다음과 같이 돕고 있다.

S1: 음 그러니까 내담자의 에너지 레벨과 상담자의 레벨이 좀 다른 거 같아요.

P8-1: 네. 안 맞은 거 같아요.

P2-1: 너무 그냥 이렇게 가여운 애 살살 어루만지시기만 한다는 느낌 ….

P15-1: 저는 내담자 67번을 읽어 가면서 옆에다 메모하기를 이렇게 메모를 했

거든요, 내담자가 엄마에 대한 감정을 제대로 이야기하지 못한다고 느껴져 가지고 이 옆에다가 써 놨는데요, 그거에 대해서 이게 전부 다 인제 내담자에게 엄마에 대한 분노를 표출하라고 얘기했는데도 불구하고 이 내용을 가만히 들여다보면 자신이 자신에게 전부다 탓을 다 돌리는 내용으로 가득 차 있는데, 그 점을 캐치해서 가지고 엄마한테 직접적으로 표현할 수 있도록 좀 적극적으로 밀어 줬으면 하면은 그 분노가 좀 잘 표출이 되고 그러면 아까 아침에 강 선배님께서 이야기하셨던 것처럼 좀 시원한 느낌 엄마에 대한 이야기가 나오지 않았을까 하고 ….

P4-1: 요 부분에서 역할극을 기대하셨던 거죠.

P6-1: 역할극을 해 보려고 시도는 했었는데, 내담자가 싫다고 했고, 역할극을 하지 말라고, 못한다고 그거는 자연스럽게 은근히 ….

S2: 그러면 자연스럽게 들어갔었으면 어떻게 했으면 됐었을까요. 내담자 67 이후로, 에너지 레벨 첫째 에너지 레벨 같이 내담자는 지금 막 진동하는데, 그렇죠? 김 선생님은 그 진동 주파를 이렇게 이렇게 좀 세기를 줄이는 역할을 한 거 같고요 상담적인 스타일 같은 경우에 좀 더 증폭시키면 좀 좋았겠다 이런 생각을 하는데, 어떻게 하면 더 증폭했을 수 있었을까요?

P11-1: 근데 좀 그 답답하다 이렇게 공감하는 표현들은 있는데, 아까 말한 대로 정말 이 내담자는 뭐가 부글부글 끓고 막 떨고 있는데, 그걸 더 증폭시킬 수 있게 좀 뭐랄까 아까 처음에 인상에 대해서 얘기할 때도 선생님이란 얘기를 많이 하는데요, 여기 보면 내담자가 하는 말 중에 "네 그런 거 같아요."라는 말을 제가 굉장히 많이 봤거든요. 뭔가 얘기를 해 주는 게 아 그렇구나 그냥 이해하는 거지 속에 부글부글 끓고 있는 거랑 머리랑은 연결이 잘 안 되는 거 같은 느낌이 많이 들어요. 그래서 오히려 오늘 아까 ** 선생님이 얘기했던 것처럼 좀 상담자가 오버해서 그걸 터트릴 수 있게 확 같이 질러 주는 게 더 좋지 않을까 ….

S3: 오늘, 최** 선생님 싸이코 드라마 하시거든요, 내일 3시부터 공학원 강당에서 해요. 오셔서 어떻게 이렇게 이렇게 드라마틱한 요소를 가지고 내담자나 이렇게

할 때 어떻게 더 부추기는가 그런 걸 한번 좀 보시면 좋겠는데요.

P6-2: 그런데 이 정도 표현한 것도 제가 받기가 되게 힘들었거든요. 더 부추겨 가지고 ….

S4: 어, 받기가 힘드셨어요?

P6-3: 네.

P2-2: 선생님이 ….

P6-4: 네, 이 정도 수준이 나오는 데 되게 힘들었어요.

P13-1: 네, 끊임없이 평정을 유지하려고, 중계를 하고 평정을 유지하려고 하는 그런 게 이렇게 막 느껴져요.

P7-1: 궁금한 게 상담자 분이 진짜 분노했을 때 어떻게 하나 저는 궁금했어요.

P6-5: 울어요.

S5: 같이요?

P6-6: 아 상담, 내담자가 분노할 때요?

P7-2: 아니, 아니요.

S6: 상담자?

P6-7: 아 제가 혼자 분노할 때? 울어요.

P7-3: 그럼 울었, 울었으면 어땠을까

P6-8: 내담자랑요? 허, 눈물 날 걸 참은 건데요, 울어도 되나요?

S6: 같이 참든가요, 아니에요. 아 그래서 상담자 76, 내 딸이면 내가 꼭 안아 줄 텐데, 말로만 한 건가요?

P6-9: 네, 말로만, 진짜 안아 줄 수 있나요?

S7: 에너지 레벨이 크고요 ….

P8-2: 그리고 말하자면 상담자에 대한 이런 너무 이렇게 규율이 많은 거 같아 보여요. 그러니까 이런 말까지는 하면은 안 되고 뭐 이런 게 많아 보이니까, 그러니까 사실 내담자하고 그 똑같은 상황에 맞춰서 공감을 해 준다면, 사실 거길 벗어났으면 하는 마음이 … 제가 내담자라면 좀 그런 기대가 있을 거 같아요, 차라리 험한 말을 상담자가 해 준다면, 그러면은 사실 뭐랄까 ….

S8: 험한 말, 누구한테 대한, 엄마에 대한?

P8-3: 네, 그러면 좀 기분이 조금 나을 거 같아요.

S9: 대신해서 시원하게.

P5-1: 딸이 엄마한테 욕하는 나이잖아요, 엠병할 엄마나 ….

P6-10: 엄마가 하고, 엄마가 엠병할 년아를 말을 입에 달고 사신대요. 니가 엠병할 년이다 그런다는 거죠.

P5-1: 자기도 하는 거잖아요.

P6-11: 그렇죠.

P5-2: 그러니까 이 내담자는 레벨이 그 정도의 험한 말을 할 수 있는 사람인데, 너무 종달새 같아요, 선생님은. 너무 예쁜 말만 해요, 예쁜 느낌이에요, 이 사람은 선생님 앞에서 착한 내담자가 되고 싶어 하는 것 같은 느낌이에요.

P7-4: 그래서 상담자 분이 미친년처럼 한 번도 안 싸워 봤겠구나 하는 생각이 들었어요. 미친년처럼 확 터져가지고 …. (웃음) 한번 싸워 본 경험이 있으면, 쪼금 말이 쪼금 다르지 않았을까 ….

P2-3: 완전히 그냥 꼭지가 돌아 버리는 ….

P7-5: 네, 꼭지가 돌아서 확 내 이런 경험이 있었더라면 …. (웃음)

P3-1: 그러니까 저도 축어록 76번에서 78을 보면 처음 느낌에 뭐랄까 내담자한테 너 지금 이제 내면으로 들어가 봐. 근데 나는 그냥 그 문 앞에서 기다리고 있을게 너 혼자 빨리 들어가 봐, 그런 느낌이 많이 들더라고요. 무언가 자꾸 요구하는 거야 상담자가, 본인이 느끼지 못하는, 그래 저는 이걸 보면서 그래서 좀 살풀이를 해 줘야 될 거 같아요. 막 답답해지는 것 같은 …. (웃음) 그래서 너무 터질 것 같애.

P6-12: 근데 ….

S10: 그렇죠, 부부싸움을 하다가도 김 선생님과 부부싸움을 하면은 안 될 거 같죠. 남자 분들, 뭔가 좀 제가 화를 터트리면 같이 이렇게 하면서 뭔가 이렇게 진행이 되어야 되는데 그렇게 진행이 안 될 거 같아요.

P4-2: 네 싸움이 안 되죠.

S11: 잘 정리해 주시고 그래서 보면은 이렇게, 패턴이 상담자가 얘기가 너무 아까 뭐 이렇게 쭉 ….

P2-4: 너무 많아요.

S12: 너무 많아요, 너무 많고, 정리해 주려고 하고, 그리고 듣고만 있지 말고 중간에 추임새를 주어야 되거든요. 내일 사이코드라마 하는 최 선생님 보세요, 중간에 추임새 잘해요. 그러니까 북 같은 거 가지고 와가지고 둥둥둥 하면서 말로도 추임새 하고 행동으로도 추임새 하는데, 요 뒤에 내담자 67 같은 경우에도요. "속이 터져요. 속이 뭔가 텅 비는 거 같고 어떻게 해야 될지 모르겠어요." 그때 "속이 그렇게 비어 있으세요? 그만큼 터질 정도로 지금까지 참고 있으셨어요?" 그래서 좀 더 옆에서 이렇게 막 추임새를 주시면 좋을 거 같아요. 가만히만 있지 마시고요. "울화통이 터져요." 이때도요. 개입해서 더 터지도록 …. 이게 그 에너지 레벨인데요.

P6-13: 힘들 거 같아요.

S13: 지금 제가 아까 처음에 말씀 드리려다가 아닐 수도 있겠다 싶어서 말씀 안 드렸는데. 지금 보니까 그게 연결이 되는데요, 우리가 상담자로서 우리 김 선생님의 모습에 대해서 말씀해 드렸죠. 근데 아나운서 같이 이렇게 이지적이고 딱부러지는 얘기를 했는데 나중에 김 선생님은 본인이 듣고 싶던 소리는 못 들었던 거예요. 그러니까 본인이 나와야 될 소리는 여기서 나와야 될 소리인데 안 나온 것에 대한 그런 게 상당히 규격화된 게 많은 거 같아요. 그러니까 내담자한테도 들어야 될 소리만 듣고 싶은 거예요, 선생님 레벨 안에서만, 내담자가 하는 소리도 선생님 수준에서만 조근조근하게 그 수준에서만 듣고 싶은 레벨에서만 듣는 거 같아요. 그 레벨만 끄집어 내려고 하고 그 다음에 비하인드 뭐 그 이후로 나온 것들 이런 것들에 대해서는 아직 아까 그 "어떻게 될지 모르겠습니다."라는 게 그 말씀하신 거 같은데요. 기대하지 못한 것에 대해서 항상 좀 들어가시는 게 있으면 좋을 거 같구요. 내담자 67 같은 경우에도 지금 상담자 68 "언니가 싫어하는 걸 동생이 아니요?" 그렇죠. 이 소리가 아까 그 소리로 들려요. 어 제가 이지적이라는 소리 다

른 데에서 많이 하던데 여기서 안 나왔는데요. 자기가 듣고 싶어 하는 소리가 항상 들려야 되고, 그래야지 안심이 되고 그런 패턴이 있는 거 같은데 어떠세요? 거기에 대해서.

P6-14: 음 … 전체를 다 제가 제가 보고 싶어 하고 어떻게 흘러갈지 예상을 하고 싶어 하고 … 그게 싫으니까 나눠서 다 따져 보고,

P14-1: 예, 저도 그런 게 느낀 게, 지금 상담자님이 해야 할 그 얘기가 내담자 가슴 속에서 나와야 될 순간보다 미리 한 템포 앞에서 미리 제시를 해 주기 때문에 내담자는 그 틀 안에 벗어나면 나는 나쁜 사람이다라는 …. (맞아요. 네.) 죄책감을 더 크게 가질 거 같아서 조심하기 때문에 분노 감정이 제대로 폭발이 안 된 게 아닌가 그런 생각이 많이 들어요.

S14: 상담자 73 이제 정리하시려고 하신 건데, 첫째, 돌보지 않는 엄마에 대한 분노, 둘째, 죄책감, 셋째, 너무 필요한데 갈망이 굉장히 큰 거죠. 이 세 가지죠. 세 가지를 말씀을 이미 다 말씀을 해 주신 건데, 이건 내담자가 느낀 다음에 그다음에 그걸 표현해 주고 명료화해 줘야 하는 건데, 아직 안 갔거든요. 아직 안 갔는데 상담자 선생님은 이걸 듣고 싶은 거예요. 그런데 들려지지 않았는데 듣고 싶은 소리를 먼저 말해 준 거죠. 요 부분 있잖아요. 내담자 67 순서가 상담자, 그러니까 내담자 75가 상담자 68 다음에 와야 해요 곧바로 아까 선생님이 그쪽으로 가고 싶었던 것처럼 ….

P6-15: 맞아 ….

S15: 아까 내담자 75가 내담자 67 다음에 와야 된다구요. 그거 아세요, 아까도 선생님이 이거 내담자 67 다음에 곧바로 내담자 75, 상담자 75로 가길 원하셨죠. 시간 많이 든다고 ….

P6-16: 거기로 가고 싶었죠.

S16: 상담 상황에서도 그쪽으로 가서야 됐어요. 상담자 그 75를 이쪽으로, 예, 내담자 67 다음에 곧바로 나오게끔 했었으면, 그렇죠. (P6: 이렇게 이쪽으로 나오게 ….) 그게 더 자연스럽게 그다음에 상담자 73 이야기를 하면은, 그게 지금 수용성이 있죠. 내담자가 아 상담자 선생님이 이렇게 말씀을 하시는

게, 오히려 내가 이렇게 죄책감 느끼고 나에 대해서 이렇게 느끼는 자체에 대해서 또 죄책감 느끼지 않고, 그렇죠? 이 내담자 75가 된 다음에 그런 이야기를 해 주신다면 '아, 그렇구나.' 우선 이제 감정적으로 정화된 다음에 얘기를 들으니까, 자기 자신에 대해서 또다시 죄책감 느끼지 않는, 그런 패턴을 보일 텐데, 그렇지 않고 잘 정리하고 얘기해 주고 하니까 내담자도 상당히 답답했던 거 같아요. 아까 우리 강 선생님이 느끼셨던 것처럼, 그러니까 알아서 하잖아요. 내담자 75. 상담자 75에서 또 이런 부분은 참 좋았던 거 같아요. 상담자 75에 "엄마의 목소리라는 생각이 들어요. 선생님이 비난하고 책망하는 목소리를 다 받아들이신 거죠." 그렇죠. 이건 참 좋구요. 근데 이거 전에 있었던 얘기는 하나도 없이 그냥 이 소리만 하면 되지 않았을까 하는 생각도 들고요 상담자 75의 전반부보다는 ….

P6-17: 자책을 안 하게 하려고 생각을 막지 말라는 얘기를 하고 싶었던 거 같아요.

P13-1: 어, 저는 ….

S17: 너무 조심스럽게 그냥 요렇게 다 쏟아 담아 주고 다 해 주고 그다음에 안전하게 요 정도 나오면 된다고 하니까 ….

P13-2: 그 상담자 67에서도 어떤 생각 같은 걸 보류해 놓으라고 그러고 또 상담자의 계속 그 자책하는 것에 대해서 보류하고 생각하는 걸 보류하라고 그러는 게 좀 많이, 왜 그럴까 하는 생각을 해 봤었는데 ….

P6-18: 분노가 나와야 된다는 생각은 했는데 자꾸 그게 가로막는다고 판단을 한 거죠.

P13-3: 근데 한편으로는 이런 생각도 해, 이 내담자 자꾸 자책해서 짜증이 나는 거 아닌가, 상담자가. 안 해도 되는데 상담자가 지금 이 자책하는, 자책하는 거에 짜증을 내는 건 아닌가, 그래서 밀어넣는 게, 자책하는 사람이 그 자책 때문에 자책으로 같이 좀 깊이 들어가 보는 내가 이런 자책을 계속 자신이 하고 있다면, 그러니까 상담자 스스로가, 그러면서 자책하는 ….

S18: 자책할 때까지 끝까지 해 보도록요? 좀 더 더?

P13-4: 그 자책하는 내담자가 얼마나 힘든지 상담자가 느껴 보는 것, 그 자책감 때문에 그 자체로 그 자책하는 내용들 때문에 그게 상담자라면, 그러니까 자책을 너무 하지 마라, 하지 마라 이렇게만 그냥 끊어 주는 게 도움이 될는지, 같이 느껴서 그래서 너 얼마나 힘드냐 그렇게 자꾸 자책감이 드니까 이러면서 ⋯.

S19: 오히려 자책을 더 할 수 있도록 ⋯.

P6-19: 더 자책을 더 할 수 있도록이요?

P13-5: 그것도 표면에서 자책을 더 할 수 있도록 도와주는, 그 자책감을 같이 느끼고 자책감의 밑바닥까지 간다고 해야 하나 ⋯.

P6-20: 자책감의 밑바닥에는 무엇이 있을까요?

P13-6: 아니 본인이 같이 자책을 해서 너무 힘든 거를 같이 느껴 주는 거 ⋯.

P7-6: 보면 저 자책하는 내담자를 너무 약하게 보시는 것 같다는 느낌이 들었어요, 그러니까 분노할 수 있을 땐 힘이 있다는 거거든요 전혀 분노도 못하고 정말 ⋯.

S20: 그렇죠, 어머니한테 그 엠병할, 염병할 그렇게 하는 걸 ⋯.

P7-7: 그렇죠, 분노를 한다는 것은 힘이 있는 거예요. 그런 게 있으면서 자책을 하는 건데, 너무 자책 쪽만 봐서 너무 약하게만 생각을 하셔 가지고 ⋯.

P6-21: 내담자가요?

P7-8: 네. 그래서 자꾸 자책하지 말라고 이렇게 권고를 하신 거 같아서 ⋯.

P2-5: 이분은 그 자기가 그렇게 엄마한테 험한 말도 하고 그런 거에 대한 죄책감을 자책한다는 말로 자꾸 합리화하는 거 같아요.

P7-8: 포장할 수도 있다는 거죠.

S21: 미화하는 거죠.

P2-6: 진짜 자책하는 분 같다는 느낌이 안 들어요.

P6-22: 네.

S22: 장녀로서 선생님이 하셔야 될 부분도 있었을 텐데, 하지 못한 것에 대해서 어머니도 상당히 섭섭해하실 거고 ⋯.

P6-23: 하, 그런 거 못해요. (웃음) 아마 울 거예요.

S23: 그런 말 하고 싶으셨던 분 계세요? (여럿이 손을 들며 "있어요." 하고 대답
함.)

P7-9: 있어요, 다른 표현으로 ….

S24: 다른 표현으로 어떤, 어떻게, 표현해 보세요.

P7-10: 그래서 어머니한테 그런 얘기를 하실 수 있다는 거는 선생님 마음속에
힘이 있으신 거네요. 그리고 본인이 그렇다는 걸 아시는 거도 참 좋은 점, 그
런 쪽으로.

S25: 젠틀하게, 또요.

P13-7: 저는 요기, 상담자가 자신이 한심하다고 느끼는 부분에서 한심하게 느끼
지 말라. 아니 내담자가 그랬을 때 한심하게 느끼지 말라 그랬는데, 당신 한
심하게 느낄 만하다 스스로.

P6-24: 하 …. (한숨)

P13-8: 그런 얘기를 ….

S26: 그렇죠.

P13-9: 그렇게, 한심하게 느끼는 거 ….

S27: 한심하게 느낄 만하다. 내담자 55요, "제가 너무 이기적이잖아요." 그 강 선
생님, 그 읽어 주시겠어요? 내담자 55, 그리고 상담자 김 선생님 거기에 대해
서 좀 어루만지지만 마시고 조금만 더 도전적으로 한번 해 보세요. 지금 톤,
우리가 하고 싶은 얘기들 있잖아요. 내담자 55 ….

P7-10: 내담자 55, "그런데 선생님 제가 너무 이기적이잖아요. 저만 받으려고
하는 거니까요, 제 동생처럼요. 그럼에도 불구하고 불쌍히 여기는 마음 때문
에 소리치고 싸워도 그 마음의 문을 닫지 말아야 되는 건데, 저는 그 마음의
문을 닫은 거니까요. 그래서 더 속, 속이 상하네요. 하지만 어쩔 수가 없어
요. 제가 감당을 못하니까."(축어록 내용)

P6-25: 불쌍하잖아요. 감당 못하는데 …. (웃음) 저는 되게 내담자가 정말 *** 선
생님 말씀하신 것처럼 불쌍한 애 어루만져 준다는 그 느낌이 정말 딱 맞아

요, 저한테도. 불쌍하고 애 같아 가지고 이렇게 해 주고 싶지 이렇게 뭐 하고
싶지 않아요. 이기적이라는 얘기도 하고 싶지 않고.

P6-2에서 상담자는 내담자의 부정적 감정을 드러내는 것이 불편하다고 말
하는데, S4에서 수퍼바이저는 개입하여 수퍼바이지의 이슈를 드러낸다. 또한
S12를 통해 구체적으로 내담자의 분노 표출을 돕는 방법을 제시한다. 집단원들
과 함께 내담자의 입장에서 상담자가 자신의 분노를 터뜨리도록 도움을 받고
자 하는 욕구가 있다는 것을 깨닫도록 돕는다. S13에서는 내담자로부터 듣고
싶은 소리만 듣는 경향에 대해 지적하고 축어록의 구체적 예와 집단원을 활용
(S23)하여 상담자의 성향을 성찰하도록 돕는다.

S24를 통해 내담자가 자신의 어머니에게 표현하지 못하는 분노를 표현할 수
있는 대안 반응들을 집단원들을 통해 들을 수 있도록 돕고 있다. 다양한 대안 반
응들을 들으면서 발표 수퍼바이지는 자신이 어떻게 다르게 행동하고 반응할 수
있었을까 성찰하고 모델링을 할 수 있는 기회를 제공받는다. 이를 통해 발표 수
퍼바이지는 자신이 내담자에게 진정으로 도와줄 것을 파악하고도 도와주지 못
하는 자신의 부분을 이해하고 또한 내담자가 화낼 것에 대한 두려움에 대해서도
객관적 이해를 하게 됨으로써 좀 더 효과적이고 따뜻함과 냉철함을 같이 겸비한
상담자로 성장할 수 있는 통찰을 갖게 된다.

S28: 음. 아까 민수라고 그랬나요?

P6-26: 민주 ….

S29: 음 민주, 꼬마 민주가 되어 보세요. 다들. 선생님들이 ….

P6-27: 제가 내담자 이렇게 분노가 제일 그 더 들어가야 된다 이 말씀 하시는 거
   같아요. 이제 정신 차렸고요. 제가 분노가 지금 생각을 제가 축어록 하면서
   생각했던 건데. 제가 분노가 느껴지는 순간 분노가 위험한 감정이라고 생각
   해요. 그래서 분노를 다른 것으로 바꾸는데 슬픔이나 우울한 거로 바꾸거든
   요. 그래서 화가 나야 될 상황에서 슬프거나 우울해요, 제가. 그러니까 화를

내야 되는데 남 탓을 못하고 이건 위험하다 생각해서 금방 그 감정을 슬픔이나 우울함을 딴 걸로 바꿔요. 그러니까 내담자의 분노가 지금 저는 굉장히 저한테는 긴장을 주고 이게 터지는 게 사실 두려움이 있어요. 분노가 그대로 나오는 게 ….

S30: 그러니까요. 지금 정확하게 표현하셨네요. 내담자의 분노를 두려움으로, 슬픔으로 이렇게 트랜스폼, 이렇게 변환시키는 그런 성향이 ….

P6-28: 화를 잘 내는 사람이 무서워요 저는. 누가 화내면 그게 무서워요 진짜, 누가 화내면 확 내면 ….

P12-1: 저도 되게, 저도 길거리에서 누가 싸우고 막 그런 거 보고 방에서 누군가 싸우면, 제가 어쩔 줄을 모르거든요. 선생님이 막 이 화내는 내담자 속에서 어쩔 줄 몰라 하는 그 감정이 저도 막 느껴져요.

P16-1: 저도 비슷한, 아니 저는 이걸 처음 읽어 봤을 때는 어 선생님 상담 잘하셨다라고 생각을 했었어요. 왜냐하면 저 같다. 저같이 한 거 같아 가지고, 그래서 막 쓰면서 어 이거 굳이네 하고 막 Good, Good, Good 하고 써 내려갔었는데, 여기 와서 오히려 좀 많이 교수님 통해서 비슷한 거 깨달았던 거 같아요. 아 이게 아까 이것도 내가 내 틀 안에서 좀 하려고 했던 게, 내 이기심이고, 이기적이구나라는 생각을, 나도 상담을 그렇게 했구나라는 생각을 했던 거 같아요.

〈…중략…〉

S31: 그러니까 이분은 모든 사람들한테 상담자한테 특별히 불쌍하게끔 보이는 그 기술을 갖고 있는 거 같아요. 다른 사람으로 하여금 자기를 불쌍하게 해서 상당히 그 무력화하고 무기력한 내담자의 모습을 전전하는 데 상당히 익숙해져 있거든요. 그 익숙함으로부터 벗어날 수 있도록 하는 게 아까 말씀하신 상담자의 강함, 제가 생각하기에는 그렇게 … (P: 안 약해요?) 약하지 않아요. 그 게임에 상담자도 같이. 그래서 분노하는 것도 분노할 수 있거든요.

이분은 분명히 표현할 수 있는데, 그 분노를 슬픔으로 변환하게끔 해서 상담자도 내담자의 이런 게임에 자기를 불쌍하게, 바깥세상이 나를 불쌍하게 보도록 하는 게임에 넘어가신 거 같구요. 좀 더 강한 내담자를 불러일으키세요. 네.

(6) 축어록 분석

지금까지 내담자가 가지고 있는 분노가 있음에도 불구하고 표현하지 않는 회피적인 성향에 대해서 상담자가 좀 더 적극적으로 대면하고 분노를 표출하도록 활성화했어야 하는 점들을 심층적으로 다루고 이제는 축어록 부분에서 좋았던 부분, 그리고 다음에 이렇게 했었으면 더욱 더 좋았을 부분을 집단원들에게 요청한다. 이때 좋았던 점들부터 먼저 드러나도록 해야 나중에 성장점(필자의 표현으로 상담자로서 이 점만 개선하면 더욱 더 좋아질 부분들을 긍정적으로 표현한 것임)들을 지적하도록 하는 것이 더 효과적이다.

S1: 그래요. 네 축어록 8회기에서 이런 부분은 참 좋았다. Good이라고 써 놓으신 분들이요. 조선생님, Good 많이 써 놓으셨다고 그러셨죠.

P16-1: 네 썼는데요.

P14-1: 내담자 75에서 76에서 77 내담자 75 상담자 76 77 내담자 75로 넘어가는 과정에서요. 거기에서 자연스럽게 현실 상황으로 넘어가는 것을 잘 되었던 거 그런 거 느꼈습니다.

S2: 네, 그 부분이 제일 클라이맥스였죠? 상담자 75, 내담자 75 그 부분들. 내담자 75의 카타르시스 느낌 다음에 내담자 안에 지금 체킹하는 거예요. 지금 이렇게 하시고 어떠신지, 그렇죠. 너무 이렇게 꼭 먼저 안아 주셨어요. 너무 미리 가서 이렇게 안아 주셨는데, 지금 하고 있는 내담자 75 한 다음에 잠깐 멈추고 지금 이렇게 감정을 내놓은 부분에 대해서 본인이 어떻게 보고 있는지 지금 어떻게 느끼고 있는지 체크아웃하면 좋겠구요. 내담자 73 같은 경우에도 "저는 무력감이 많이 오는 것 같아요. 저는 뭐 하나가 풀려야 다른 것을 할 수 있기 때문에 …." 본인이 알거든요. 무력증으로부터 이 지침, 핵심

감정들이 지침, 무력감, 분노, 죄책감. 죄책감은 그거보다는 좀 덜한 거 같아요. 이런 것들이 많기 때문에 자기를 미화시키려고 죄책감을 위장시키는 것 같아요. 무엇이 먼저 풀려야 할지 본인이 알 수 있도록 ….

P6-2: 그럼 무엇이 먼저 풀려야 된다고 생각하시는지요. 교수님께서는 답을 좀 가르쳐 주세요.

S3: 그러니까요. 그거는 인제 뭐하다가 풀려야 될, 뭐가 먼저 풀려야 될까요?

P7-1: 저는 내담자한테 물어봐야겠어요.

P6-3: 뭐가 먼저 풀려야 되는지?

P7-2: 여기서 봤을 때 내담자가 원하는 게 정말 뭔지 잘 모르겠어요.

P2-1: 얘기는 가능한 한 많이 하는데 ….

S3: 그렇죠, 그래서 아까 할 수 있는 것을 먼저 잡으라고 그랬잖아요. 내담자가 뭐를 풀어야 될지 상담 시간에서 뭐부터 먼저 잡아 봐야 될까요. 저도 지금 여러 가닥들이 있는데, 선생님이 지금 생각하시기에 어떤 것이 먼저 풀려야 될 거 같아요? 아니면 우리가 여기서 할 수 있는 거, 그러니까 작은 성취감을 맛보도록 하는 게 상당히 중요할 거 같아요. 상담 관계에서 뭐라도 하나 성취감을 가지고 뭔가 다른 걸 할 수 있다는 그런 자신감. 그래서 그다음 하나 하나 하나 이렇게 나가야 되는데. 그 단초를 지금 제공해 주고 있거든요. 그렇죠. 뭐 하나가 풀려야 되겠지. 그래서 그런 부분이 좀 더 드러났으면 좋겠다 생각합니다. 또 이런 부분은 좋았다 이런 부분은 좀 더 이렇게 했었으면 더욱더 좋았겠다. 상담자 8 같은 경우에도 "제가 못 참겠는 거예요." 에너지 레벨, 그렇죠. "제가 못 참겠는 거예요." 상담자 8 "또 속에서 뭔가가 올라오셨군요." 추임새를 좀 더 ….

P6-4: 강하게요?

S4: 강하게. 아 이 부분 참 좋았다. 이렇게 했었으면 더욱 좋았겠다 하는 부분 있으면 말씀해 주세요.

P2-2: 저는 내담자 3에서요, 그 이분이 인제 문자를 보낼까 말까 뭐 이렇게 자기 이야기를 했는데, 그때 인제 이분이 뭔가 갈등을 하셨거든요. 그래서 그 부

분에서 무슨 갈등을 하셨는지 편안하게 받아 주시면서 그때 보낼까 말까 하는 그런 어떤 그분의 마음을 좀 더 구체적으로 물어보셨으면 어땠을까 그런 게 궁금했어요, 너무나 풍덩 안아 주기만 하신 게 아닌가.

S5: 그렇죠? 그리고 이렇게 문자 보내셨어도 괜찮고, 까먹고 그냥 오셨어도 괜찮아요. 이게 내담자로 하여금 그냥 내 감정도 애매모호하게 그냥 탐색하지 않고 명료화하지 않고 넘어가도 된다는 허용을 해 주는 거예요. 숙제도 해도 되고 안 해도 되고 하는 것처럼 내가 지금 감정이 엠비벌런트하게 양가감정이 있다고 말씀하셨잖아요. 상담자를 진단하고, 그냥 이대로 넘어가도 되는구나라는 것을 허용하는 하나의 제스처로도 들릴 수도 있구요.

P6-5: 괜찮다고 말하고 싶어요.

S6: 괜찮다고 말하고 싶어요? 그 명료화하는 거 상당히 중요할 거 같아요.

P2-3: '여동생 살랑살랑'도 구체적으로 뭐가 살랑살랑인지 그 그런 것도 물어봤으면 어땠을까 하는 생각이 ….

S7: 그리고 엄마한테 본인도 그렇게 살랑살랑하고 싶은 욕구가 있을 거 같아요. 그 갈망, 그게 갈망이거든요. 그런데 왜 그걸 못하는지 자기의 모습은 뭔지. 그래서 다음에 다음 회기에는 뭐 살랑살랑거리는 그런 행동들, 뭐 구체적으로 한 가지라도 해 오게끔 해서 어머님과의 관계가 새로운 전환기를 갖는다든지, 이렇게 좀 구체적으로 쪼그만 거 하나라도 이렇게 실시될 수 있도록 하면 좋겠구요, 그 전에는 ….

P14-1: 저도 그 부분을 체크해 놓았는데, 오히려 동생을 보고 살랑살랑한다는 얘기를 2번이나 표현을 했거든요. 그런데 그게 상담자 21, 22, 내담자 21에서 그게 나오면서 잘 안 맞는다고 얘기를 했는데, 아마 그런 부분에서 본인은 언니로서 최선을 다했는데, 동생은 이렇게 음식으로 살랑살랑해서 부모의 사랑을 독차지한 거에 대한 이렇게 원가족 가계도 쪽으로 들어가시면 그게 통로가 되지 않을까 하는 생각을 해 봤습니다.

S8: 동생에 대해서 지금 양가감정, 내담자 23. 그렇죠. "동생을 제가 평소에 되게 아끼거든요." 그렇죠, 아끼고 애정 있고 그런데 아끼는 애한테, 그렇죠. "동

생한테 상처를 줬다고 느껴지세요?"에 대해 상담자 25, 이때 어떻게 했었으면 다르게 대안 반응이 뭐가 있었을까요? "그렇게 아끼는 애한테, 그리고 그 애가 저를 아끼고 있는 것을 알고 있는데요. 그 아이의 태도나 성향 같은 거 때문에 제가 그랬다는 게 …." 상담자 25 "동생한테 상처를 줬다고 느껴지세요?" 어떻게 하면 다르게 반응을 했을 수 있었을까요? 우리 선생님들 지금 말씀하시는 톤에 기초해서.

P16-1: 저는 그냥 이야기하지 말고 가만히 있었으면 어땠을까, 그냥 더 얘기하고 싶은데 상담사가 끼어들었다는 생각도 들기도 하고요. 그게 인제 거기다가 저는 이렇게 써 봤는데 상담자의 끝말잇기라고 해서, 끝말잇기 하는 것으로 이렇게 많이 하시는 거 같아서 그게 앞서 상담자가 자신의 틀 안에서 이렇게 그, 그, 안에서 내담자를 보려고 하는 게 그런 부분에서 보이는 거 같아서, 좀 오히려 그냥 놔두고 더 이야기하고 싶어 하는데, "동생한테 상처를 줬다고 느끼세요?" 이렇게 얘기를 하면 이 사람이 동생한테 상처를 줬다고 생각을 하고 난 다음에 이렇게 감정이 되니까 그냥 놔뒀으면 ….

S19: 그렇죠. 진짜 동생한테 상처를 줬다고 느끼는지 내담자가 ….

P2-4: 그리고 아낀다는데 그 진짜 아꼈, 아낀 사람이었는지 ….

P13-1: 저는 태도나 성향을 어떻게 이해하고 동생의 태도나 성향을 내담자가 어떻게 이야기하고 그거에 대해 어떻게 느끼는지 그런 것도 좀 물어봤으면 ….

S10: 염려가 되나요? 지금 내담자가 진짜 염려가 되는 건가요?

P6-6: 동생이 자신을 싫어하게 되는 걸 느꼈거든요, 저는.

S11: 그게 더 큰 거죠? 그렇죠? 그런데 지금은 상담자는 지금 "동생한테 상처를 줬다고 느껴지세요." 이 소리가 아까 제가 들은 소리 같아요. 우리 그룹으로부터 들려야 될 소리인데 들리지 않으니까 그것을 먼저 제시해 줬잖아요. "동생한테 상처를 줬 …" 이거 지금 듣고 싶은 거고, 상담자가 내담자가 이렇게 느낄 거라고 생각하고 한 건데, 이렇게 먼저 아까 끝말잇기 한다고 그랬는데, 먼저 상담자가 말을 내주고 그러면 내담자가 "아, 그런가?" 하고 그 틀 안에서 그렇게 또 얘기가 진행이 되고 ….

P5-1: 제가 이거를 쓰면서 진단이라는 단어로 풀이를 해 놓은 게 뭐냐면 선생님이 만약에 "아 제가 너무 짜증이 나고요." 이렇게 얘기하면 선생님이 "아, 우울증이군요." 이렇게 얘기하고 "스트레스가 확 오는 거예요." 그러면 "아 화병처럼요?" 이렇게 해서 바로바로 진단하는 의사선생님처럼, 그런데 좀 더 센 진단을 탁탁 내주면, 그 내담자가 거기에 따라 간다는 느낌을 받았었거든요. 여기서도 '상처로'라는 단어도 먼저 제시해 주는 느낌이었어요.

S12: 듣고 싶은 이야기가 안 들려도 내담자로부터 나오지가 않아도 한참 기다려 보세요.

P6-7: 근데 그렇게 하면 한 시간 안에 마쳐야 된다는 부담이, 얘기가 계속 길어지겠구나 …. 그게 있어 가지고 저도 여기서는 동생 얘기를 빨리 그냥 끝내고 엄마 얘기 하던 거나 그냥 계속 했으면 뭐 이런 식. 그런 게 있었던 거 같구요.

P2-5: 그럼 제가 한 가지 질문은 이분이 동생을 아낀다는 말을 했는데, 선생님이 이렇게 아 정말 이 사람이 동생을 아낀다는 뭐 그런 다른 예라든지, 진정으로 이렇게 느껴지셨는지 ….

P6-8: 저 이 세상 천지에 자기가 좋아하는 사람 나를 사랑해 줄 사람이 동생밖에 없다구 그래요. 부모도 아니고 동생. 제일 소중한.

P2-6: 근데 뭐 자매간에 어떤 에피소드나 정말 아 그렇게 사이가 좋은 자매였구나 그렇게 느끼실 만한 ….

P6-9: 사이가 좋았던 건 아니구, 내담자가 그냥 그렇게 말하니까. 저희 초점이 가족으로는 많이 가지는 않았어요. 내담자 얘기 ….

S13: 만약에 동생이 중요한 긍정적·정서적인 지지를 해 줄 수 있는 자원이라면 그 자원을 이 내담자가 잘 활용할 수 있도록 ….

P6-10: 동생이 자원이 될 수 있도록 ….

S14: 그렇죠. 끈을 잘 연결해 주는 거 그렇게 되면 이제 상담 시간뿐만 아니라 평상시 공간에서도 이런 동생의 도움을 얻어서 쓸 수 있는 이런 기회를 가질 수 있을 거 같습니다. 정직한 감정이 무엇인지 상담이 진행되면서 자신이 왜

두려워하고 도망가는지를 인식하게 되었다. 상담자의 공감에 대해서는 오히려 도망가는 반응을 보였다. 내담자가 도망가는 것도 있겠지만 상담자가 도망가는 게 더 많았어요. 그렇지요? 전체적인 상담자 분석에서. 거기에 대해서도 한번 코멘트를 해 드리고 싶고요.

상담자가 내담자를 포용해 주는 부분이 인상적이었다는 식으로 긍정적인 부분을 표현해 주고, S2에서 내담자의 핵심 감정이 무엇인지를 발표 수퍼바이지가 파악하고 생각하도록 돕고 있다. S3에서는 내담자의 감정을 더욱 활성화하기 위해 추임새를 넣도록 지도하고 있으며, P2-2에서 동료가 지적한 부분을 수퍼바이저가 받아서 내담자의 애매모호한 감정을 명료화하는 데 노력을 기울이도록 권면한다. 그리고 내담자가 부러워하는 동생의 살랑살랑하는 행동을 어머니 앞에서 자신이 실천할 수 있도록 격려(S7)하고 있다. 상담자의 대화 패턴에서 내담자보다 먼저 앞서가서 진단하고 먼저 규정하여 이야기하는 부분을 수정하도록(S11~S14) 지도하고 있다.

(7) 상담자의 감정을 활용하여 상담 과정 촉진하기

상담을 진행하면서 상담자가 내담자에게 느끼는 감정이 여러 가지로 나올 때가 있다. 그러나 상담자는 그런 자신의 감정들을 묻어 두고만 있지 내담자를 위해 그 감정들을 활용하고 있지 않다. 발표 수퍼바이지는 내담자와 상담할 때 무력감을 느끼게 되는데, 이런 감정은 내담자 자신이 가지는 감정이 투사적 동일시되어 상담자에게 나타나는 감정일 수 있다. 다음은 수퍼바이저가 발표 수퍼바이지가 가지는 감정을 활용할 수 있도록 돕는 작업이다.

S1: 상담이 20회기 정도 진행이 된다면요, 8회기, 10회기 정도에 지금 상담의 효과에 대해서 항상 점검하고, 그다음에 기대하는 바가 지금 충족이 되는 건지, 어떤 도움을 받고 있는 건지 항상 체킹하고 그다음으로 넘어가십시오. 그리고 또 한 가지 연결해서 지금 상담자가 무력감을 느낀다고 하지 않았습

니까?

P6-1: 네, 이분이 상담에 들어오시면은요. 제가 그전에 막 커피를 마시거든요. 그리고 누군가에게 전화를 해요. 정신이 말똥해지라고, 그리고 내담자가 들어오면 갑자기 초점이 이렇게 풀리면서 힘이 빠지고, 산란 산만해지고, 산란스러워지는 게 30분은 그래요. 뭘 맥을 못 잡고, 막 이것도 만져 봤다 저것도 만져 봤다, 힘이 쫙 빠지면서 초점도 안 맞고, 그럼 제가 정신을 차려야지, 내가 상담의 주도권을 잡아야지 이렇게 결심을 하거든요 그리고 제가 상담을 끌어가려고 노력을 한 30분 정도 해요. 그러면 초점이 조금씩 들어와요 내담자가. 그래서 30분이 또 걸리는 거예요. 그런데 거기서 끝내야 되는 거죠. 그런데 거기서 끝을 못 내고, 저렇게 눈이 완전히 풀려서 들어온 내담자가 눈에 쪼금 초점이 맞을 정도만 되어 가지고는 보낼 수가 없는 거예요, 불쌍해 가지고. 그러니까 뭔가 조금이라도 생기를 얻어 가는 게 한 30분이 더 걸리는 거죠, 거기서. 그래서 끝나고 나갈 때는 눈에 약간의 초점이 들어오고, 약간의 생기가 있는 상태에서 나가게 되는 거죠.

S2: 그런 거를 표현해 보셨어요? 내담자에게.

P2-1: 그런 느낌을, 무력한 느낌을 ….

S3: 뭐래요?

P6-2: 상담 중에도 여기 축어록에도 있는데요. 상담 중에 내담자가 정신을 놓는구나 하고 느꼈던 게 세 번이 있었어요. 내담자가 온종일 TV를 틀어 놓고 보는 데 시간이 막 간다. 그 TV를 틀어 놓고 보는데 ….

S4: 아니, 상담자가 무력하다는 거를 내담자에게 보여 주셨냐구요.

P6-3: 살짝만 했어요. 살짝. 그랬었는데, 살짝 그런 적이 그랬었어요. 살짝 얘기하고, 지금은 별로 안 그러니까 좋아졌어요. 잘하고 있는 거예요.

S5: 그거 활용을 한 번 해 보세요. 그 내담자가 다른 사람들로 하여금 항상 나를 불쌍하게 보게끔 하고, 궁극적으로는 종국에는 내가 해 줄 수 있는 게 아무것도 없다는 무력감을 느끼게 돼서, 내담자의 그런 관계 패턴을 보일 수 있는데, 그것을 볼 수 있도록 해 주면 좋겠구요.

P6-4: 상대방이 무력감을 느끼게 만드는 거 ….

S6: 그리고 내담자에게 "내가 이렇게 아무것도 할 수 없다는 느낌을 가지고 있는데, 내 모습을 보면서 내담자는 어떻게 느끼세요?"라고 물어보세요. 그렇게 하면 자기의 모습을 객관화할 수 있는 기회를 내담자에게 제공해 줄 수 있거든요. 역지사지로 내담자가 무력한 상담자 안에서 자신의 무력한 모습을 보면 내담자가 강한 자아를 동원해서 상담 선생님을 무력에서 이끌어 낼 수도 있습니다. … 힘이 있다면은, 그렇죠. 그 힘을 발휘할 수 있도록 해 주시고. 그 힘을 다시 이제는 내담자가 자기 자신의 문제를 볼 수 있도록, 힘을 가질 수 있도록 다시 또 변환시켜 주면 되겠죠. 그래서 지금 자신의 상태, 상담자의 상태를 역활용해서요. 내담자의 문제를 볼 수 있도록 도와주시면 좋겠어요. 이제 도망가지 마시고, 도망가지 마시고요, 그리고 또 다른 거 있습니까. 내담자가 지금 멍해질 때 어떤 이야기와 어떤 상황인가요. 공통적으로요, 두 번 이상 그런 적이 있었는데.

(8) 종결

위와 같은 과정을 수행한 뒤 수퍼바이저는 발표 수퍼바이지에게 지금 어떤 생각과 어떤 느낌인지 체크아웃(check out)하는 시간을 가진다. 이 시간을 통해서 궁금한 것이 있거나 남은 감정이 있으면 집단에서 다룰 수 있도록 시간을 준다. 이런 시간을 가지기 위해 항상 수퍼비전 종결 10분 전에 체크아웃의 기회를 가질 필요가 있다.

또한 집단원들에게도 수퍼비전 시간을 통해 어떤 배움을 가졌는지, 그리고 어떤 느낌인지 서로 점검할 수 있는 기회를 제공해 준다. 발표 수퍼바이지에게는 수퍼비전 시간에 가장 크게 떠오른 주제에 대해서 요약해 주고 내담자에 대한 발견과 자신에 대한 발견을 토대로 다음 세션에 내담자와 만날 때 어떻게 다르게 다가갈지, 그리고 상담자로서 앞으로 어떤 노력을 할지에 대해서 말하도록 기회를 허용해 줄 필요가 있다.

2. 성찰 페이퍼의 예

필자는 수퍼비전이 끝나고 발표 수퍼바이지에게 녹화된 DVD를 보고 나서 발표 수퍼바이지가 성찰하여 보고서를 작성하도록 한다. 이 과정을 하면서 수퍼바이지는 수퍼비전 시간 동안에 이해하지 못했거나 수용하지 못했던 것을 다시 한 번 생각하고 이해할 수 있는 기회를 제공받는다. 다음은 김지연 수퍼바이지의 성찰 보고서다.

수퍼비전과 동료들의 피드백, 애프터세션에서의 대화를 통해서 제가 깨닫고 배우고 결심한 것들은 다음과 같습니다.

나는 엄마 노릇하려는 역전이에 취약하다. 내담자를 연약하게 보고 무력한 존재로 느끼는 것은 내담자의 무력감에서 기인하는 것보다도 상담사의 역전이에 기인하는 바가 크다. 내담자가 힘이 있음에도 불구하고 힘이 없다고 보고 싶은 것이다. 다른 사람을 돌보려고 하고 힘들지 않게 해 주려고 하고, 상대방의 감정에 대해서 지나치게 책임감을 느끼는 상담사의 성향이 상담 현장에서도 그대로 반영되고 있다.

내담자가 스스로 생각하게 하고 스스로 찾아보게 해야 할 것들도 내가 먼저 대답해 주려고 하는 마음이 들 때가 많았는데, 그것도 상담사의 엄마 노릇과 연관이 있다. 내담자를 힘들지 않게 해 주려는 마음이 내담자를 기다려 주고 내담자가 스스로 서도록 뒤에서 돕는 것을 방해한다. 이것은 가정에서의 모습과도 일치한다. 아마 공부하러 학교에 나오지 않았더라면 아이들을 지나치게 과보호하고 침범하는 엄마가 되었을 것이다. 애들이 힘들 것 같은 일은 아예 시키지도 않고, 특별한 이유가 없으면 그냥 엄마가 해 줘 버리려고 하는데, 이것은 상담사로서 반드시 극복해야 하는 문제다.

내담자에게 지나치게 몰두하는 것이 상담을 오히려 방해할 수도 있다. 한 번 마음을 주면 적당한 거리두기를 못하는 상담사의 문제를 극복해야 한다. 내담자는 내담자고, 나는 나다. 내담자는 자신의 인생을 어차피 스스로의 힘으로 살아야만 하고 상담사는 내담자가 스스로의 힘으로 살 수 있도록 도와줄 뿐이다. 이런 생각을 하면 가슴이 쓰리고 아프다. 왜 마음이 아플까? 나는 이것에 직면해야만 한다.

내담자의 책임성을 키우는 상담을 해야만 한다. 내담자가 시간을 지키도록 하고, 상담에 대해서 대가를 지불하게 해야 한다. 이것을 위해서 상담의 재구조화와 유료화를 시도했는데, 이 과정이 상담사에게도 매우 힘든 일이었다. 내담자가 안쓰럽고, 내담자에게 미안하고, 내담자에게 요구하지 말아야 될 것을 요구한다는 생각 때문에 괴로웠다. 내담자가 충격받지 않을까, 내담자가 상처받지 않을까, 내담자가 실망하지 않을까 전전긍긍하며 불안해하였다. 이것처럼 상담사로서의 나의 모습을 적나라하게 확인하게 해 주는 사건이 또 있을까?

상담사로서 나는 내 감정에 자유로운가? 이 점에서 나는 자신이 없다는 것을 깨달았다. 나는 분노를 잘 느끼지 못한다. 또한 잠시 느끼는 분노를 잘 표현하지도 못한다. 누구랑 싸워 본 적도 없다. 상대방에게 억지로 맞춰 가면서 좋게, 편안하게 지내려고 하는 마음이 크다. 화가 났다가도 그 감정이 금세 우울감과 슬픔으로 바뀐다. 좀 더 안전한 감정이라고 생각되는 우울감과 슬픔으로 분노를 변환시키는 것이다. 나는 내담자의 분노가 두렵다. 내담자의 감정 폭발이 두렵다. 분노를 해결하는 것이 내담자에게 가장 중요한 과제라고 판단되는 상황에서도 분노를 대면하는 것에 주저하게 된다. 나는 먼저 나의 감정을 해방하고 자유로워질 필요가 있다.

나는 상담사로서 자신감을 가질 필요가 있다. 공감을 충분히 하고 싶은데, 내담자의 심리게임에 말려드는 것 같아서 의심을 하게 되고, 직면을 시켜 주고 싶을 때, 공감해 주지 못하는 것일까 봐 불안해한다. 내담자의 마음을 함께 느끼고 인정해 주려고 할 때는 그 이면에 있는 또 다른 역동을 봐야 된다는 생각이 방해를 하고, 내담자에게 도전을 해야 되는 상황에서는 안쓰럽고 불쌍해서 마음이 아리는 것이다. 이러지도 못하고 저러지도 못하는 것은 내담자가 아니라 상담사 자신이다. 그렇기 때문에 상담이 벽에 부딪친다는 느낌이 들고, 유능감보다는 좌절감을 느끼는 것이다. 무엇이 되었든, 그것이 내담자에게 필요하다고 생각이 들면, 자신이 없더라도 과감하게 끝까지 시도해 볼 필요가 있다.

[참고문헌]

공윤정(2008). 상담자 윤리. 서울: 학지사.

김계현(1992). 상담교육방법으로서의 개인 수퍼비전모형에 관한 복수사례연구. 한국심리학회지: 상담 및 심리치료, 4(1), 19-53.

김계현(2002). 카운슬링의 실제(개정판). 서울: 학지사.

김미경(2005). 수퍼비전이 기독상담자 발달과 정체성에 미치는 영향. 연세대학교 대학원 박사학위논문.

김진숙(2001). 상담자발달모형과 청소년상담자발달연구의 필요성. 한국심리학회지: 상담 및 심리 치료, 13(3), 19-37.

김진숙(2006). 성찰적 수퍼비전 접근에 대한 이론적 고찰. 한국심리학회지: 상담 및 심리치료, 18(4), 673-693.

두경희(2008). 수퍼비전 성과 연구의 동향과 과제. 상담학 연구, 9(3), 1007-1021.

문수정(1999). 상담 수퍼비전 교육내용 요구분석: 상담자 경력수준을 중심으로. 서울대학교 대학원 석사학위논문.

박재황, 김계현, 노안영, 김진숙(1996). 청소년 상담 수퍼비전. 재단법인 청소년대화의 광장.

방기연(2003). 상담 수퍼비전. 서울: 학지사.

방기연(2006). 상담심리사의 수퍼비전 경험에 대한 질적 분석. 한국심리학회지: 상담 및 심리치료, 18(2), 233-254.

방기연(2011). 상담 수퍼비전의 이론과 실제. 경기: 양서원.

성승연(2009). 국내 상담자 교육 연구에 대한 小考. 학생생활상담, 27.

손승희(2004). 개인 수퍼비전에서 상담수련생의 비개방 연구. 숙명여자대학교 대학원 박사학위논문.

손은정, 유성경, 강지연, 임영선(2006). 수퍼비전 작업동맹과 상담자 경력수준이 역할 어려움과 수퍼비전 만족도에 미치는 영향. 한국심리학회지: 상담 및 심리치료, 18(4), 695-709.

손은정, 이혜성(2002). 상담자 발달수준별 사례개념화의 차이: 개념도를 통한 인지구조를 중심으로. 상담 및 심리치료, 14, 829-843.

신종임, 천성문, 이영순(2004). 상담경력수준에 따른 개인상담 슈퍼비전 교육내용 요구. 실제 및 만족도 분석. 동서정신과학, 7(1), 83-101.

심흥섭(1998). 상담자 발달수준 평가에 관한 연구. 숙명여자대학교 대학원 박사학위논문.

심흥섭(1999). 상담자 교육을 위한 수퍼비전. 한양대 대학생활연구, 17, 87-117.

심흥섭, 이영희(1998). 상담자 발달수준 평가에 관한 연구. 상담 및 심리치료, 10, 1-28.

연문희, 이장호, 이영희(2007). 인간중심상담: 이론과 사례 실제. 서울: 학지사.

왕은자(2001). 소집단 수퍼비전 만족도에 영향을 미치는 변인연구. 서울대학교 대학원 교육학석사학위논문.

유영권(2007). 집단 수퍼비전의 이해와 활용에 관하여. 한국기독교상담학회지, 14, 143-170.

유영권(2010). 상담 전문성과 윤리. 최해림, 이수용, 금명자, 유영권, 안현의(2010). 전문적 상담 현장의 윤리(pp. 127-159). 서울: 학지사.

이승은(2003). 초심상담자의 소집단 수퍼비전 경험에 관한 연구. 가톨릭대학교 대학원 석사학위논문.

이윤주, 김계현(2002). 상담자의 사례개념화 수행능력과 상담경력 간의 관계. 상담 및 심리치료, 14, 257-272.

이장호, 금명자(2008). 상담연습 교본. 서울: 범문사.

이하얀, 서영석, 박성화, 이정윤, 최유리(2017). 수퍼바이지가 지각한 상담 수퍼바이저의 윤리지침 이행, 한국심리학회지: 상담 및 심리치료, 29(4), 915-952.

임효덕(1991). 정신치료 지도. 정신치료, 5(2), 5-13.

장성숙(1991). 지도면담의 특성과 지도면담자의 발달. 정신치료, 5(2), 14-23.

지승희, 박정민, 임영선(2005). 인턴상담원이 지각하는 개인상담 수퍼비전에서의 도움 및 아쉬운 경험. 한국심리학회: 상담 및 심리치료, 17(1), 75-90.

최원호(2008). 상담윤리의 이론과 실제. 서울: 학지사.

최한나(2005). 상담자 발달 연구의 동향과 과제. 상담학연구, 6, 713-727.

최한나, 김창대(2008). 좋은 수퍼비전 관계에 대한 수퍼바이지의 인식 차원. 한국심리학회지: 상담 및 심리치료, 20(1), 1-20.

최해림(1990). Supervision의 발달적 접근. 인간이해, 11, 75-84. 서강대학교 학생생활상담연구소.

최해림(1995). 상담에서 개인 수퍼비전의 모델과 진행과정. 인간이해, 16, 21-42. 서강대학교 학생생활상담연구소.

최해림(2002). 한국 상담자의 윤리의식에 대한 기초연구. 한국심리학회: 상담과 심리치료, 14(4), 805-828.

최해림, 이수용, 금명자, 유영권, 안현의(2010). 전문적 상담 현장의 윤리. 서울: 학지사.

한국심리학회 상담 및 심리치료학회(1999). Clinical supervision workshop 자료집.

홍지영, 하정(2009). 집단 수퍼비전에서 수퍼바이지로서의 경험. 상담학연구, 10(3), 1427-1451.

한국가족치료학회-www.familytherapy.or.kr.

한국상담학회-www.counselors.or.kr.

한국청소년상담복지개발원-www.youthcounselor.or.kr.

American Counseling Association. (2005). *ACA Code of Ethics*. American Counseling Association.

American Psychological Association. (2002). *APA Ethics Committee Rules and Procedures*. American Psychological Association.

American Psychological Association. (2010). *Ethical Principles of Psychologists and Code of Conduct: 2010 Amendments*. American Psychological Association.

Barnett, J. E., Erickson-Cornish, J. A., Goodyear, R. K., & Lichtenberg, J. W. (2007). Commentaries on the ethical and effective practice of clinical supervision. *Professional Psychology: Research and Practice, 38*(1), 268-275.

Batten, S. V., & Santanello, A. P. (2009). A contexual behavioral Approach to the role of emotion in psychotherapy supervision. *Training and Education in Professional Psychology, 3*(3), 148-156.

Bernard, J. M. (1979). Supervisor training: A discrimination model. *Counselor*

Education and Supervision, 19, 60-68.

Bernard, J. M. (1997). The discrimination model. In C. E. Watkins (Eds.), *Handbook of Psychotherapy Supervision* (pp. 310-327). New York: Wiley.

Bernard, J. M., & Goodyear, R. K. (1998). *Fundamentals of Clinical Supervision* (2nd ed.). Needham Heights, MA: Allyn & Bacon.

Bernard, J. M., & Goodyear, R. K. (2004). *Fundamentals of Clinical Supervision* (3rd ed.). Boston: Pearson Education, Inc.

Bernard, J. M., & Goodyear, R. K. (2008). 상담 수퍼비전의 기초(유영권, 방기연 역). 서울: 시그마프레스.

Bernard, J. M., & Goodyear, R. K. (2009). *Fundamentals of Clinical Supervision* (4th ed.). Boston: Pearson Education, Inc.

Bonney, W. (1994). Teaching supervision: Some practical issues for beginning supervisors. *The Psychotherapy Bulletin, 29*(2), 31-36.

Borders, L. D. (1991). Supervisors' in session behavior and cognitions. *Counselor Education and Supervision, 31*, 32-47.

Borders, L. D., & Leddick, G. R. (1987). *Handbook of Counseling Supervision*. Association for Counselor Education and Supervision.

Borders, L. D., Bernard, J. M., Dye, H. A., Fond, M. L., Henderson, P., & Nance, D. W. (1991). Curriculum guide for training counseling supervisors: Rationale, development and implementation. *Counselor Education & Supervision, 31*(1), 58-81.

Bordin, E. S. (1983). A working alliance based model of supervision. *The Counseling Psychologist, 11*, 35-42.

Bradley, L. J., & Boyd, J. D. (1989). *Counselor Supervision: Principles, Process and Practice*. Muncie IN: Accelerated Development INC.

Bradley, L. J., & Gould, L. J. (2001). Psychotherapy-based models of counselor supervision. In L. J. Bradely & N. Ladany (Eds.), *Counselor Supervision: Priciples, Process, and Practice* (pp. 147-180). Phil: Brunner-Routledge.

Bradley, L. J., & Ladany, N. (2001). *Counselor Supervision: Principes, Process, and Practice*. Philadelphia, PA: Brunner-Routledge.

Bradley, L. J., Gould, L. J., & Parr, G. D. (2001). Theoretical approches to counselor supervision. In L. J. Bradley & N. Ladany (Eds.), *Counselor Supervision:*

Principles, Process and Practice (3rd ed., pp. 28-57). Philadelphia: Brunner-Routledge.

Brown, S. D., & Lent, R. W. (1992). *Handbook of Counseling Psychology.* NY: John Wily & Sons.

Campbell, J. M. (2000). *Becoming an Effective Supervisor: A Workbook for Counselors and Psychotherapists.* Philadelphia, PA: Accelerated Development.

Carifio, M. S., & Hess, A. K. (1987). Who is the ideal supervisor. *Professional Psychology Research and Practice, 18*(3), 244-250.

Carkhuff, R. R., & Truax, C. B. (1965). Training in counseling and psychotherapy: An evaluation of an integrated didactic and experiential approach. *Journal of Consulting Psychology, 29*, 333-336.

Carroll, M. (1996). *Counseling Supervision: Theory, Skills, and Practice.* London, UK: Cassell.

Chagnon, J., & Russell, R. K. (1995). Assessment of supervisee development level and supervision environment across supervisor experience. *Journal of Counseling Development, 73*, 553-558.

Chapman, A. H. (1978). *The Treatment Techniques of Harry Stack Sullivan.* New York: Brunner/Mazel.

Cikanek, K., McCarthy-Veach, P., & Braun, C. (2004). Advanced doctoral students' knowledge and understanding of clinical supervisor ethical responsibilities: A brief report. *The Clinical Supervisor, 23*(1), 191-196.

Colby, K. M. (1987). 정신치료입문(홍성화, 안향림 역). 서울: 성원사.

Cook, J. M., Biyanova, T., & Coyne, J. C. (2009). Influential psychotherapy figures, authors, and books: An internet survey of over 2, 000 psychotherapists. *Psychotherapy: Theory, Research, Practice, Training, 46*, 42-51.

Corey, G. (2009). *Theory and practice of counseling and psychotherapy* (8th ed.). Sengage Learning.

Corey, G., Corey, M. S., & Callanan, P. (2011). *Issues and Ethics in the Helping Professions* (8th ed.). Pacific Grove, CA: Brooks/Cole.

Covner, B. J. (1942). Studies in Phonographic recordings of verbal material: I. The use of phonographic recordings in counseling practice and research. *Journal of Consulting Psychology, 6*, 105-113.

Dagley, J., Gazda, G., & Pistone, C. (1986). Group. In M. Lewis, R. Hayes, & J. Lewis (Eds.), *An introduction to the counseling profession*. Itasca. IL: F.E. Peacock.

Daniels, T. G., Rigazio-Digilio, S., & Ivey, A. (1997). Microcounseling: A training and supervision paradigm for the helping professions. In Watkins, E. (Ed.). *Handbook of Psychotherapy Supervision*. New York: John Wiley & Sons, Inc.

Dawson, J. B. (1926). The casework supervisor in a family agency. *Family, 6*, 293-295.

Delaney, D. J. (1972). A behavioral model for the practicum supervision of counselor candidates. *Counselor Education and Supervision, 12*, 46-50.

Dewald, P. A. (1978). 정신치료의 이론과 실제(김기석 역). 서울: 고려대학교 출판부.

Dewane, C. J. (2007). Supervisor, beware: Ethical dangers in supervision. *Social Work Today, 7*(4), 34-39.

Dougherty, J. L. (2005). Ethics in case conceptualization and diagnosis: incorporating a medical model into the developmental counseling tradition. *Counseling and Values, 49*(2), 132-140.

Dryden, W., Horton, I., & Mearns, D. (1995). *Issues in Professional Counsellor Training*. Newyork: Cassell.

Enyedy, K. C., Arcinue, F., Puri, N. N., Carter, J. W., & Goodyear, R. K. (2009). Concept Mapping of the Events Supervisees find Helpful in Group Supervision. *Training and Education Professional Psychology, 3*(1), 1-9.

Enyedy, K. C., Arcinue, F., Puri, N. N., Carter, J. W., Goodyear, R. K., & Getzelman, M. A. (2003). Hindering phenomena in group supervision: Implications for practice. *Professional Psychology: Research and Practice, 34*, 312-317.

Falender, C. A., & Shafranske, E. P. (2004). *Clinical Supervision: A Competency-based Apporach*. Washington, DC: American Psychological Association.

Falender, C. A., & Shafranske, E. P. (2007). Competence in competency-bases supervision practice: Construct and application. *Professional Psychology: Research and Practice, 38*, 232-240.

Falender, C. A., & Shafranske, E. P. (2008). *Casebook for Clinical Supervision: A Compentency-based Apporach*. Washington, DC: American Psychological Association.

Fisher, M. A. (2008). Protecting confidentiality rights: the need for an ethical practice model. *American Psychologist, 61*(1), 1-13.

Fleming, J. (1953). The role of supervision in psychiatric training. *Bulletin of the Menninger Clinic, 17*, 157-169.

Follette, W. C., & Callagham, G. M. (1995). Do as I do, not as I say: A behavior-analytic approach to supervision. *Professional Psychology: Research and Practice, 26*(4), 413-421.

Forester-Miller, H., & Davis, T. (1996). *A Practitioner's Guide to Ethical Decision Making.* American Counseling Association.

Friedlander, M. L., & Ward, L. G. (1984). Development and validation of the supervisory styles inventory. *Journal of Counseling Psychology, 31*, 541-557.

Friedlander, M. L., & Ward, L. G. (1984). Development and validation of the supervisory styles inventory. *Journal of Counseling Psychology, 31*, 541-557.

Gabbard, G. O. (2008). 역동정신의학 제4판(이정태, 채영래 역). 서울: 하나의학사.

Gardner, J. M. (1976). Training parents as behavior modifiers. In A. Yen & R. W. McIntire (Eds.), *Teaching behavior modification.* Kalamazoo, Mich.: Behaviordelia.

Garfield, S. L., & Bergin, A. E. (1994). Introduction and historical overview. In A. E. Bergin and S. L. Garfield (Eds.), *Handbook of psychotherapy and behavior change* (4th ed., pp. 3-18). New York: Wiley.

Gazda, G. M., Asbury, F. R., Balzer, F. J., Childers, W. C., & Walters, R. P. (1998). 조력기술훈련의 실제. 서울: 형설출판사.

Gelso, C. A. (2007). Editorial Introduction. *Psychotherapy: Theory, Research, Practice, Training, 44*(3), 239.

Gelso, C. A., & Carter, A. (1985). The relationship in counseling and psychotherapy. *Counseling Psychologist, 13*, 155-243.

Gilbert, M. C., & Evans, K. (2000). *Psychotherapy Supervision.* Buckingham, England: Open University Press.

Gilbert, M. C., & Evans, K. (2005). 상담심리치료 수퍼비전(유영권 역). 서울: 학지사.

Gilbert, M. C., & Evans, K. (2008). 상담 수퍼비전의 기초(유영권, 방기연 역). 서울: 시그마프레스.

Goodyear, R. K., Crego, C. A., & Johnston, M. W. (1992). Ethical issues in the supervision of student research: A study of critical incidents. *Professional Psychology: Research and Practice, 23*(3), 203-210.

Gottlieb, M. C., Robinson, K., & Younggren, J. N. (2007). Multiple relations in supervision: Guidance for administrators, supervisors, and students. *Professional Psychology: Research and Practice, 38*(3), 241-247.

Granvold, D. K., & Wodarski, J. S. (1994). Cognitive and behavioral treatment: Cinical issues, transfer of training, and relapse prevention. In D. K. Granvold (Ed.), *Cognitive and behavioral treatment: Method and applications* (pp. 353-375). Pacific Grove, CA: Brooks/Cole.

Gray, L. A., Ladany, N., Walker, J. A., & Ancis, J. R. (2001). Psychotherapy trainees' experience of counterproductive events in supervision. *Journal of Counseling Psychology, 48*(4), 371-383.

Greenson, R. R. (2001). 정통 정신분석의 기법과 실제 1(이만홍, 현용호 역). 서울: 하나의학사.

Greenwald, M., & Young, J. (1998). Schema-focused therapy: an integrative approach to psychotherapy supervision. *Journal of Cognitive Psychotherapy, 12*(2), 109-126.

Grenben, S. E. (1991). Interpersonal aspects of the supervision of individual psychotherapy. *American Journal of Psychotherapy, 45*, 306-316.

Hackney, H. L., & Goodyear, R. K. (1984). Carl Rogers' client-centered supervision. In R. F. Levant and J. M. Schlien (Eds.). *Client-Centered Therapy and the Person-Centered Approach*. New York: Praeger.

Handelsman, M. M., Gottlieb, M. C., & Knapp, S. (2005). Training ethical psychologists: An acculturation model. *Professional Psychology: Research and Practice, 363*(1), 59-63.

Hart, G. M. (1982). *The process of Clinical Supervision*. Baltimore, MD: University Park Press.

Hawkins, P., & Shohet, R. (1989). *Supervision in the Helping Professions*. Milton Keynes: Open University Press.

Hayes, S. C., & Hawkins, R. P. (1976). Behavioral administration of analytic traing programs: A beginning. In S. Yen & McIntire (Eds.), *Teaching Behavior Modification*. Kalamazoo, Mich.: Behaviordelia.

Haynes, R., Corey, G., & Moulton, P. (2003). *Clinical Supervision in the Helping Professions: A Practical Guide*. Pacific Grove, CA: Brooks/Cole.

Haynes, R., Corey, G., & Moulton, P. (2006). 상담 및 조력 전문가를 위한 수퍼비전의 실제 (김창대, 유성경, 김형수, 최한나 역). 서울: 시그마프레스.

Hill, C. E., Charles, D., & Reed, K. G. (1981). A longitudinal analysis of changes in counseling skills during doctoral training in counseling psychology. *Journal of Counseling Psychology, 28*, 428-436.

Hillerbrand, E., & Claiborn, C. D. (1990). Examining reasoning skill defferences between expert and novice counselors. *Journal of Counseling and Development, 68*, 684-691.

Hoffman, M. A., Hill, C. E., Holmes, S. E., & Freitas, G. F. (2005). Supervisor perspective on the process and outcome of giving easy, difficult, or no feedback to supervisees. *Journal of Counseling Psychology, 52*, 3-13.

Hogan, R. A. (1964). Issue and approaches in supervision. *Psychotherapy: Theory, Research and Practice, 1*, 139-141.

Holloway, E. L. (1984). Outcome evaluation in supervision research. *Counseling Psychologist, 12*, 167-174.

Holloway, E. L. (1992). Supervision: A way of teaching and learning. In S. D. Brown & R. W. Lent (Eds.), *Handbook of Counseling Psychology* (2nd ed., pp. 177-214). New York: Wiley.

Holloway, E. L. (1995). *Clinical Supervision: A Systems Approach*. Newbury Park, CA: Sage Publications.

Holloway, E. L., & Hosford, R. E. (1983). Towards developing a prescriptive technology of counselor supervision. *The Counseling Psychologist, 11*(1), 73-76.

Holloway, E. L., & Johnston, R. (1985). Group supervision: Widely practiced but poorly understood. *Counselor Education and Supervision, 24*, 332-340.

Holloway, E. L., & Wampold, B. E. (1983). Patterns of verbal behavior and judgements of satisfaction in the supervision interview. *Journal of Counseling Psychology, 30*, 227-234.

Horney, K. (2006). 신경증적 갈등에 대한 카렌 호나이의 정신분석(이희경, 윤인, 이해리, 조한익 역). 서울: 학지사.

Hubble, M. A., Duncan, B. L., & Miller, S. D. (1999). *The Heart & Soul of Change: What works in Therapy*. Washington, D.C.: American Psychological Association.

Ivey, A. E. (1983). *Intentional Interviewing and Counseling*. Monterey, Ca: Brooks/Cole.

Ivey, A. E. (1988). *Intentional Interviewing and Counseling* (2nd ed.). Pacific Grove, Ca: Brooks/Cole.

Ivey, A. E. (1994). *Intentional Interviewing and Counseling: Facilitating Client Development in a Multicultural Society*. Pacific Grove, Ca: Brooks/Cole.

Jakubowski-Spector, P., Dustin, R., & George, R. L. (1971). Toward developing a behavioral counselor education model. *Counselor Education and Supervision, 10*, 242-250.

Juhnke, G. A. (1996). Solution-focused supervision: Promoting supervisee skills and confidence through successful solutions. *Counselor Education and Supervision, 36*, 49-57.

Kirshenbaum, H., & Henderson, V. L. (Eds.). (1989). *The Carl Rogers reader*. Boston: Houghton Mifflin Company.

Kitchener, K. S. (1984). Intuition, critical evaluation and ethical principles: The foundation for ethical decisions in counseling psychology. *Counseling Psychologist, 12*(3), 43-55.

Krasner, L. (1969). Behavior modification-values and training: The perspective of a psychologist. In C. M. Franks (Eds.), *Behavior Therapy: Appraisal and Status*. New York: McGraw-Hill.

Ladany, N., Constantine, M. G., Miller, K., & Erickson, C. D. (2000). Supervisor Countertransference: a qualitative investigation into its identification and description. *Journal of Counseling Psychology, 47*(1), 101-115.

Ladany, N., Lehrman-Waterman, D., Molinaro, M., & Wolgast, B. (1999). Psychotherapy supervisor, ethical practice: Adherence to guidelines, the supervisory working alliance, and supervisee satisfaction. *The Counseling Psychologist, 27*(3), 443-475.

Lanning, W. L. (1986). Development of the supervisor emphasis rating form. *Counselor Education and Supervision, 25*, 191-196.

Leach, M. M., Stoltenberg, C. D., McNeill, B. W., & Eichenfield, G. A. (1997). Self-efficacy and counselor development: Testing and integrated development model. *Counselor Education and Supervision, 37*, 115-124.

Levine, F. M., & Tilker, H. A. (1974). A behavior modification approach to supervision of psychotherapy. *Psychotherapy: Theory, Research and Practice, 11*(2), 182- 188.

Liese, B. S., & Beck, J. S. (1997). Cognitive therapy supervision. In C. E. Watkins, Jr. (Ed), *Handbook of psychotherapy supervision* (pp. 114-133). NJ: John Wiley & Sons.

Limton, J., & Hedstrom, S. (2006). An exploratory qualitative investigation of group processes in group supervision: Perceptions of masters-level practicum students. *Journal for Specialists in Group Work, 31*, 51-72.

Linehan, M. M. (1980). Supervision of behavior therapy. In A. K. Hess (Eds.), *Psychotherapy Supervision: Theory, Research and Practice* (pp. 148-180). New York: John Wiley & Sons.

Littrell, J. M., Lee-Borden, N., & Lorenz, J. A. (1979). A developmental framework of counseling supervision. *Counselor Education and Supervision, 19*, 119-136.

Lloyd, M. E., & Whitehead, J. S. (1976). Development and evaluation of behavirally taught practica. In S. Yen and R. W. McIntire (Eds.), *Teaching behavior modification*. Kalamazoo, Mich: Behaviordeia.

Loganbill, C., Hardy, E., & Delworth, U. (1982). Supervision: A conceptual model. *The Counseling Psychologist 10*, 3-42.

Luborsky, L. (1993). Recommendation for training therapists based on manuals for psychotherapy research. *Psychotherapy, 30*, 578-580.

Lumadue, C. A., & Duffey, T. H. (1999). The role of graduate programs as gatekeepers: A model for evaluating student counselor competence. *Counselor Education and Supervision, 39*(2), 101-109.

Malan, D. H. (1979). *Individual Psychotherapy and the Science of Psychodynamics*. London: Butterworths.

Martin, G., & Pear, J. (2003). *Behavior Modification: What It Is and How To Do It* (7th ed.). Upper Saddle River, NJ: Prentice-Hall.

Matarazzo, R. G., & Patterson, C. H. (1986). Methods of teaching therapeutic skills.

In S. L. Garfield & A. E. Bergin (Eds.), *Handbook of Psychotherapy and Behavior Change* (3rd ed., pp. 821-843). New York: Wiley.

McCarthy, P., Kulakowski, D., & Kenfield, J. A. (1994). Clinical supervision practics of licensed psychologists. *Professional Psychology: Research and Practice, 25,* 177-181.

McNeill, B. W., Stoltenberg, C. D., & Pierce, P. A. (1985). Supervisees' perceptions of their development: A test of the counselor complexity model. *Journal of Counseling Psychology, 32,* 630-633.

McNeill, B. W., Stoltenberg, C. D., & Romans, J. S. (1992). The integrated developmental model of supervision: Scale development and validation procedures. *Professional Psychology and Practice, 23,* 504-508.

Meador, B. D., & Rogers C. R. (1984). Person-centered therapy. In R. J. Corsini (Ed.), *Current Psychotherapies* (3rd ed., pp. 142-195). Itasca, Il: F. E. Peacock.

Mearns, D. (1997). *Person-centred Counselling Training.* London: Sage Publications.

Miller, J., & Koerin, B. B. (2001). Gatekeeping in the practicum: What field instructors need to know. *The Clinical Supervisor, 20*(2), 1-18.

Miltenberger, R. G. (2008). *Behavior Modification: Principles and Procedures* (4th Ed.). Sengage Learning.

Nelson, M. L., & Friedlander, M. L. (2001). A close look at conflictual supervisory relationships: the trainee's perspective. *Journal of Counseling Psychology, 48*(4), 384-395.

Nelson, M. L., & Neufeldt, S. A. (1998). The pedagogy of counseling: A critical Examination. *Counselor Education and Supervision, 38*(2), 70-88.

Neswald-McDalip, R., Sather, J., Strati, J. V., & Dineen, J. (2003). Exploring the process of creative supervision: Initial findings regarding the regenerative model. *Journal of Humanistic Counseling, Education and Development, 42*(2), 223-237.

Neufeldt, S. A. (2007). *Supervision Strategies for the First Practicum.* American Counseling Association.

gren, M.-L., & Sundin, E. C. (2009). Group supervision in psychotherapy: Main findings from a Swedish research project on psychotherapy supervision in a group format. *British Journal of Guidance & Counselling, 37*(2), 129-139.

Page, S., & Wosket, V. (1994). *Supervising the Counsellor.* A cyclical model. London: Routledge.

Patterson, C. H. (1964). Supervising students in the counseling practicum. *Journal of Counseling Psychology, 11*, 47-53.

Patterson, C. H. (1983). A client centered approach to supervision. *Counseling Psychologist, 11*, 21-26.

Patterson, C. H. (1995). A universal system of psychotherapy. *The Person-Centered Journal, 2*(1), 54-62.

Patterson, C. H. (1997). Client-centered supervision. In C. Edward Watkins, Jr. (Ed.) *Handbook of Psychotherapy Supervision.* New York: John Wiley & Sons, Inc.

Patterson, C. H., & Hidore, S. (1996). *Effective psychotherapy: A caring, loving relationship.* Northvale, NJ: Jason Aronson.

Peake, T. H., Nussbaum, B. D., & Tindell, S. D. (2002). Clinical and counseling supervision references: trends and needs. *Professional Psychology: Research and Practice, 39*(1), 114-125.

Phillips, E. L. (1977). *Counseling and psychotherapy: A behavioral approach.* New York: Wiley.

Porter, E. H. (1941). The development and evaluation of a measure of counseling. interview procedures. Unpublished Ph. D. dissertation, Ohio State University, Columbus, Ohio.

Prieto, L. R. (1996). Group supervision: still widely practiced but poorly understood. *Counselor Education and Supervision, 35*, 295-307.

Prieto, L. R. (1998). Practicum class supervision in CACREP - Accredited counselor training programs: A national survey. *Counselor Education and Supervision, 38*, 113-123.

Rice, L. N. (1980). A client-centered approach to the supervision of psychotherapy. In A. K. Hess (Ed.). *Psychotherapy Supervision: Theory, Research, and Practice.* New York: John Wiley.

Rigazio-Digilio, S. A. (1998). Toward a reconstructed view of counselor supervision. *Counselor Education and Supervision, 38*(1), 43-51.

Riva, M. T., & Cornish, J. A. E. (1995). Group supervision practices at psychology predoctoral internship programs: A national survey. *Professional Psychology: Research and Practice, 26*, 523-525.

Roby, J. L., & Panos, P. T. (2004). Recent developmants in Laws and ethics concerning videosuperviion of internation fied students. *Journal of Technology in Human services, 22*(4), 73-91.

Rogers, C. R. (1942). The directive versus the non-directive approach. In a Kirshenbaum H., & Henderson V. L. (Eds.) *The Carl Rogers Reader.* Boston: Houghton Mifflin Company.

Rogers, C. R. (1957a). Personal thoughts on teaching and learning. *Merrill-Palmer Quarterly, 3*, 241-243.

Rogers, C. R. (1957b). The necessary and sufficient conditions of therapeutic personality Change. *Journal of Counseling Psychology, 21*, 95-103.

Rogers, C. R., & Freiberg H. J. (1994). *Freedom to learn* (3rd Ed.). Columbus, Ohio: Prentice Hall.

Rogers, C. R., & Freiberg, H. J. (2011). 학습의 자유: 자기주도적 인간육성의 길(연문희 역). 서울: 시그마프레스.

Rogers, C. R., Gendlin, E. T., Kiesler, D. J., & Truax, C. B. (Eds.). (1967). *The Therapeutic Relationship and Its Impact: A Study of Psychotherapy with Schizophrenics.* Madison: University of Wisconsin Press.

Rogers, N. (1994). Forword. In C. Rogers & H. J. Freiberg (Eds.), *Freedom to Learn* (3rd Ed.). Columbus, Ohio: Prentice Hall.

Rønestad, M. H., & Skovholt, T. M. (1993). Supervision of beginning and advanced graduate students of counseling and psychotherapy. *Journal of Counseling and Development, 71*, 396-405.

Samara, A. (2006). Group supervision in graduate education: A process of supervision skill development and text improvement. *Higher Education Research & Development, 25*(2), 115-129.

Sansbury, D. L. (1982). Developmental supervision from a skills perspective. *Counseling Psychologist, 10*, 53-58.

Saul, L. J. (1980). *The Childhood Emotional Pattern and Psychodynamic Therapy.* New York: Van Nostrand Reinhold company.

Scanlon, C. (2000). The place of clinical supervision in the training of group-analytic psychotherapists: Towards a group-dynamic model for professional education? *Group Analysis, 33*(2), 193-207.

Schmidt, J. P. (1979). Psychotherapy supervision: A cognitive-behavioral model. *Professional Psychology, June*, 278-284.

Sexton, T. L. (1998). Reconstructing counselor education: Supervision, teaching, and clinical training revisited. *Counselor Education and Supervision, 38*(1), 2-5.

Sexton, T., & Whitson, S. (1994). The status of the counseling relationship: An empirical review, theoretical implications, and research directions. *The Counseling Psychologist, 22*, 6-78.

Shaw, H. E., & Shaw, S. F. (2006). Critical ethical issues in online counseling: Assessing current practices with an ethical intent checklist. *Journal of Counseling & Development, 84*(1), 41-53.

Skovholt, T. M. (1999). Clinical supervision workshop. 한국심리학회 상담 및 심리치료학회.

Skovholt, T. M., & R?nestad M. H. (1992). *The Evolving Professional Self: Stages and Themes in Therapist and Counselor Development*. New York: John Wiley & Sons.

Sloane, R. B., Staples, E. R., Cristol, A. H., Yorkston, N. J., & Whipple, K. (1975). *Psychotherapy versus Behavior Therapy*. Cambridge, MA: Harvard University Press.

Smith, D. (1982). Trends in counseling and psychotherapy. *American Psychologist, 37*, 802-809.

Steere, D. A. (Eds.). (1989). *The Supervision of Pastoral Care*. Louisville, Ky.: John Knox Press.

Stenack, R. J., & Dye, H. A. (1982). Behavioral descriptions of counseling supervision roles. *Counselor Education and Supervision, 22*, 295-304.

Stewart, C. W. (1993). The ministry of supervision, In P. E. Johnson & O. Strank (Eds.), *Dynamic interpersonalism for ministry* (pp. 227-236). Nashville Abingdon Press.

Stoltenberg, C. D. (1981). Approaching supervision from a developmental perspective: The counselor complexity model. *Journal of Counseling Psychologists, 28*, 59-65.

Stoltenberg, C. D. (1993). Supervising consultants in training an application of a model of supervision. *Journal of Counseling and Development, 72*, 131-137.

Stoltenberg, C. D., & Delworth, U. (1987). *Supervising Counselors and Therapists.* Jossey-Bass.

Stoltenberg, C. D., & McNeil, B. (2009). *IDM Supervision: An Intergrative Development Model for Therapists* (3rd ed.). San Francisco, CA: Josse-Bass.

Stoltenberg, C. D., McNeill, B., & Delworth, U. (1998). *IDM Supervision: An Integrated Developmental Model for Supervising Counselors and Therapists.* San Francisco: Jossey-Bass.

Sulzer-Axaroff, B., & Thaw, J., & Thomas, C. (1975). Behavioral competencies for the evaluation of behavior modifiers. In W. S. Wood (Ed.), *Issues in Evaluating Behavior Modification.* Champaign, Ill.: Research Press.

Sutter, E., McPherson, R. H., Geeseman, R. (2007). *Contracting for Supervision, Professional Psychology: Research and Practice, 33*(5), 495-498.

Thomas, J. T. (2007). Informed consent through contracting for supervision: Minimizing risks, enhancing benefits. *Professional Psychology: Research and Practice, 38*, 221-231.

Thomas, J. T. (2010). *The Ethics of Supervision and Consultation.* American Psychological Association.

Urofsky, R., & Sowa, C. (2004). Ethics education in CACREP-Accredited counselor education programs. *Counseling and Values, 49*(1), 37-47.

Veach, P. M. (2001). Conflict and counterproductivity in supervision-when relationships are less than ideal. *Journal of Counseling Psychology, 48*(4), 396-400.

Ward, C. C., & House, R. M. (1998). Counseling supervision: A reflective model. *Counselor Education and Supervision, 38*, 23-33.

Watkins, C. E. Jr. (Ed.). (1997). *Handbook of psychotherapy supervision.* New York: John Wiley & Sons.

Wiley, M. O., & Ray, P. B. (1986). Counselor supervision by developmental level. *Journal of Counseling Psychology, 33*(4), 439-445.

Worthington, E. L., & Roehlke, H. J. (1979). Effetive Supervision as Perceived by Begining Counselor in Training. *Journal of Counseling Psychology, 26*, 64-

73.

Yogev, S. (1982). An eclectic model of supervision: A developmental sequence for beginning psychotherapy students. *Professional Psychology, 13*, 236-243.

Zur, O., & Debexion, Sage. (2010). Professional organizations' codes of ethics on supervision in psychotherapy and counseling, Zur Institute: Innovative resources and online continuing education http://www.zurinstitute.com/ethics_of_ supervision.html

[찾아보기]

인명

내용

[저자 소개]

유영권

미국 밴더빌트 대학교 철학박사(기독상담 및 Community Psychology 전공)

현 연세대학교 연합신학대학원 상담학과 정교수

김계현

미국 오리건 대학교 대학원 철학박사(상담심리학 전공)

현 서울대학교 교육학과 교수

김미경

연세대학교 일반대학원 철학박사(기독상담 전공)

현 서울한영대학교 재활상담심리학과 부교수

문영주

연세대학교 일반대학원 철학박사(기독상담 전공)

현 서울사이버대학교 상담심리학과 외래교수

손은정

이화여자대학교 대학원 문학박사(상담심리학 전공)

현 계명대학교 사회과학대학 심리학과 부교수

손진희

서울대학교 대학원 교육학박사(교육상담 전공)

현 선문대학교 상담심리사회복지학과 교수

심흥섭
숙명여자대학교 대학원 교육학박사(상담 및 생활지도 전공)
현 세은심리상담연구소 소장

연문희
미국 오리건 주립대학교 대학원 철학박사(상담교육 전공)
현 성산효대학원대학교 초빙교수

천성문
영남대학교 대학원 교육학박사(상담심리 전공)
현 부경대학교 평생교육 · 상담학과 교수

최의헌
연세대학교 의과대학 졸업 및 정신과 수련
현 연세로뎀정신건강의학과의원 원장

최한나
서울대학교 대학원 교육학박사(교육상담 전공)
현 숙명여자대학교 교육학부 교수

최해림
이화여자대학교 대학원 철학박사(임상 및 상담심리 전공)
현 해인심리상담연구소 소장

KCA 한국상담학회 상담학 총서 13

상담 수퍼비전의 이론과 실제(2판)
Counseling Supervision (2nd ed.)

2013년 2월 20일 1판 1쇄 발행
2017년 9월 15일 1판 3쇄 발행
2019년 1월 25일 2판 1쇄 발행
2023년 1월 20일 2판 4쇄 발행

지은이 • 유영권 · 김계현 · 김미경 · 문영주
　　　　손은정 · 손진희 · 심흥섭 · 연문희
　　　　천성문 · 최의헌 · 최한나 · 최해림
펴낸이 • 김진환
펴낸곳 • (주) 학지사
　　　　04031 서울특별시 마포구 양화로 15길 20 마인드월드빌딩
대표전화 • 02)330-5114　　　팩스 • 02)324-2345
등록번호 • 제313-2006-000265호

홈페이지 • http://www.hakjisa.co.kr
페이스북 • https://www.facebook.com/hakjisabook

ISBN 978-89-997-1621-8 93180

정가 20,000원

이 도서의 국립중앙도서관 출판시도서목록(CIP)은 서지정보유통지
원시스템 홈페이지(http://seoji.nl.go.kr)와 국가자료공동목록시스템
(http://www.nl.go.kr/kolisnet)에서 이용하실 수 있습니다.
(CIP 제어번호: CIP2019001343)

출판미디어기업 학지사

간호보건의학출판 학지사메디컬 www.hakjisamd.co.kr
심리검사연구소 인싸이트 www.inpsyt.co.kr
학술논문서비스 뉴논문 www.newnonmun.com
교육연수원 카운피아 www.counpia.com